LE DÉVELOPPEMENT

des

ARMES à FEU

par

Rodolphe Schmidt

Capitaine,

CONTRÔLEUR FÉDÉRAL EN CHEF

des

Armes à feu portatives.

1870.

Lith. Baeschlin. Gerster à Schaffh.

LE
DÉVELOPPEMENT DES ARMES A FEU

ET

AUTRES ENGINS DE GUERRE

DEPUIS L'INVENTION DE LA POUDRE A TIRER
JUSQU'AUX TEMPS MODERNES.

DÉDIÉ A LA MILICE SUISSE

PAR

ROD. SCHMIDT, CAPITAINE,
CONTROLEUR FÉD. EN CHEF POUR LES ARMES A FEU PORTATIVES.

TRADUIT DE L'ALLEMAND PAR E. VOLMAR,
CAPITAINE DE CARABINIERS.

PARIS 1870.
CH. TANERA, EDITEUR
LIBRAIRIE POUR L'ART MILITAIRE, LES SCIENCES ET LES ARTS
Rue de Savoie, 6.

historique; mais il s'est donné pour tâche d'unir des notions pratiques à l'exposition historique du développement des armes à feu. Il a cherché à être bref dans les détails et à donner les explications nécessaires d'une manière précise et intelligible. Un grand nombre de dessins accompagnent le texte et servent à éclaircir les explications.

Cet ouvrage ne comprend pas seulement le développement historique des armes à feu et des autres engins de guerre; mais il traite aussi des modifications qui en résultent pour l'organisation militaire et spécialement des progrès faits en Suisse dans l'armement, la fabrication des armes, le tir, etc.

Les données qui nous étaient nécessaires ont été empruntées en partie à des ouvrages anciens et modernes et en partie à des archives ou à des rapports d'arsenaux. Les sources auxquelles ces renseignements ont été puisés seront indiquées à la fin de ce traité.

Quoique ce travail soit loin de prétendre à la perfection, l'auteur espère cependant avoir atteint le but qu'il se proposait et avoir réussi à rendre cet ouvrage instructif et intéressant pour les lecteurs.

Schaffhouse 1869.

ROD. SCHMIDT.

Invention de la poudre à tirer.

Quoique les auteurs modernes ne soient pas d'accord entre eux sur les anciennes données qui nous ont été transmises, qu'ils les réfutent en partie et qu'ils mettent en doute leur authenticité, il serait néanmoins injustifiable de les passer sous silence, d'autant plus que ces indications, provenant de sources tout-à-fait différentes, sont d'accord entre-elles et paraissent attester authentiquement l'invention et l'usage de la poudre à tirer dès les temps les plus reculés.

Il est très probable que les Indiens ont déjà connu les armes à feu plusieurs siècles avant J. C.; plusieurs données se trouvent à ce sujet dans leurs livres sacrés qui datent de cette époque et qui font mention d'armes appelées „*Shet-a-gene*" (tueur de cent, qui tue cent) et „*Agnenaster*" (arme à feu, tuant par le feu), ainsi que de coups de feu tirés au moyen de tubes de bambou (et qui se divisaient dans l'air).

An 40 de l'Ère chrétienne. D'après Diocassius, *Caligula* était en possession d'un instrument avec lequel il imitait l'éclair et lançait des carreaux de foudre. (?)

215. *Jules l'Africain* décrit selon Vossius (Liber observationum) la poudre à tirer.

550. On mentionne des armes à feu dont les projectiles couraient sur le sol sans le léser et décrivaient des cercles au moyen de rapides évolutions.

668. Lors du siège de Constantinople, le Grec *Callinique* communique à *Constantin Pogonatus* le secret du feu grégeois. Lui-même le tenait des Arabes.

Il y en avait de trois espèces:

1° De l'huile de naphte brûlant à la surface de l'eau.

2° Un mélange de résine, de soufre et d'huile pétri en masse, qu'on mettait dans des barils, des pots ou d'autres vases et qu'on jetait sur des objets inflammables au moyen de balistes ou de catapultes. On en fixait aussi de petites quantités au bout de flèches ou de carreaux qu'on tirait avec des arcs ou des arbalètes sur les toits et les autres parties inflammables des habitations; la flèche ou le carreau se plantaient dans les pièces qui en étaient touchées et la masse incendiaire y mettait le feu.

3° Un mélange explosible et détonant dont on se servit pour la première fois, d'après une mention de Nicetas, Theophane et Cebrenus, dans une bataille navale qui eut lieu dans l'Hellespont près de Cyzique.

690. D'après Hagiaeus, les Arabes se servirent au siège de la Mecque d'armes à feu et de projectiles incendiaires avec lesquels ils mirent le feu à la Caaba.

Ils avaient probablement reçu des Indes la connaissance des mélanges; ils appelaient le salpêtre „neige des Indes".

846. *Marcus Graecus* (Liber ignium ad comburendos hostes) mentionne les ingrédients de la poudre et les proportions de leur mélange. Il connait des „feux volants" (fusées sans tige) dont la charge était composée de 6 parties de salpêtre, 2 parties de soufre et 2 parties de charbon. Les tubes étaient faits de papier.

880. L'empereur *Leon-le-philosophe* fait fabriquer dans un laboratoire secret des fusées pour l'armée romaine. C'étaient de légers tubes chargés d'une composition inflammable, et que les guerriers portaient dans leurs boucliers.

1055. D'après *Vossius*, il existaient en Chine, à cette époque des bouches à feu en fer et en bronze, d'un travail très-élégant.

1085. Les Tunésiens avaient des vaisseaux armés de machines qui lançaient du feu, et l'on fait principalement mention du bruit de tonnerre qu'elles produisaient.

1098. Dans une bataille navale contre les Pisains, les Grecs, sous les ordres *d'Alexandre Comnène*, se servirent de bouches à feu en forme de têtes d'animaux; ces bouches à feu étaient placées aux extrémités de leurs navires.

1147. Les Arabes se servaient de bouches à feu contre les Espagnols et les Normands à Lisbonne.

1173. *Benjamin de Tudèle* vit en Perse des feux d'artifice qu'on appelait „Soleils".

1191. On se servit de feu grégeois à St. Jean d'Acre.

1193. On se servit dans le port de Dieppe de feu grégeois contre les Anglais; mais ce feu n'était pas jeté au moyen de l'artillerie.

1220. *Roger Bacon* dans „de nullitate magiae" parle de la poudre à tirer et de son effet destructif et effrayant, ainsi que des fusées courantes comme des jouets d'enfants; il dit que l'on peut jeter des corps incendiaires composés de salpêtre et d'autres matières inflammables, comme aussi des boules de naphte.

1232. Dans la guerre contre les Chinois, les Tartares se servaient d'armes à feu appelées „Pau". Les Chinois se défendirent avec des fusées et des projectiles analogues aux bombes.

1247. Séville fut défendue avec des bouches à feu. Outre les machines de guerre ordinaires on se servit de machines „tonnantes" dont les projectiles traversaient les armures des chevaux.

1249. Damiette se défendit contre St. Louis avec des boulets incendiaires lancés par une bouche à feu que *Joinville* appelle „Perrière“. Joinville, témoin oculaire, raconte que ces projectiles ressemblaient à des barils et qu'ils étaiens suivis d'une longue traînée de feu. Ils faisaient aussi beaucoup de bruit et répandaient une grande clartée. La Perrière pouvait se tirer quatre fois d'une nuit.

Les Allemands attribuent à cette époque, l'invention de la poudre à tirer à un moine nommé *Constantin Analzen* de Fribourg en Brisgau.

1280. *Albert-le-grand*, évêque de Ratisbonne, décrit dans son livre: „de mirabilis mundi“ les fusées et la poudre à tirer. Dans les fusées il distingue la charge motrice et la composition incendiaire. Celle-ci se composait de salpêtre, de soufre et d'huile de lin; la charge motrice n'avait pas d'huile de lin, mais elle demandait plus de salpêtre et moins de soufre que l'autre mélange et se composait de 6 parties de salpêtre, 2 parties de charbon de saule et 1 partie de soufre.

1286. *Boleslas*, duc de Schweidnitz, doit avoir introduit en cette année l'exercice du tir à l'arbalète.

1290. Au siège de Ptolemaïs par les Egyptiens, 300 machines lançaient le feu grégeois pour incendier les tours.

1301. *Villaret* parle d'une bouche à feu construite cette année à Amberg.

1311. Brescia fut canonnée avec des bombardes.

1312. Sous *Abalvalid-ben-Nassar*, roi de Grenade, les Arabes se servirent au siège de Baza de machines qui, avec une forte détonation, lançaient des globes de feu et endommageaient fortement les tours.

1320 (d'autres disent **1330**). De vieilles chroniques allemandes attribuent l'invention de la poudre à tirer à un moine *Berthold Schwartz* de Fribourg en Brisgau. On dit qu'il était occupé à triturer dans un mortier un mélange de salpêtre, de soufre et de charbon, lorsqu'une explosion eut lieu qui lança au loin le couvercle du mortier et jeta *Schwartz* à terre. Celui-ci fit alors l'essai de lancer des pierres au moyen de cette composition.

Sans vouloir mettre ce fait en doute, il nous semble pourtant que cette date est trop récente pour qu'on puisse attribuer à *Schwartz* l'invention de la poudre, car il est constaté que l'origine de l'artillerie en Belgique remonte à une époque plus reculée.

Comme les preuves manquent complètement, il est permis d'admettre que le feu grégeois a été introduit en Europe par les Sarasins, et qu'il a formé la composition primitive de la poudre à tirer. Les traditions qui nous ont été conservées sont propres à affirmer cette supposition.

Le feu grégeois se présente, comme on a vu, sous plusieures formes ; soit comme un mélange de matières incendiaires, soit comme une composition possédant une force motrice. Cette dernière était destinée a diriger en avant (au moyen de fusées) la masse incendiaire, ou à la chasser hors de tubes conducteurs qui lui donnaient la direction voulue.

Les projectiles mentionnés jusqu'en 1247 ne paraissent avoir servi qu'à mettre le feu, et l'action destructive des projectiles de pierre ou de fer, etc. était probablement restée inconnue jusqu'alors. Les tubes dont on se servait étaient du reste impropres à lancer ces derniers projectiles.

La tradition qu'en 1247, à Séville, des projectiles perçaient les armures de chevaux permet de placer à cette époque l'origine des projectiles en pierre, qui n'étaient peut-être alors que des cailloux de peu de dimension, enveloppés de matières inflammables.

En Suisse, la connaissance de la poudre à tirer ne date que du milieu du XIVe siècle. A cette époque les béliers et les catapultes étaient en usage comme machines de grosse artillerie, tandis que l'arc et la flèche, l'arbalète et le carreau, la massue, la pique, la massue armée de clous (morgenstern), la hallebarde et l'épée servaient d'armes portatives.

Planche I.

Fig. 1. **Arbalète génoise.**
  „ 2. **Arbalète suisse.**
  „ 3. **Guindeau** de l'arbalète suisse.
  „ 4, 5, 6. Diverses formes de **carreaux.**
  „ 7. **Carreau garni de composition incendiaire.**

Planche II.

Fig. 1. **Hallebarde** du XIIIe siècle.
  „ 2.   „   „ XIVe   „
  „ 3.   „   „ XVe   „
  „ 4. **Massue armée de clous** (Morgenstern).
  „ 5. **Pique.**
  „ 6. **Epée à deux mains** (Flamberge).
  „ 7. **Esponton** (Pique d'officier).

La poudre à tirer.

Lorsque l'usage de la poudre à tirer fut devenu général, sa préparation devint un privilège spécial des canonniers (Büchsenmeister) qui recevaient le droit de maîtrise après un certain nombre d'années d'apprentissage et après avoir subi certaines épreuves.

Ils entraient alors au service d'un Etat en s'engageant par contrat à prendre soin de l'artillerie tant en temps de paix qu'en temps de guerre, à former des apprentis, etc.

Il est attesté qu'en Suisse la ville de Bâle avait un maître-canonnier en 1391.

1402. *Jean Gresy*, maitre-canonnier à Fribourg, dut entre autres obligations s'engager par serment à n'apprendre à personne l'art et les fonctions des canonniers sans une permission spéciale des autorités; par contre il était tenu d'apprendre à trois ou quatre citoyens la manière de préparer la poudre à tirer et à desservir les bouches à feu. — A cette époque la préparation de la poudre n'était qu'un travail manuel; plus tard l'industrie s'en empara et l'on établit des fabriques de poudre appartenant à des particuliers et enfin la fabrication et la vente de la poudre devinrent un monopole des gouvernements.

Déjà en

1650 personne ne pouvait vendre de la poudre à tirer dans le canton de Berne sans une patente de l'autorité, qui, en cette année s'empara tout à fait de ce commerce, en conféra l'administration à un intendant spécial et commença à fabriquer la poudre dans les poudrières de l'Etat.

La poudre de Berne jouissait déjà alors d'une haute réputation; non seulement Berne en fournissait aux autres cantons; mais en

1661 elle en fit une fourniture considérable à Turin, et en **1667** elle en vendit 1000 quintaux au roi de France à Paris. (Au prix de 20 fr. le quintal, rendu franc de port à Morges.)

A cette époque la poudre se vendait aux habitants à raison de 4 batz la livre.

Plus tard, en 1757, le gouvernement bernois chargea de la fabrication de la poudre à tirer une commission spéciale à laquelle l'intendant des poudres (Pulverherr) était subordonné.

Malgré tous les essais faits depuis l'invention de la poudre, on n'a trouvé jusqu'ici aucune force motrice qui pût la remplacer, et les substances qui entrent dans sa composition, le salpêtre, le soufre et le charbon sont restées les mêmes.

Les modifications auxquelles on a soumis, soit le dosage des matières premières, soit le mode de fabrication ont eu des résultats plus ou moins favorables, et les proportions du dosage varient aussi un peu suivant l'usage auquel la poudre est destinée. Ainsi on prend pour la poudre de mine 65 p. $\%$ de salpêtre, 15 p. $\%$ de soufre et 20 p. $\%$ de charbon, tandis que la poudre de chasse demande environ 78 parties de salpêtre, 12 parties de soufre et 10 parties de charbon.

L'usage des machines a amené une amélioration incontestable dans la qualité de la poudre. Tandis que l'ancien mode de fabrication manuelle laissait beaucoup à désirer sous le rapport de l'homogénéité qui est une condition essentielle de la bonne poudre, on parvint, en employant des machines, à perfectionner beaucoup la fabrication sous ce rapport.

Les trois matières premières.

1. Le salpêtre.

Le salpêtre (azotate de potassium) se compose d'un atome de potassium, 1 partie d'azote et 3 parties d'oxygène, 100 d'acide azotique et 53½ parties de potasse; on le trouve à l'état naturel et on peut aussi le produire artificiellement en laissant se décomposer sous l'influence de l'air atmosphérique des matières animales et végétales qu'on recouvre de terre et qu'on arrose avec de l'urine ct de l'eau de fumier.

(Salpêtrières, caves, étables, fosses à fumier.)

Comme la production artificielle est très-coûteuse, et que le produit en est relativement médiocre et moins pur, la plupart des fabriques continentales tirent leur salpêtre des Indes où il se forme sous l'influence de l'air dans des terrains pierreux, et probablement dans les mêmes conditions que celui que l'on fabrique artificiellement.

Le salpêtre du commerce, n'est cependant pas assez pur pour servir à la fabrication de la poudre; il est nécessaire de le purifier préalablement et d'en éloigner les substances hétérogènes. Plus le salpêtre est pur, moins il attire l'humidité de l'air.

En Suisse, on a tenté à plusieurs reprises de se pourvoir de salpêtre sans avoir recours à l'étranger; mais ces essais n'ont pas complètement réussi et comme on n'obtenait à grands frais qu'un produit très-inférieur, on les a abandonnés.

2. *Le soufre.*

Le soufre est un produit naturel que l'on trouve, soit pur, tel qu'on l'exploite principalement en Sicile, soit mêlé à d'autres substances dont on le sépare par la fusion.

Dans le soufre épuré du commerce on distingue le soufre en bâtons et la fleur de soufre. — Pour servir à la fabrication de la poudre il faut que le soufre soit parfaitement pur. Il devient glutineux à 48° et il fond à 90° R.

Comme quelques contrées de notre pays paraissaient contenir de riches dépôts de soufre, on a aussi tenté de les exploiter. — Des essais ont été fait à ce sujet en **1664** à Krattigen près du lac de Thoune, et en **1795** dans le district d'Aigle, mais sans aucun résultat favorable.

3. *Le charbon.*

Les bois tendres et sans résine, tels que le peuplier, le saule, le tilleul, le fusain, la bourdaine, le noisetier et le sarment de vigne fournissent, après avoir été dépouillés de leur écorce, du charbon propre à la fabrication de la poudre.

On fait évaporer les substances fluides du bois au moyen d'une chaleur artificielle, et il reste après cette opération environ 25 à 28 p. % de charbon.

Le charbon facilite la combustion de la poudre.

Décomposition de la poudre
par sa combustion.

La combustion de la poudre consiste à la fois dans la décomposition de l'azotate de potassium qu'elle renferme et dans la combinaison des éléments solides ou gazeux qui se dégagent de ce corps avec le charbon et le soufre qui entrent dans le mélange explosif.

La composition

ou la proportion dans laquelle on mélange les trois substances dont se compose la poudre à tirer est à peu près de:

$6/8$ de salpêtre, $1/8$ de soufre et $1/8$ de charbon.

Les différents usages auxquels la poudre doit servir amènent de légères modifications dans cette proportion.

Tableau comparatif du dosage.

		Salpêtre.	Soufre.	Charbon.
France	parties p. %,	75	12.5	12.5
Angleterre	id.	75	10	15
Autriche	id.	75	12	13
Russie	id.	80	9	11
Prusse	id.	75	11	14
Suisse	id.	77.5	9	13.5

La Suisse admettra probablement pour les armes se chargeant par la culasse, le dosage de 75 parties de salpêtre, 11 de soufre et 14 de charbon.

Préparation de la poudre à tirer.

La préparation de la poudre à tirer dont on trouve la description dans la plupart des ouvrages militaires, ainsi que dans divers traités spéciaux, comprend les opérations suivantes:

1. *Trituration* des matières premières au moyen de tambours de tôle qui tournent autour de leur axe et qui sont munis de gobilles de bronze.

2. *Mélange* des matières dans des tambours également pourvus de gobilles de bronze.

3. *Humectation* du mélange avec 9 ou 10 parties d'eau.

4. *Compression* du mélange au moyen de laminoirs ou de pilons. On divise alors la pâte comprimée en morceaux de la grosseur d'une noisette qui subissent ensuite l'opération du grenage.

5. *Le grenage* se fait au moyen de cribles à rotation circulaire et à trois compartiments dont celui du haut a les trous les plus larges et celui du bas les plus étroits. Les morceaux

de pâte sent pressés par les trous du crible supérieur au moyen d'un disque garni de plomb.

Le crible inférieur rejette les grains et le poussier séparément.

La poudre anguleuse se graine au moyen de laminoirs cannelés qui se meuvent en sens inverse.

6. *Assortisage* des grains selon leur grosseur au moyen de tamis correspondants aux divers numéros.

7. *Séchage à l'air.* On étale la poudre sur des châssis et on l'expose au courant d'air.

8. *Polissage et lissage* qui se fait dans des tambours de cuir dits: „lissoirs" qui tournent autour de leur axe.

9. *Dessication complète* dans l'air chaud à 48° au plus, car une température plus élevée rend le soufre glutineux.

10. *Epoussetage et assortissage final.*

Inflammation et combustion.

La poudre sèche produit une chaleur plus intense et se consume plus rapidement que la poudre humide.

Une plus grande intensité du feu qui produit l'inflammation rend celle-ci et la combustion plus générales et plus rapides.

Plus le dosage de la poudre est exact, plus la quantité de poudre qui se consume est grande.

Les grains peu compacts s'enflamment plus rapidement que les grains compacts, les grains fins plus rapidement que les gros et les grains anguleux et rudes plus rapidement que les grains ronds et lisses.

La combustion de la poudre dépend autant de sa quantité que de la forme du récipient. Plus cette forme s'approche de la sphère, plus la combustion devient rapide, et l'effet devient d'autant plus instantané, plus concentré et plus intense. (Chambres de mortiers et obusiers.) Plus le grenage est fin, moins il faut de temps pour la combustion de chaque grain ; d'autre part les espaces vides que les grains fins laissent entre eux sont plus resserrés, de sorte que la circulation de la flamme a lieu moins rapidement et augmente par là le temps nécessaire à la combustion de la charge entière. On se sert, par conséquent de poudre à gros grains pour les grosses charges et de poudre fine pour les petites.

La combustion de la poudre anguleuse a lieu plus rapidement pour chaque grain que celle de la poudre ronde et lisse ; par contre la circulation de la flamme se fait moins bien.

Le prolongement de l'espace dans lequel se produit l'inflammation diminue l'effet détériorant du feu sur les parois sans que la vitesse initiale en souffre, à moins que la simultanéité de l'inflammation n'ait pas lieu. (Chambres des mortiers et des obusiers.)

La sphère d'efficacité d'un grain de poudre est, selon divers essais, égale à 8 fois son volume.

L'efficacité de la poudre consiste en ce que les gaz qui se développent avec une grande rapidité au moment de la combustion et qui sont alors très-condensés cherchent à se mettre en equilibre avec l'air atmosphérique, c'est-à-dire à occuper un espace beaucoup plus grand que celui qu'occupait la poudre avant sa combustion. Si un obstacle quelconque s'oppose à cette dilatation, l'influence de cette force ce manifeste et c'est ce qu'on appelle la force ou l'efficacité de la poudre

L'efficacité de la poudre dépend d'abord :

de la qualité de la poudre et de la rapidité de sa combustion, car si, par une cause quelconque, elle se consume lentement, l'action des gaz devient plus successive et l'effet plus faible; et ensuite :

de la force absolue elle-même, de la solidité du récipient, de la proportion de l'espace non occupé par la charge, et enfin de la compression de la poudre qui devient désavantageuse dès que les intervalles deviennent petits outre mesure.

Qualité de la poudre.

Pour que la poudre soit bonne, il faut que les grains soient aussi égaux que possible, qu'ils aient la même couleur intérieurement et extérieurement, qui'ils soient compacts et qu'ils ne se laissent pas facilement écraser dans la paume de la main par la pression des doigts.

Elle ne doit pas contenir de poussier, ce dont on peut s'assurer en faisant glisser, soit dans la main, soit sur du papier blanc une certaine quantité de grains qui ne doivent pas y laisser de trace noire.

Si la couleur n'est pas uniforme, le mélange est incomplet et des grains rudes au toucher accusent une trituration insuffisante.

Les grains tendres se détruisent facilement et la poudre perd considérablement de sa force.

L'ennemi principal de la poudre est l'humidité; le salpêtre et le charbon l'attirent. La poudre perd alors de sa force, et peut, selon le degré d'humidité devenir totalement hors de service.

L'augmentation du poids des grains, leur combustion lente et leur agglomération indiquent que la poudre contient encore un peu d'humidité; on peut la rendre bonne en la séchant au soleil, en écrasant soigneusement les agglomérations et en l'époussetant ensuite.

Si les agglomérations sont dures, cela prouve que le salpêtre s'est séparé, surtout si on voit à l'oeil une fine poussière blanche, si la plus grande partie de la poudre est réduite en poussière et si le reste des grains est noir et terne. Dans ce cas la poudre ne peut être remise en état que dans les usines en la soumettant à un remaniement complet.

La même opération devient nécessaire lorsque les agglomérations sont occasionnées par un degré de chaleur qui cause la fusion du soufre.

Epreuve de la poudre.

L'homogénéité et l'efficacité de la poudre s'éprouvent:

1º en comparant le poids d'un volume de poudre (p. ex. un pied cube) exactement mesuré à celui d'un volume équivalent de poudre normale. Cette opération a lieu à plusieurs reprises (un décimètre cube de bonne poudre pèse à peu près gr. 0.950).

2º par l'épreuve de force pour laquelle on peut se servir de différents moyens, p. ex.:

a) du *mortier-éprouvette* dont l'angle de tir et de 45º et qui, chargé d'une certaine quantité de poudre, lance un projectile d'un poids déterminé. Les distances auxquelles ce projectile tombe à terre sont comparées à celles que l'on a obtenues avec une charge équivalente de poudre normale.

b) de *l'éprouvette dentée* (comme depuis 1629). Cette éprouvette se compose d'un petit mortier placé verticalement entre deux montants sur lesquels glisse un billot muni d'une règle dentée. Ce billot, posé d'abord sur l'orifice du mortier qu'il ferme hermétiquement, s'élève par la force de la poudre jusqu'au point où celle-ci cesse d'agir ; la règle se trouve alors arrêtée par deux petits ressorts fixés au sommet des montants.

c) Du *balancier balistique* (d'invention espagnole), qui peut servir à chaque arme pour l'épreuve de la poudre qui est destinée à son usage. La force de la poudre éprouvée au balancier se juge par le recul.

Planche III.

Fig. 1. **Ancienne éprouvette française**, construite en forme de pistolet. Le bassinet, dont la forme est celle d'un petit mortier est hermétiquement fermé par un couvercle faisant corps avec une roue dentée et graduée. L'action de la poudre soulève le couvercle et fait tourner la roue qu'un ressort arrête au point où cette action cesse.

" 2. **Eprouvette dentée**, *décrite ci-dessus*.

" 3. **Balancier balistique.** Un petit canon de métal ou simplement un bout de canon de fusil suspendu à la tige du balancier donne par son recul un mouvement d'occillation à ce dernier. Une petite règle indique sur un limbe gradué la force de la poudre qu'on éprouve.

Planche IV.

Fig. 1. **Ancien mortier-éprouvette** à pied fixe. Le poids du projectile était de 60 $\mathcal{G}$ et celui de la charge de 6 lots.

" 2. **Nouveau mortier-éprouvette mobile**, en acier fondu, dont on se sert en Suisse. On lui donne une position verticale pour recevoir la charge et une inclinaison exacte de 45° pour le tir.

" 3. **Projectile** du mortier éprouvette ci-dessus avec sa poignée. Ce projectile est d'acier fondu. La poignée sert à introduire le projectile dans la cavité du mortier et à l'y placer avec la précision voulue. L'écrou qui reçoit la poignée doit se trouver exactement au sommet du projectile et lorsque la charge est achevée on remplace la poignée par une vis.

Ce n'est pas seulement à l'invention primitive de la poudre à tirer qui paraît ne s'être perfectionnée que peu à peu, mais plutôt à la manière de s'en servir qu'il faut attribuer la révolution qui s'est opérée depuis le milieu du XIVe siècle dans l'art de la guerre. Tandis que les anciens engins (fusées et tubes conducteurs) n'avaient pour but que de lancer des matières incendiaires, ils servirent depuis à écraser l'ennemi de projectiles destructifs; mais alors la force de résistance des engins connus devenait insuffisante.

On avait déjà construit une bouche à feu à Amberg en 1301 et tiré sur la ville de Brescia avec des armes à feu qui lançaient des pierres. Les documents de la ville de Gand prouvent qu'à la même époque, c. à. d. avant

1313, les armes à pierre étaient aussi connues en Belgique.

En suite des relations amicales qui existaient alors entre les Flamands et Edward IV, cette invention passa de Belgique en Angleterre où l'on s'en servit en

1327 contre les Ecossais.

1331. Le roi de Grenade bombarde Alicante avec une machine qui lançait des boulets en faisant feu.

1338. Les régistres de la chambre des comptes de Paris font mention d'une somme payée à *Barthélemy de Drach* pour des bouches à feu et de la poudre que l'on employa à Puy-Guillaume. C'est le premier document qui parle d'armes à feu en France.

Les armes à feu sont aussi connues en Prusse et en Lithuanie. L'Ordre Teutonique possède trois pièces de gros calibre.

Ces **premiers canons** étaient faits de bandes de fer soudées et reliées entre elles par des liens circulaires, comme des douves de tonneau. Ils étaient encore très-grossiers de forme et imparfaits.

Ces bouches à feu, franches de tout support ou seulement attachées sur des blocs de bois étaient conduites sur des charriots. Arrivé sur la place où l'on voulait s'en servir, on posait la pièce à terre et on lui donnait l'inclinaison nécessaire en creusant le terrain sous la partie postérieure ou en exhaussant la bouche au moyen de billots. De grosses pierres et quelques forts piquets fichés en terre derrière la culasse servaient à empêcher le recul.

Déjà à cette époque on mettait la charge de poudre dans des sacs du calibre de la pièce. (Pour la poudre ouverte on se servait de la cuiller ou pelle à charger.) On plaçait sur la poudre un culot de bois et sur celui-ci le projectile de pierre taillée qu'on appelait généralement „la pierre".

Après avoir percé la cartouche au moyen du dégorgeoir, on remplissait la lumière de pulvérin auquel on mettait le feu dans le commencement avec un charbon ardent et plus tard avec une mèche soufrée fixée sur un boute-feu.

Les noms qu'on donnait à ces canons étaient: Tourmentes (Tormentum), pierriers et bombardes.

Pour garantir les hommes desservant les pièces et pour cacher leur mouvement aux yeux de l'ennemi, on les abritait derrière des auvents à bascule qu'on levait au moment de faire feu.

Le personnel du service se composait d'un maître canonnier que plus tard on appela aussi „constable" et d'un servant pour chaque pièce.

Les servants n'étaient chargés que de la partie mécanique

du service, comme, p. ex. d'apporter les munitions, de lever ou de baisser l'auvent et d'aider au pointage. Ils étaient, en général, au service et à la solde des maîtres-canonniers.

Planche V.

Fig. 1.   **Canon anglais** dont on fit usage, selon Froissard, à la bataille de Crécy, en 1346.

„ 2. a) **Ancien canon anglais** de 1370, se chargeant par la culasse
b) **Culasse mobile** du canon ci-dessus.

„ 3. a) **Canon espagnol** de la même époque.
b) **Culasse mobile** du canon ci-dessus.

Ces canons paraissent avoir été des canons portatifs et leur culasse mobile était probablement renforcée par un coin qui toutefois n'est pas indiqué sur l'estampe originale.

Fig. 4 & 5. **Formes primitives de canons anglais** modèles conservés à la Tour de Londres.

Planche VI.

Canon du XIVᵉ siècle avec les hommes qui le desservent, un maître-canonnier et son aide. Ce dernier est prêt à lever l'auvent.

Planche VII.

Fig. 1. **Canon à pierres ordinaire**, du XIVe siècle, attaché sur une plate-forme de bois avec un dossier.

„ 2 **Canon à pierres** de dâte plus récente, sur socle de bois avec deux arcs de cercle servant à pointer. (En 1472, selon Valturius).

1339. La croix blanche sur fond rouge fut adoptée pendant la guerre de Laupen comme signe distinctif par les citoyens des cantons forestiers et par les Bernois et devint plus tard l'insigne militaire et l'écusson des confédérés.

1340. Le Quesnoy se défend contre Mirepoix avec des canons et des bombardes qui lançaient de „grands carreaux" (de pierre).

Les Anglais se servent devant Eu de grosses pièces qui tirent des „cailloux arrondis". On donnait ces machines comme toutes nouvelles et l'on se réjoissait de la manière dont elles avaient supporté cette épreuve.

Augsbourg possède à cette époque un moulin à poudre.

1342. On se sert devant Algésiras de grosses bombardes en fer. Les Arabes ont aussi des machines pour tirer des boulets rouges.

Les bombardes lançaient des boulets de la grosseur d'une pomme contenant du feu et des matières puantes et l'on dit qu'elles possédaient une force de destruction inconnue jusqu'-alors. La poudre qui servait à lancer ces projectiles était appelée „naphte tonnante“.

1344. Les Anglais ont des canonniers à la solde de l'Etat. En

1345 au siège de Montségur, ainsi qu'en

1346 à la bataille de Crécy, les Anglais se servent de bouches à feu en fer. (Mortiers qu'on transportait sur des charriots et qui lançaient des boulets de fer.)

Projectile allongé et forage quadrangulaire d'un canon.

Au mois de septembre de la même année, un nommé *Piers*, de Bruges, accédant aux désirs de la municipalité de Tournay (Belgique), fit dans cette ville l'essai d'un canon à forage quadrangulaire; le projectile, une pierre de forme allongée, était munie d'une tête pointue en plomb.

On avait assigné à *Piers* une place devant la porte dite „porte noire“ d'où il pointa sa pièce sur le mur d'une maison adossée au rempart de la ville. Le projectile manqua le but, passa pardessus les deux remparts et s'en alla tuer près de l'église un homme du nom de Jaquemon.

Ce fut probablement le premier essai que l'on fit de projectiles allongés pour les armes à feu.

1354. Le Danemark possède des canons et des bombardes.

1356. Presque toutes les chroniques des villes impériales libres d'Allemagne parlent d'armes à feu.

1359. *Pierre d'Arragon* possède un navire armé d'une bombarde avec laquelle il détruit les mâts d'un vaisseau castillan ennemi. Les Anglais ont aussi des vaisseaux armés de bouches à feu.

1360. Maître *Senger* à Nuremberg fait commerce d'armes à feu et de poudre.

1361. Dans la guerre maritime contre les Danois, les Lubeckois se servent de poudre à tirer. Un prince de Danemark fut tué par les éclats d'un projectile explosif de nouvelle invention.

1362. Pietro buona en Toscane possède un mortier pesant plus de 2000 livres. L'armée de l'ordre teutonique conduit 30 canons à pierres au siège de Rouen.

1364. On fabrique à Pérouse 500 *bombardes portatives*, dont les projectiles percent les armures.

1365. D'après la chronique thuringienne de *Rothe*, le duc de Brunswick se défend à Eimbeck au moyen de bouches à feu et de *boulets de plomb* contre le duc de Meissen. Celui-ci, qui n'avait à sa disposition que des catapultes et des béliers, fut obligé de lever le siège.

1366. Les Vénitiens assiègent Claudia fossa (Chiozza). — *Ligurius* raconte que quelques Allemands y étaient venus avec deux petits canons et des boulets de plomb dont ils firent présent aux Vénitiens qui s'en servirent avec grand avantage

1370. La ville de Pise et le duc de Brunswick possèdent beaucoup de bouches à feu.

1371. La ville de *Bâle* a les premières bouches à feu dont il soit fait mention en *Suisse*.

1372. *Nicolas de Rune* est mis à mort en Danemark pour avoir livré deux barils de poudre (Buiskrut) à l'ennemi.

Les Augsbourgeois ont trois gros *canons de bronze* (ad explodendos saxorum globos) qui leur ont coûté 50 livres d'or. Ces pièces étaient du calibre de 50, 70 et 127 ℔. Le corps de métier des maçons fut chargé de la taille des boulets de pierre et le secret de la fonte ne fut communiqué qu'à trois membres du Conseil.

Au combat naval de La Rochelle les navires français sont armés de canons.

1377. On fabrique à Erfurt des canons en fonte de fer.

1378. Aarau fait fondre à Augsbourg des boulets de fer pleins et creux, ainsi que 20 canons de bronze.

1381. Dans la guerre des villes impériales contre la noblesse de Franconie et de Souabe, les Augsbourgeois avaient 36 arquebusiers.

1382. On emploie des armes à feu portatives à la bataille de Rosabecque.

1383. Ces armes sont aussi connues en Lithuanie et on s'en sert au siège de Troski.

1386. Dans son expédition contre les Suisses, *Léopold, duc d'Autriche* conduit avec lui de grosses pièces d'artillerie. — Les Padouans ont des armes à feu portatives appelées bombardelles.

1387. *Scaliger* a trois canons qui sont chacun à trois étages et portent sur chacune de leurs quatre surfaces trois bombardes tirant des projectiles de fer gros comme des oeufs. Les côtés des étages pouvaient être tournés alternativement vers l'ennemi.

1388. Ratisbonne est bombardée par le duc de Bavière avec des projectiles creux.

1389. Les Russes apprennent à connaître les armes à feu.

1390. On lance devant Padoue au moyen de mortiers des feux d'artifice qui mettent le feu à l'église de St. Michel.

On fond à Bâle deux canons qui coûtaient ensemble 132 L. Cette ville avait à sa solde un maître canonnier.

Après de nombreux essais on commença depuis 1350 à construire à Liège des armes à feu montées sur bois. C'étaient de grossiers tubes de fer assujettis à un fût de bois et qui tiraient des projectiles de pierre, de fer et de plomb.

1392. Un tir à l'arc a lieu à Augsbourg.

1392. *Introduction des armes à feu portatives en Suisse.*

Quoique ces armes à feu eussent été un peu améliorées en comparaison de ce qu'elles étaient auparavant, elles étaient encore grossières et difficiles à manier, car il fallait y mettre le feu avec la main au moyen d'un petit bâton au bout duquel on fixait un charbon ardent et plus tard une mèche, ce qui gênait le tireur pour viser et pouvait occasionner des dégradations de l'arme.

Planche VIII.

Ancienne bombardelle anglaise (1346?)

Planche IX.

Arquebuse à croc primitive qu'on appuyait sur un mur ou dans l'embrasure d'un rempart et dont le croc servait à empêcher le recul.

Planche X.

Fig. 1. **Hache de combat** servant en même temps d'arme à feu (1393). Le canon de cette arme est muni d'un bassinet latéral, ce qui rend la communication plus sûre qu'un trou de lumière percé dans la partie supérieure du canon.

Fig. 2. **Arquebuse perfectionnée** de la même époque.

~~~~~~~~~~~~

1394. A Hambourg on tire à l'arc sur le „papageay". (Le „papegeay" ou „perroquet" sur lequel on tirait était une figure d'oiseau perchée au sommet d'un mât.)

1399. Les Mantouans se servent de mortiers pour lancer des boulets de plomb.

1400. Les boulets de fer remplacent les projectiles de pierre généralement usités jusqu'alors.

1401. On crée une fonderie de canons à Marienbourg (Prusse).

1404. A Compiègne, on encloue une bouche à feu (la Bourgeoise) qui fut plus tard remise en état de servir.

On se sert de mortiers à 7 bouches dont chacune lance trois boulets de pierre.

1408. Le Brunswick possède un gros canon (la „paresseuse, faule Metze") qui lance des pierres de 300 ℔.

On construit à Liège de petits canons sur charrois.

1409. Bâle a sept bouches à feu.

1411. Le duc d'Orléans possède 4000 armes à feu portatives.

1413. Les Bernois achètent à Nuremberg leur premier canon.

1414. Devant Arras, on se sert contre Charles VI d'armes à feu portatives à balles de plomb.

Le duc de Crossen meurt des suites d'un accident causé par son imprudence dans le maniement d'une bombarde.

1420. Au siège de Bonifacio (Corse) on lance de petits boulets de bois remplis de poudre qui éclatent en tombant. Quelques hommes étaient armés de coupes à feu ou mortiers à main dont ils tiraient des projectiles de plomb qui traversaient les armures.

Lors de la campagne où 5000 Bernois traversèrent les cols des Alpes valaisannes pour se rendre à Domo d'Ossola, il fallut 1500 chevaux de somme pour transporter les bagages (armures, vivres et ustensiles de campagne) qui étaient emballés, selon leur nature dans des sacs, porte-manteaux, caisses, tonneaux, etc.

1422. Au siège de Carlstein, les Hussites ont 5 grosses et 3 petites bouches à feu. Une des grosses pièces sauta au sixième coup, une autre au septième et une troisième au trente-deuxième, de sorte qu'on fut obligé de recourir aux catapultes (Steinblyden).

1423. Les châteaux de Bohême sont largement pourvus de canons et de bombardes à main.

Ce fut alors qu'on commença à munir les armes à feu portatives d'un *chien (serpentin)* qui avait à sa partie supérieure une ouverture dans laquelle on fixait la mêche allumée au moyen d'une vis; une détente faisait basculer le serpentin de manière à ce que la mêche vint s'appliquer sur le bassinet.

C'est à cette époque aussi que remonte l'invention de *l'arquebuse (haquebute à croc)*, arme à feu ayant un canon plus long et un calibre plus grand que la bombarde à main ordinaire.

Il y avait trois espèces d'arquebuses:

1° *L'arquebuse double*, tirant ¹/₄ de ℔ de plomb, montée sur une espèce d'affût ou chevalet et dont on se servait principalement dans les sièges et pour la défense de positions importantes.

2° *L'arquebuse simple*, tirant à peu près $^1/_8$ de ℔ de plomb, et

3° *La demi-arquebuse* qui était plus légère, mais qu'il fallait cependant appuyer pour le tir comme les autres.

Les plus grosses se transportaient sur des chars ou à dos de bêtes de somme.

Planche XI.

Arquebuse à serpentin (Arsenal de Schaffhouse).

1427. L'armée envoyée contre les Hussites avait plus de 60 bouches à feu parmi lesquelles il y avait des pièces à *chambre* et des *pièces de position appelées „terrassiers"*. Elle disposait en outre de plusieurs centaines d'armes à feu portatives et de 1800 flèches incendiaires.

Redusius décrit la bombarde de la manière suivante:

„Elle est en fer forgé, d'un calibre étroit dans sa partie postérieure et s'élargissant en entonnoir vers la bouche; la partie antérieure et large a une longueur de 8 calibres et la partie postérieure de 16 calibres. On verse dans la partie étroite un mélange artificiel de salpêtre, de soufre et de charbon de saule, on la bouche avec un tampon de bois, on place dans la partie antérieure et large le projectile de plomb et on met le feu au mélange par une petite ouverture pratiquée dans la partie postérieure de l'arme."

1428. Les Anglais ont 15 bouches à feu devant Orléans; ces canons étaient posés en long sur une pièce de bois dans laquelle ils étaient engagés jusqu'à la moitié de leur épaisseur. Ces pièces de bois qu'on appelait *charpenterie* étaient renforcées par des boulons et par des verroux.

1429. *Tir à la cible* avec des armes à feu à Nuremberg et en **1430** à Augsbourg.

1431. La Suède a des canonniers à sa solde et un moulin à poudre.

1432. L'empereur *Sigismond* a 500 hommes de sa garde armés d'armes à feu portatives.

1433. *Valturius* décrit dans „de re militari" des bombes de deux hémisphères. Le même auteur raconte que *Malatesta* de Rimini a inventé un canon dont la chambre peut être enlevée et qui sert à lancer ces bombes à une grande distance.

Planche XII.

Fig. 1. **Canon à pierre** du XVe siècle avec cornes à pointer et son charriot.

„ 2. a) **Canon à chambre** de la fin du XVe siècle.
   b) **Projectile creux** de ce canon, formé de deux hémisphères réunies par des liens soudés.

„ 3. **Mortier à pierre** employé au siège de Waldshut, en 1468.

1435. Nuremberg a un moulin à poudre.

1438. On conserve à Toulon (1830) un *canon de bronze* fondu en cette année qui tire un boulet de 7 ℔ et qui pèse 1678 Kilogr.

A Belgrade, on tire sur les Turcs avec des espingoles qui lançaient cinq à six balles de suite.

1440. Les Véronais ont des *boîtes qui éclatent* en lançant des balles (Boîtes à mitraille).

1441. Devant Belgrade on fait sauter des *mines* avec succès.

1443. Les *Terrassiers* (Tarras ou Tarris) aussi appelés *canons d'assaut* ou *canons à pierre* (Renn- und Steinbüchsen) étaient en usage dans la guerre de Zurich. Ces canons étaient mobiles, montés sur un affût à roues, et l'on s'en servait aussi bien en campagne que pour les sièges. On donnait à cette époque le nom de *Tarras* ou *Tarris* (terrasse) à des remblais de terre, buttes ou fortifications à parapet derrière lesquels la pièce était abritée.

Ces canons ne reposaient pas sur des tourillons, il fallait donc, pour les pointer, creuser la terre sous les roues ou exhausser la flèche de l'affût.

L'auvent était encore en usage.

Planche XIII.

Fig. 1. **Terrassier** avec auvent.
    „ 2. **Couleuvrine** avec cornes à pointer.

1444. A la bataille de St. Jaques les canons français détruisèrent le mur du cimetière de St. Jaques.

La ville de Greiffensée est défendue par une douzaine de bouches à feu qui tuent plus de cent hommes à l'ennemi dans l'espace de quinze jours.

Thomas de Falkenstein vend pour la somme de 500 florins à la ville de Rheinfelden un canon que les Bâlois avaient abandonné à Farnsbourg.

1445. Outre leurs pièces légères de campagne, les Bâlois possédaient une „*gréleuse*" *(mitrailleuse) à 9 canons.*

Il existe un manuscrit allemand daté de cette année, qui traite de l'artillerie et dans lequel il est dit:

„Que la poudre se compose ordinairement de 4 parties de salpêtre, 2 parties de soufre et 1 partie de charbon; que la poudre en grains a plus de force que la poudre non grainée, que la pâte sortie des pilons se triturait en grains et que la poudre devient meilleure à mesure que le dosage du salpêtre augmente. — Pendant qu'on met le feu à la pièce, le constable (canonnier) doit se placer à 16 pas de côté et en arrière. La charge occupe une longueur de trois calibres."

1448. Plusieurs mortiers sautent devant Piombino.

1449. Emploi de *tranchées* au siège de Harfleur, sous Charles VII.

1450. L'art de fondre les cloches répand celui de fondre des canons du même métal.

1452. *Mahomet II.* fait bâtir un château armé de canons dont les boulets pesaient jusqu'à 600 ℔.

1453. L'artillerie française coûtait alors 300,000 L. (Jaques Coeur, conseiller argentier de Charles VII.) — Cette même arme coûtait au duc de Bourgogne 60,000 L. par an. (Olivier de la Marche).

1454. *François Sforza* conduit avec lui six engins de guerre qu'on appelait „bronzines". — A Châtillon *Charles VII* a 800 ouvriers appartenant au corps d'artillerie.

Un maître de Champlite fond à Soleure une cloche et quelques bouches à feu. — A la même époque Zurich possédait aussi une fonderie de canons.

1460. *Jaques II,* roi d'Ecosse, est tué par les éclats d'une bombarde.

Planche XIV.
Canon anglais avec support de fer et quart de cercle servant à pointer (XVe siècle).

1464. *Olivier de la Marche* parle dans ses mémoires d'un corps franc de Suisses à la solde du duc de Bourgogne qui prit part à la bataille de Monthéry. Il dit: „que cette troupe n'avait aucune crainte des attaques de cavalerie; elle se formait par trois hommes dont l'un était armé d'une pique, un autre d'une arquebuse et le troisième d'une arbalète et qui savaient si bien se soutenir mutuellement que l'ennemmi ne pouvait rien contre eux."

1468. On fait mention de mortiers employés par les Confédérés au siège de Waldshut. Il paraît que ces mortiers étaient à chambre. — Les Confédérés avaient pour ce siège les pièces suivantes:

Zurich: une grosse pièce dont le service coûtait à lui seul 546 florins.

Berne: deux grosses pièces et quelques mortiers dont le service coûtait 1170 florins.

Le quintal de poudre coûtait alors . 16 florins
Un boulet de pierre . . . . . . 1 „
Un quintal de billots (Klötze) de fonte 4 „
Un quintal de salpêtre (tiré de l'étranger) 16 „ 36 Kreuzer.

1469. On parle d'un moine Augustin de Pasewalk qui était renommé pour la sûreté de son tir avec des armes à feu. Une balle tirée par lui pénétra dans la tente de Frédéric II de Brandebourg.

1471. Les Anglais préféraient encore l'arc et la flèche aux armes à feu, sous prétexte que leur portée était inférieure et qu'il fallait trop de temps pour les charger. Les bardes Anglais prophétisaient la perte de l'Angleterre si l'on introduisait les armes à feu au lieu de l'arc.

Le tir à l'arc était plus juste et plus rapide et le tireur qui tirait moins de 12 flèches à la minute ou dont une des flèches avait manqué le but encourait le mépris général. Il fallait qu'à la distance de 240 yards, la fléche perçât encore une planche de chêne de 3 pouces d'épaisseur (?). (United Service Journal, 1832).

En Silésie on fond des canons de fer.

1473. *Charles le Téméraire* organise un corps d'arquebusiers de choix.

1476 (3. Mars). A la *bataille de Grandson* les Confédérés prirent à l'ennemi : plus de 400 grosses pièces d'artillerie, pièces de campagne et couleuvrines ; 800 arquebuses, 300 barils de poudre, une grande quantité d'arcs, d'arbalètes, de piques, de haches de combat et de fléches dont beaucoup, provenant d'une manufacture anglaise étaient empoisonnées, et plusieurs milliers de masses d'armes en plomb garnies de pointes de fer ; les Arquebuses de Charles le Téméraire qui étaient incrustées d'ivoire, 10,000 chevaux de train, 27 bannières principales, plus de 650 drapeaux et un grand nombre d'objets de valeur, d'ustensiles, etc.

A la *bataille de Morat*, le 22 Juin de la même année, les Confédérés avaient environ 2000 arquebusiers armés, pour la plupart, d'arquebuses prises sur l'ennemi ; ces armes étaient de différents calibres et munies de platines à serpentin. Le butin que les Suisses firent dans cette bataille fut très-considérable quoiqu'il eût moins de valeur que celui de Grandson.

1477. *Bataille de Nancy* et mort de *Charles le Téméraire*.

Planche XV.

Canon pris sur les Bourguignons (conservé au château de Neuveville).

━━━━━━━

1478. Il y avait à Genève une société de tir connue sous le nom de *coulouvreniers* (colovrinarii).

On fond en France 12 pièces qu'on appelait *pairs*; c'é-
taient des canons de bronze qui tiraient des projectiles en fer
et en pierre. Un de ces canons sauta à l'épreuve et le fondeur
Jean Moqué et 14 personnes furent tués. Un autre lançait
à 270 toises un boulet de pierre de 500 ℔. Un culot de
bois séparait la charge du projectile.

1480. L'usage de *l'arquebuse* devient général en France,
et celui de l'arc tombe en désuétude.

Caorsin, dans la description du siège de Rhodes, se sert
pour la première fois du nom de *mortier* (mortare).

C'est à peu près dans ce temps là que les Espagnols doivent avoir adopté le *mousqueton* (petrinat) pour leur cavalerie.

1481. A Otranto le roi de Naples enlève aux Turcs 700
très-belles bombardes.

Dans un camp d'exercice établi au pont de l'arche, près
de paris, par le roi *Louis XI*, il y avait un corps de 6,000
Suisses, et l'on citait comme un fait extraordinaire „que les
tentes et les baraques en bois dans lesquelles logeaient ces
hommes étaient alignées dans le meilleur ordre" tandis que
jusqu'alors on avait l'habitude de grouper les tentes et les
baraques sans ordre régulier et au gré de chacun.

1490. Le gouvernement d'Augsbourg décide de faire instruire des bourgeois à se servir des armes de guerre par un
militaire habile (*instructeur*).

1492. Un corps de tireurs Suisses accompagne *Charles VIII*
à Rome et ces hommes se font admirer pour l'adresse avec
laquelle ils tiraient avec leur petites arquebuses des balles de
plomb sur l'ennemi. Ils avaient des *tambours* et des *fifres*
qui leur donnaient la *cadence du pas*.

Dans la même année, on substitue au canon immobile des pièces de campagne, le canon mobile muni de tourillons qui tournaient dans des logements pratiqués dans l'affût et permettaient ainsi de faire mouvoir le canon. Pour le pointage on se servait de cornes ou arcs de cercle placés de chaque côté du premier renfort de la pièce. Ces cornes étaient percées d'un certain nombre de trous dans lesquels on passait une tige de fer qui servait à donner à la bouche à feu l'inclinaison voulue.

Ce canon mobile ne pouvait toutefois servir que pour les pièces légères de campagne. A cette catégorie appartenaient aussi les *couleuvrines* qui étaient en usage à cette époque.

On distinguait alors (en partie un peu plus tard) les espèces suivantes de bouches à feu :

Les grosses bombardes à pierre, tirant des boulets d'un à plusieurs quintaux. On les transportait sur des chars massifs et elles exigeaient un fort attelage.

Les grosses pièces à roues (terrassiers, gros canons [Karthaunen]), qui tiraient des projectiles de fer de 25 à 28 ℔.

Pièces de batterie et de campagne.	Poids du boulet en fer.	Chevaux d'attelage.
Serpentines	35 à 50 ℔	12 et plus
Couleuvrines	20 ℔	9
Demi-Couleuvrines	15 ℔	6 à 8
Faucons	5 ℔	2 à 3
Fauconneaux	1½ ℔	2

et enfin des *mortiers* de différents calibres qu'on transportait sur des chariots.

On gravit, en général, sur ces bouches à feu des noms, des figures, des ornements et des inscriptions appropriées dont il est souvent question dans les poésies guerrières de cette époque; on sait, par exemple, que des pièces sorties de la fonderie de Berne portaient les noms de bélier, lion, première couronne, seconde couronne, etc. Les noms d'un certain nombre de pièces légères formaient parfois un jeu de cartes : le roi, la dame, le valet de pique, de carreau, de coeur, etc.

1494. *Charles VIII*, roi de France, prend avec lui de légères pièces de campagne montées sur des affûts à roues et qui suivaient l'armée à vitesse égale. Ces bouches à feu firent beaucoup d'effet en Italie parceque celles qu'on y connaissait jusqu'alors étaient très-lourdes et difficiles à transporter. Ce roi abolit aussi les bombardes de fer et ne se servit plus que de canons de bronze et de boulets de fer.

1496. Un tiers de l'infanterie espagnole est pourvu d'armes à feu.

En Suède, *Sten Sture* avait 300 serpentines et 500 arquebuses doubles. Les premières, longues de sept pieds et pesant 50 livres tiraient des balles de plomb d'une $\frac{1}{2}$ ℔. Les arquebuses tiraient des balles de 6 à 8 lots.

1498. Pendant un tir à la cible à Leipzig, on se sert d'arquebuses **à canons rayés** (carabines) inventées par *Gaspard Zöllner* de Vienne.

1499. (*Guerre de Souabe.*) Le roi *Louis XII* était obligé par un contrat de fournir aux Suisses les secours suivants :

Artillerie: 8 grosses pièces, 200 quintaux de poudre, 500 boulets en fer et 2,000 boîtes de fer remplies de plomb.

Train et attelages: 50 chars chargés de pioches, de houes et de pelles et 270 chevaux de trait.

Service de l'artillerie: 2 fondeurs et 12 maîtres-canonniers accompagnés de leurs servants et un nombre suffisant d'hommes du train.

Ce matériel et ce personnel coûtaient au roi 115 couronnes par jour.

Les Suisses vantaient l'excellence de ces bouches à feu en disant qu'elles pouvaient tirer jusqu'à trente coups par jour.

A Berne un décret du Conseil prescrit le port et l'usage de l'arquebuse; mais comme le goût de cette arme était encore peu répandu (ou lui préférait la pique, la hallebarde et l'arbalète), on accorda à chaque arquebusier une augmentation de solde de 1 schilling par jour à condition qu'il eût une arquebuse à lui.

1501. *Louis XII* arme 16 navires dont l'un portait 200 canons.

1504. *Pierre Amniger* fond un obusier long en Autriche. On dit que les obusiers étaient déjà en usage chez les Taborites en 1434 et que leur nom venait de celui de leur inventeur (*Obizzi*).

1509. Dans une expédition contre Venise, *Maximilien* a avec lui 106 bouches à feu avec des affûts à roues. — Devant Padoue, l'armée alliée a 200 pièces dont quatre sont si grosses qu'on ne peut les tirer que quatre fois par jour.

1512. Devant Ravenne *Piedro Navarro* a 30 chariots armés de faux et de l'artillerie.

Les Bernois conduisent à dos de mulets 6 doubles arquebuses en Italie.

L'organisation de l'armée bernoise et, en général celle des autres Confédérés, était la suivante :

(Berne). Les officiers supérieurs et les hauts fonctionnaires du gouvernement faisaient partie du corps de la bannière principale (Bannière de la ville), à la tête duquel se trouvait le *capitaine* (commandant en chef) qui était habituellement le chef de l'Etat (Avoyer). Cependant ce n'était pas toujours le cas, car lors de la campagne de Laupen, le Conseil des 200 investit du commandement de l'armée bernoise *Rodolphe d'Erlach* qui n'était ni avoyer, ni même fonctionnaire d'Etat.

Ces officiers supérieurs formaient ce qu'on appelle aujourd'hui l'Etat-major général.

Après le capitaine venait le *Banneret* (Venner) qui était chargé de la garde de la bannière et qui commandait les hommes qui y étaient préposés. Le service qu'il avait à faire peut le faire considérer comme le chef de l'infanterie, car il devait prêter serment „d'aider le commandant en chef à diriger et à commander la troupe.“

Quatre à six membres du Petit Conseil étaient adjoints comme *Conseillers* au Capitaine qui devait délibérer avec eux sur toutes les opérations projetées. Ces conseillers réunis au Banneret et présidés par le Capitaine étaient chargés de la direction de l'armée et formaient le Conseil de guerre.

Ils avaient sous leurs ordres tous les autres officiers et fonctionnaires attachés à la bannière, qui étaient chargés de diriger les principales branches du service de l'armée et qui étaient choisis par le gouvernement parmi ses membres ou dans les rangs de la bourgeoisie.

Le *Maître du tir* (Schützenmeister), qui prit le nom de

Capitaine des arquebusiers lorsque l'usage des armes à feu devint général, était chargé du commandement des arquebusiers réunis de l'armée; il devait s'engager „à les instruire de son mieux, à maintenir l'ordre et la discipline et à aider le capitaine, le banneret et les conseillers, en les assistant de ses conseils."

Il avait sous ses ordres le *Banneret des arquebusiers* (Schützen - Venner), qu'on appelait aussi Porte - drapeau (Vennly-Träger); il ne devait „porter sa bannière nulle part" et „ne laisser aller ses arquebusiers nulle part non plus" sans en avoir reçu l'ordre de son capitaine.

Le *Capitaine des gensd'armes* (Hauptmann über die Reisigen) était à la tête de la cavalerie (Bannière à cheval) et avait également un banneret sous ses ordres.

Le *Maître de l'Artillerie* (Zeugmeister) avait sous ses ordres les maîtres canonniers et leurs servants, les valets du train et le reste du personnel de l'artillerie, ainsi que:

Le *Directeur des travaux de campagne* (Bauherr des Kriegswesens) avec les contre-maîtres, les charpentiers et les autres ouvriers qui étaient sous ses ordres. Cette charge était en général remplie par le fonctionnaire chargé de la surveillance des bâtiments publics.

Le personnel subalterne de l'Etat-major se composait:

du *Secrétaire*, choisi parmi les employés de la Chancellerie, qui était chargé des écritures de service du quartier-général;

du *Chapelain* qui avait à célébrer le service divin en campagne avec l'aide d'un sacristain;

des *Chirurgiens* (Feldscherer), en nombre indéterminé

qui pansaient les blessés et soignaient les malades. Du reste, ils n'étaient pas spécialement attachés au corps de la bannière principale, mais les contingents des villes et des districts où se trouvaient des chirurgiens pouvaient les prendre avec eux; c'est ainsi, par exemple, qu'en 1467 le gouvernement donna l'ordre au contingent du Ober-Hasle de s'attacher le chirurgien Marcellin.

Le Capitaine et les conseillers avaient à leur suite quelques huissiers et des cavaliers d'escorte vêtus aux couleurs du pays. Les huissiers étaient au service du Conseil et de tribunal de guerre.

Les arrêts de mort prononcés par le tribunal de guerre étaient exécutés par le bourreau.

Les *tambours* et les *fifres*, qui marchaient avec les colonnes pour leur donner la cadence du pas, appartenaient aussi à l'Etat-major de la bannière. Ils étaient aussi employés à accompagner la publication des ordres dans le camp ou dans les quartiers en battant un signal particulier.

Tous ces officiers et ces fonctionnaires déjà nommés étaient élus par le gouvernement avant le départ de l'armée; mais il y avait d'autres emplois, en partie tactiques, auxquels le commandant en chef devait pourvoir en campagne et souvent même devant l'ennemi, en choisissant ceux qui devaient les remplir parmi ses conseillers et ses subordonnés.

Ces emplois étaient les suivants:

Les chefs de détachements qui devaient se séparer du gros d'après l'ordre de bataille (avant-garde et arrière-garde), tandis que le commandant en chef restait lui-même auprès du gros.

Les chefs des diverses armes, comme par exemple le *capitaine des piquiers* et celui des *hallebardiers*. On pouvait même désigner plusieurs chefs pour chaque arme.

Les *Organisateurs* (Ordnungsmacher) chargés de ranger les différents corps de troupes et de les mettre en rangs d'après les ordres du commandant en chef ou des chefs de corps. Les organisateurs remplissaient donc en quelques sorte les fonctions d'adjudant.

Les *Guides* (Führer) étaient chargés de guider l'armée et de maintenir l'ordre dans la marche.

Les *Assesseurs* (Beisitzer) du tribunal de guerre, qui avaient à juger, sous la présidence du commandant en chef tous les crimes et tous les délits commis dans l'armée, étaient choisis parmi les officiers de tous grades.

Le *Grand Prévôt* (Profos) était chargé de l'administration de la police de l'armée.

Un ou plusieurs *Fourriers* avaient à préparer les quartiers quand l'armée était en marche.

Et enfin les *Sergents* (Wachtmeister) étaient chargés de diriger le service de garde et en particulier d'organiser les postes et de placer les sentinelles qui devaient pourvoir à la sûreté du camp ou des cantonnements.

Cette organisation était celle d'un corps d'expédition d'environ 6,000 hommes. Un corps moins nombreux n'avait pas de bannière principale, mais seulement un drapeau (Vennlein) et l'Etat-major était réduit en proportion de la force du corps d'armée.

Les *Articles de guerre* (Kriegsordnung) qu'on lisait aux troupes chaque fois qu'elles étaient rassemblées étaient conçus de la manière suivante :

E. En face de l'ennemi. (Pendant le combat.)

Celui qui, avant ou pendant le combat, abandonne son drapeau en fuyant, sera banni à perpétuité comme un meurtrier et ses biens seront confisqués au bénéfice de la ville.

S'il est pauvre, on devra le poursuivre et si l'on réussit à s'emparer de sa personne, il sera jugé et condamné comme un scélérat et malfaiteur.

Celui qui, pendant le combat, excite les gens à la fuite, soit par des cris, soit par d'autres moyens, pourra être tué sur place par le premier venu sans que celui-ci soit rendu responsable du fait.

Celui qui pille pendant le combat et avant que la victoire ne soit décidée en répondra de sa personne et de ses biens devant l'autorité.

Le **Serment à la bannière,** conçu dans le sens des articles de guerre ci-dessus, était prêté par la troupe entière. Les bannerets avaient de plus à jurer:

„de garder la bannière avec fidélité de nuit et de jour, afin qu'elle ne fût ni dérobée ni endommagée par négligence; de ne jamais l'abandonner ni s'en laisser détourner en cas de danger, mais de la défendre jusqu'à la mort."

Depuis 1490 on avait établi une *garde spéciale pour la bannière,* forte d'abord de quatre hommes qui s'engageaient par serment:

„à veiller sur la bannière, à s'en saisir et à la tenir déployée dans le cas où le banneret se trouverait hors d'état de le faire ou succombait; à se soutenir mutuellement en la défendant et à ne s'en séparer qu'à la mort."

Cent hommes juraient ensuite :

„d'aider à la protéger et à la soutenir, de se faire tuer auprès d'elle au besoin et de ne l'abandonner qu'à la mort."

La bannière principale, comme nous l'avons dit, devait être accompagnée par un corps de troupe assez nombreux, tandis qu'on donnait des simples drapeaux ou fanions (Vennlein) à un corps de troupe dont la force moins considérable pouvait beaucoup varier. — Il fallait une autorisation positive pour recevoir ces fanions dont le rang était réglé selon l'importance de la troupe.

Ces bannières et ces drapeaux portaient des signes ou des emblêmes distincts dont la forme ou la couleur servait de signe de rallement et de reconnaissance aux hommes de guerre qui appartenaient aux corps qui les possédaient.

La nécessité de ces signes de ralliement s'était fait sentir dès les temps les plus reculés, et l'on prit à ce sujet des mesures appropriées au but ; il fut, par exemple, convenu entre les rois de France et d'Angleterre, lors de la grande croisade de 1188, que les Français devaient se distinguer par des croix rouges, les Anglais par des croix blanches et les Flamands par des croix vertes.

En **1512**, les Arquebusiers d'Augsburg tiraient pour des „culottes" (Hosen) ainsi que le faisaient auparavant les arbalêtriers.

1515. On se sert devant Vérone de pots-à-feu et de mitraille.

Planche XVI.

Fig. 1. **Arquebuse à mèche** du XVIe siècle, conservée à l'arsenal de Soleure. Le Serpentin, retenu par un ressort et pivotant sur une goupille est encastré dans la poignée de l'arme.

Fig. 2. a) **Arquebuse** se chargeant par la culasse.

   b) **Culasse mobile** de cette arquebuse.

   c) **Coin de fermeture** servant en même temps de mire.

Pour charger cette arme on enlevait d'abord le coin transversal ; puis le coin vertical avec la mire. On sortait ensuite la chambre, on la chargeait et on la remettait à sa place dans le canon auquel on la fixait au moyen des deux coins. Cette chambre était munie d'un trou de lumière correspondant exactement à celui du canon.

Cette arquebuse, conservée à l'arsenal de Berne, date probablement de la fin du XVIe siècle.

1517. On inventa à Nuremberg la **platine à rouet.**

On arme cette platine avec une clef au moyen de laquelle on donne à peu près trois quarts de tour au rouet ; une chaînette dont un des bouts est pris dans la griffe du grand ressort le tend en se roulant autour de l'axe du rouet que le pivot arrondi d'une gâchette arrête et retient en place jusqu'à ce qu'un levier, pressé par la détente, dégage la gâchette et que le ressort devenu libre se détende et donne au rouet un mouvement de vive rotation.

Avant de presser la détente, on abat sur le bassinet un chien garni d'un morceau de silex qui repose ainsi sur les cannelures du rouet dont la circonférence pénètre dans le bassinet par une ouverture ménagée dans le fond de celui-ci. La roue, par sa rotation, frotte contre le silex et en fait jaillir des étincelles qui mettent le feu à la poudre contenue dans le bassinet.

Tant que le silex reposait bien sur la circonférence du rouet, l'inflammation de l'amorce était assurée ; mais le mouvement rapide de la roue à cannelures usait bien vite la pierre qu'il fallait alors placer en avant ou remplacer par une neuve.

Pour remédier aux inconvénients produits par les ratés, beaucoup de platines à rouet furent munies d'un serpentin à mèche placé vis-à-vis du chien à silex.

Un couvercle mobile qu'on ouvrait et qu'on fermait primitivement avec la main et qui fut mis plus tard en communication avec le mécanisme, servait à garantir la poudre que contenait le bassinet. Lorsque le bassinet était ouvert, le couvercle se trouvait retenu par un ressort et pour le fermer il fallait le dégager de ce ressort en pressant sur un bouton placé à l'extérieur du corps de platine.

Planche XVII.

Platine à rouet avec un serpentin et d'un travail ordinaire.

Fig. 1. *Extérieur* de la platine (en faisant usage du rouet).

„ 2. *Intérieur* de celle-ci (le chien est rabattu en arrière pour se servir de la mèche).

Planche XVIII.

Platine à rouet, ciselée et gravée (d'une époque plus récente et conservée à l'arsenal de Soleure).

Fig. 1. *Extérieur* (la platine étant armée).

„ 2. *Intérieur* (la platine étant désarmée).

Planche XIX.

Platine à rouet de date plus récente.

Fig. 1. *Extérieur* (bassinet fermé).

„ 2. *Intérieur* (le rouet étant armé).

Un renflement excentrique de l'arbre de la roue repousse le couvercle du bassinet en arrière lorsqu'on arme la platine et un ressort muni d'un bouton dont la tête se trouve à l'extérieur de la platine le retient dans cette position. On dégage ce ressort en pressant sur le bouton et un second ressort, placé en dessous ramène le couvercle sur le bassinet.

Fig. 3. *Clef de platine* servant aussi de tourne-vis.

1533. On crée à Berne un corps de pionniers (Schuflislüten) et en 1536 on nomme un capitaine de pionniers (Schuflislüten-hauptmann Alex. Huser). Ce corps fut aboli plus tard.

1535. *Charles V* fait fondre à Malaga 12 canons de 45 ℔; leur longueur était de 18 calibres et l'épaisseur du métal de $^7/_8$ de calibre au tonnere et de $^3/_8$ derrière le renflement de la bouche. Ces canons servirent longtemps de modèles et portaient l'inscription : „Nec plus ultra".

A Alger, les Turcs se servaient de boulets de bronze et de fer qu'ils recevaient des Français, et qui étaient marqués de fleurs de lys.

A Goulette, en Afrique, Charles V trouva une bouche à feu du calibre d'un fond de chapeau et portant l'inscription : „Nutrisco et extinguo".

1536. A Arles on se servait de **grenades** lancées par les soldats, soit avec la main, soit au moyen de mortiers portatifs. Dans la même année on faisait usage de

Carcasses en fer de forme ovoïde qu'on remplissait de grenades et d'autres artifices et qu'on entourait d'un sac de toile ou de coutil, pour les lancer avec des mortiers.

On remplissait aussi les carcasses de balles, de bouts de canons de fusil, de clous, etc.

Planche XXI.

Fig. 1. A. **Squelette** d'une carcasse.
  „ „ B. **Carcasse** chargée, bourrée de matières inflammables, enveloppée et munie de **5 fusées**.
  „ 2. A. **Grappe** formée de 39 balles placées autour d'une bobine de bois et sur un culot.
  „ „ B. La même grappe enveloppée d'un sac de toile et d'un filet.

Fig. 3. A. **Boulet de tranchée** composé de 18 grenades placées sur un culot hémisphèrique et rangées autour d'une bobine.

„ „ B. **Coupe** du projectile.

„ „ C. Projectile enveloppé d'un **sac de toile** et d'un filet.

On essaie de tirer des grenades avec des canons, mais sans résultat favorable.

1537. Dans son ouvrage : „Della nuova Scienza" *Tartaglia* donne une théorie de la trajectoire qu'il décrit comme formant un arc de cercle, contrairement à l'opinion que l'on avait jusqu'alors, que le projectile suivait une ligne droite. Il dit aussi : que le canon est trop long lorsque la poudre se consume avant que le projectile soit sorti de l'âme, et qu'il est trop court si une partie de la charge en est rejetée sans être consumée. Si le canon est trop long, le frottement auquel le projectile est soumis en diminue la portée. Une augmentation de la charge augmente la portée, mais pas en proportion et une charge trop forte est nuisible. La force de percussion est moindre à bout portant qu'à une certaine distance.

1538. Au siège de Diu les Turcs avaient un canon à pierre de 300 ℔, un autre de 200 ℔, 2 couleuvrines de 150 ℔, 1 couleuvrine de 100 ℔, 2 passevolants de 16 ℔, un canon de 16 ℔, un second de 12 ℔, plusieurs mortiers de 600 ℔ et des fauconneaux de 6 ℔. Ils élevaient des parapets avec des sacs de laine auxquels les assiégés mettaient le feu avec des sacs de poudre.

1540. *Hartmann* de Nuremberg inventa le **pied à coulisse** (*échelle de calibre, Scala librorum*). Il en fabriqua beaucoup et fit ainsi adopter les poids et mesures de Nuremberg par presque tous les corps d'artillerie d'Allemagne.

1542. Devant Boulogne, on lança des bombes de 11 à 19 pouces dont les fusées étaient vissées.

1543. On adopte en France le pistolet pour la cavalerie et les mineurs; les carabiniers à cheval reçoivent des mousquetons de 2½ pieds de long (pétrinals) qu'ils portent en bandoulière, le canon en haut. Pour tirer on les appuyait contre la poitrine.

Depuis l'invention des canons rayés, on avait obtenu une certaine précision dans le tir; mais le mirage, laissait cependant encore beaucoup à désirer et l'on s'efforça de le perfectionner.

D'autre part, la dureté de la détente nuisait à la précision du tir et l'on y remédia par la **double détente** (inventée à Munich) qui s'adaptait aussi bien aux platines à rouet qu'à celles à mèche.

Planche XXII.

Fig. 1. Intérieur d'une **Platine à mèche** à double détente.

„ 2. Extérieur „ „ „ „

A l'extérieur du corps de platine est adapté un levier allongé, mobile dans une charnière et muni à son extrémité antérieure d'une tige qui, sous la pression d'un ressort, traverse le corps de platine et fait saillie à l'extérieur. Lorsque le serpentin est armé, il repose sur cette tige jusqu'a ce que le levier étant pressé par la pièce de départ, la saillie rentre, ce qui permet au serpentin de tomber sur le bassinet, sous la pression d'un ressort adapté à l'extérieur du corps de platine.

Fig. 3. Une arme du temps d'Edward IV qu'on appelait „goupillon" (Holy-water-sprincle), probablement à cause du sang qu'elle faisait répandre. C'était un mail en bois garni de liens et de pointes de fer et qu'on suspendait au bouton de selle. La partie antérieure renferme quatre canons dont les bouches peuvent être couvertes par une calotte de fer armée d'un dard.

Les trous de lumière par lesquels on met le feu avec une mèche, sont fermés par des tiroirs de bois.

Planche XXIII.

Fig. 1. Double détente, non armée, vue à l'extérieur.

„ 2. Coupe longitudinale de la double détente armée.

La double détente se compose des pièces suivantes :

1. le coffret,
2. la pièce de départ,
3. la pièce de détente (ou aiguille),
4. le grand ressort,
5. le réssort de détente, et
6. la vis d'arrêt.

On, arme la double détente en pressant sur la languette de la pièce de départ qui tend le grand ressort et qui se trouve arrêtée dans l'entaille de la détente; le ressort de détente empêche celle-ci de se retirer.

Une légère pression sur la détente (ou aiguille) dégage la pièce de départ que le ressort, en se détendant, chasse avec force contre le bras recourbé de la gâchette ou du levier et désarme ainsi la platine. La vis de pression sert à régler le jeu plus ou moins doux de la double détente.

A ces nouvelles inventions succéda de près celle d'une platine à batterie, dite „*platine de chenapan*" qui fut le premier modèle de la platine à silex dont l'usage devint plus tard général. Selon quelques auteurs, cette platine fut inventée en Espagne, selon d'autres dans les Pays-bas et son nom provient d'un corps de troupe auquel on donnait le sobriquet de „chenapans" (Schnapphähne, maraudeurs, voleurs de volaille), et dont les mousquets étaient munis de platines de cette construction.

Planche XXIV.

Fig. 1. Platine de „chenapan" (côté extérieur).

Le chien, armé d'une pierre à feu, vient frapper au départ contre la surface cannelée d'une batterie placée immédiatement au-dessus du bassinet auquel elle sert de couvercle et où elle est maintenue par un ressort. Le choc du chien contre cette batterie met le bassinet à découvert et la violente friction du silex contre l'acier produit des étincelles qui mettent le feu à l'amorce.

Fig. 2. **Platine arabe** de construction analogue.

(conservée à l'arsenal de Soleure).

Planche XXV.

Fig. 1. **Platine espagnole** (extérieur).

„ 2. „ „ (intérieur).

1544. En France on arma les fantassins de pistolets.

On se servit pour la défense de St. Dizier d'un canon forgé du poids de 6,831 ℔, long de 8 pieds 2 pouces, qui tirait avec une charge de 48 ℔ de poudre des projectiles d'un volume de 8 pieds cubes. La volée était en fer forgé et la partie postérieure en fonte.

Des pièces de 4 à double attelage accompagnaient la cavalerie *d'Enghien* à Cérisolles.

La flotte française avait des vaisseaux armés de 100 canons de bronze.

1547. L'usage des canons de fonte devient général en Angleterre.

Henri II prescrit aux communes de France une fourniture de 80,000 ℔ de salpêtre pour la fabrication de la poudre. On créa aussi des nitrières qui devaient en fournir la même quantité.

1549. Les milices bourgeoises de la ville d'Anvers portent l'uniforme.

1551. Des exercices armés ou jeux guerriers sont exécutés par la bourgeoise de Berne sur le Breitfeld. Ils se répètent pendant les années suivantes et deviennent ensuite les exercices réguliers de la milice.

1552. *Bonnet* invente les casemates.

1554. Berne reçoit de Nuremberg 4 mortiers (Feuerpoler) de fonte avec lesquels *Gaspard Brunner* de Nuremberg tira le 1ʳ Novembre de cette année des boulets à feu (brönnende Feuerkugeln) „ce qui était merveilleux à voir". Ces boulets à feu étaient faits d'une composition de poudre, d'eau de vie, de soufre et de salpêtre; on se contentait aussi d'envelopper simplement le boulet de ce mélange.

1555. *Léonard de Fronsberg* fait mention dans son livre sur la guerre, de canons „à orgue, à hérisson et à cris" (Orgel-, Igel- und Geschrei-Geschütz), et aussi de canons se chargeant par la culasse, dont on peut enlever la culasse et la fixer par un coin, après la charge. Ces bouches à feu étaient montées sur des affûts à roues et devaient principalement servir dans les retranchements; elles étaient aussi plus courtes que celles qui étaient alors en usage et tiraient aussi loin. Beaucoup de gens furent tués par des pièces qui sautaient, ce qui provenait de ce que ces pièces étaient trop minces ou courbées, la charge trop forte, la poudre mauvaise ou encore de ce que l'on chargeait des boulets à feu confectionnés avec du vin et du vinaigre.

Il donne le nom de „Waidloch" au trou de lumière, celui „d'Efrosine" aux tourillons et celui de „Delffin" aux poignées. Il faut refondre les canons dont le trou de lumière est rongé par le feu. La lumière est munie d'un couvercle;

on la ferme pendant la charge ou on la bouche avec de la cire. Des crans pratiqués à la hampe du refouloir indiquent la force de la charge dont le poids est d'un $1/_4$ du poids du projectile pour les boulets de pierre, de $7/_{24}$ pour ceux de fer et de $1/_2$ pour ceux de plomb. La masse incendiaire se compose de 2 loths de colophane, 3 de soufre, 1 de cire et de la grosseur d'un pois de safran. On obtient de la poudre qui ne produit pas de détonation en ajoutant du borax à la poudre ordinaire, tandis qu'un alliage de mercure la rend plus forte et plus violente. La pièce est placée sur un plate-forme et on la nettoie avec un chiffon mouillé fixé au bout d'un manche.

On conserve au musée de Paris un canon de fer de cette époque, très long mais de petit calibre, et se chargeant par la culasse.

1557. Une partie de l'infanterie allemande est armée de pistolets.

A la bataille de St. Quentin on remarquait 7,000 Anglais qui portaient des uniformes bleus.

1558. Au siège de Thionville, *Montluc* inventa les demi-parallèles servant à protéger les tranchées.

1559. Les Français se servent de mousquetons.

Les Anglais ont des armes à feu légères qu'ils appellent „colivers" et „escopettes".

1560. On organise à Berne une milice régulière. Le gouvernement donne aux baillis des villes et de la campagne l'ordre:

„d'inscrire partout et régulièrement dans les contrôles les noms des hommes faisant déjà partie des contingents, ainsi que leur équipement, et de ne rien changer à l'effectiv de ces contingents. Les hommes décédés ou qui deviennent impropres au service sont à remplacer par d'autres afin que les contrôles soient toujours au complet."

Une organisation analogue des milices eut lieu plus tard en Allemagne: en Autriche lors de la guerre avec les Turcs en 1594; en 1604 en Brandebourg on leva un homme sur 6 ou 10 et en 1660 on forma en Hesse des régiments de milice qui cependant n'étaient mis sur pied qu'en cas de guerre.

1561. On décrit les *cartouches des bouches à feu.*

Il existe de **1563** une ordonnance du gouvernement bernois sur les arquebuses à canon rayé. Il est dit que:

„depuis peu d'années s'était introduit à Berne l'art de creuser dans l'âme du canon des rayures courbes ou en spirale afin d'augmenter la précision du tir et que l'inégalité des chances qui en résulta avait semé la discorde parmi les tireurs."

Il fut donc défendu (ainsi que le défendaient aussi la plupart des gouvernements confédérés), sous peine de 10 L. d'amende, de se servir d'armes rayées dans les tirs communs.

Il fut toutefois permis à chacun de faire rayer son arme de guerre (Reisbüchse) et de concourir avec d'autres tireurs se servant des mêmes armes pour des prix spéciaux.

La même année, la fonderie de maître *Peter* à Berne fournit entre autres bouches à feu, une pièce dite à orgue formée d'un grand nombre de canons) qui fut éprouvée le 12 Juillet.

1565. On mentionne comme un fait extraordinaire qu'à Montfaucon un canon avait fait feu 200 fois en 9 heures.

D'après *Capo Bianco* 24 canons de bronze sautèrent dans l'espace de peu de jours à Malte.

1567. Le duc *d'Albe* adopte le mousquet pour l'infanterie espagnole. Il a des carabiniers à cheval armés de mousquetons.

La France adopte des mousquets qui tirent des balles de deux loths, plus petites que celles qu'on connaissait jusqu'alors.

1569. La cavalerie allemande est armée de pistolets.

1572. *Charles IX* décide dans l'édit de Blois que les rois seuls avaient le droit de fabriquer des armes à feu et de la poudre. Il abolit les anciennes bouches à feu de différents calibres et introduit plus d'unité dans son artillerie.

A Harlem on tire en un jour 680 coups de 12 bouches à feu et un autre jour 750.

L'usage de l'arc existe encore en Angleterre.

1573. On a des platines à rouet dont la roue s'arme par le mouvement du chien.

1575. On donne à de longs poignards le nom de „*bayonnettes*".

1576. Devant Tamar en Espagne, on se sert encore d'anciennes machines de guerre (balistes et catapultes).

1577. Les Polonais tirent sur Danzig des boulets incendiaires, inventés par *Etienne Bathory*.

Un régiment de cavalerie suédoise est encore armé d'arcs.

1579. Le **pétard** fut inventé en France par les Huguenots.

1580. L'Archiduc d'Autriche publie une ordonnance sur le calibre des bouches à feu de l'armée impériale.

Selon *Laisné* on inventa en cette année les **bombes** et on s'en servit 8 ans plus tard au siège de Wachtendock.

Valturi place cette invention à une époque plus reculée et l'attribue à *Sigismond Malatesta*, seigneur de Rimini. Ces bombes n'étaient pas d'une seule pièce de fonte, mais elles étaient formées de deux hémispères creux soudés et reliés entre eux.

Selon *Hoyer*, on s'était déjà servi en 1562, au siège de Rouen de projectiles creux et remplis de poudre.

1584. Carabine-revolver. *Nicolas Zurkinden* fit à Berne, le 25 Mai de cette année, l'essai d'une carabine avec laquelle on pouvait tirer, d'un seul et même canon plusieurs coups de suite sans que l'arme ne quittât la joue.

Faute de précaution, le résultat de cet essai ne fut pas heureux et eut même des suites funestes, car l'arme sauta et les éclats blessèrent plusieurs personnes, entre-autres le vieux Franz Dittlinger.

Dittlinger mourut au bout de quelques jours des suites de sa blessure. La sentence prononcée à cette occasion par le Petit-Conseil et le Conseil des 200 contient le passage suivant :

„Que la mort de Dittlinger devait être attribuée plutôt à un accident qu'à un crime ; mais afin que lui et d'autres s'abstiennent à l'avenir de pareilles nouvelles inventions (nüwen Khünsten) ou qu'ils s'y prennent avec plus de précaution, Zurkinden aura à payer 100 L. d'amende.“

Cette carabine était sans doute munie d'un cylindre tournant autour de son axe et dont les chambres ne correspondaient pas exactement à l'âme du canon (v. Stürler, Bern. Revolver und Blutrache).

La cavalerie cuirassée de la milice bernoise reçut en cette année des pistolets à crosse allongée, garnie d'un bouton et dont on pouvait se servir en guise de masse d'armes pour frapper.

1585. *Ganibelli* inventa une machine infernale, construite sur des bateaux et servant à détruire les ponts; on s'en servit à Anvers où elle tua 800 Espagnols (Mines flottantes).

Collado publie le premier ouvrage qui traite d'essais faits sur une plus grande échelle (Pratica manuale d'Artiglieria). Il connait l'art de fondre et de visser les grains de lumière et il parle de fusées comme moyen d'éclairage et pour lancer de la mitraille.

Les Français ont devant Graves 2 batteries d'artillerie de 12 pièces chacune.

Montaigne dit à cette époque: que l'inefficacité des armes à feu, à part la secousse que la détonation fait subir à l'oreille et à laquelle on a peine à s'habituer, lui fait espérer qu'on en abandonnera bientôt l'usage.

On perfectionne aussi à cette époque les *mires* et les *guidons* et l'on obtient par là un tir plus précis.

1586. Berne fait à Suhla (Suhl) dans le comté de Henneberg, ville qui s'était déjà acquis une réputation par ses fabriques d'armes, une commande de 2,000 arquebuses et 500 mousquets. Ces armes furent fournies par les armuriers *Valentin, Etienne Klett* et *Nicolas Reitz.*

1588. La flotte invincible (Armada) des Espagnols portait 2,750 canons, 120,000 boulets de 30 à 110 ℔, 4,500 quintaux de poudre, 1,000 quintaux de balles de plomb, 1,200 quintaux de mèche soufrée et 8,000 mousquets; la plus grande partie de ce matériel, entre autres 1,900 bouches à feu, fut coulée à fond avec les navires.

1589. La municipalité de la Haye crée une fonderie de canons. Une usine à forger les bouches à feu existe à Ulm.

Jean II de Suède a 1422 canons de bronze et 2027 de fer.

Un fabricant de poudre établi à Schaffhouse reçut de Berne, lors de la guerre de Savoie, une commande de 50 tonneaux de poudre à mousquet. La poudre de Schaffhouse avait une bonne réputation.

Les maîtres d'artillerie *Uffanus* et *Daniel Speckle* avaient inventé quelque temps auparavant un canon à vitesse (Geschwindstück) qui se chargeait par la culasse et qui se fermait par un coin: mais ils ne parvinrent pas au degré de perfection que le colonel *Wurstemberger* de Berne n'atteig... qu'en 1715. Speckle mourut en 1589.

1590. Berne fait une levée de 3,000 hommes pour protéger le pays de Vaud menacé ; on y remarque la répartition suivante des différentes armes de l'infanterie :

286 mousquetaires, 557 arquebusiers, 882 soldats cuirassés, 825 simples piquiers et un très petit nombre de hallebardiers, arme qui, du reste, ne tarda pas à être abolie.

1592. On abandonne entièrement l'usage de l'arc en France.

L'expérience acquise pendant la guerre de Savoie que l'absence prolongée des pères de famille de leurs foyers, occasionnée par le mode de recrutement usité jusqu'alors, portait préjudice au bon esprit de la troupe et au succès de l'expédition, décida le gouvernement bernois à proposer le recrutement de volontaires à la solde de l'Etat, tandis que ceux qui resteraient au pays auraient à payer un impôt ; mais comme cet impôt n'était pas du goût du peuple, celui-ci rejeta la proposition.

1595. Le même gouvernement ordonna pour cette année et pour les années suivantes de nouvelles levées, avec la recommandation de former les contingents autant que possible de volontaires afin de ménager le pays et les pères de famille.

1596. A Hulst en Hollande, on se sert de canons de bois pour tirer des boulets incendiaires. A Tornhut la cavalerie hollandaise était armée de longs pistolets auxquels les piquiers espagnols ne pouvaient tenir tête.

1597. *Capo Bianco* décrit dans „Corona et palma militare" une bouche à feu se chargeant par la culasse, la „petriera a braga" inventée par *Beccalua*. Ce canon de 12 ou 14 ℔ avait une culasse mobile qui recevait la charge de poudre; on introduisait dans l'âme du canon un fort culot sur lequel on plaçait le projectile, après quoi on fermait le canon au moyen de la culasse mobile que l'on fixait par un coin qui pendait à l'affût. Chaque pièce était munie de 2 culasses mobiles, les canons étaient montés sur des affûts soutenus sur le devant par deux madriers et l'on s'en servit principalement dans la marine.

Savorgano inventa pour les galères des canons se chargeant par la culasse et dont la portée était plus longue que celle de la „petriera a braga". On se servit pour ces bouches à feu de cartouches complètes où le boulet était fixé au sachet contenant la charge de poudre. L'obturation se faisait au moyen d'un arc transversal de bronze.

Le même ouvrage nous donne la description de la **cartouche complète** des armes à feu portatives qui était, depuis quelque temps déjà, en usage chez les arquebusiers napolitains; il décrit aussi les laminoirs et pilons servant à la fabrication de la poudre et il donne la préférence aux pilons parce que la masse n'est pas assez bien travaillée par les laminoirs. Enfin il traite aussi du grenage, de l'époussetage et du séchage au soleil.

Capo Bianco donne aussi un tableau de tir pour toutes les bouches à feu en indiquant la distance par le nombre de pas et les élévations des points, p. ex.

Calibre.	Points d'élévation.					
	1.	2.	3.	4.	5.	6.
Petriera a braga 12.	400.	680.	848.	912.	950.	960.
„ „ „ 14.	500.	850.	1000.	1140.	1180.	1200.

On connaissait aussi bien la hausse mobile que celle à trous, ainsi que les grappes à mitraille, les fusées pour signaux, les étoupilles (stopini di polvere) et des boulets de bois entourés de substances combustibles, servant à l'éclairage.

En Angleterre on crée un „Master of Ordnance".

Le musée de Paris possède des mousquetons allemands de cette époque; ils sont munis de platines à rouet et de doubles détentes.

1598. *Boillot* publie ses „Modèles d'artifices de feu". Sur l'estampe qui représente *Berthold Schwarz* pesant les ingrédients de la poudre, on remarque le diable se tenant derrière lui.

Les canons dont cet ouvrage donne les dessins sont ornés de moulures entre le premier renfort et le bouton de culasse. *Boillot* connaît les grains de lumière en fer, mais il ne dit pas de quelle manière ils sont ajustés. L'écouvillon (de peau d'agneau) est fixé à la hampe du refouloir.

Dans son traité „Dell istruzione dei bombardieri" *Busca* nous dit que le projectile ne doit pas avoir plus de vent que la grosseur de 2 grains d'orge pour les pièces de gros calibre et d'un grain pour celles de petit calibre.

On s'occupe à Berne d'une nouvelle organisation des milices qui subit d'époque en époque et jusqu'en 1620 les modifications suivantes :

On substitua aux compagnies ou fanions de force inégale une unité tactique de 6000 hommes divisée en 13 compagnies d'à peu près 500 hommes chacune.

En 1613 on forma les régiments divisés en compagnies. Le 1^r régiment avait 5 compagnies et une force de 2239 h.

„ 2° „ „ 4 „ „ „ „ „ 2024 „
„ 3e „ „ 5 „ „ „ „ „ 1848 „
et le régiment franc, composé de compagnies franches „ 1200 „

Le commandant en chef, autrefois appelé capitaine, reçut peu-à-peu les titres suivants : Capitaine-Colonel (Oberst-Hauptmann), Colonel, Colonel-général. Son lieutenant prit ceux de Lieutenant-colonel, Lieutenant-Colonel-général.

La nomination d'un lieutenant du commandant en chef fit perdre aux fonctions du banneret le rang et l'importance dont elles jouissaient jusqu'alors et on remplaça le banneret par un *capitaine de bannière* ou *porte-bannière* chargé de la garde de la bannière et du commandement de la troupe d'arquebusiers attachée à ce service.

Le capitaine des arquebusiers (1531), celui de la cavalerie (1586), auquel on donnait aussi le titre de maréchal de camp (1589) et le capitaine des piquiers furent autorisés à s'attacher un lieutenant de leur choix.

L'artillerie était commandée par un capitaine, plus tard par un colonel qui nommait également son lieutenant et auquel étaient subordonnés le maître d'artillerie (Zeugmeister) comme chef du matériel et depuis 1560 l'intendant de l'arsenal.

Au personnel subalterne de l'artillerie appartenaient les maîtres-canonniers, les canonniers, les servants, les conducteurs, les soldats chargés de la garde des munitions et divers ouvriers.

Cette organisation créa aussi les nouvelles charges suivantes :

Le Quartier-maître qui désignait les quartiers et les cantonnements et fixait les étapes de la troupe en marche.

Le maître d'approvisionnement, chargé de la subsistance de la troupe, et le trésorier ou payeur qui réglait les dépenses et administrait les finances de l'armée.

Le greffier ou secrétaire de la chancellerie militaire.

Le grand-juge (Oberst-Feldrichter) auquel étaient attachés un greffier et un huissier du tribunal de guerre.

Le capitaine des bagages qui commandait la troupe et le personnel chargé du service des bagages de l'armée.

Après la réformation, le chapelain fut remplacé par un prédicant ou aumônier protestant.

Les guides et les organisateurs étaient nommés par le colonel et furent abolis par la suite.

L'organisation des corps de milice était analogue à celle des troupes recrutées comme, par exemple, le régiment de Mülinen (1620) qui avait 7 compagnies de 300 hommes.

Chaque compagnie avait 1 capitaine, 1 lieutenant, 1 sergent, 1 fourrier, 1 sergent-major, 1 porte-fanion, 1 capitaine d'armes, 4 satellites ou arquebusiers de corps (Trabanten oder Leibschützen), 3 tambours et 3 fifres; ce personnel de 22 têtes n'était toutefois pas compris dans le chiffre de 300 hommes.

A l'état-major du régiment appartenaient 1 major (Oberst-wachtmeister); 1 aumônier, 1 grand-juge, 12 juges et 1 Grand-prévôt.

1599. Le calibre des mousquets de l'armée hollandaise fut réduit de 8 à 10 balles à la livre et celui des arquebuses de 16 à 20 balles. Le poids du mousquet, y compris la béquille était de 16 ℔ et celui de l'arquebuse de 10 ℔.

1600. *Charles IX* de Suède introduit des pièces de campagne légères en fer.

1602. On conserve à Strasbourg des canons de fer forgés à cette époque et dont quelques uns se chargent par la culasse.

1603. *Albrecht Dürer* propose de munir les pièces de grosse artillerie d'un cric placé sous le bouton de culasse afin de pouvoir lui donner plus facilement l'inclinaison voulue.

1605. Un grand tir de société à l'arquebuse et au mousquet eut lieu à Bâle. Les prix offerts par la société s'élevaient à 846 florins, et l'on invita à prendre part à ce concours, non seulement les tireurs des cantons confédérés, des villes et des contrées alliées, mais aussi ceux des pays soumis à la maison d'Autriche, à celle de Wurtemberg et au margrave de Bade, ainsi que ceux des villes libres de l'Empire.

Le nombre des tireurs de la ville, de la campagne, et de l'évêché de Bâle fut de 800, le concours commença le 2 Juin de la dite année et dura jusqu'au 15. Le premier prix était de 300 florins pour le tir au mousquet et de 133 fl. pour l'arquebuse.

1606. A Wachtendock, *Bugnoy* fit lancer dans la brèche des grenades à main par 2 sergents et 25 hommes placés à la tête de la colonne d'assaut.

1607. Les pistolets à deux coups sont en usage dans la cavalerie allemande.

Planche XXVI.

Fig. 1. **Pistolet à deux coups avec deux platines à rouet** portant la date de 1612.

„ 2. **Pistolet long à deux coups avec deux platines** du temps de Charles I.

„ 3. **Carabine revolver avec platine à silex** du temps de Charles I.

Le cylindre tournant, qui contient 8 charges, est retenu par un ressort fixé sur le pan supérieur du canon, dans la position où les axes des chambres du cylindre correspondent à celui du canon. Le bassinet et le trou de lumière de chaque chambre sont fermés par un tiroir qu'il faut ouvrir pour faire feu.

Fig. 4. Une „**carabina che tira più volta**" *(carabine à répétition)* du temps de Cromwell.

Deux ouvertures sont pratiquées dans la crosse de cette arme; celle du haut forme un tube contenant la poudre à amorcer qui s'écoule de là dans un petit réservoir placé à côté du bassinet; celle du bas contient la poudre ordinaire pour la charge. A l'extrémité postérieure du canon se trouve un cylindre mobile dont l'axe est perpendiculaire à celui du canon; une chambre pratiquée dans ce cylindre reçoit le projectile. En tournant le cylindre au moyen du levier fixé à son axe, la chambre vient correspondre à l'âme du canon et en même temps la poudre nécessaire pour la charge et pour l'amorce s'écoule des réservoirs. Après avoir fermé le bassinet, on arme le chien pour faire feu.

Toutefois cette arme était peu solide et dangereuse.

━━━━━━

1609. *Dambach* parle de grenades remplies de balles de plomb.

1610. On fond à Berlin deux mortiers de 130 ℔ (Romulus et Remus). Ils étaient montés sur des affûts à 4 roues et leur mécanisme de pointage était en laiton.

1613. Les Chinois doivent avoir eu, à cette époque, des moulins à poudre et des fonderies de canons.

Uffano fait mention dans son „Trattado della Artigleria" de la couleuvrine de Malaga qui tirait 80 ℔ de fer avec une charge de 48 ℔ de poudre ; sa portée était de 7,600 pas ; mais comme sa détonation était dangereuse pour les femmes enceintes et à cause de son orgueil (?) on la relègua à Carthagène.

Le „Basilic" fondu à Constantinople se trouvait à Malte et le Château S. Ange à Rome possédait le „Trictrac" canon à orgue de 3 ℔.

On coupa une longueur de 12 calibres d'un canon de 12 ℔, long de 45 calibres ; après quoi ce canon tirait 1,000 pas plus loin qu'auparavant.

On conserve au musée de Paris un canon d'arquebuse, damasquiné et bronzé, fabriqué cette année là, et à Lisbonne de vieux canons de bronze, se chargeant par la culasse et munis de culasses à vis.

Planche XXVII.

Fig. 1. a) **Canon se chargeant par la culasse avec fermeture à coin** (arsenal de Zurich).

   b) **Coupe de la partie postérieure.**

   c) **Culasse mobile.**

   d) **Coin traversal.**

Ce canon n'est pas fondu. La pièce dans laquelle est pratiquée l'âme est entourée de bandes en bronze ajustées les unes aux autres et maintenues par des cercles en fer forgé.

Après avoir sorti le coin de côté, on retirait la culasse mobile pour charger le canon ; il paraît cependant que l'échappement des gaz n'était pas suffisamment prévenu.

Fig. 2. **Canon de cuir** de l'arsenal de Zurich, de date un peu plus récente (voyez 1620).

L'usage du *mousquet* devient obligatoire en Suisse pour les exercices de tir, et les armes à feu d'ancienne construction tombent en désuétude.

Les accessoires de tir assez variés dont était pourvu le mousquetaire (v. planche XX) n'étaient pas réunis dans une même poche. La poudre était de deux sortes: l'une grossière pour la charge et l'autre plus fine pour l'amorce; la poudre à charger était renfermée dans des flacons de bois suspendus à la bandoulière qui passait sur l'épaule, et dont chacun contenait la quantité de poudre nécessaire pour une charge; la poudre à amorcer était contenue dans une poire à poudre également suspendue et les balles dans une poche de cuir. Comme les platines à mèche étaient encore en usage, le mousquetaire était aussi pourvu d'une provision de mèches.

Outre le mousquet, les hommes étaient armés d'une épée qu'ils portaient aussi en temps de paix pour des occasions solennelles ou pour des délibérations. Les gouvernements attachaient une grande importance à cet usage, et ils considéraient comme une décadence de l'esprit guerrier, le fait que les citoyens commençaient à porter un bâton au lieu d'une épée. C'est pour ce motif que le gouvernement bernois renouvela en 1608 la défense de porter des bâtons à l'église, au marché et au tribunal, et ordonna aux citoyens de porter „une bonne épée ou une rapière, conformément à l'usage fédéral et bernois et selon la coutume des anciens Allemands"

Outre le port de l'épée, on tolérait, sans le prescrire, le port d'un couteau ou d'un poignard que l'on portait sur la hanche droite. La coiffure prescrite était la salade ou le morion. Un mousquet coûtait 5 couronnes d'argent à 28 batz.

En 1613 on fondit à Berne un certain nombre de mortiers qui lançaient des bombes de 40 à 120 ℔; on se servit pour cela du métal de quelques gros mortiers hors de service.

1614. On conserve au musée de Paris un mousquet qui date de cette année et dont le canon est foré en forme de trèfle et un autre mousquet avec une platine à mèche et une double détente.

Les prescriptions suivantes étaient encore en vigueur pour la cavalerie (Reisige) bernoise : Cuirasse (armure) complète jusqu'aux genouillères, armure de cheval en fer ou en cuir à l'épreuve des armes blanches et même des balles de mousquet, 2 pistolets et un coutelas (épée droite, forte et à deux tranchants).

Le prix d'une armure était, suivant la qualité de 8 à 9 couronnes,
L'équipement d'un piquier cuirassé, y compris
   l'épée, coûtait :   environ fr. 21. 10 batz.
L'équipement d'un mousquetaire avec
   le simple morion un peu plus de   „   „ 22. —   „
Celui d'un hallebardier la moitié   „   „ 11. —   „
et celui d'un piquier :   „   „ 8 à 9.

Les Bernois apportent plus d'attention à l'organisation de leur artillerie; on se décida à former pour le service des pièces, outre les anciens maîtres-canonniers (étrangers pour la plupart) des hommes capables pris dans la bourgeoisie et à délivrer des munitions de l'arsenal, poudre et projectiles, à tous ceux qui auraient le désir de s'exercer au tir des bouches à feu. Une ordonnance publiée plus tard (1650) disait que l'on devait encourager la bourgeoisie à aimer l'exercice de l'artillerie et instruire ceux qui en auraient envie.

Les attelages étaient encore fournis, comme par le passé, par les hôpitaux, les anciens couvents, les moulins et les propriétaires d'auberges ; ceux qui les fournissaient étaient en revanche exempts d'autres servitudes.

On conserve encore en Suisse diverses bouches à feu de cette époque, dont quelques unes se chargent par la culasse, et qui sont montées sur des chevalets, des supports ou des affûts. Par exemple :

Les **Pièces à chambre** (se chargeant par la culasse) longues d'environ $2^1/_4$ mètres et du calibre de 14 à 17 cm. (arquebuses de rempart), avec fermeture à deux coins dont l'un sert à fermer le canon et le second à maintenir le premier. Après avoir enlevé les coins, on introduisait la cartouche par l'ouverture postérieure du canon qu'on refermait ensuite au moyen des deux coins.

Les **Pièces à chambre,** de calibre plus grand, tirant des boulets de la grosseur du poing ou encore plus gros. Le système de fermeture de ces pièces était le même que celui des précédentes, mais il y en avait d'autres qui étaient pourvues d'une culasse à chambre qui contenait la charge ; ces dernières pièces étaient munies de plusieurs chambres de rechange, pour augmenter la rapidité du tir.

Les **Arquebuses doubles à croc,** appelées aussi serpentines (Scherpffentinlein) étaient également des arquebuses de rempart. Elles avaient habituellement un canon plus long et parfois même très-long qui tirait des balles de plomb d'une demi-livre. Leur portée était de 5 à 600 pas.

Les **Pièces à orgue** étaient ainsi appelées parce qu'„elles avaient beaucoup de canons comme un orgue a beaucoup de tuyaux" : on leur donnait aussi le nom de „grêleuses" parce qu'elles tiraient à la fois un grand nombre de balles.

Ces orgues étaient formées d'un certain nombre de canons placés les uns à côté des autres sur un plateau au socle; les trous de lumière étaient pratiqués dans un canal qui recevait la poudre d'amorce et au moyen duquel on pouvait mettre le feu à tous les canons à la fois. L'effet de leur feu était toutefois affaibli par la lenteur de la charge.

Ces orgues étaient montées sur des chevalets ou sur des affûts dont la face antérieure était souvent armée de longs fers de pique qui dépassaient les bouches des canons, et qui servaient aussi bien pour l'attaque que pour la défense; c'est pour cela qu'on les appelait aussi „hérissons" (Igelgeschütze).

Les **Pièces courtes à chambre** avec un calibre gros comme un œuf ou encore plus gros; on les chargeait de 12 à 16 balles de plomb et on ne s'en servait qu'à de très-courtes distances (dans un assaut).

Planche XXVIII.

Serpentine *se chargeant par la culasse (arsenal de Bâle). Longueur du canon 6 pieds, calibre 9 lignes et portant l'inscription de: Zell Bläsi 1614.*

La culasse mobile, munie d'une manivelle montait et descendait au moyen d'un engrenage. Sa partie supérieure formait un évidement dont la paroi antérieure était une arête tranchante servant à couper le sachet de la cartouche lorsque la culasse remontait; en même temps le bassinet se remplissait de poudre. Le canal de lumière était pratiqué dans l'obturateur et aboutissait au centre de l'âme.

Planche XXIX.

Arquebuse double à croc, se chargeant par la culasse
(arsenal de Soleure).

Le coin de fermeture est fixé par une goupille à la charnière d'une branche de fer adaptée au pan inférieur du canon; on le fait monter et descendre au moyen d'une vis et d'un écrou à ailettes. Un crochet adapté à l'extrémité de la branche vient s'accrocher dans la partie postérieure de l'âme pour maintenir la branche en place lorsque le canon est fermé.

Planche XXX.

Serpentine à orgue (Arsenal de Soleure).

Le canon de la serpentine, se chargeant par la culasse et dont l'obturateur se compose de deux coins, sert d'axe à la batterie triangulaire de l'orgue. Chaque pan de la batterie est formé par 7 canons qui font feu à la fois au moyen d'une seule traînée.

1616. Par décret du 25 Juin de cette année, le gouvernement de Berne augmenta la valeur des prix qu'il offrait aux différentes places de tir déjà nombreuses où les bourgeois et les campagnards se rassemblaient à certaines époques de l'année pour excercer leur adresse. Au lieu d'étoffes et de vêtements aux couleurs de MMgrs. puissants et magnifiques, que jusqu'alors il était d'usage de donner en prix, on en donna le montant en argent. Une culotte était évaluée à 2^1/$_2$ couronnes et un pourpoint à 2 couronnes, 14 batz.

1618. *Gustave-Adolphe* établit des manufactures d'armes; il ordonne de munir les pistolets de platines à rouet et les mousquetons de platines à mèche. En

1630, il arme une partie de son infanterie de mousquets avec platines à rouet; il faisait grand cas de carabines légères et en portait une lui-même. Il abolit dans son artillerie la cuiller à charger et ne fit plus charger qu'avec des cartouches. La *mitraille* dont on ne se servait jusqu'alors que dans les sièges fut aussi employée dès-lors pour les batteries de campagne.

1621. La ville de Macao fit présent de 3 bouches à feu à l'empereur de la Chine qui fut très-surpris de leur effet.

A propos de l'épreuve des bouches à feu, *Sarti* dit que le fondeur doit bien se garder d'ennemis envieux; qu'il doit prendre garde qu'on n'introduise, pas du mercure dans le canon, en même temps que la charge; que le boulet soit rond; qu'on ne jette pas des pierres ou des morceaux de fer dans l'intérieur du canon et que le mieux serait d'entourer la bouche à feu d'une balustrade. Le fondeur doit faire deux fois le signe de la croix avec le boulet devant la bouche du canon; en mettant le feu, il invoque le Christ, la sainte Vierge et Ste Barbe et tout le monde se retire derrière un mur. — Après l'épreuve le prince doit remercier le fondeur et lui faire un présent. Sarti donne à l'affût le nom de **cassa**.

Au siège de La Rochelle, sous *Louis XIII*, les Français reçoivent pour la première fois un uniforme complet. Lorsque les armures étaient encore en usage, on n'avait pas besoin, à part des signes de reconnaissance, d'autres insignes militaires qui étaient considérés comme des objets de luxe, tandis que l'usage des signes uniformes était déjà connu à des époques assez reculées. Lors de la grande croisade de 1188, par exemple, les rois de France et d'Angleterre décidèrent que les Français se distingueraient par des croix rouges, les Anglais par des croix blanches et les Flamands par des croix vertes.

A Morgarten, en 1315, les Zuricois qui servaient dans l'armée autrichienne portaient des habits bleus et blancs. — Les 500 Bernois qui furent envoyés en 1365 au secours de la ville de Bâle contre les hordes *d'Arnold de Cervola* portaient un ours noir sur leurs cottes d'armes blanches. — A la bataille de Grandson, en 1476, les St. Gallois étaient habillés de rouge.

Pendant longtemps, et même chez les princes les plus puissants, l'uniforme proprement dit n'existait qu'à l'état d'exception et ces princes ne faisaient porter des uniformes qu'à des corps peu nombreux de leur armée, les gardes du corps, les trabants, etc. Ce ne fut qu'après la formation des armées permanentes surtout après celle de la cavalerie, dite d'ordonnance, des Français et des Bourguignons, que l'on donna à la troupe des cottes d'armes uniformes qui étaient pour chaque compagnie aux couleurs du capitaine.

1622. Le Margrave de Bade avait de petits obusiers placés par deux sur des chariots et qui tiraient des biscaïens de peu de grosseur.

1624. Sur la proposition du colonel *Sigroth*, *Gustave-Adolphe* fit des essais avec des canons de 6 ℔ raccourcis qui devaient principalement servir pour le tir à mitraille: ces canons étaient à chambre. Une boîte en bois très-mince contenait la charge, le projectile y était attaché avec du fil de fer. Les essais eurent un résultat favorable. Il introduisit des nouveaux mousquets à balles de 12 loths et demi, dont le calibre fut conservé jusqu'en 1811; il modifia aussi les platines à rouet afin que le couvercle du bassinet s'ouvrît de lui-même, lorsqu'on abaissait le chien.

1625. Les Polonais se servent d'armes rayées.

1626. Le Colonel Suédois *Wurmbrand* fit construire des canons de cuir qui se composaient d'un tube de cuivre long de 15 calibres et épais d'un $1/8$ de calibre; cette épaisseur était un peu plus forte au tonnerre. Un tuyau de fer, vissé dans le métal servait de grain de lumière. Le fond de la chambre était renforcé par une pile de métal, longue d'un calibre et fixée au moyen de vis; de forts cercles de fer entouraient le tonnerre. A la bouche, le cuivre était roulé en bourrelet. Le tube recevait plusieurs couches de mastic, on l'enveloppait ensuite avec des cordes, on y ajustait les tourillons, on égalisait le tout avec du plâtre et enfin on garnissait la pièce d'un revêtement en cuir. Toutefois la solidité de ces pièces laissait beaucoup à désirer.

1627. Devant *La Rochelle*, on se servit avec succès de grenades cylindriques inventées par *Clarner* de Nuremberg. Ces grenades avaient une embase qui entrait dans la chambre de la bouche à feu.

Les Anglais y firent usage de pétards flottants qui éclataient par le choc. Ils se servaient encore en partie d'arcs.

1628. Les Autrichiens abandonnent les canons de cuir qu'ils avaient adoptés peu de temps auparavant.

1629. Dans un projet de défense élaboré en cette année par les cantons réformés de la Suisse on fit le calcul suivant:

3 régiments, composés chacun de:

12 compagnies à 200 hommes =	2400 h.
1 compagnie de cavalerie =	150 h.
le personnel de l'Etat-major du régiment =	19 h.
Par régiment	2569 h.
Pour les trois régiments	7707 h.

coûteraient ensemble 48,303 couronnes par mois ou 579,636 couronnes par an qui seraient à répartir entre:

Zurich	128,808 couronnes
Berne	257,616 „
Bâle, Schaffhouse, St. Gall,	
Genève et Bienne . . .	193,212 „
Total	579,636 couronnes.

1630. Première introduction en France des **platines à batterie ou à silex** (Voyez, à 1648, le perfectionnement de cette platine).

Les Italiens revendiquent l'invention de la platine à batterie en se basant sur le mot italien „fucile“ qui signifie briquet, et duquel dérive le mot français de fusil. Ce nom se trouve cependant déjà mentionné en 1515 dans les ordonnances françaises sur la chasse.

En cette année, mourut à Nuremberg *Augustin Kutter*, auquel on attribue l'invention des **rayures en hélice**. Les canons lisses avaient le désavantage de s'encrasser pendant le tir, d'autant plus que la poudre était encore de qualité médiocre de sorte qu'on ne pouvait y charger la balle qu'en laissant un espace assez grand entre elle et les parois de l'âme. Cet espace ou „vent de balle“ portait préjudice à la précision du tir. On fut donc amené à chercher un moyen de donner à la balle une direction plus sûre, et l'on y arriva en pratiquant dans les parois de l'âme des rainures plus ou moins nombreuses qu'on appela „raies“ ou „rayures“ et en entourant la balle d'un chiffon graissé avec du suif. De cette manière on parvint à diminuer le vent de balle, et, comme le chiffon graissé nettoyait le canon, l'arme continuait à se laisser charger avec facilité, même après un tir assez long.

On fit d'abord les rayures en ligne droite, ce qui n'avait d'autre avantage que de permettre un tir plus prolongé, ce qu'on aurait pu obtenir en entourant la balle d'un chiffon gras pour la charger dans un canon lisse.

Les résultats obtenus ne répondirent pas à l'attente; car ce n'était qu'à de très-petites distances que la précision était

plus grande. On ne sait si l'idée de faire les rayures en hélice provint du hasard ou d'un calcul savant. On peut, en tout
cas, admettre que l'on connaissait la propriété qu'a la rotation
de faire surmonter plus facilement à un corps en mouvement
les obstacles qui s'opposent à sa marche, et comme on savait
que les balles suivent les rayures, on parvint à donner aux
projectiles le mouvement voulu, en faisant tourner les rayures.

De cette manière on augmenta considérablement la portée
et la précision des armes; mais bien des expériences, réservées
à l'avenir, étaient encore nécessaires, car les rayures variaient
de pas, de largeur, de profondeur et de forme, et ces différences, qui provenaient des idées des armuriers, donnaient
des résultats différents. Les rayures faisaient rarement plus
d'un tour sur la longueur du canon.

Leur nombre était généralement impair, afin que les
pleins qui se trouvaient en face des rayures contribuassent
à y faire pénétrer la balle plus facilement. Le nombre des
rayures était, en général, de 5, 7, 9 et 11.

Leur forme était à angles vifs, angulaire ou arrondie.
On en faisait aussi de deux formes différentes et on les appelait
„rayures en étoile et en rose.“ On donnait le nom de „rayures
à cheveu“ à des rayures très-fines qu'on pratiquait souvent
jusqu'au nombre de 100 et encore plus dans un canon.

1631. Les Suédois abandonnent l'usage des canons de cuir
parcequ'à la bataille de Leipzig ils s'étaient tellement échauffés
que la charge prenait feu d'elle-même. Le danger de les faire
sauter ne permettait pas d'employer une charge de plus d'$\frac{1}{4}$
du poids du projectile et leur portée était très-courte.

On les remplaça par des canons de fer „à la Suédoise“

à chambre tronconique, proposés par le comte *Hamilton*; c'étaient des canons de 4 ℔ avec lesquels on faisait feu trois fois dans le temps qu'il fallait pour tirer deux coups de mousquet. Leur attelage était de deux chevaux.

1632. On habilla l'infanterie de Brandebourg d'uniformes bleus. — *Wallenstein* abolit les carabiniers à cheval parcequ'à Lutzen ils avaient jeté le désordre dans le reste de la cavalerie.

1633. On lança devant *La Mothe* des bombes dont la précision avait été calculée.

1634. L'ingénieur anglais *Malthus* se sert de lances à feu pour mettre le feu aux pièces.

Un artilleur fut pendu à Ratisbonne pour avoir manqué 24 fois une tour.

1635. En France on adopta le fusil à silex pour la cavalerie.

On déploie une grande activité dans les fonderies de canons de Berne, de Zurich et de Schaffhouse. Le fondeur de Zurich fournit les canons à 10 bons florins par quintal, y compris tous les frais de fonte, de forage et de repassage.

1636. Berne entra en négociations avec le commandant de Hohentwiel pour la fourniture de métal à canons dont le prix fut taxé à 14 Kreutzer la livre. — Les mousquetaires Suédois tirèrent à Kinzingen avec une rapidité admirable, les plus lents tirent 7 coups en 8 heures.

Sur la proposition du colonel *d'Erlach*, Berne fait fondre des pièces de campagne légères et courtes, attelées d'un seul cheval. On les décrit, sous le nom de petites pièces de régiment (Regimentsstücklein), comme étant très-commodes.

1637. Devant Landrecy, des bombes éclatent, dans des mortiers, et on les lance si inexactement qu'elles passent pardessus la ville et tombent au milieu des propres troupes qui se trouvaient de l'autre côté.

1638. A la bataille de Wittenmergen qui dura de midi à 8 heures du soir, les mousquetaires du duc de Weimar firent feu sept fois pendant la durée du combat.

On adopte en France des canons de 24 ℔, longs de 10 pieds, 6 pouces, et des canons de 12 ℔, longs de 9 pieds, 6 pouces.

1639. Quatre canons furent encloués au siège de Hesdin; en sortant le boulet et en mettant le feu par la bouche, on fit partir les clous.

1640. Les Anglais font usage de boulets de pierre en même temps que de boulets de fer. — Les Ecossais se servent contre *Charles I* de canons de cuir qui ne résistent qu'un jour.

On fabrique à Bayonne les premières **bayonnettes** à planter sur les fusils. Ces bayonnettes primitives (dont Berne fit en 1685 une acquisition de 200 pièces) avaient des poignées de bois qu'on plantait dans la bouche du canon; plus tard on leur adapta un anneau de fer et enfin on les munit de douilles afin de pouvoir tirer avec la bayonnette au canon.

Planche XXXI.

Fig. 1. **Bayonnette** de 1640 (à planter dans la bouche du canon) triangulaire à pointe aiguë.

„ 2. **Bayonnette espagnole** (à planter dans la bouche du canon) à deux tranchants et munie d'une garde. Celle que représente le dessin porte sur un des plats l'inscription de :

NO ME SACHES SIN RASON (Ne me tire pas sans raison)

et sur l'autre:

NO ME EMBAINES SIN HONOR (Ne me rengaîne pas sans honneur).

Fig. 3. **Bayonnette française** (avec bague). La bague adaptée à la poignée embrasse le bout du canon tandis que l'extrémité de la poignée entre dans une seconde bague adaptée au fusil et dans laquelle elle est retenue par un ressort.

„ 4. **Masse d'armes avec pistolet à batterie** du temps de Guillaume III.

„ 5. **Hache de combat avec pistolet à rouet** du temps de Jaques I.

1643. Les carabiniers français ont des fusils qui tirent des balles de deux loths.

1644. On adopte en France les **gibernes** pour les soldats détachés.

1645. Les Bavarois adoptent les carabines rayées. — A la bataille de Nördlingen, on chargea les mousquets en 12 temps. L'Artillerie avait fait feu trois fois et chargé 4 fois avant que les mousquetaires aient pu tirer un seul coup.

L'amélioration apportée aux arquebuses et aux mousquets par l'introduction des rayures en hélice, amena aussi peu à peu le perfectionnement du pointage. A cette époque la plupart des arquebuses et des mousquets étaient munis de mires et de guidons.

La mire était un petit tube à travers lequel on visait, ou une hausse de fer à entaille dans le genre de celles qu'on connaît encore aujourd'hui ; l'emplacement de la hausse différait aussi : elle était placée tantôt à l'extrémité postérieure du canon, tantôt plus en avant, sans toutefois que cette différence fût le résultat d'un but proposé ou d'un calcul.

Le guidon avait ordinairement la forme d'un tenon limé en bouton et placé sur la partie renforcée ou bourrelet de la bouche.

La monture et la manière de relier le canon au bois subirent aussi des modifications conformes.

Avant de passer aux platines à batterie, nous mentionnerons un singulier mécanisme servant à mettre le feu à l'amorce et qui appartient à une époque plus reculée.

On conserve au musée historique de Dresde une petite arme à feu dite „fusil de moine" (Mönchsbüchse) qui doit avoir appartenu à l'inventeur prétendu de la poudre, le moine *Berthold Schwarz* (1290—1320).

Elle se compose d'un court canon sans monture, long d'à peu près 28 Ctm. et du calibre de 12,65^{mm}, sur le côté gauche duquel est adapté un coffret en fer de forme allongée dans lequel débouche le trou de lumière.

Dans ce coffret se trouve une lime, qui, sous la pression d'un chien armé d'une pierre a feu et faisant ressort, peut être poussée en avant et en arrière. Une ouverture qui permet à la pierre à feu de reposer sur la lime est ménagée dans la partie supérieure et postérieure du coffret.

Pour faire feu, on retire rapidement la lime et la friction de celle-ci contre la pierre à feu produit des étincelles qui enflamment la poudre dont le coffret est rempli, et qui met ainsi le feu à la charge du canon.

Un crochet adapté à cette arme fait supposer qu'elle se portait suspendue à la ceinture.

J. Schön dit qu'il est difficile de constater l'époque à laquelle cette arme appartient, attendu que d'une part son mécanisme simple et défectueux et son maniement très-incommode laissent admettre une époque reculée, tandis que d'autre part la manière d'enflammer l'amorce en arrachant des étincelles à la pierre à feu au moyen d'une lime, semble être le précurseur de la platine à rouet où la même opération se fait au moyen de la roue.

Planche XXXII.

Fusil de moine (voir la description ci-dessus).

~~~~~~~~~~

1648. La construction de **platine à batterie** ou **à silex,** améliorée à plusieurs reprises depuis 1640, était parvenue à un degré de perfection qui la rendit propre à remplacer les mécanismes employés jusqu'alors et parmi lesquels il faut compter les platines à mèche, à rouet et de „chenapan“; cette construction est restée presque invariable pendant le long espace de temps qui sépare son invention de celle de la platine à percussion.

La platine de „chenapan“ des Espagnols et des Hollandais ne fut pas plus généralement admise que la platine à rouet; ces deux platines furent cependant d'une grande utilité plus tard, car elles furent évidemment la première base de l'invention de la platine à batterie.

La **platine à batterie,** de 1640
Planche XXXIII.

Fig. 1. Extérieur de la platine.
„ 2. Intérieur „ „ „

Elle se compose: du corps de platine, du chien, de la batterie, du ressort de batterie, du bassinet, du couvercle de bassinet, qui se trouvent à l'extérieur du corps de platine; à l'intérieur se trouvent: la noix, le grand ressort, la gâchette, le ressort de gâchette, le pied du couvercle de bassinet, le ressort de ce couvercle et le glissoir.

La noix, avec son axe qui tourne dans le corps de platine, se termine en dehors par un carré sur lequel est fixé le chien. La partie antérieure de la noix forme un bec recourbé sur lequel repose la griffe du grand ressort. A la partie postérieure de la noix est pratiqué un cran dans lequel la pression du ressort de gâchette fait pénétrer le bec de la gâchette.

Lorsqu'on arme le chien, le mouvement de rotation de la noix tend le grand ressort, le bec de la gâchette entre dans le cran de la noix et la platine reste armée, jusqu'à ce que la pression de la détente sur la gâchette dégage le bec du cran de la noix; le grand ressort devient alors libre et sa pression sur le bec de la noix fait tomber le chien avec force sur la batterie.

Le glissoir du couvercle de batterie repose à plat sur le corps de platine et une de ses extrémités s'appuie à une partie saillante de la noix, tandis que l'autre extrémité, recourbée en crochet, saisit par dessous la surface inférieure du couvercle qui est de son côté maintenu en place par un ressort.

En tournant, la noix repousse le glissoir du couvercle; le chien et la pierre à feu serrée dans ses mâchoires sont chassés avec force contre la batterie, rejettent celle-ci en arrière et la friction de la pierre contre l'acier produit des étincelles qui mettent le feu à la poudre que contient le bassinet.

La platine perfectionnée et adoptée en 1648

Planche XXXIV.

Fig. 1. Côté extérieur (armé)
„ 2. „ intérieur (désarmé)

présente une amélioration essentielle en ce que la noix et la gâchette sont soutenues par une bride et que la batterie et le couvercle du bassinet sont réunis en une seule pièce comme dans le système espagnol. Le grand ressort est fixé au corps de platine par une vis qui traverse la branche supérieure et par un pivot placé près du coude; le ressort de gâchette est aussi fixé par une vis et maintenu par une embase qui est près du coude et qui entre dans le corps de platine.

1649. On fait mention de canons servant à tirer des grenades et dont le trou de lumière est bifurqué en deux canaux de manière à pouvoir mettre le feu en même temps à la charge et à la fusée du projectile. (Invention de *Getkant.*)

Dans „Ars magna Artilleriæ" Simienowicz explique la composition du „salprotico" substance dont on faisait alors un grand usage; c'était un mélange de salpêtre, d'ammoniaque, de camphre et d'huile de soufre (composée de soufre et d'essence de thérébentine).

En parlant des boulets à vapeur et des boulets puants, il dit que leur usage est autorisé, mais qu'il n'est pas permis de produire par des conjurations des brouillards et des miasmes malsains comme l'avaient fait les Tartares et les Cosaques à Ochmaton en 1648.

1650. *Michel Richard* de Lauterbrunn fabrique en Suisse des canons de mousquet dont le fer provient des mines de l'évêché de Bâle.

Il paraît que cette fabrication et plusieurs autres qui la suivirent, comme celles de:

1663 *Ph. Grobetti* à Berne
1713 *Eml. Wurstemberger* à Berne
1748 *Jaquet* à Valorbe

ne furent pas de longue durée, car on parle encore plus tard de livraisons de canons, de bayonnettes, de baguettes et aussi de platines et de garnitures faites par les fabriques de St. Etienne, de Liège, d'Utrecht, de Suhl, de Solingue, de Schmalkalden etc.

1651. Une ordonnance, que le gouvernement de Berne avait déjà voulu introduire à plusieurs reprises depuis 1633, entra en vigueur cette année; elle avait pour objet l'instruction, les exercices de la milice, la formation de celle-ci en escouades (Rotten) et la nomination de caporaux (Rottmeister) dont un pour 16 à 20 hommes. Les exercices qui avaient lieu une à deux fois par mois, pendant quelques heures devaient tomber sur des jours de semaine afin que le dimanche fût sanctifié. La „Prescription pour les caporaux" qui est remarquable, dit:

„Comme le maniement précis et la connaissance des armes sont plus utiles pour l'application pratique que les mouvements (Wendungen), les caporaux ne devront pas trop s'arrêter à ces derniers."

(On avait déjà alors une manière de voir conforme aux institutions suisses et qui était opposée à tous les exercices inutiles.)

Tous les hommes de l'âge de 15 à 55 ans sont à répartir en escouades.

La surveillance sur les chefs d'escouade (caporaux) est exercée par les capitaines et les officiers domiciliés dans le district.

La surveillance supérieure est conférée aux baillis (Amtsleute), et à cet effet une inspection générale doit avoir lieu une ou deux fois par an.

En cette année la force de l'infanterie bernoise était de:

14,586 hommes appartenant à l'élite,

19,125 hommes appartenant à la réserve (c'est à dire aux corps organisés qui n'appartenaient pas à l'élite).

En tout : 33,711 fantassins.

1653. On organise à Berne une compagnie de fusiliers armés de fusils à pierre et munis de gibernes.

1656. La troupe des autres cantons avait encore conservé ses anciennes armes (la pique et la hallebarde) dont les Lucernois et les hommes du Freiamt firent à Vilmergen un si brillant usage qu'elles reconquirent pendant quelque temps aux yeux des Bernois la réputation qu'elles avaient presque perdue.

Le prix des effets militaires perdus à Vilmergen fut évalué à :

Une bouche à feu (par quintal) . . 48 couronnes

Un affût de pièce de régiment (de 3 ℔) 40 „

„ „ „ „ de 6 ℔ . . . . 60 „

Un pétard du poids de 30 ℔ . . 12 „

1 livre de poudre à canon . . . . 4 batz

1 „ „ „ à mousquet . . . 5 „

1 „ de mèche . . . . 2 „

1 „ de plomb . . . . 3½ „

1 „ de mitraille . . . . . . 3 „

Boulets de fer (la livre) . . . . . 5 kreuzer

1657. Pontons. Quoique les ponts de bateaux fussent déjà connus en Suisse en 1444 où un de ces ponts fut jeté sur la Limmat pour réunir les corps de l'armée fédérale campés sur les deux rives, et que les armées françaises et d'autres armées fussent déjà accompagnées d'équipages de ponts de bateaux dès le commencement du Xme siècle, on ne commença en Suisse à s'occuper sérieusement de cette partie de l'art militaire qu'au milieu du XVIIme siècle, à Berne en 1657 et surtout en 1708, où le lieutenant et maître d'écluse Schneider voua un zèle et une activité remarquables à cette branche de service.

1659. On lança sur Thorn une pierre de 800 ℔ au moyen d'un mortier en terre construit par le colonel *Gentkant*; un pétard lui servait de chambre. On employa deux de ces mortiers.

1661. On essaya en Suisse des canons de fonte; on les trouva dangereux et l'on en défendit l'acquisition.

1662. Un prêtre (l'évêque de Münster) invente des projectiles allongés pour les fusils. (Charrin, Belgique.)

1664. Berne envoie à l'étranger quelques jeunes gens subsidiés par l'Etat pour apprendre l'art de l'artillerie, et plus tard, en 1681, on en envoya d'autres pour le génie. (Fr. *Kuhn*, plus tard aide-major d'artillerie.)

1667. On forme en France quelques compagnies spéciales pour jeter des grenades à main.

1668. *Holst* invente de petits mortiers qu'on appela plus tard mortiers de Coehorn. On en plaçait plusieurs les uns à côté des autres sur une planche à laquelle on donnait la direction voulue et l'on mettait le feu à tous à la fois.

1669. On introduit la **trompette**, spécialement dans la cavalerie. Berne envoya deux frères *Stocker* au frais de l'Etat l'un au service du Palatinat électoral et l'autre au service de Nassau pour apprendre cet art, et les nomma plus tard

„trompettes de la ville" (Stadttrompeter). On envoie aussi des apprentis à Berlin, de sorte que cet art se répandit peu à peu en Suisse.

À cette époque, les trompettes formaient encore une corporation spéciale, et l'apprentissage aussi bien que l'enseignement de cet art „chevaleresque et libre" étaient soumis à de certaines règles, d'après lesquelles personne n'était autorisé à l'enseignement sans avoir acquis le grade de maîtrise; pour acquérir ce grade il fallait non seulement que l'apprenti eût été formellement reçu, mais encore qu'à la fin de son apprentissage il fut examiné et déclaré capable par une assemblée de maîtres; puis il devait encore prendre part à une ou plusieurs campagnes avant d'être reconnu comme „brave trompette de campagne" (redlicher Feldtrompeter) et d'avoir le droit d'enseigner son art.

Les règles de la corporation furent observées jusqu'à ce que l'on nomma des instructeurs soldés par l'Etat.

1670. On adopta les **cartouches** pour l'infanterie brandebourgeoise. — Les Impériaux avait des piquiers qui formaient un tiers de leur infanterie. — La bayonnette devint d'ordonnance en France; on en donna d'abord à 4 hommes par compagnie et un an plus tard, en

1671 un régiment entier était déjà armé de fusils à bayonnettes; on commença aussi à donner des uniformes aux régiments.

Un grand tir d'artillerie eut lieu à Nuremberg avec 4 canons de 6 ℔ (faucons); la cible était placée à 600 pas des bouches à feu, elle avait 6 pieds de diamètre et elle fut touchée plus de 200 fois en 4 jours.

1672. On créa à Morges (Vaud) une école de navigation de laquelle sortirent quelques élèves capables; on y renonça cependant bientôt.

1673. La fabrication d'armes de Liège ayant été réglée en 1672 par *Maximilien Henri*, le règlement entra en vigueur l'année suivante. Il prescrivait, qu'afin d'assurer la réputation que la ville s'était acquise dans cette industrie, toutes les armes fabriquées à Liège devaient être soumises à la surveillance et au contrôle de la ville. La solidité des canons était éprouvée par un maître d'épreuve assermenté et les canons éprouvés marqués du poinçon officiel. Il était défendu, sous une peine sévère, d'employer des canons non éprouvés.

Plus tard on les soumit encore à une seconde épreuve.

La formation d'une compagnie d'artillerie, déjà projetée en 1667 fut réalisée à Berne; elle était composée de 24 officiers, en remplacement des maîtres-canonniers et de 96 simples canonniers. Les officiers furent pris parmi les habitants de la ville et les canonniers étaient pour la plupart des artisans, tels que serruriers, forgerons, charpentiers, etc., pris parmi les gens de la campagne.

On forma bientôt une seconde compagnie, qui prit le nom de „compagnie des pièces de la ville" (Stadt-Stuck-Compagnie) dont le capitaine fut choisi dans la ville de Berne et les autres officiers dans les villes de la partie allemande du canton; les canonniers furent pris parmi les artisans de la campagne. Plus tard on forma encore „la compagnie des pièces de la campagne" et en 1696 celle des „canonniers romands" (welsche Constabler-Compagnie).

1674. On introduit les mortiers de *Coehorn* (v. 1668 *Holst).*

En Brandebourg on forma des carabiniers armés de carabines rayées.

On créa une école d'artillerie à Montesto. On donna à l'infanterie d'élite bernoise des habits d'uniforme (casaques) en drap gris avec parements rouges, des bas rouges, un chapeau large et une cravate noire.

1677. Devant Stettin, les Brandebourgeois avaient : 108 pièces de siège, 40 mortiers et obusiers, 98 pièces de campagne, 15,000 quintaux de poudre, 20,000 boulets, 800 grosses grenades, 10,000 boulets incendiaires ; pour le service : 300 canonniers, 40 artificiers et 24 mineurs ; on fit sauter des portes au moyen de pétards.

Geissler tira à Dunkerque avec des mortiers de bois doublés de fer qui résistaient à 40 coups sans se détériorer.

1679. Au lieu d'écouvillons de peau, on se sert pour nettoyer les bouches à feu, d'écouvillons faits de soies de porc, qui se pliaient lorsqu'on les introduisait dans la chambre et se redressaient ensuite, ou aussi d'écouvillons dont le bout était entouré d'une vessie de porc que l'on gonflait en soufflant dans la hampe lorsqu'elle était arrivée dans la chambre ; il était cependant difficile de nettoyer la chambre à fond, ce qui donnait souvent lieu à l'inflammation spontanée de la charge.

1682. On fondit en Saxe des obusiers de 24 ℔, longs de 7 calibres et demi.

1683. On connaissait en France l'art de visser les grains de lumière. — A Vienne on se servit de grosses bombes (marmites) contre les Turcs. — Au siège de Vienne, on tira contre les Turcs 41,700 boulets de canon, 6,650 bombes et 805,000 grenades à main. Les Turcs employèrent à ce siège la cavalerie de tranchée.

1684. Les Autrichiens adoptent le fusil. — On forme en France un régiment de bombardiers.

1685. On fait mention de l'invention de cartouches avantageuses pour l'artillerie. Quoique l'on continuât encore plus tard à se servir de la pelle à charger pour les pièces de position, de siège, et pour les mortiers, on connaissait cependant déjà les sachets d'étamine de meunier, de toile de lin et de laine, et l'invention mentionnée ne peut se rapporter qu'à une étoffe avantageuse pour la confection des sachets.

En France, *Frézelière* trouva que la poudre de réserve était de très-mauvaise qualité; il s'assura que les bouches à feu rejetaient des grains de poudre non consumés, ce qui n'avait pas lieu avec le mousquet. Sur la proposition de *Frézelière*, on adopta donc en France, en

1686 un mélange uniforme pour la poudre à canon et à mousquet, qui était composé de 76 parties de salpêtre, 12 parties de soufre et 12 parties de charbon.

On introduisit le mortier-éprouvette avec boulet de 60 ℔ et une charge de 3 loths.

1688. On créa la fabrique d'armes de Charleville.

1689. On donna à l'infanterie brandebourgeoise le fusil à bayonnette et l'on abolit la pique et le mousquet. Chaque fantassin reçut 24 cartouches en 4 paquets.

1690. Introduction de la cartouche d'infanterie en France; on amorçait encore avec la poire à poudre.

1691. La Suède et l'Angleterre introduisent la platine à batterie française et la bayonnette. La Suède adopta un sabre-bayonnette.

1692. En France on remplaça l'écharpe par des épaulettes.

1697. *Geissler* inventa une étoupille de fer ou un tube de fer avec amorce pour les canons dont le trou de lumière était élargi, et s'en servit devant Bruxelles; il les appelle „dégorgeoirs à vitesse"; jusqu'alors il fallait souvent une livre de poudre pour amorcer de nuit les trous de lumière.

Fouard essaya avec succès des affûts de fer forgé pour les pièces de campagne et de siège; on en fabriqua un grand nombre.

On décida en cette année à Berne l'acquisition d'obusiers qu'on avait proposée en vain en 1691 et on les tira de l'étranger, principalement de la Hollande; ce ne fut que 13 ans plus tard qu'on fondit à Berne le premier obusier.

1699. Le colonel *Manuel* (colonel du régiment Suisse d'Erlach, plus tard Manuel, au service de France en Catalogne) fit construire sur l'invitation du gouvernement bernois une pièce dite „catalane" qui servit de modèle pour la fonte de 6 autres pièces; c'étaient des canons dont la chambre avait la forme d'une poire et contenait 20 loths de poudre; leur calibre était de $3^1/_2$ ₶ et on les chargeait comme les mortiers.

1700. On introduit en France la grenade „à perdreaux" inventée en 1693 par *Petri*; elle était composée d'une grosse grenade, autour de laquelle 13 autres plus petites étaient groupées, et on la lançait au moyen de mortiers.

Les fantassins allemands portaient encore à cette époque la bandoulière en sautoir, garnie de flacons pour les charges de poudre; les Turcs leur donnèrent pour cette raison le sobriquet de „médecins ambulants".

On commença à se servir de bayonnettes à douille.

1703. La cavalerie française abandonna la lance et reçut en échange de celle-ci le mousqueton. — La pique de l'infanterie fut remplacée par le fusil muni d'une bayonnette à douille.

Une ordonnance précise sur la confection des cartouches de fusil parut en France.

1704. Le gros canon „Asia" fut fondu à Berlin; il avait un calibre de 8 pouces, 8 lignes, 5 traits, il tirait un boulet de 100 ℔, pesait 350 quintaux et coûta 14,641 Thaler. Ce canon était richement orné, les poignées représentaient des chameaux, sur la pièce étaient ciselés des caravanes, des cortèges triomphaux asiatiques, une bataille, des armoiries, etc. Le travail de ciselure seul avait coûté 593 Thaler. Ce canon fut refondu en 1743.

1706. Les fonderies de canons de Danzig et d'Augsbourg jouissaient à cette époque d'une bonne réputation.

1707. *Geissler* décrit une espèce de fusée d'amorce destinée à mettre le feu aux canons; on les chargeait comme un fusil et leur balle devait traverser le sachet.

En Suisse on remplaça le mousquet par le fusil, et l'infanterie reçut des gibernes que l'on fit d'abord en cuir brun de veau ou de mouton, et plus tard (1760) en fort cuir de boeuf avec un couvercle noirci et un large baudrier de buffle.

Ces baudriers étaient d'abord jaunes, et depuis 1788 de couleur blanche (tannés ou blanchis).

Un fusil d'ordonnance avec bayonnette coutait   4 thaler

Une bayonnette, tirée de Suhl . . . . 13 batz

Une giberne avec baudrier . . . . . 2 couronnes

Un baudrier de sabre . . . . 22 batz.

1708. A Lille, on jeta sur les assiégeants des boîtes en fer blanc remplis de substances explosibles et de chiffons cuits dans du soufre, et aussi des pots remplis de grenades (pâtés de grenades).

1709. L'artillerie de Brandebourg avait des mortiers de Coehorn montés sur de hauts chevalets à trois pieds.

On proposa à Berne, dans un rapport d'inspection, la publication d'une ordonnance d'après laquelle „aucun jeune homme ne pouvait se marier sans qu'il fut armé et équipé réglementairement d'un fusil avec bayonnette, d'une giberne et d'un sabre.“ Ce projet fut réalisé en 1712 par la prescription: „qu'aucun acte de mariage ne devra être célébré à l'avenir, si le fiancé ne peut prouver qu'il est en possession de l'armement réglementaire, et de plus que tout citoyen âgé de 16 ans qui ne remplit pas cette condition, sera exclu de la jouissance du bois, des biens et des assemblées, emplois et services de la commune.

On facilita autant que possible aux fils de pères moins aisés l'acquisition successive de leur armement, en leur accordant des délais de paiement ou en le leur fournissant gratuitement de l'arsenal; on accorda la même faveur aux incendiés.

Cette ordonnance fut suivie en 1760 d'une autre qui prescrivait au fiancé de se marier en uniforme; les pasteurs en étaient responsables et il leur fut défendu de bénir un mariage sans que cette formalité fût remplie.

1710. Les Saxons avaient des canons de 3 ℔ sur des affûts à fourche (affûts de Dragon).

1712. On munit les fusiliers français de sacs en cuir de veau destinés à recouvrir la crosse et la platine des fusils, lorsqu'on était en marche par un temps pluvieux.

A cette époque, l'ordre de bataille (Berne) était formé sur six rangs; mais pour les feux on les réduisait à trois au commandement de „Par demi-files, doublez les rangs en avant" (Mit halben Reihen, die Glieder vorwärts gedoppelt); les trois derniers rangs avançaient alors à la hauteur des trois premiers, de sorte que les hommes du 4e rang se trouvaient au premier, ceux du 5e rang au 2e et ceux du 6e rang au troisième.

Le premier rang s'agenouillait pour tirer, et les hommes du second rang pliaient le genou gauche en avant afin que ceux du troisième rang pussent aisément enjouer leurs armes par dessus l'épaule des hommes du second et du premier rang. Lors de la guerre du Toggenburg (1712), l'effet inaccoutumé de ce feu de trois rangs avec des armes perfectionnées fit une telle impression sur les milices des cantons catholiques, qu'elles l'attribuèrent à une machine de nouvelle invention, et un témoin oculaire compare le feu des Bernois qui combattaient dans le cimetière de Sins à un „Vésuve en éruption" (feuerspeiender Vesuvius).

Berne adopta en cette année les manteaux d'armes. — La force de la cavalerie bernoise était à cette époque de:

3 compagnies de vasseaux romands . . .	194	chevaux
11 compagnies de cavaliers allemands y compris la compagnie des cuirassiers de la ville .	657	id.
3 compagnies de dragons allemands et 3 compagnies de dragons romands	282	id.
	1133	chevaux

sans compter ceux des officiers.

Pendant la guerre du Toggenburg on transforma les cavaliers et les cuirassiers en dragons que l'on répartit plus tard en 1768 en 4 régiments. Le premier régiment avait 6 compagnies de 300 hommes et les trois autres avaient 4 compagnies de 200 hommes chacune. Chaque compagnie avait 4 officiers.

Les dragons reçurent, selon leur destination primitive, l'équipement de fantassins montés, c'est à dire: un fusil à bayonnette, des pistolets et une arme blanche; celle-ci était depuis 1707 une latte à lame droite et large. En 1709 on remplaça un des pistolets par une longue serpe (pour les travaux de sapeur) et en 1766 on substitua le mousqueton au fusil.

1715. Quoique l'idée n'en fût pas neuve (v. 1598 et avant) la construction perfectionnée d'un canon se chargeant par la culasse (canon à vitesse, Geschwindstück) de Mr. *Wurstemberger* de Berne (qui fut plus tard nommé colonel) n'en est pas moins une invention nationale.

Dans cette bouche à feu le bouton de culasse fut remplacé par un tiroir ou bouchon et l'on prétend qu'on pouvait tirer avec cette pièce 8 à 10 coups par minute.

Cette invention avait alòrs une si grande valeur que le gouvernement bernois accorda en 1726 (8 Mai) une gratification de 2500 couronnes à l'inventeur pour la fourniture de douze de ces canons montés sur affûts, et en même temps il décréta „que ces pièces resteraient sous la garde de Mr. *Wurstemberger*, afin que personne d'autre ne pût les voir et les contrefaire.“

Les hommes destinés au service de ces pièces furent également placés sous le commandement de Mr. *Wurstemberger* qui obtint, à cet effet, le brevet de colonel d'artillerie.

Tant que l'inventeur vécut, on fit un grand mystère de ces canons; on les gardait dans un endroit particulier, la tour dite des charbonniers, et ce n'est qu'avec une permission spéciale du Conseil de guerre qu'on les faisait voir à des personnages de distinction, comme, par exemple, en 1743, à un prince de Bade et en 1748 à l'ambassadeur de Hollande de Haaren.

Nous mentionnerons encore que Mr. *Wurstemberger* possédait un véritable arsenal de bouches à feu de toute espèce, fondues par lui et parmi lesquels on remarquait un mortier monté sur un affût à roues et destiné à tirer en ricochets, 4 pièces dites catapultes et des fauconneaux rayés. On était entré, de son vivant déjà, en négociation avec lui, mais ce n'est qu'après sa mort en 1748, que le gouvernement bernois put faire l'acquisition d'une partie de ce matériel.

Planche XXXV.
Canon se chargeant par la culasse (du colonel Wurstemberger)
(d'après un dessin original de l'époque).

Nous puisons dans les mémoires du Colonel *Wurstemberger* les notes suivantes sur le service de ces canons se chargeant par la culasse.

1.

Après avoir fait feu, on écouvillonne d'en arrière en avant. L'écouvillon doit être fait de crin de cheval et construit de sorte qu'il ne se heurte nulle part, mais que l'on puisse le retirer facilement en tout temps.

2.

Après avoir écouvillonné proprement, ce qui doit se faire en un mouvement tout le long du canon, on sort la cartouche du coffret de munition et on la remet aux mains de celui qui doit charger.

3.

Dès que tout est prêt pour charger, les quatre canonniers qui desservent chacune de ces pièces se placent à leurs postes, et cela aussi exactement que possible, afin de pouvoir tirer avec la rapidité voulue.

4. (voir le dessin d'après l'original.)

Comme la position exacte de chacun, comme on l'a dit plus haut, est d'une grande importance, on pourra se régler d'après le dessin ci-joint. Dès que la pièce est fermée, celui qui est chargé de faire feu allume la lance à feu, et celui qui doit écouvillonner amorce avec les pilules d'amorce. On ne doit faire feu que lorsque celui qui a chargé commande : „feu!"

5.

Après avoir tiré, on retire la lance à feu, on ouvre la culasse, on écouvillonne, on charge et l'on fait feu comme il vient d'être dit; il faut aussi observer que le coffret de munition doit être placé derrière la pièce, à une distance qui permette à celui qui doit charger de recevoir ses cartouches d'une manière commode et exacte, et si le service se fait avec soin, on peut espérer d'obtenir, devant l'ennemi, l'effet que représente le dessin ci-joint.

6.

Dans le cas où l'on voudrait charger par la bouche, on pourra placer les canonniers selon le dessin ci-joint; on écouvilleronnera alors d'en avant en arrière; on bourrera la cartouche avec l'autre bout de l'écouvillon, on amorcera et l'on fera feu. Si le cas devait se présenter qu'on n'ait plus de cartouches à sa disposition, on pourra charger par la bouche à l'ancienne manière, avec la pelle.

7.

Pour la charge et pour le pointage, il faut observer les règles suivantes :

Lorsque les cartouches sont bien confectionnées, il faut, avant de les mettre dans le coffret de munition et de les porter aux pièces, en percer le fond avec une fourchette à cinq pointes ; on les charge ensuite avec le petit refouloir, exactement et en ayant soin que la culasse, en remontant, effleure le fond de la cartouche. Si l'on veut avancer après avoir chargé, il faut placer devant la cartouche une bourre de mousse ou de foin qui l'empêche de s'écarter de la culasse pendant la marche.

En pointant, il faut avoir bien soin de ne pas pointer trop haut où trop bas ; si l'ennemi se trouve à 200 pas, il faut pointer à trois pas devant lui ; s'il est plus près, il faut agir en proportion de la distance.

~~~~~~~~~~

L'effet dont l'art. 5 fait mention se rapporte à un dessin qui représente le front d'un bataillon d'infanterie sur trois rangs que le feu à mitraille de 6 de ces pièces met dans un désordre complet.

Ce dessin, ainsi que les prescriptions de l'art 7 font admettré que ces pièces devaient principalement servir pour le tir à mitraille.

Planche XXXVI.

Détails de construction de la bouche à feu ci-dessus.

Cette bouche à feu était construite selon les principes généraux de la serpentine que représente la planche XXVIII. L'obturateur a la forme d'un cric qu'on fait monter et descendre au moyen d'un engrenage.

Pour plus de commodité, ce cric qui est adapté à la partie postérieure du canon, n'a que le nombre de dents qu'il lui faut pour monter et descendre à la hauteur exacte lorsqu'on veut ouvrir ou fermer la bouche à feu. La cartouche n'est pas découpée par une arête tranchante de l'obturateur, comme dans la serpentine ; on ne fait que la percer et l'amorcer avec des pilules préparées à cet effet. Pour faciliter l'entrée de la cartouche, la bouche à feu est munie, à sa partie postérieure, d'une saillie en forme de pelle.

1716. En Saxe, on avait des pièces de dragon de 2 ℔, placées sur des affûts à fourche attelés d'un seul cheval.

1717. A la prise de Belgrade, le prince *Eugène* trouva un grand canon des anciens temps, long de 25 pieds et qui tirait des pierres de 100 ℔. On trouve encore de ces bouches à feu dans quelques forteresses françaises.

1720. On crée en France plusieurs écoles d'artillerie.

1721. Les Russes et les Suédois abolissent la pique ; cependant les troupes suédoises devaient continuer à s'exercer au maniement de cette arme.

1722. Fondation de manufactures d'armes à Potsdam et à Spandau. — L'armée prussienne avait des chariots de munition à deux roues.

1724. *Berne.* — D'après le règlement du 21 Juin de cette année, on attacha à chaque compagnie d'artillerie un capitaine (artificier-chef), un lieutenant (sous-artificier) et 10 bombardiers pris dans les compagnies et qui furent chargés du service des artifices. Un peu plus tard, on augmenta encore le nombre des officiers.

1726. Une bouche à feu, proposée par *Feutre* et construite de manière à pouvoir être démontée, sauta au premier coup.

1729. On essaya à Toulon de munir les canons de marine de platines de fusils.

1729. Dans les „mémoires de S. Petersbourg" *Lautmann* prétend qu'il est avantageux de tirer avec des balles elliptiques, ayant une excavation à leur partie postérieure; car les gaz qui se dilatent derrière le projectile pénètrent dans cette cavité et augmentent considérablement l'impulsion donnée au projectile. La force de percussion de celui-ci est très-grande, surtout si on le tire avec des canons rayés et en le forçant. Il dit plus loin: Pour donner à un canon une rayure imperceptible, il faut adapter au bout de la tige à rayer une lime de forme elliptique, et l'on pratique ainsi dans le canon une rayure elliptique en forme de spirale; on passe ensuite le canon à l'émeri.

1730. *Weidmann* essaie de construire des canons avec des lames de cuivre roulées et soudées.

On introduit dans l'armée prussienne les **baguettes de fer,** inventées par le prince *Léopold de Dessau.* Jusqu'alors, les appointés seuls avaient des baguettes de fer de réserve, faites de plusieurs pièces que l'on vissait les unes aux autres.

1731. De même que *Taylor* et *Bernouilly* (1718) *Bélidor* prétend, dans son „Bombardier français" que le volume des gaz dilatés produits par l'inflammation de la poudre est 400 fois plus grand que celui de la charge.

1732. Un nouveau système d'artillerie fut introduit en France par *La Vallière*; au lieu des calibres très différents qui étaient en usage pour les bouches à feu, on n'admit plus que ceux de 24, 16, 12, 8 et 4 ℔. D'autres ne voulaient conserver que les calibres de 24, 12 et 4 ℔.

Calibre.	Longueur		Poids de la pièce.	Poids de la charge.
	en calibres — en mesure.			
24	22	10½''	54 quintaux	8 ℔
16	22	9' 6''	42 „	5½ „
12	24	9'	32 „	4½ „
8	25	8' 1''	21 „	3½ „
4	26	6' 9''	11½ „	2 „

Le poids de l'affût était:

pour les pièces de 24 ℔ de: 28 quintaux
„ „ „ „ 16 „ „ 21 „
„ „ „ „ 12 „ „ 18 „
„ „ „ „ 8 „ „ 15 „
„ „ „ „ 4 „ „ 13 „

1733. On se servit contre Trarbach des „Comminges" qui étaient de gros mortiers du calibre de 18 pouces, et qui, avec une charge de 18 ℔ de poudre, lançaient des bombes de 500 ℔ que l'on chargeait au moyen d'une grue. On prétend que le nom donné à ces mortiers était celui d'un officier de Louis XIV qui était très-gros (1691).

1734. A Lyon, on se servit de machines à forer horizontales, inventées par un serrurier genevois, nommé *Maritz* (1713). L'inventeur reçut pour cela des sommes considérables.

1735. Dans la guerre de Turquie, les Russes adoptèrent de nouveau la pique; ils avaient des pièces de régiment de 3 ℔

mcntées sur des affûts à flèche; dont l'essieu portait en outre
deux mortiers Cœhorn. Les piques furent de nouveau aban-
données en 1740.

1737. Au combat de Teinach, les pièces de vitesse (Ge-
schwindgeschütz), introduites par le général *Obenaus* donnèrent
des résultats très-favorables; ces pièces avaient des timons à
brancard, des caissons d'avant-train et un mécanisme de pointage très-commode.

1738. Une instruction sur la confection des cartouches d'infanterie paraît en France; le papier doit être collé, la charge
est d'un $^1/_{45}$° de livre et les balles sont de 18 à la livre;
s'il y a des balles plus petites, on double l'enveloppe de papier
afin de les ajuster au calibre.

Les Suédois adoptent une **bayonnette triangulaire**
au lieu du sabre-bayonnette et remplacent les garnitures en
fer des fusils par des garnitures en laiton.

1739. On essaya à Lyon une machine à forer, inventée par
les frères *Keller* (1720), qui enlevait un cylindre dans la
masse du canon; cette machine n'eut aucune réussite.

1741. A Mollwitz, les Autrichiens se servaient encore de la
pelle à charger pour les pièces de batterie et de la baguette
en bois pour les fusils. — L'infanterie prussienne tirait avec
la bayonnette au canon.

On crée à Woolwich une école d'artillerie.

Joseph Walten, de Gessenay, étudiant en théologie, reçut
du gouvernement bernois une gratification de 200 écus pour
la cession d'une petite pièce à vitesse d'invention très-ingénieuse. Cette petite bouche à feu fut conservée à l'arsenal
dans une caisse fermée.

En 1750, on accorda au même inventeur un privilège pour ses armes à vitesse (qui étaient probablement une espèce de fusil).

Les baguettes en fer furent imitées en Suisse où on les fit en acier et avec un bout fileté pour y visser le tire-balle.

1742. *Otth*, chef de l'artillerie de Berne, rédige un règlement sur le service de l'artillerie.

1744. Les canons de *Weidmann*, en cuivre roulé et soudé, avec un grain de lumière vissé par derrière, furent éssayés en Angleterre et résistèrent à toutes les épreuves; c'étaient des pièces de 6 ℔ du poids de 2½ quintaux et elles amenèrent les Anglais à faire d'autres essais avec des pièces légères.

Les Prussiens trouvèrent à Prague: 120 canons, 20 mortiers, 6500 quintaux de poudre ordinaire et 200 quintaux de poudre de chasse. Lorsqu'ils abandonnèrent de nouveau la ville, ils brisèrent 12,000 mousquets et jetèrent 3000 quintaux de poudre à l'eau.

1745. A Tournay, les Comminges (v. 1733) firent très-peu d'effet, et comme leur transport était très-coûteux, on les abolit.

1746. On donne en France le premier modèle de fusil d'infanterie.

Senner construit des canons en fer ayant des rayures et une culasse mobile.

1748. En France, on se sert de fusils-obusiers.

Sur la proposition du chef de l'artillerie Otth, on introduisit à Berne une ordonnance sur le nombre et le calibre des bouches à feu, d'après laquelle il fallut refondre à neuf 28 pièces et en reforer 6.

Ce travail fut entrepris par *Jean Maritz*, fondeur à

Berthoud, qui avait déjà fondu en 1730 des pièces de campagne pour Berne et qui s'était rendu célèbre par l'invention d'une machine à forer horizontale et par l'emploi de la fonte massive. Auparavant on coulait la fonte autour d'une tige cylindrique et on forait la pièce au moyen d'une machine verticale.

Pour l'épreuve de ces pièces, on prescrivit 10 charges de poudre d'un $1/8$ du poids du boulet, et 5 charges du demi-poids. (En France, on prescrivait en 1760, 5 charges, dont les deux premières étaient de $2/8$ du poids du boulet et les trois autres du poids du boulet entier.)

1949. *Gribauval* propose son affût à cadre (affût de vaisseau élevé); cet affût de forteresse fut le premier qui ne fût pas une imitation de l'affût de campagne et qui permit l'emploi d'embrasures qui n'avaient que 18 pouces de haut.

Une ordonnance de cette année, sur l'armement et l'équipement de l'artillerie bernoise prescrit:

Pour les officiers: un fusil à bayonnette, un chapeau à bordure d'or et un hausse-col d'acier.

Pour les canonniers: un boute-feu, une flasque à poudre suspendue à un galon de laine rouge, un dégorgeoir et un couteau de chasse avec un ceinturon de buffle que l'on portait sur l'habit.

Pour les sous-officiers: la carabine au lieu du boute-feu.

L'uniforme se composait: d'un habit, d'un gilet et de culottes de drap bleu avec des boutons jaunes, une doublure rouge et un petit parement de drap écarlate ou rouge, d'une cocarde noire et de guêtres noires.

Cet uniforme subit de nombreuses modifications, tantôt

sous le rapport de la couleur, tantôt sous le rapport de la coupe, des parements, des garnitures et de la coiffure, et les frais qui en résultèrent sont à attribuer plutôt aux caprices et à la fantaisie des officiers revenus du service étranger qu'à la nécessité et à l'utilité des changements.

Par exemple, les casaques des Bernois allemands étaient:

en 1707 de drap gris de fer,
„ 1742 „ „ gris-blanc,
„ 1745 en partie de drap entièrement blanc,
„ 1747 de nouveau de drap gris-blanc.

Les dragons portaient en 1741 des culottes de cuir, des juste-au-corps rouges à parements jaunes et noirs, des manteaux rouges, et pour coiffure ils avaient, outre le chapeau, une espèce de bonnet en drap (bonnet de dragon). Cette dernière coiffure bientôt abolie et l'on remplaça les chapeaux ronds par des chapeaux tricornes, galonnés d'or, qu'on orna encore plus tard d'un plumet.

1750. Un Zurichois, nommé *Wild*, présenta une carabine à 6 rayures avec laquelle il tirait des balles de 18 à 24 à la livre avec une charge d'un $1/_5$ du poids de la balle. Les balles étaient enveloppées d'un calepin de toile et attachées à la cartouche.

1750. Les usines de Suéde fournissent au commerce 4 à 600 bouches à feu en fer, qu'on éprouvait par un seul coup qui suffisait souvent pour les faire sauter. On mettait tant de négligence à l'admission de ces pièces qu'il arrivait même parfois que le trou de lumière manquait.

1751. Une compagnie de carabiniers se forma à Aigle et prit le nom de „Compagnie franche d'Aigle"; elle était composée de volontaires et de braconniers, armés pour la plupart, de carabines rayées.

Stark se servit en Angleterre de fusées d'amorce en cuivre dont le feu était assez intense pour enflammer la cartouche sans qu'on fût obligé de la percer; il confectionna des sachets qui étaient aussi bien à l'épreuve du feu que de l'humidité; mais il ne communiqua son secret à personne.

Chaumette inventa un **fusil se chargeant par la culasse**, qui fut proposé en 1776 par *Montalembert* dont il reçut le nom; la chambre de ce fusil était un peu plus large que le calibre afin de forcer la balle.

En Prusse, on proposa pour les canons un boute-feu muni d'une platine de fusil que l'on tenait au-dessus de la fusée d'amorce.

1754. Le premier moulin à poudre est établi à Essone, en France d'après le système du Père *Féry*, et en Suède d'après celui de *Gnutberg*. Celui de Féry avait des bassins et des laminoirs en marbre; les bassins avaient un diamétre de 8 pieds et les laminoirs de 7 pieds et demi. Les moulins de Gnutberg avaient des bassins en métal et des laminoirs en métal aussi qui pesaient 4000 livres.

Hannoteau propose de construire des bouches à feu dont le tube intérieur en cuivre serait entouré de cercles en fer.

On adopte en France le caisson de munition proposé par *Gribauval* et l'on abolit l'ancien chariot.

1755. *Maritz* qui avait entrepris en France, à la place des officiers de marine, la fonte des bouches à feu en fer employait pour celles-ci la fonte massive; mais il fondait pour cela du fer aussi tendre que possible afin de rendre le forage plus facile, ce qui fut cause que ces pièces furent de mauvaise qualité.

1759. Les épaulettes deviennent des insignes militaires.

Berne réduit son ordre de bataille de 6 rangs à 3 ou 2 rangs, et, à l'exception de la Prusse, cette formation de l'infanterie était alors encore assez neuve; car, même dans les batailles de la guerre de sept ans, à Prague, Collin, etc. l'infanterie Autrichienne était encore formée sur 4 rangs. On commença aussi à former les carrés et à attacher des sapeurs à chaque compagnie.

1760. Un nouveau changement dans l'habillement militaire eut lieu à Berne; on prescrivit des casaques en drap bleu-foncé et un chapeau tricorne bordé de blanc pour la troupe et d'argent pour les officiers. On ordonna aussi le port de la cadenette, qui fut cependant bientôt abandonnée.

L'artillerie prussienne avait des caissons de munition à 4 roues avec des couvercles en forme de toit.

Les cuirassiers autrichiens avaient des tromblons que l'on chargeait avec 12 balles.

1761. *Cuisinier* proposa un affût de mortier en fer. — Un bourgeois de Mayence inventa une bouche à feu très-légère en papier comprimé, qui tirait des boulets d'une composition spéciale à de courtes distances et qui pouvait tirer jusqu'à cent coups sans qu'on la nettoyât.

La France fait des essais avec de l'artillerie à cheval. — Le mathématicien *Robin* propose de se servir de balles cylindro-coniques pour les fusils.

1762. Le poids du fusil prussien était de 11 ℔ 25 lots. On fixa en Angleterre un modèle de fusil. — *Maritz* établit des fonderies de canons à Séville et à Barcelone.

1763. La France adopte un second modèle de fusil dont la monture est en bois de noyer.

1764. *Maritz* est destitué des fonctions de directeur des fonderies de canons en France; la marine entreprend de nouveau la fonte, parce qu'un canon de 8 ℔ en fonte massive et 3 pièces de 18 sur 52 avaient sauté à Toulon.

On introduit pour les bouches à feu le grain de mire et une hausse mobile dentelée.

L'emploi de balles de plomb pour la mitraille ne donna pas de résultats favorables; on les remplaça par des balles de fer renfermées dans des boîtes en fer-blanc.

Tous les arsenaux furent obligés d'observer strictement les dimensions prescrites pour toutes les parties du matériel d'Artillerie qui jusque là différaient dans tout, et n'avaient pas même la même largeur de voie. On donna aux ouvriers des modèles et ils eurent au commencement beaucoup de peine à s'habituer à cette exactitude; de grandes pertes en résultèrent, mais bientôt ils allèrent plus loin qu'on ne demandait d'eux.

Brander à Augsbourg fut le premier qui proposa une lunette d'approche à micromètre pour estimer les distances pour le tir.

1766. On établit une école d'artillerie en Saxe. — *St. Germain* introduisit en Danemark des bouches à feu si légères que le tir les endommageait; pour éviter ces détériorations, il fit envelopper les boulets de cuir. Des essais faits en France à laquelle on avait fait présent d'un de ces canons et d'un certain nombre de boulets, montrèrent qu'elles étaient tout-à-fait impropres au service.

On proposa des **fusils à vent** comme armes de guerre.

Bouillet à St. Etienne construisit un fusil avec lequel on tirait 24 coups de suite, d'un seul canon et sans charger.

1767. Le général *Lentulus* effectua une levée exacte de cartes militaires du canton de Berne.

1768. Berne organisa 4 compagnies de chasseurs ou de carabiniers de 100 hommes, pour lesquelles on prit la „compagnie franche d'Aigle" (100 h.) et 300 bons tireurs montagnards de Gessenay, Zweisimmen, Frutigen, Interlaken, Unterhasli et Oberhasli. Ils se distinguaient par des parements et des revers bleu-clair sur leurs uniformes bleu-foncé et on leur donna des chapeaux ronds. Leur musique était composée de cors de chasse. — Les officiers d'artillerie reçurent des épaulettes et les sous-officiers des galons d'or au collet et aux parements.

L'abolition projetée des galons d'or des chapeaux ne put être effectuée parce qu'on s'aperçut que les hommes, surtout les romands, tenaient beaucoup à un habillement élégant et elle ne put avoir lieu qu'en 1782, lorsque l'on donna de nouveau à l'uniforme une doublure rouge.

En Suède, on introduisit pour les fusils une culasse trempée.

1769. A Zurich, *Salomon Landolt* eut le mérite de faire faire de grands progrès au tir militaire en Suisse.

Le tir militaire joua de tous temps un rôle important en Suisse; autrefois c'était avec l'arbalète que les confédérés étaient habiles au tir et ils ne le furent pas moins avec les armes à feu qui s'améliorèrent graduellement.

Salomon Landolt comprit et sut profiter de cette qualité militaire qui existait en Suisse; c'est lui qui créa à Zurich des compagnies de carabiniers, et son discours du 7. Avril 1769 nous apprend de quelle manière il avait compris le but qu'il s'était proposé.

Il voulait une troupe légère d'infanterie d'élite qui „serait à l'armée aussi utile qu'avantageuse, parce qu'elle servirait à couvrir les convois et les fourragements de l'infanterie et de la cavalerie, à reconnaître la marche d'une armée, à occuper les avant-postes les plus importants, à harceler constamment l'ennemi et à éviter à l'infanterie et à la cavalerie beaucoup de peine et de fatigues.

Salomon Landolt était né à Zurich le 10 Décembre 1741: il apprit de bonne heure chez son grand-père le général *Hirzel* à Wülflingen à se servir d'armes à feu de toute espèce, à atteindre d'une main sûre aussi bien un oiseau qui volait qu'un but éloigné. Il y trouva aussi l'occasion de s'exercer à l'équitation et à d'autres parties de l'art militaire.

A l'âge de 20 ans, il suivit l'école militaire de Metz, mais il ne s'y plut pas. Lorsqu'il retourna à Zurich, il existait déjà différents projets concernant une organisation plus avantageuse, l'armement, de nouveaux règlements etc. Mais ces projets portaient, pour la plupart, l'empreinte des institutions françaises, et l'on ne pensait guère à la nécessité d'une arme spéciale, peu connue jusqu'alors dans les armées, mais que demandait la configuration du terrain du pays. Landolt avait observé en France et en Hollande tout ce qui pouvait augmenter ses connaissances générales du service militaire; mais il n'y avait rien trouvé qui eût répondu aux idées qu'il désirait voir introduites dans sa patrie.

Il arriva au moment propice. Lorsqu'il eut développé ses idées devant l'autorité compétente, on lui accorda la permission d'engager des volontaires qu'il instruirait selon ses projets et avec lesquels il pourrait faire plus tard des manœuvres d'essai. Il eut bientôt trouvé 40 hommes de choix, qui se procurèrent à leurs frais de bonnes carabines et des casaques vertes et qu'il instruisit journellement dans le service de tirailleurs. A la première revue qui eut lieu en 1770 avec la troupe nouvellement organisée devant le conseil de guerre et tous les membres du gouvernement qui s'intéressaient à l'art militaire, Landolt eut l'occasion de débuter avec sa petite troupe.

La tenue de celle-ci fit déjà une impression favorable; mais lorsque Landolt, après que les autres troupes eurent achevé leurs exercices, commença à faire manœuvrer ses chasseurs, lorsqu'il les eut fait tirer à de grandes distances sur des soldats de bois, attaquer un défilé, se déployer et se rassembler rapidement, cette clôture bien conçue des manœuvres excita l'admiration générale, et le Conseil de guerre, en le remerciant dans les termes les plus flatteurs, le chargea sans autre délai, d'organiser à sa manière une compagnie de chasseurs de 100 hommes, tout en lui laissant le choix de l'uniforme et de l'armement, et en lui accordant le droit de recruter partout les jeunes gens qu'il trouverait propres au but qu'il se proposait. La compagnie compta bientôt 100 hommes alertes, bien constitués et vigoureux, des jeunes gens aisés de la campagne et des fils de bonnes familles de la ville qui, sans craindre les frais, se procurèrent les meilleures carabines selon l'ordonnance prescrite, s'exercèrent avec zèle et qui préférèrent bientôt le tir à la cible à tous les autres divertissements.

Etant convaincu que les colifichets n'avaient que peu d'importance et ne devaient pas être portés par des milices républicaines, et que le chasseur, caché dans les broussailles ne devait guère se distinguer de celles-ci, Landolt donna à sa troupe un simple habit vert sans aucun ornement (même sans boutons de métal), un fourniment de cuir noir et un chapeau noir avec un plumet, ornement qui, du reste, appartient de droit au carabinier.

Cette troupe de jeunes gens robustes était infatigable à l'exercice et dépassa bientôt toutes les attentes.

Une revue de chasseurs était chaque fois une fête pour la contrée; elle n'était pas accompagnée de strictes formalités, mais on vouait tous les soins à la justesse du tir. Diverses figures comiques de grandeur naturelle, peintes sur des planches de bois et découpées, servaient de cibles; on en plaçait aussi sur de petits chars que l'on traînait rapidement derrière un buisson afin que les tireurs apprissent aussi à atteindre l'ennemi en marche. Des prix en argent ou en objets de valeur étaient distribués aux meilleurs tireurs.

Toutes les manoeuvres devaient être exécutées avec précision et rapidement, et chaque homme isolé devait s'habituer à se poster à la place qui lui paraissait la plus avantageuse. Lorsque l'heure du repos était arrivée, le capitaine s'entretenait avec ses subordonnés d'une manière affable et sans-gêne. Landolt s'intéressa aussi et activement aux exercices de tir qui ne concernaient pas spécialement sa compagnie et y apporta plus de vie et un meilleur ordre.

La formation de la première compagnie fut bientôt suivie d'une seconde, plus tard d'une troisième et d'une quatrième, de sorte, que la force du corps arriva bientôt au chiffre de 500 hommes. Peu de temps après cet exemple fut imité par le canton voisin de Zoug et par d'autres cantons; on rechercha partout les conseils de Landolt, ses efforts pour le perfectionnement du tir militaire portèrent de bons fruits, et ses principes furent conservés et observés jusqu'à la fin du XVIIIe siècle.

Les faits suivants serviront d'exemple :

1771.

A Rümlang, les carabiniers de l'avant-garde surprirent l'arrière-garde de l'ennemi.

1773.

Au Kräuel, les carabiniers de l'avant-garde entreprirent la reconnaissance de l'ennemi et attaquèrent ses postes avancés.

1775.

A Wollishofen, les carabiniers de l'avant-garde attaquèrent les postes avancés de l'ennemi.

1781.

A Rorbas, des carabiniers occupèrent les postes avancés.

A Kloten.

On se servit des carabiniers pour attaquer un convoi de provisions de l'ennemi.

Jusqu'en 1786 (1798 ?), les carabiniers n'avaient pas eu l'occasion de donner des preuves de leur valeur en présence de l'ennemi; mais ils en donnèrent depuis aux Français et aux Autrichiens

1798, 2 Mars. Au combat de Lengnau,

une compagie de carabiniers de l'Oberland bernois, sous les ordres du Lieut.-Colonel *Wurstemberger*, se conduisit avec distinction.

1798, 5 Mars. Au combat de Neuenegg, où les Français furent complètement battus par les troupes conduites par le brave colonel *de Graffenried*, les carabiniers contribuèrent beaucoup à assurer cette victoire.

1798, en Septembre. Les Unterwaldois, et surtout leurs carabiniers, donnent, par leur défense héroïque du sol de la patrie, un brillant témoignage de l'ancienne valeur des Suisses ; les défenseurs, forts de 1200 hommes, à peine, mirent 1200 à 2000 Français hors de combat.

La même année, les carabiniers rendirent aussi de bons services aux combats de Schindellegi et de Rothenthurm.

1799, 25. Mai. Les troupes helvétiques se distinguèrent contre les Autrichiens à Frauenfeld. Dans la continuation de l'histoire suisse de Jean de Muller, *Monnard* dit :

„Les chasseurs (carabiniers) de Zurich surtout, firent éprouver de fortes pertes aux Autrichiens, et les Lucernois opposèrent une résistance inébranlable aux attaques de leur cavalerie.

1799. Dans la nuit du 16 au 17 Août, 20,000 Russes sous *Korsakow* devaient se réunir à 29,000 Autrichiens sous les ordres de l'archiduc *Charles*. Deux ponts devaient être jetés sur l'Aar ; mais cette entreprise fut rendue impossible, en grande partie parceque deux compagnies de chasseurs Zurichois, cachés dans les maisons incendiées de Kleindettingen, tuaient les pontonniers.

Cette action d'éclat fut immortalisée par la chanson populaire : „Le rempart de Dettingen".

1770. On fit à Metz, avec des projectiles allongés pour fusils, des essais qui ne réussirent pas.

1771. *Louis XV* introduit les chevrons comme signe distinctif de l'ancienneté de service.

La France possédait alors 558,000 armes à feu.

1774. En France, les colonels, les lieutenants-colonels et les capitaines portaient encore un esponton de 7 pieds de long ; les autres officiers étaient armés du fusil à bayonnette.

On introduisit dans l'armée suédoise pour les hommes proposés comme sous-officieres, un examen sur la connaissance des armes.

1776. On essaya en Angleterre des canons rayés de 1 ℔ et de 2 ℔ ; à 1500 pas, les écarts n'étaient que de deux pieds.

Bushnell essaie à Delaware un bateau flottant sous l'eau et servant de machine infernale. — On donne à l'infanterie française des armuriers chargés de la réparation des armes.

1777. Des essais faits en France pour diminuer le recul. en changeant la place du trou de lumière, montrèrent que cela ne faisait aucune différence. Le modèle principal du fusil de l'infanterie française fut fixé en cette année.

A Auxonne, on fait des essais avec de la poudre française anguleuse et de la poudre ronde de Berne ; la proportion de leur poids spécifique était de 113 : 100 et la distance obtenue avec le mortier-éprouvette était de 101 : 122.

Des essais comparatifs faits avec des biscaïens de fonte et de fer forgé, donnent des résultats favorables pour ces derniers.

La fonderie de Ruelle, créée par Montalembert, pouvait fournir 600 canons par an.

1778. La flotte française avait 6000 bouches à feu du calibre de 6 ℔ à 36 ℔. — Création de la salle des modèles de Woolwich par Congrève, père. — La France fait des essais variés pour fixer les élévations pour les bouches à feu.

1779. A Gibraltar se trouvaient 77 canons de 33 ℔, 122 de 24 ℔, 104 de 18 ℔, 70 de 12 ℔ et 79 canons d'un calibre plus petit; en outre: 70 mortiers, 30 obusiers et 91 canons sans affûts; en tout: 643 bouches à feu.

On introduit dans la marine anglaise les **carronades** (canons à chambre, longs de 6 à 9 calibres et faciles à desservir), que l'on disait très-utiles pour les combats maritimes à distance rapprochée. — On avait proposé dix ans auparavant de faire mouvoir les bouches à feu au moyen de machines à vapeur, et cette même année l'arsenal de Paris en possédait un modèle qui parut „ridicule".

Planche XXXVII.

Carronade ordinaire (canon de vaisseau).

L'affût de cette carronade est une espèce de châssis, assujetti en dehors du sabord par un boulon et dont le milieu est creusé en rainure pour que l'affût proprement dit puisse s'y mouvoir sans tomber de côté. Comme cet affût devait aussi se mouvoir latéralement, la traverse postérieure était pourvue de roulettes; une vis reposant dans un coussinet permettait de donner à la bouche à feu l'élévation voulue.

Le pivot qui sert de tourillons repose sur un support de fer. Les anneaux, auxquels sont assujettis des cables et des poulies, servent à arrêter le recul et à ramener la pièce à sa place dans le sabord.

Planche XXXVIII.

Canon de casemate avec affût à chassis, d'après Montalembert.

Le châssis de l'affût se compose de deux poutrelles réunies par trois boulons, et entre lesquelles est assujettie une fléche de forme allongée. Cette fléche est percée à son extrémité postérieure d'un trou qui reçoit un levier de manoeuvre, servant à mouvoir la pièce de côté et elle est pourvue d'une entaille pour un levier coudé dont le bras supérieur saisit la traverse postérieure et l'arrête au moment du recul pour faciliter la charge de la pièce.

Après avoir chargé, on appuie sur le bras du levier qui traverse l'anneau pour soulever le cadre de manière à ce que l'affût roule de lui-même dans l'embrasure.

Les roues assujetties à la partie antérieure du châssis servent, en même temps que celles de la traverse postérieure, à faire mouvoir la pièce de côté.

On obtient l'élévation voulue au moyen d'un coin à vis que l'on peut faire mouvoir en avant et en arrière.

1780. Le règlement permettait de munir de doubles détentes les carabines des carabiniers bernois. Ces carabines tiraient des balles de 1 loth et demi.

1781. Les platines de fusil, dont étaient munies les bouches à feu de la marine française, rendirent de bons services.

1782. Devant Gibraltar, on se servit de *batteries flottantes* proposées par *d'Arçons* et sur lesquelles on tira avec des boulets rouges. Trente six boulets pénétrèrent dans ces batteries, dont trois furent incendiées et coulées à fond avec 148 canons de 24 ₶. On tira la même année devant Gibraltar 175,741 boulets de canon et 68,360 bombes.

Une ordonnance qui parut à Berne prescrivit aux arrondissements régimentaires qui n'avaient pas encore de carabiniers, de former une demi-compagnie de chasseurs avec un
nombre proportionné d'officiers et de sous-officiers, qui devaient
cependant en temps de paix rester attachés à leurs compagnies,
bataillons et régiments respectifs. On choisissait pour cette
troupe les meilleurs tireurs du régiment et des gens qui
connaissaient le pays.

En temps de guerre, deux demi-compagnies formaient une
compagnie entière, égale en tout aux compagnies de carabiniers,
de sorte que 13 compagnies de chasseurs ou de carabiniers,
fortes de 108 hommes (qui, plus tard furent toutefois réduites
à 8 compagnies) formaient 2 battaillons avec un Etat-major de
6 officiers (1 Lieutenant-colonel, 1 major et 2 adjutants avec
rang de lieutenant).

On trouva cependant que cette formation des chasseurs de
battaillon était défectueuse ; les sections manquaient d'ensemble,
elles n'avaient pas même leurs propres capitaines, et lorsqu'on
rassemblait le battaillon pour l'exercice, on les employait comme
garde du drapeau ; aussi cette formation fut-elle bientôt abandonnée (v. 1794). En général, l'organisation militaire était
soumise à cette époque à des changements continuels et sans
durée, que l'on proposait, admettait et abandonnait de nouveau.

L'organisation suivante entra en vigueur le 14 mars de
cette année :

Le temps de service des hommes aptes à porter les armes
fut fixé de l'âge de 16 à 60 ans ; le pays fut divisé en 42
arrondissements entiers et deux demi-arrondissements de 100
hommes ; chaque arrondissement formait deux battaillons unis,

de sorte que la moitié des hommes de chaque commune et de chaque famille était répartie dans un bataillon et l'autre moitié dans l'autre. Deux arrondissements voisins formaient un régiment. En tout, on comptait 21 régiments (dont 14 étaient allemands et 7 welches) et 2 bataillons isolés (un bataillon allemand, de Büren et un bataillon welche, d'Avenches).

Chaque régiment était divisé en 4 bataillons et chaque bataillon en 4 compagnies ; à chaque bataillon appartenait en outre, une compagnie de grenadiers de 120 hommes ; mais les grenadiers et les mousquetaires continuaient toutefois à faire partie de leurs compagnies respectives.

L'ordre de bataille d'une compagnie était le suivant:

1e peloton:	2e peloton:	3º peloton:	4e peloton:
31 grenadiers.	? fusiliers	? fusiliers	31 mousquetaires
	(nombre indéterminé).		

Chaque arrondissement avait une place spéciale de rassemblement. Les pères et leurs fils, ainsi que les frères étaient également répartis dans la troupe qui partait en expédition et dans celle qui restait dans ses foyers ; la même répartition avait lieu pour les bataillons unis.

Les quatre premiers pelotons des 4 compagnies d'un bataillon formaient la compagnie de grenadiers, et celle-ci était la première levée ; les 4 derniers pelotons formaient la compagnie de mousquetaires.

Les 4 compagnies de grenadiers d'un régiment formaient le premier bataillon de guerre et les 4 compagnies de mousquetaires formaient le 2e bataillon de guerre ; ces deux bataillons de guerre composaient un régiment de guerre qui portait le même nom que le régiment complet, et auquel on attachait une partie spécialement désignée de l'Etat-major de ce dernier.

Cette organisation fut modifiée en 1786 en ce sens, que les bataillons furent divisés en 6 compagnies : 1 compagnie de grenadiers, 4 compagnies de fusiliers (centre) et une compagnie de mousquetaires.

1783. De trente bouches à feu en fonte de fer, fabriquées à Couvin (France) pour la marine hollandaise, il n'y en eut que trois qui résistèrent à l'épreuve.

Premier emploi de *bombes incendiaires à plusieurs trous* par les Anglais.

1784. *Cadets* propose de remplacer les mèches soufrées par des bâtons en bois de tilleul, imbus de nitrate de plomb.

La poudre sans soufre, que l'on avait fabriquée en Prusse en 1783, était déjà gâtée et hors de service.

A la pêche à la baleine, on se servit avec succès d'un canon à harponner ; ce canon tirait, avec une charge très-faible, un long harpon dont la corde était roulée devant la bouche. Le harpon pénétrait jusqu'à 8 pieds de profondeur.

1786. On commence à connaître le chlorate de potasse inventé par *Berthollet.*

Des essais que l'on fit en Hannovre sur l'élévation des fusées, donnèrent en moyenne une élévation de 3,900 pieds pour les fusées d'une ¹/₂ livre et de 5,700 pieds pour celles d'1 ℔. — En Saxe, *Heinsius* essaya avec succès un alliage de cuivre, de zinc, de fer et d'antimoine pour les bouches à feu.

On admet dans les règlements d'exercice des Bernois : les changements de front, la formation et le déploiement de la colonne, l'attaque à la bayonnette, les feux de file sur deux rangs, de bataillon et de demi-bataillon, la marche de front en avant et en retraite, la marche de flanc par files et la formation en bataille par files.

1787. Les tirailleurs autrichiens étaient armés de fusils doubles dont un canon était lisse et l'autre rayé. — Les carabiniers prussiens reçurent des carabines à bayonnette.

Deux canons français de 4 ₶, en bronze (nouveau métal, composé de 100 parties de cuivre et 11 parties d'étain), dont l'un fut éprouvé avec un culot et l'autre sans culot, resistèrent à 4,000 coups sans que leur calibre fût élargi d'une manière sensible.

1788. *Berthollet* invente le *fulminate de mercure*.

Les Autrichiens avaient des fusils à vent de l'invention de *Giraldini*; ils tiraient 50 coups consécutifs à 300 pas.

1789. En France, le nombre des bouches à feu de l'artillerie de terre était de 10,007 et celui des fusils de 700,000.

On y fit des essais sur la durée des fusils d'infanterie; quatre fusils avec lesquels on avait tiré 10,000 coups n'étaient pas encore hors de service. — On introduisit aussi en France un affût de fer pour les mortiers servant à la défense des côtes.

1790. Berne possédait en bouches à feu:

Pièces de batterie: 6 pièces de 16 ₶, 13 pièces de 12 ₶ et 2 pièces de 9 ₶.

Pièces de campagne: 12 canons de 12 ₶ (courts), 41 canons de 6 ₶ (longs), 7 canons de 3½ ₶ et 6 canons de 2 ₶.

Pièces de bataillon et pièces à vitesse: 53 canons de

6 ℔ (courts), 135 canons de 4 ℔ (courts) 12 canons à vitesse de 3¹/₂ ℔, 7 canons de 2 ℔ (courts) et 17 canons de 1 ³/₄ ℔ (courts).

Mortiers: 1 mortier de 400 ℔, 1 mortier de 200 ℔, 10 mortiers de 100 ℔, 6 mortiers de 50 ℔, 14 mortiers de 25 ℔ et 18 mortiers de Coehorn.

Obusiers: 20 obusiers de 25 ℔ et 24 obusiers de 16 ℔.

9 arquebuses doubles et 20 fauconneaux.

Le total des bouches à feu était de 499 pièces dont les caissons étaient pourvus de munitions suffisantes. Ce matériel fut encore augmenté jusqu'en 1800.

On introduisit la hausse d'ordonnance française.

Il existe de cette année une „Instruction sur la tenue et les exercices armés, maniement d'armes et manoeuvres, pour la ville et république de Soleure", dans laquelle nous trouvons les notes suivantes:

„**Uniforme et insignes des soldats, sous-officiers et officiers**". Un habit, une camisole et des culottes de drap bleu; sur chaque épaule une pattelette bleue doublée de drap rouge et garnie d'un galon rouge. — Le cou entouré d'un petit col ou d'un crêpe noir. — Des guêtres noires avec des boutons noirs, coupées à un pouce au-dessous du genou pour laisser voir quelque chose de blanc, soit des manchettes de bottes, soit des bas blancs. — Un chapeau lisse et sans galons, avec des bords larges de 5 pouces et bien retroussés; une ganse blanche avec un bouton; une cocarde blanche en toile de lin avec un noeud écarlate au centre. — Les cheveux bien peignés et une cadenette; sur les côtés, les cheveux devaient être coupés à la hauteur du bout de l'oreille.

Equipement. Un fusil à baïonnette, en bon état, avec courroie tendue et une bonne pierre à feu ; une giberne noire avec une courroie blanche, large de 3 pouces ; un baudrier large de 2 pouces et assez long pour pouvoir être porté en sautoir ; en général, tout le monde devait porter le baudrier en sautoir.

A l'exception des sergents, des caporaux, des tambours et des fifres, personne ne devait porter de sabre aux revues. Le corps de réserve, toutefois, devait se présenter, comme d'habitude, avec l'épée.

Sous-officiers. Le même uniforme que la troupe ; tous les sergents étaient obligés de porter le fusil et la giberne.

Insignes. Pour les sergents : un galon blanc, large de 6 lignes autour du parement et deux épaulettes blanches, en forme de trèfle, doublées de rouge ; pour les caporaux : 2 galons blancs sur chaque bras, placés à 1 pouce et demi du parement, allant en droite ligne d'une couture à l'autre et séparés par un intervalle de 3 lignes ; pour les appointés : un seul galon sur chaque bras ; sur chaque épaule un nid-d'hirondelles rouge garni d'un galon blanc.

Officiers. Le même uniforme que la troupe, excepté la ganse du chapeau qui était d'argent.

Equipement : Une épée avec un baudrier et une dragonne en fil blanc.

Insignes : des épaulettes en argent, à gros bouillons pour le colonel ; pour le major : deux épaulettes de capitaine, unies, sans bouillons ; pour les capitaines : une épaulette de major sur l'épaule gauche et une contre-épaulette sur l'épaule droite ; pour les lieutenants : les mêmes épaulettes que le ca-

pitaine, mais avec un raie au milieu, large de 3 lignes et
de la couleur de l'uniforme; pour les sous-lieutenants et le
porte drapeau: des épaulettes et contre-épaulettes blanches,
en fil et avec deux raies, larges de 3 lignes et séparées par
un intervalle de 3 lignes; les raies étaient de la couleur de
l'uniforme.

Toutes les épaulettes étaient doublées et bordées de rouge.
Ce qui était prescrit d'argent ou blanc pour les uniformes
bleus, devait être d'or ou jaune pour les baillages de la Birs.

Instruction des soldats et exercices. Manière de porter
le chapeau: Les sergents doivent apprendre à leurs hommes
à bien mettre leur chapeau lorsqu'ils sont sous les armes;
que la corne de devant soit placée droit au-dessus et à un
quart de pouce à-peu-près du sourcil gauche et qu'elle touche
le sourcil droit; que le chapeau soit un peu relevé derrière
et ne soit pas rabattu sur la nuque, et qu'on ne se découvre
„que devant Dieu". — Position du soldat sans armes et en
armes. — Alignements: „quand un homme est en position,
on lui fait tourner la tête à droite et à gauche au commandement" etc. — Les à droite, à gauche, demi-tour, front. —
Les différents pas: „pour bien apprendre aux soldats la cadence régulière du pas, il faut commencer par leur commander:
gauche! — droite! — en faisant le commandement de „gauche"
pour leur faire avancer le pied gauche et celui de „droite"
pour avancer le pied „droit" etc. — Espèces de pas: le pas
ordinaire (pas principal) de 2 pieds d'un talon à l'autre et
de 76 à la minute; le pas accéléré de 2 pieds et de 120 à
la minute; le pas oblique à droite ou à gauche pour conserver
l'alignement; le pas à droite ou à gauche par le flanc, d'un

pied et demi, „avec les genoux pliés et la vitesse du pas ordinaire, et avec une distance de 1¹/₂ pied de la poitrine de
l'homme au dos de celui qui le précède", etc. — Le pas de
conversion, d'un pied, en avançant fortement la poitrine et
les pointes des pieds abaissées.

Former la compagnie, la division ou la section sur un
rang: „deux derniers rangs, à gauche, gauche! — pas accéléré, marche; — halte! — front! à droite, alignement! —
Former la compagnie sur trois rangs: ouvrir et serrer les
rangs; les conversions s'effectuaient au pas accéléré aux com-
mandements de: „par divisions, etc. à droite (ou à gauche)
— tournez! — marche!" Rompre et former le peloton „au
pas raccourci et en s'intercalant de côté"; se remettre en
ligne et faire front:„en marchant obliquement jusqu'au commandement de: en avant!"

Maniement d'armes. Pour les sous-officiers et les caporaux: „Au bras droit-Armes! — Au bras — Armes!" Mettre
et ôter la bayonnette; le port d'armes; l'arme au pied; l'arme
à terre; relever les armes; l'arme au bras; présenter l'arme;
l'arme sous le bras gauche; croiser l'arme; apprêter les armes
pour l'inspection. — La charge en douze temps: 1) Chargez
Armes! — 2) Ouvrez — Bassinet! — 3) Prenez — cartouche! — 4) Déchirez — Cartouche! — 5) Amorcez! —
6) Fermez — Bassinet! — 7) Arme — à gauche! — 8)
Cartouche — dans le canon! — 9) Sortez — baguette! —
10) Bourrez — Charge! — 11) Remettez — baguette! —
12) Portez — Armes! Ensuite venait la charge à volonté,
sans commander les temps; „la charge ne doit être bourrée
qu'une fois"; „si l'on charge à poudre, il est sévèrement dé-

fendu de charger deux cartouches l'une sur l'autre, car l'arme pourrait sauter; pour s'assurer que le coup est parti, il suffit de regarder s'il sort de la fumée du trou de lumière". — Position des trois rangs pour les feux et feux: 1ʳ, 2ᵉ et 3ᵉ rang: 1) Apprêtez — Armes! 2) joue! — 3) feu! „Le premier rang met le genou droit à terre; le 2ᵉ rang fait un demi-à-droite et place le pied droit derrière le pied gauche, la boucle du soulier droit contre le talon gauche; le 3ᵉ rang porte le pied droit à 15 pouces en arrière et de côté". Le signal de cesser les feux était donné par un roulement de tambour; si l'on ne devait plus charger, on commandait: „le dernier feu".

Les feux se divisaient en feux de peloton, feux de division, feux des ailes, feux de bataillon et feux de file; ensuite venaient: les feux en arrière, se remettre de front, les feux en déployant, les feux en avançant et les feux en retraite.

Division d'un bataillon. Le bataillon était divisé en deux ailes, l'aile droite et l'aile gauche; en 4 divisions, 8 pelotons et 16 sections; la section du drapeau se trouvait à la gauche du 4ᵉ peloton; elle était comprise dans le nombre des autres sections, prenait part à toutes les manoeuvres et était composée de 3 sergents au 1ᵉ rang, du porte-drapeau et de deux sergents au 2ᵉ rang; ces hommes portaient toujours l'arme au bras droit.

Si le bataillon avait une compagnie de grenadiers ou de chasseurs celle-ci était placée à l'aile droite; elle manoeuvrait toutefois à part dans les exercices et les feux, à l'exception des feux des ailes, qu'elle exécutait avec l'aile droite.

Les *manoeuvres* comprenaient: la marche en ordre de

bataille à tous les pas et aussi en arrière; les conversions par divisions et par pelotons; la marche en colonne; la conversion en bataille; la formation à droite ou à gauche en ligne; les changements de front par demi-conversions, à droite, à gauche et sur le centre; la formation de la colonne sur les ailes et sur le centre, par conversions et par le flanc; le déploiement de la colonne et la formation en bataille; le passage d'un défilé ou d'un pont, en avant et en retraite, de front et par le flanc; les contre-marches; le défilé en parade; l'escorte du drapeau pour aller le chercher et le ramener; les honneurs à rendre au St. Sacrement.

Cette „instruction" ou règlement contient, comme on le voit, bien des choses qui subsistèrent sans changement jusqu'au milieu du XIXe siècle.

1791. La France et la Suède introduisent l'artillerie à cheval.

En Prusse, on essaya de tirer des projectiles polygonaux allongés avec des canons dont l'âme était également polygonale. De notre temps, ce système a été introduit par *Withworth* avec plus de succès.

1792. Le régiment de Wattenwyl avait amené de France une musique nombreuse et excellente (18 hommes) et le gouvernement de Berne autorisa en

1794 la formation de musiques militaires, qui toutefois ne devaient pas compter plus de 9 hommes par régiment, et il prit en même temps différentes décisions au sujet de leur solde, etc. — On avait fixé en 1791 l'uniforme de l'Etat-major général, et on fixa en cette année celui de l'Etat-major Quartier-maître, ainsi que celui des officiers de santé.

Le gouvernement décida aussi que la demi-compagnie

9

de chasseurs de chaque bataillon (v. 1782) devait être portée à la force d'une compagnie entière, et que ces compagnies de tirailleurs ou de chasseurs resteraient sous les ordres des colonels des régiments de milice, tandis que les carabiniers continueraient à être subordonnés à l'Etat-major du corps de chasseurs, qui comptait à cette époque 8 compagnies de 111 hommes et un Etat-major de 6 officiers.

L'Etat-major des régiments fut augmenté d'un Lieutenant-Colonel et des 9 musiciens.

Plus tard, on créa un corps d'ingénieurs, composé de 3 capitaines, 3 lieutenants, 3 sous-lieutenants, 6 volontaires ou cadets sans rang et 60 piqueurs avec rang de sergent d'artillerie. Ce corps devait rester attaché au corps et à l'Etat-major d'artillerie; personne ne pouvait être promu au grade d'officier sans avoir passé un examen, et l'admission des cadets, ainsi que la nomination des 60 piqueurs, étaient réservées aux trois capitaines-ingénieurs.

On organisa aussi un service de flottille sur le lac Léman et on loua à cet effet :

16 barques,

2 grands bateaux plats,

5 brigantines,

27 barquettes et moyens bateaux plats, en tout :

50 bateaux, et l'effectif d'équipage proposé par le colonel de *Crousaz*, commandant de la marine, était de :

16 officiers, 102 sous-officiers, ouvriers, tambours et fifres et 329 canonniers-matelots; en tout : 450 hommes.

Le port d'Ouchy, qu'on croyait alors le plus sûr, fut désigné en 1792 comme point de station de la flotille; le

château de Chillon servait d'arsenal de marine et l'armement
des bateaux y était gardé sous la surveillance d'un „garde-
magasin de la marine". D'après l'inventaire de cette année,
cet armement se composait de 12 canons de 4 ℔, longs, montés
sur des affûts de bord; de 1.285 cartouches à boulet, 495
cartouches à mitraille, 611 boulets de 4 ℔, 316 boites à
mitraille; en outre: 72 fusils avec gibernes et 12,100 cartouches de fusil; enfin, les pavillons, les signaux, les porte-
voix et les artifices de la flottille.

(L'histoire suisse fait mention de l'emploi des flottilles
de guerre à des époques plus reculées: on s'en servit pendant
les guerres de Zürich et de Souabe sur les lacs de Zürich
et de Constance.)

On remplaça la giberne des carabiniers par un sac de
chasse qui coûtait 70 batz; les carabiniers reçurent des bayonnettes, car le couteau de chasse que l'on pouvait adapter
aux carabines en guise de bayonnettes ne fut pas reconnu
pratique.

Le colonel de *Froideville* introduit pour la cavalerie
l'exercice de **couper la pomme**; les dragons passaient un
à un et au galop devant une potence à laquelle était suspendue une pomme qu'ils devaient couper en deux d'un coup
de sabre.

Les Anglais admettent les carabines rayées et un nouveau modèle de fusil.

Feuillet simplifia la platine en réduisant le nombre de
22 pièces à 12; cette platine n'avait que trois vis (1791).

Belair tire des **fusées** horizontales et les propose comme
armes de guerre.

Lamartillère propose de se servir de fer forgé pour les petits canons à pivot (pierriers) se chargeant par la culasse, dont on faisait usage dans la marine.

Gustave-Adolphe avait déjà en 1632 des canons à pivot; en cette année il en laissa 9 à Munich; 8 de ces canons ont disparu depuis et il n'en reste plus qu'un que l'on conserve à l'arsenal de la Landwehr (1866).

Planche XXXIX.

Pierrier à pivot.

Ce canon de fer, se chargeant par la culasse et pivotant sur un trépied, fut abandonné par *Gustave-Adolphe* à Munich, en 1632. Ce canon a une longueur de 26 calibres et tire des balles de plomb de 3½ loths.

1796. Bâle fit fondre 4 canons de 12 ℔ à la fonderie de Berne, qui fournissait alors, sous la direction du colonel *Wyss*, une excellente fonte; cette fourniture valut au colonel Wyss un certificat de satisfaction de l'Etat de Bâle et une médaille d'or. Glaris fit fondre en 1791 dans la même fonderie 4 canons de 4 ℔, dont on fut très-satisfait.

1797. La Suède abolit l'artillerie à cheval pour des motifs d'économie.

Reveroni essaya une machine infernale qui naviguait sous l'eau et qui était armée d'une carronade placée verticalement qui perçait la cale des vaisseaux ennemis.

Création du commissariat des guerres; organisation et répartition des ambulances de la milice bernoise.

Le commissariat fut composé de:

> 1 commissaire des guerres en chef (avec rang de colonel),

3 commissaires des guerres (avec rang de Lieut.-colonel),

6 commissaires d'arrondissement (avec rang de major),

21 sous-commissaires (avec rang de capitaine).

Le personnel du service de santé comprenait :

a) Pour le service des ambulances :

3 médecins en chef, comme chefs d'ambulance, 3 médecins-majors, 3 chirurgiens-majors, 9 sous-chirurgiens d'ambulance, 18 aides-chirurgiens d'ambulance, 3 pharmaciens, 3 aides-pharmaciens et 3 commissaires d'ambulance.

b) Pour le service de campagne :

1 chirurgien-major d'artillerie,

22 chirurgiens-majors de régiment,

30 chirurgiens de bataillon et

26 chirurgiens surnuméraires.

Pour ce qui concernait l'instruction, chaque régiment avait un major-instructeur (Trüllmajor), sous les ordres duquel se trouvait un officier-instructeur (aide-major) et des maîtres d'exercice, dont le nombre variait de 25 à 50, suivant la grandeur de l'arrondissement. Les maîtres d'exercice avaient à instruire leurs sections 12 fois par an, 6 fois au printemps et 6 fois en automne, après le service divin ; ils recevaient leur instruction du major-instructeur lorsque celui-ci passait les avant-revues, pendant lesquelles on faisait aussi des inspections d'armes, on complétait l'effectif, etc.

Les avant-revues étaient suivies de revues de bataillon, pour lesquelles on réunissait deux bataillons unis sur la même place d'armes et auxquelles assistaient aussi les officiers de l'Etat-major, les capitaines et les lieutenants ; on y exécutait des maneuvres et des feux. A la clôture des exercices annuels, les exercices de tir avaient lieu sous la direction des majors-instructeurs, dans le but d'exercer les soldats au tir à la cible, pour lequel le gouvernement décernait chaque année un certain nombre de prix. (Depuis 1791, le montant de ces prix était de 20 couronnes par compagnie de chasseurs et de 30 couronnes par compagnie de carabiniers.)

1799. Pour garantir la tête contre les coups de sabre, on garnit les chapeaux des dragons bernois d'une croix en fer.

Avant de passer au XIXᵉ siècle qui est si riche en inventions dans le domaine des armes à feu, nous ferons une petite récapitulation des progrès faits jusqu'alors.

La bayonette subit dans le courant du XVIIIᵉ siècle plusieurs modifications; La bayonette à lame de poignard, dont le manche était ajusté en ligne droite avec la lame et qu'on fixait sur le canon du fusil au moyen d'une bague et d'un ressort, rendait la charge difficile lorsqu'elle était placée; on la pourvut donc d'une douille réunie à la lame par un bras ou coude recourbé, ce qui facilitait la charge lorsque la bayonnette était au canon, car la lame se trouvait ainsi en dehors du prolongement de l'âme du canon.

Planche XL.

Fig. 1. Bayonnette française de 1717.

La forme de la lame avait aussi subi de nombreux changements; tantôt on préférait la bayonnette triangulaire ou carrée, et tantôt celle à lame de sabre. Le général prussien Grubern (1702) dit des premières: „les meilleures et les plus sûres sont celles dont la lame est assez forte et dont la pointe est aiguisée en forme de pertuisane, pour qu'elles ne se plient pas si facilement et qu'elles soient assez fortes pour percer quelque chose de dur." — En 1746, on commença à creuser les pans des bayonnettes; en France, en Prusse, en Saxe et en Suisse, on les fit triangulaires, tandis qu'en Autriche et en Bavière, on leur donna une forme carrée.

La douille n'avait d'abord qu'une fente droite dans laquelle entrait le guidon; plus tard, on pratiqua la fente en ligne brisée, d'abord avec un coude, puis avec deux, et l'on adopta à la droite du canon un second tenon, qui, lorsque le premier avait pénétré dans le second coude de la fente, entrait dans une cavité pratiquée à l'intérieur de la douille et formait ainsi un second point d'arrêt pour la bayonnette.

Fig. 2. **Bayonnette saxonne**
du milieu du XVIIIe siècle.

On abandonna plus tard cette manière de fixer la bayonnette et l'on adopta celle qui fut introduite en France en 1768; la douille qui n'avait qu'une coulisse courte et droite pour le tenon, fut garnie à sa partie inférieure d'un bourrelet sur lequel reposait une bague mobile que l'on pouvait serrer et desserer au moyen d'une vis, et dans laquelle était aussi pratiquée une ouverture pour le tenon; en tournant la bague, dont la tranche supérieure était taillée en pente douce, elle se serrait entre le bourrelet et le tenon et assujettissait ainsi la bayonnette au canon.

Fig. 3. **Bayonnette française de 1768.**

Cette bayonnette fut remplacée en France, en 1774, par une autre; la bague fut abandonnée, le bourrelet reçut une forme excentrique, et l'on pratiqua à son sommet une entaille destinée à recevoir la griffe d'un ressort vissé au canon.

Fig. 4. Bayonnette française de 1774.

Cette manière de fixer la bayonnette plut surtout en France et en Autriche, tandis qu'autre part (et aussi en Suisse) on conserva de préférence la bague qui fixait la bayonnette d'une manière plus solide; un coup appliqué avec force suffisait souvent pour détacher la bayonnette adaptée par un ressort.

A la bataille de Mollwitz qui eut lieu le 10 Avril 1741 entre les Autrichiens et les Prussiens, les Autrichiens faisaient encore usage de baguettes en bois, tandis que les Prussiens se servaient de baguettes en fer, introduites en Prusse depuis 1720, et il en résulta un avantage considérable pour les Prussiens.

Les Autrichiens, qui avaient d'abord l'avantage, ne purent répondre au feu des Prussiens par un feu aussi vif que le leur, parceque la plupart de leurs baguettes se cassaient et mettaient par là les hommes hors d'état de tirer; aussi cherchaient-ils à se mettre à l'abri des feux continus de l'infanterie prussienne en se cachant les uns derrière les autres; l'ordre de bataille en souffrit et ces bandes éparses furent bientôt écrasées par le feu de l'artillerie prussienne.

Ces baguettes en fer étaient d'abord assez fortes et coniques, de sorte qu'il fallait les tourner pour charger et l'on trouva qu'elles n'étaient pas commodes; plus tard on les fit cylindriques ce qui les rendit beaucoup plus lourdes, et pour obvier à cet inconvénient, on diminua l'épaisseur de la baguette entre les deux bouts, dont l'un servait de refouloir et dont l'autre était taraudé pour recevoir le tire-bourre. La Prusse et le Hanovre se servirent de ces baguettes, tandis que la France adopta en 1754, une baguette de fer assez mince avec un refouloir en tête de clou, qu'elle remplaça en 1763 par une baguette en acier à refouloir conique; en 1763 la baguette était retenue à sa place par un ressort adapté à l'intérieur de l'embouchoir; en 1770, on adapta ce ressort à la capucine, en 1773 au canon et en 1777, on l'assujettit de nouveau à l'embouchoir.

Les garnitures du fusil d'infanterie, c'est à dire celles qui servaient à réunir le canon au bois, avaient aussi subi des modifications avantageuses, qui furent, pour la plupart, d'origine française; jusqu'en 1717, le canon était pourvu de trois oeillets, quelque fois davantage, et il était adapté au bois par des goupilles qui traversaient ces oeillets; mais comme les tubes de baguette étaient aussi adaptés de la même manière, tous ces oeillets et toutes ces goupilles affaiblissaient considérablement le bois; on introduisit donc, en 1717, une grenadière avec un battant de bretelle et en 1725, une capucine placée près de la platine et l'on remplaça la bouterolle de tôle par un embouchoir muni d'un entonnoir de baguette. En 1776 et en 1777, on assujettit ces garnitures, qui jusqu'alors ne l'avaient été qu'imparfaitement, d'une manière plus solide, en vissant l'embouchoir et la grenadière au bois, tandis qu'un ressort encastré dans le bois et dont la tête arrondie pénétrait dans un trou pratiqué dans la capucine, retenait celle-ci. L'écusson de sous-garde fut muni d'un taquet pour la baguette dont le bout mince était fileté pour recevoir le tirre-bourre.

On donna au bois une forme plus commode et plus inclinée.

Le modèle du fusil d'infanterie français de 1777 subit toutes ces améliorations, et à la fin du XVIIIe siècle, il était en usage, à peu de modifications près, dans presque tous les états d'Europe, auxquels il servit de modèle.

	mm.
La longueur du canon était de	1136,9
Le calibre » »	17,5

Le tenon de bayonnette se trouvait près de la bouche du canon.

La bayonnette triangulaire, à pans creux, était longue de 378$^{mm.}$ Le guidon était en cuivre et soudé sur l'embouchoir.

Planche XLI.

Fig. 1. **Ancien fusil d'infanterie prussien, avec sa bayonnette** (à baguette de bois).

  „ 2. **Fusil d'infanterie français, modèle de 1777** (à baguette de fer).

  „ 3. **Bayonnette française de 1800.**

L'arquebuse, qui avait dépossédé l'ancienne bombardelle, fut abandonnée pour le mousquet, celui-ci dut céder à son tour au fusil; la nécessité d'une arme à feu plus légère se fit sentir de plus en plus, et lorsqu'on la posséda enfin, les piques que l'on rencontrait encore par-ci, par là dans différents armées disparurent aussi, et cela surtout depuis l'invention de la platine française et de la bayonnette.

Au fur et à mesure que le fusil d'infanterie, devenu plus léger et plus maniable, se propageait, l'usage des carabines rayées devint plus général.

On avait senti, depuis les temps les plus reculés, le besoin d'un corps de troupe spécialement chargé du service de l'infanterie légère et de la petite guerre, ainsi que du service de sûreté en marche et au camp, et que l'on pourrait employer à reconnaître les positions de l'ennemi, à le harceler, à engager le combat et à couvrir la retraite; mais ce service exigeait avant tout du zèle, de la persévérance, une grande mobilité dans les manoeuvres, et des armes à feu à longue portée, qui lui avaient du reste été réservées depuis l'introduction des armes à feu portatives. Cette troupe reçut, conformément à sa manière de combattre, les noms de „troupes légères" et de „tirailleurs", et c'est à elle qu'appartenaient les „enfants perdus" des Suisses, qui, à Grandson par exemple, étaient presque tous armés d'arquebuses.

Les armes à feu ordinaires, l'arquebuse et le mousquet, laissaient toutefois encore beaucoup à désirer sous le rapport de la justesse du tir, et l'on commença à se servir des armes rayées pour la défense des places fortes; mais la perte de temps occasionnée par la lenteur de la charge de ces armes, dont les balles devaient être forcées dans les rayures, et leur prix élevé, furent cause qu'on ne s'en servit pas en campagne.

Ce n'est qu'au commencement du XVIIe siècle, en 1631, que l'histoire de la guerre de trente ans fait pour la première fois mention des „armes rayées", à propos de la prise de Fritzlar par le landgrave *Guillaume V* de Hesse. Le landgrave avait quitté Cassel la veille, avec trois compagnies de chasseurs armés de carabines, et il sut les employer avec avantage.

Cette petite troupe donna naissance au corps des „chasseurs de Hesse" qui s'acquirent plus tard une grande célébrité.

Cet exemple fut suivi en 1645 par la Bavière, où 3 régiments complets furent créés par l'électeur *Maximilien*, et en 1674, par l'électeur *Frédéric-Guillaume* de Brandebourg, qui, lors de la campagne du Rhin, avait avec lui des chasseurs et des carabiniers répartis dans les compagnies d'infanterie.

Frédéric-le-Grand créa en 1740 un petit corps de 60 chasseurs exercés, qu'il augmenta un peu plus tard, en 1744, jusqu'à la force de 300 hommes formant un bataillon de 3 compagnies. Ce bataillon fut porté à 800 hommes pendant la guerre de sept ans; en 1744, on le réduisit de nouveau à 300 hommes; mais peu de temps après, on en forma un régiment entier.

La France avait aussi des corps spéciaux de tirailleurs armés de carabines, dont l'un, la légion Grassin, acquit une grande célébrité. Le premier de ces corps paraît avoir été celui des „fusiliers de montagnes" (créé à Rossillon, en 1689), dont l'armement se composait de deux pistolets, d'une épée et d'une carabine appelée „escopette".

Au lieu d'un tambour, chacune des ces compagnies, dont la force était de 25 hommes, avait un clairon. *De Guignard* dit entre-autres, au sujet de cette troupe: „et je puis assurer ici, que ces fusiliers de montagnes, tous gens de ce pays, ont donné des marques très-essentielles de leur utilité en beaucoup d'occasions, dont j'ai été témoin pendant les 8 campagnes que j'y ai faites."

En parlant de leur service, il dit:

„Leur service ordinaire est de marcher au sommet des montagnes pour couvrir la marche de l'armée dans les gorges, ou pour y assurer le passage aux convois et aux fourrageurs. Ils servent aussi aux escortes de courriers, qu'ils suivent sans peine aussi vite qu'ils allaient. Ils vont très-volontiers à la petite guerre et ils l'entendent à merveille, je les ai vu y faire de très-bonnes captures."

Lorsque la révolution française éclata, les corps de carabiniers disparurent entièrement en France; on les rétablit en 1793, car le comité de la convention qui était chargé de la réorganisation de l'armée, ordonna de choisir des hommes et de leur donner des armes à longue portée et il leur donna le nom de „carabiniers".

La lenteur de la charge et surtout l'instruction insuffisante dans l'emploi de ces armes, furent cependant cause que ces corps de carabiniers, malgré leur utilité évidente, ne purent se faire valoir; on les abolit donc de nouveau et on ne les rétablit dans l'armée française que longtemps après (en 1838).

L'Autriche, en quelque sorte guidée par le penchant naturel d'une partie de ses populations, fut une des premières puissances qui se servit en campagne de chasseurs armés de carabines rayées, et qui sut les employer avec beaucoup d'avantages; ses bataillons de chasseurs tyroliens, qui avaient fait éprouver des pertes considérables à *Frédéric-le-Grand*, faisaient presque exclusivement le service des troupes légères, ainsi que les Pandours et les Croates.

Les Suisses reconnurent en tout temps la valeur de cette espèce de troupes, quoiqu'on ne leur ait pas toujours accordé la considération et les égards dont elles étaient dignes, et que des aberrations sur l'emploi des tirailleurs (troupes légères) s'introduisirent souvent.

Ces aberrations empruntées tantôt à un pays étranger, tantôt à un autre, et introduites dans les règlements suisses, en furent toujours exclues au bout de peu de temps, parce que les vrais principes du tir étaient profondément enracinés en Suisse.

Nous avons vu naître, en 1751, la compagnie franche d'Aigle, formée de volontaires et de braconniers, qui étaient armés, pour la plupart, de carabines rayées; Berne forma bientôt après encore trois compagnies de carabiniers (montagnards) et son-exemple fut suivi par Zurich, en 1769 et par d'autres cantons encore (v. 1769).

Les carabines rayées qui étaient en usage à la fin du XVIIIᵉ siècle, n'étaient pas construites d'une manière aussi uniforme que les fusils d'infanterie, et en Suisse, cette différence de construction était d'autant plus grande, que les carabiniers durent pendant longtemps se procurer eux-mêmes leurs carabines.

Planche XLII.

Fig. 1. Carabine rayée du corps de chasseurs formé par Frédéric-le-Grand.

	mm
Longueur du canon	861,4
Calibre	16,9

Nombre de rayures, 8, à angles vifs et assez profondes.

Pas de rayure : un pas sur la longueur du canon.

Hausse fixe avec une feuille mobile placée à 151 mm de la tranche du tonnerre.

Guidon allongé et brasé sur le canon.

Le canon est réuni au bois par 3 goupilles.

Garnitures en laiton.

Longueur totale de la carabine	1250,8
Poids de la carabine	4,350 Kilogr.

Fig. 2. Carabines à 2 coups des tirailleurs autrichiens des régiments de frontière.

Les 2 canons, dont l'un est lisse et l'autre rayé, sont superposés l'un sur l'autre; la carabine a deux platines et deux détentes.

Longueur des canons	650	mm
Calibre	15,5	„
Nombre des rayures : 7 (assez profondes).		
Pas de rayure : un pas sur la longueur du canon.		
Mire simple avec une entaille, placée à . . .	124,3	„
de la tranche du tonnerre.		

Il existe aussi de cette époque des fusils et des pistolets dans lesquels la communication du feu est combinée de différentes manières, p. ex. : des fusils avec 3 ou 4 platines placées les unes devant les autres avec lesquels on peut tirer autant de coups consécutifs avec un seul canon ; mais l'exactitude que demandait la charge, aussi bien que les décharges consécutives des coups, rendaient ces armes très-dangereuses. — Une autre invention, celle d'un pistolet à deux coups muni d'une seule *platine*, mérite d'être mentionnée, et voici sa description :

Planche XLIII.

Les deux charges peuvent être enflammées l'une après l'autre avec une seule et même platine.

Les deux canons sont superposés, et les deux trous de lumière sont pratiqués du côté de la platine ; la platine à pierre a deux bassinets qui sont aussi superposés, et dont le supérieur a) est mobile ; un canal de lumière, pratiqué dans un renforcement du corps de platine, fait communiquer le bassinet inférieur avec le canon inférieur dans lequel ce canal débouche à la place d).

Lorsque le pistolet est chargé et que le bassinet inférieur est amorcé, on le ferme (le chien étant au repos) en faisant glisser le bassinet supérieur en avant, et l'on amorce également celui-ci ; en armant de nouveau, après que le premier coup est tiré, la griffe de la noix saisit le crochet b) d'un ressort adapté au bassinet supérieur, qui est ainsi retiré, et découvre en même temps le bassinet inférieur. Un second ressort e) sert à guider et à retenir le bassinet supérieur en place ; afin que le feu ne se communique pas aux deux bassinets à la fois.

Les *armes blanches*, auxquelles on attachait autrefois une grande importance, en perdirent beaucoup depuis l'invention de la bayonnette. Une ordonnance de 1710 (Berne) prescrivait que chaque soldat d'infanterie devait être armé d'une épée longue de 2 pieds et demi, droite et à deux tranchants, ou d'un sabre, qui cependant ne devait pas être trop courbe. Le règlement de 1760 prescrit un sabre pour les grenadiers, et pour les fusiliers une épée suspendue à l'épaule par un baudrier. L'épée des fusiliers fut abolie en 1768 et seulement les grenadiers conservèrent le sabre ; les fusiliers et plus tard les mousquetaires ne portèrent plus d'armes blanches jusqu'en 1794 où on leur permit aussi le port du sabre.

Les carabiniers, qui autrefois étaient aussi armés du sabre, reçurent plus tard des coutelas, une espèce de couteau de chasse, qui, dans quelques armées étrangères, étaient construit de manière à pouvoir être adapté au canon de la carabine pour servir de bayonnette ; mais on y renonça après en avoir fait l'essai.

Le coutelas des carabiniers fut remplacé en 1799 par une bayonnette et la giberne par une carnassière ; l'une et l'autre se portaient suspendues à un baudrier de cuir noirci.

Les gibernes de l'infanterie étaient depuis 1707 en cuir

fauve de veau ou de mouton ; plus tard, en 1760, on les fit en fort cuir de boeuf avec un couvercle noirci et on les portait suspendues à un baudrier de buffle ; jusqu'en 1788, le fourniment était jaune, depuis lors il dût être blanc (tanné ou blanchi).

L'armement des chasseurs se composait d'un fusil de munition à bayonnette, du calibre de 2 loths, du fourreau de bayonnette, d'une giberne (contenant 24 cartouches, 3 pierres à feu, un tournevis, 1 chiffon pour nettoyer le fusil et un sac pour les guêtres), d'un sabre avec son baudrier et d'un havresac. Les hommes devaient se procurer tous ces effets à leurs frais et les porter aux inspections ; mais il n'était pas rare que l'Etat fournit cet équipement, surtout lorsque plusieurs fils du même père étaient pris au service ; nous citerons comme exemple, le fait qu'en 1744, Hans Joss de Worb, père de 10 fils, qui, sauf le plus jeune, étaient tous incorporés comme soldats, et qu'en 1766, Sébastien Gloor, sacristain de Leutwyl, district de Lenzbourg, père de 10 fils incorporés reçurent chacun 2 équipements complets.

L'armement des officiers ne consistait, depuis 1785, que dans une épée ou un sabre (ce dernier pour les officiers de grenadiers).

L'armement de la cavalerie se composait depuis 1766 :
d'un mousqueton, au lieu de l'ancien fusil,
d'une épée de cavalerie,
d'un pistolet et d'une serpe.

L'armement des dragons qui étaient fournis par les domaines, les immeubles, etc., était aux frais des propriétaires, tandis que celui des dragons appartenant au contingent des communes était aux frais des hommes; ceux-ci avaient à se procurer: l'habillement, le chapeau, le mousqueton, le sabre ou l'épée, la giberne, les bottes et le cheval; la commune leur donnait: le manteau, le pistolet, la selle et le harnachement.

L'armement de l'artillerie se composait en 1794: pour les officiers: d'un fusil à bayonnette; pour les canonniers: d'un boute-feu, d'une flasque à poudre suspendue à un galon de laine rouge, d'un dégorgeoir et d'un coutelas avec ceinturon de buffle; et pour les sous-officiers, d'une carabine au lieu du boute-feu. On retrancha le fusil et le coutelas fut remplacé par un sabre à lame courte et large, pouvant servir à couper des facines, et que l'on portait suspendu à un baudrier en cuir blanc passant sur l'épaule; pour les officiers, une épée avec un baudrier.

La *musique militaire* se perfectionna aussi peu à peu; chaque compagnie de cavalerie avait un trompette et les cuirassiers de la ville avaient en outre un tymballier, tandis que les dragons avaient d'abord des petits tambours et des hautbois; cet instrument fut aboli en 1715, et les dragons reçurent en 1768 quelques trompettes en sus des tambours qui furent abandonnés en 1776 et remplacés par des trompettes. Leurs frais d'instruction et l'achat des instruments étaient à la charge de l'Etat. L'ancienne organisation des corporations de trompettes tomba en désuétude et l'on nomma en 1782 un trompette-major chargé de l'instruction des trompettes de tous les régiments de dragons. Ce trompette-major avait à former des élèves et il devait assister aux revues des corps; il percevait outre son traitement fixe, des indemnités de journées et des rations d'avoine pour son cheval, et tout les cinq ans, il recevait un habillement neuf.

L'instruction des tambours et des fifres était autrefois confiée à des maîtres-patentés, qui, moyennant une indemnité fixe que leur payaient les communes, avaient à instruire les élèves que celles-ci leur envoyaient. Mais afin d'encourager les jeunes gens à apprendre l'un ou l'autre de ces arts et à s'engager comme tambours ou fifres, l'autorité décerna à ces „sujets" des prix en argent ou en nature, ainsi que des „livrées", c'est à dire des habits aux couleurs de l'Etat. Nous pouvons même citer le fait, qu'une place héréditaire de tambour fut donnée en récompense de services rendus lors de la guerre des paysans (à la famille Egger à Aarwangen).

Ces pensions de tambours et de fifres furent supprimées en 1763, et en 1782, l'instruction des tambours fut remise au tambour-major de chaque régiment de milice, qui recevait un traitement fixe en argent et en nature; au moment de sa nomination, on lui donnait une bandoulière et tous les cinq ans, l'étoffe pour un uniforme; les communes lui payaient en outre l'apprentissage des élèves et une indemnité pour les inspections extraordinaires.

Pour instruire les fifres, il y avait dans tout le canton douze fifre-majors; ils percevaient la même solde et étaient placés sur le même pied que les tambours-majors, mais ils ne recevaient pas d'uniformes.

Les compagnies de chasseurs formées en 1768 reçurent d'abord des cornets ou des cors de chasse; mais plus tard, il n'y eut que les carabiniers qui gardèrent ces instrument,

car en 1794, on les remplaça par des tambours pour les
bataillons de chasseurs.

Par contre, un arrêté du Conseil de la guerre autorisa en
1794 des musiques pour les régiments d'infanterie, à condition
cependant, que le nombre des musiciens ne dépassât pas le
chiffre de 9 hommes par régiment.

La solde du simple musicien était celle d'un tambour, et
le chef de musique recevait celle d'un sergent; le gouvernement ne voulut cependant pas se charger de l'habillement et
en laissa le choix aux Etats-majors et aux officiers des régiments.

Les *insignes*, *drapeaux*, etc. subirent aussi des changements, mais seulement après bien des efforts infructueux.
Les communes, les villes et les contrées, fières de leurs anciennes bannières sous lesquelles leurs ancêtres avaient com-
battu et remporté des victoires, leur étaient si attachées
qu'elles les préféraient à toute autre, et l'on conserva des
traces de cet attachement jusqu'à la fin du XVIIIe siècle, où
le Conseil de la guerre de Berne, entre autres, parla de reprendre
„l'ancien palladium de la ville de Berne“ et de le remettre
en la garde de l'avoyer régnant pour s'en servir en temps
d'allarme, comme cela avait eu lieu dans les temps anciens.

Un témoin oculaire décrit les drapeaux sous lesquels les
compagnies du corps d'expédition combattirent pendant la guerre
du Toggenbourg, en 1712: Celui d'une compagnie de Frutigen était de forme antique, long et étroit, avec un aigle
noir couronné sur fond blanc; il était porté par un vieillard
de 78 ans, habillé d'un costume suisse rouge et qui avait
déjà pris part à la première guerre de Vilmergen; selon une

ancienne coutume, les noeuds du drapeau lui pendaient sur l'épaule. Un porte-drapeau, également costumé d'une „belle livrée" rouge, marchait à la tête d'une compagnie du Simmenthal. Le drapeau de la compagnie de Weissenbourg, de la même vallée, portait les armes de la contrée et de ses anciens barons: un château fort d'argent sur un champ rouge et la belle devise tirée du cantique de Luther „Eine veste Burg ist unser Gott." On voyait encore sur les drapeaux des Thuanois, l'étoile d'or des armes de la ville qui rappelait les journées de Grandson et de Morat. Le drapeau de St. Etienne, dans le haut Simmenthal, arraché de sa hampe à la bataille de Vilmergen, portait une moitié d'ours noir sur un champ d'or et les Lucernois le prirent pour celui de la ville de Berne. — Au lieu des drapeaux aux couleurs bernoises, prescrits par une ordonnance du Conseil de guerre de 1707, les milices vaudoises portaient encore de préférence en campagne les anciennes bannières déchirées de leurs villes. Ce ne fut qu'en formant des bataillons permanents, dont les hommes étaient pris dans différents districts, que l'on parvint à obtenir plus d'uniformité dans ces insignes.

Une ordonnance de 1766 prescrivait que les nouveaux drapeaux aux couleurs de l'Etat devaient porter le nom du régiment en lettres d'or sur la croix blanche, à l'exception toutefois des droits réservés par cette ordonnance „aux insignes d'honneur accordés aux contrées à différentes occasions"; dans ces insignes d'honneur étaient aussi comprises les bannières des quatre villes municipales de l'Argovie, qui conservèrent le droit d'orner de leurs armoiries les drapeaux des régiments dont les hommes étaient pris dans leur bourgeoisie; la ville d'Aarau fit encore valoir ce privilège en 1798, et l'on vit aussi la bannière de Zofingue se déployer avec honneur au combat de Neueneck.

L'organisation de 1782 supprima les drapeaux des compagnies, à l'exception toutefois de ceux des villes sus-dites et de quelques contrées qui possédaient d'anciens privilèges, et chaque bataillon ne garda plus que deux drapeaux qui portaient le nom du régiment et que l'on conservait en dehors du service sur la place de rassemblement du bataillon, dans des châteaux, des cures, des églises ou dans d'autres édifices publics.

Un rapport du Conseil de guerre de Berne, de 1704, concernant *l'instruction et les exercices*, exposait au gouvernement : „que ce n'est pas seulement la connaissance parfaite des exercices qui est absolument nécessaire à la milice du canton, mais plus encore celle de la vie militaire, des campements et de la subsistance; qu'il est donc indispensable d'élaborer immédiatement le dessein de faire camper chaque année un ou plusieurs régiments et de se procurer, à cet effet, des tentes et des canonniers." Cette proposition, ainsi que celle „de commencer déjà cette année par un campement de 14 jours", ne fut cependant pas approuvée par le gouvernement, et le Conseil de guerre fut invité „à réfléchir de quelle manière on pourrait, avec moins de frais, mettre la milice sur un meilleur pied." D'autres propositions, présentées plus tard, n'eurent pas plus de succès; mais le général *de Lentulus* réussit enfin en 1767 à réunir et à exercer pendant 14 jours, un corps de 1580 hommes de toutes armes. Ce corps se composait de: 400 grenadiers, 602 maîtres d'exercice,

130 dragons, une division d'artillerie avec 100 servants, une compagnie de jeunes volontaires bernois et 20 bouches à feu. On en forma: un bataillon de grenadiers, un bataillon de fusiliers, 2 escadrons de dragons et une compagnie d'artillerie.

Le général reçut des témoignages de satisfaction pour les résultats de l'organisation de ce rassemblement de troupes et pour d'autres services rendus; mais sa proposition de renouveler chaque année ces exercices si utiles, échoua devant des considérations financières, ainsi que d'autres propositions postérieures plus étendues ayant pour but de perfectionner l'instruction et les exercices, et l'instruction des officiers qui laissait surtout beaucoup à désirer. En 1797, on voulut enfin remédier à ces inconvénients par la fondation d'une école d'artillerie; mais les grands évènements politiques de cette époque qui appelèrent presque tous les corps de milice sous les drapeaux pendant un temps plus ou moins long, fournirent un moyen d'instruction bien plus pratique et plus étendu.

Les premiers règlements d'exercice dataient de 1689 et ils subirent dès lors de nombreux changements. Le général de Lentulus qui examina ces règlements en 1769, y trouva bien des sujets de blâme; mais il recommanda cependant avec raison dans son mémoire, d'éviter des changements trop réitérés dans les manoeuvres et le maniement d'armes, „qui, étant déjà difficiles à exécutér par des troupes régulières, le sont encore bien plus par une troupe de milice qui est si rarement réunie." Il blâma aussi l'exercice exagéré du maniement d'armes et il voulait „qu'on recommandât aux maîtres d'exercice de ne pas trop molester les campagnards, en le répétant trop souvent." La connaissance parfaite du maniement d'armes est un

ornement pour une troupe, mais elle n'est cependant pas d'une
nécessité absolue, tandis qu'il est indispensable que le soldat
marche bien, qu'il charge rapidement et qu'il enjoue bien son
arme pour le tir, ce qui ne se fait pas et ce qui est cependant la chose la plus importante dans une affaire sérieuse,
etc. et il paraît que ces conseils furent pris en considération.

On introduisit des exercices spéciaux pour les carabiniers
et les chasseurs et l'on organisa en même temps un corps de
troupes légères de différentes armes, dont le commandement
fut conféré au major *Müller* d'Amsoldingen. Ces exercices
avaient lieu chaque année, pendant 14 jours, mais ils cessèrent
lors de la formation du nouveau corps de chasseurs, et les
exercices réguliers des carabiniers et des chasseurs furent ré-
duits au tir à la cible pour des prix décernés par l'autorité.

De nombreux essais furent faits pour le développement
de l'artillerie, mais la première instruction qui eut une certaine durée fut l'école d'artillerie, fondée en 1782 sous la
direction de l'ingénieur *Lanz*, un homme plein de mérite. L'instruction théorique comprenait : la géométrie, la trigonométrie,
la mécanique, quelques notions d'hydraulique et d'hydrostatique,
la fortification permanente et passagère, la castramétation, la
tactique, etc.

L'instruction pratique comprenait : le service des mortiers,
des obusiers et des canons, puis : l'arpentage, la castramétation,
la confection de fascines, les tracés de constructions et de
fortifications, les nivellements, etc.

On introduisit en 1794 une innovation très-utile en faisant
participer l'artillerie aux revues principales qui avaient lieu
chaque année pour l'infanterie, et où l'on exécutait des feux.

Les Lois et le code pénal militaires, à quelques changements et augmentations près, continuèrent à se baser à peu
près sur les anciens principes jusqu'en 1711 ; on avait présenté
à plusieurs reprises de nouveaux projets ; le premier, de 1691,
n'eut pas de résultat, et celui de 1708 n'en eut pas davantage,
parce qu'il contenait des articles trop draconiques auxquels
beaucoup d'officiers refusèrent de prêter serment, et lorsqu'on
leur fit l'observation „qu'il ne fallait pas le prendre à la lettre",
ils répliquèrent avec raison „que les choses sur lesquelles il
faut prêter serment ne doivent pas être exprimées en termes
équivoques obscurs et douteux, mais d'une manière claire et
simple, et que l'expression littérale soit telle qu'elle ne permette aucune restriction mentale." L'assermentation à ces
articles de guerre n'eut donc pas lieu, et ils reçurent en 1711
des modifications mieux appropriées à l'époque ; la sentence de
peine de mort absolue qui était décrétée pour de certains cas,
fut remplacée par l'expression moins sévère de „peines corporelles ou la mort".

L'article premier commençait par ces mots : „Vu que
tout dépend de l'assistance de Dieu, chacun doit prendre à
coeur de s'en assurer par sa conduite et ses prières ; par contre,
le blasphémateur sera puni en son corps ou en sa vie, suivant
la gravité du fait." Des peines étaient aussi décrétées pour les
délits suivants : la violation des sauve-gardes ; des coups d'épée
frappés sur des pierres ; des coups de feu tirés sans ordre au
camp ou dans les garnisons ; la correspondance épistolaire avec
l'ennemi ou ses alliés, à l'insu du commandant en chef ; la pro-
pagation de nouvelles traîtreuses ; la désertion et le passage
à l'ennemi ; la vente d'armes, de munitions et d'effets d'habille-

ment; les supercheries commises aux inspections par les commandants des régiments et des compagnies, en se prêtant ou en empruntant des soldats; l'apparition des hommes avec des armes empruntées; les clameurs illicites pour de l'argent, pendant la marche et le service de garde ou en garnison; les fraudes dans les distributions de solde et de vivres aux soldats.

On y fait mention des peines suivantes: de l'infanterie, d'avoir le poing coupé; d'être pendu en effigie; de passer par les verges (cette peine était un adoucissement de la peine de mort qui était en usage chez les lansquenets, où le délinquant avait à courir à travers une double haie de ses camarades tenant leurs piques croisées); le pilori et le cheval de bois; cette dernière peine était infligée pour des délits peu graves de service et elle existait déjà en 1656 (l'âne de bois).

Le code pénal de 1762 contient presque littéralement les mêmes dispositions que le précédent, et il resta en vigueur jusqu'en 1798 sans aucun changement essentiel. Ce dernier code mentionnait, outre la peine de mort, la réclusion dans la maison de force et des peines d'emprisonnement infamantes ou non.

A cette époque l'effectif de la milice bernoise comptait 24 régiments d'infanterie de ligne à 1018 hommes 21,378 hommes. les grenadiers et mousquetaires des bataillons

de Büren, d'Avenches et de Grandson	768	„
14 compagnies de chasseurs	1,540	„
les carabiniers, y compris leur Etat-major	894	„
Dragons	1,116	„
24 compagnies d'artillerie avec leur Etat-major	1,960	„
le corps d'ingénieurs	75	„
le corps de matelots	450	„
	28,181 hommes.	

Transport : 28,181 hommes.

Puis, les hommes appartenant à des branches spéciales de service :

Train . . . . 1,040 „
Courriers (à cheval et à pied) . . . 438 „
bateliers . . . . 108 „

Elite ou milice régulière : 29,767 hommes.

Milice irrégulière, compagnies de dépot, etc.,
y compris 122 cavaliers vassaux . . 50,122 „

Total : 79,889 hommes

sur une population de 427,226 habitants et une surface d'environ 240 milles carrés.

L'artillerie d'élite avait : 12 canons courts et 8 canons longs de 12 ℔, 28 canons de 6 ℔, 26 canons de 4 ℔ (longues pièces de campagne), 96 pièces de régiment de 4 ℔, 16 gros obusiers à grenades de 25 ℔ et 6 petits obusiers à grenades de 16 ℔. Total : 238 bouches à feu. Chaque pièce avait 150 cartouches de canon ou 75 cartouches d'obusier ; 50 des premières et 25 des secondes restaient au parc. — Elle avait encore 51 affûts sans pièce, 4 forges de campagne, 18 pontons, 159 fourgons de munition, en tout : 232 voitures de guerre, sans compter les 536 chars à bagages, et leur attelage demandait 4,601 chevaux, y compris 296 chevaux de rechange. (Le nombre des chevaux que possédait le canton était de 24,562.) — On avait introduit les distributions de pain et de rations de fourrage, ainsi que le décompte. La solde journalière d'un simple artilleur, d'un dragon ou d'un carabinier était de 3 batz, $1^1/_2$ kreutzer et celle d'un soldat d'infanterie, de 2 batz.

Pour ce qui concerne le matériel d'artillerie, on se dirigeait en général sur les créations de *Gribeauval* (mort en 1789), inspecteur général de l'artillerie française; mais on y faisait bien des modifications, comme on peut le voir dans une ordonnance plus récente (1819).

Si l'on trouvait étrange que nous citions toujours Berne en parlant des institutions militaires de la Suisse, nous observerons qu'à cette époque, Berne possédait encore les cantons de Vaud et d'Argovie, et que des recueils aussi complets et détaillés de données sur l'organisation militaire n'existent dans d'autres cantons qu'à l'état de fragments. Du reste, on peut considérer cette organisation comme étant généralement d'accord avec celle des autres cantons, d'autant plus qu'au point de vue militaire, Berne n'était en arrière d'aucun autre état confédéré.

1800. En France, Napoléon Bonaparte, premier consul et plus tard empereur, institua une commission qu'il chargea de vérifier avec soin le modèle de fusil de 1777 et d'améliorer sa construction en corrigeant les défauts qu'elle y trouverait. Cette commission se prononça en faveur du modèle existant, modifié de la manière suivante:

1) Le ressort de baguette fut enlevé de l'embouchoir et placé dans la partie inférieure du logement du canon, et on le fit en forme de cuiller.

2) Les vis qui assujettissaient l'embouchoir et la grenadière au bois du fusil, furent remplacées par des ressorts à tête saillante.

3) La vis du battant de grenadière fut remplacée par un rivet.

4) Le battant de sous-garde fut placé devant le pontet.

5) On perfectionna la manière de fixer la bayonnette.

1803. *Napoléon* institue la Légion d'honneur. — En cette année, on fit les premiers essais avec les **grenades à mitraille** ou **shrapnells,** inventées par un colonel anglais dont elles reçurent le nom. Ce sont des projectiles creux, remplis, outre leur charge explosive, d'une certaine quantité de balles de plomb, et leur but est de porter l'effet de la mitraille à des distances plus grandes que celles que l'on avait obtenues jusqu'alors. La charge explosive de ces projectiles est introduite habituellement en même temps que les balles dont elle remplit les intervalles, mais souvent elle est aussi contenue dans un compartiment spécial, par ex. dans un tube cylindrique placé dans la direction de l'axe de l'obus qui part du trou de bouche; ce dernier procédé est préférable. — Afin d'empêcher le ballotement des balles dans le boulet, on remplit les intervalles qu'elles laissent entre elles avec un mélange liquide qui se consolide et durcit rapidement en se refroidissant. Comme les Shrapnells doivent éclater à un point déterminé de leur trajectoire avant d'atteindre le but, il est essentiel de bien temper, c'est-à-dire de régler avec précision pour chaque coup, le temps de combustion de la fusée. Pour obtenir cette précision, on essaya par la suite un grand nombre de fusées de constructions différentes.

1804. Fondation d'une manufacture anglaise d'armes dans la Tour de Londres. — Le comte Biszari propose des étoupilles consistant en un tuyau de plume chargé de pulvérin

en pâte et auquel était attaché un petit sac de cuir contenant quelques grains de poudre muriatique et une petite fiole
d'acide sulfurique.

1805. Un allemand nommé Staudenmeyer, qui habitait
l'Angleterre, y proposa des projectiles cylindro-coniques, ainsi
qu'un fusil où l'air comprimé devait remplacer la charge de
poudre. — *Congrève* fit en présence de l'amirauté anglaise
des essais avec sa **fusée de guerre** qu'il avait essayé
l'année précédente à Woolwich.

Dans les Indes, on se servait depuis longtemps des fusées
comme engins de guerre (et pas seulement de fusées d'éclairage et incendiaires); p. ex., le nabab de Mysore, Hyder-
Ali, avait déjà en 1760, 1200 soldats qui lançaient des
fusées; en Septembre 1780, les tireurs de fusées harcelèrent
le camp du général Munzo, afin de masquer le départ des
troupes de Hyder-Ali qui attaquèrent le 10 Septembre le corps
du colonel Baillie. Celui-ci forma toutes ses troupes en un
grand carré et repoussa ainsi trois attaques, pendant que les
fusées faisaient un ravage meurtrier dans les rangs des Anglais, et lorsqu'un fourgon de munitions, atteint par une
fusée, sauta et fit sauter trois autres caissons, le désordre se
mit dans leurs rangs, l'ennemi en profita pour renouveler ses
attaques avec l'élite de sa cavalerie et amena de cette manière la défaite complète des Anglais qui perdirent plus de
4000 hommes. Tippo-Saheb, fils et successeur de Hyder-Ali,
porta le nombre des tireurs de fusées de son armée au chiffre
de 5000 hommes, et en 1799, en défendant Seringapatnam,
ceux-ci lancèrent sur les Anglais un grand nombre de fusées
qui, malgré leur effet meurtrier, ne purent cependant pas

empêcher la réussite de l'assaut du 4 mai de cette année où le Nabab perdit la vie. — La longueur de ces fusées était de 8 pouces et celle de leurs baguettes de bambou, de 8 à 10 pieds; le bout antérieur de la cartouche était garni d'une pointe de fer. — Par son intervention dans les affaires intérieures et dans les dissensions continuelles de l'Inde, l'Europe apprit à connaître l'importance et l'utilité de ces fusées, et lorsque Congrève les eut améliorées, elle les introduisit aussi.

On juge cependant d'une manière très-différente de l'utilité des fusées; on prétend, par. ex., que l'incendie qui éclata à Boulogne en 1806, lors de l'attaque de cette ville, ne fut pas causé par les projectiles tirés par les 18 bateaux à fusées, mais plutôt par les bombes qu'on lança en même temps sur la ville, et l'on dit même que les fusées donnèrent lieu à des railleries de toute espèce de la part des matelots. Lors du bombardement de la flotte française, près de l'île d'Aix, en 1809, les fusées tirées ne produisirent aucun effet sur elle, et au bombardement de Flessingue qui eut lieu la même année, leur effet fut si irrégulier, qu'au dire des Anglais, quelques unes revinrent même dans les batteries. D'autre part, on attribua aux fusées l'incendie de Copenhague en 1807, ce qui amena le gouvernement danois à nommer un comité d'officiers d'artillerie qui fut chargé de constater l'efficacité des fusées, et dont le compte-rendu dit que cette nouvelle arme est un auxiliaire puissant de l'artillerie; en suite de quoi, le capitaine *Schuhmacher* fut chargé de faire fabriquer des fusées.

1806. Introduction des **sapeurs** dans les régiments d'infanterie française. Le **Schako** devient la coiffure de toute l'infanterie de ligne en France. — En Saxe, on commence à temper les fusées des projectiles creux en les évidant en partie. — Dans la cavalerie suédoise, on remplace le mousqueton par des pistolets qu'on peut aussi mettre en joue en y adaptant une crosse. — Un projet proposé en France, de bronzer les canons des fusils, ne fut pas pris en considération.

De cette époque datent les **culasses à patente** (Patentschwanzschrauben), inventées par un fabricant d'armes anglais, *Henry Nock*. Pour fermer le tonnerre des canons, on se servit jusqu'alors de trois espèces de culasses :

1) La culasse ordinaire (la plus ancienne) dont le bouton taraudé était massif et évidé du côté du trou de lumière. (Pl. XLIV. fig. 1.)

1) La culasse à chambre, avec un évidement plus profond, cylindrique, conique ou elliptique, au fond duquel débouchait le trou de lumière; cette chambre était destinée à recevoir une partie de la charge de poudre afin de diminuer le risque de faire sauter le canon. (Pl. XLIV. fig. 2.)

3) La culasse à crochet, qui différait des précédentes en ce que la queue de culasse était remplacée par un crochet qui s'adaptait à une bascule; cette culasse avait l'avantage de permettre d'enlever plus facilement le canon du bois après avoir ôté les garnitures ou les glissoirs. (Pl. XLIV. fig. 3.)

Planche XLIV.

Fig. 1. Culasse ordinaire (ancienne).
„ 2. „ à chambre.
„ 3. „ à crochet.
„ 4. „ à patente.

La **culasse à patente** (Pl. XLIV. fig. 4) se distingue des précédentes par un tronçon de fer qui sépare la queue de culasse du canon en le prolongeant, et dans lequel est pratiquée une chambre. Comme le trou de lumière se trouve aussi dans ce tronçon et qu'il débouche au fond de la chambre, cette construction a l'avantage de permettre la trempe du tonnerre, ce qui diminue considérablement l'usure du trou de lumière par le feu, cet avantage se confirma surtout lors de l'invention du système à percussion qui eut lieu peu de temps après.

1807. Les Anglais se servent d'artillerie montée et adoptent l'affût à flèche pour leurs pièces de campagne. — Des fabriques d'armes furent établies à Wotka (Russie) et à Lewisham (Angleterre).

Un Ecossais, *Alexandre Forsyth*, obtient en Angleterre un brevet d'invention pour une **platine à percussion** avec magasin, construite par lui et avec laquelle on pouvait faire feu 40 fois de suite sans renouveler l'amorce. Cette manière d'appliquer le système de percussion, ainsi que d'autres qui surgirent plus tard, ne devinrent pas d'un usage général; car elles étaient dangereuses, parce que l'inflammation de la pilule d'amorce isolée causait souvent celles des autres qui étaient renfermées dans le magasin; on travailla cependant dès lors avec zèle à perfectionner ce système d'inflammation.

1808. *Pauli* obtint en France un brevet d'invention pour une platine à percussion. — *Guiton de Morveau* proposa un projectile de fer cylindrique, dont l'extrémité antérieure était hémisphérique et qui était entouré d'un anneau de plomb destiné à supprimer le jeu du projectile, mais ce projet ne fut

11

pas adopté. — *Russig* construit à Cassel des lunettes d'approche à verres gradués, servant à estimer les distances.

1809. On essaie à Metz de se servir du système à percussion pour les bouches à feu.

1810. Un décret impérial prescrit l'épreuve officielle des canons de fusil fabriqués à St. Etienne. — Birmingham fournit dans l'espace de deux ans 575,780 canons de fusil et 470,018 platines.

1811. En France, on fit des essais sur le nombre des ratés du fusil d'infanterie. Cent coups tirés (en renouvelant la pierre après 30 coups) donnèrent, 20,3 % de ratés et dix fois, l'amorce prit seule feu. — Un fusil dont le canon était d'une ligne plus mince au tonnerre que l'épaisseur normale, résista à 600 coups; mais en doublant la charge, il sauta au 13me coup. Un autre fusil résista à 100 coups à double charge sans être détérioré.

La Prusse introduisit des fusées d'amorce en roseau au lieu de celles en tôle; mais elle les abandonna de nouveau en 1814.

On essaya en France un mélange de 25 parties de salpêtre, 45 parties de chlorate de potasse, 15 parties de soufre, 7,5 parties de charbon et 7,5 parties de poudre de lycopode; ce mélange lançait le projectile du mortier-éprouvette à une distance de 481 mètres, tandis que la distance obtenue avec la poudre ordinaire n'était que de 184 mètres.

1812. *Pauli* obtient en France un brevet d'invention pour un fusil à percussion se chargeant par la culasse; le canon de ce fusil reposait sur deux axes adaptés de chaque côté et on en soulevait la partie postérieure pour y introduire la cartouche. L'inflammation de la charge avait lieu au moyen d'une tige qui pénétrait dans l'âme du canon.

1813. En Angleterre, on fabriqua en cette année 500,000 fusils. — A Neisse, on fit des essais avec des canons à chambre; la culasse artificielle, introduite dans le canon, supportait l'effet du feu sans bouger de place. On y trouva aussi de la poudre de Berlin de 1741 qui était encore parfaitement conservée. — Les anciennes pièces françaises de Keller furent reforées; elles avaient des chambres, ce qu'on ignorait pendant longtemps, et comme les écouvillons n'y pénétraient pas, cela donnait lieu à beaucoup d'inflammations spontanées de la charge; après le reforage, la solidité de ces pièces était encore suffisante. — Les dépenses faites dans cette année pour l'artillerie française s'élevèrent à la somme de 60 millions de francs. — *Julien-Leroy* proposa un fusil dont la culasse mobile recevait la charge; les graias d'amorce se mettaient dans la cavité d'une masselotte. Un fusil analogue à celui-ci, était celui de Valdahorn, dont la culasse mobile était adaptée au canon par un coin ou verrou, de manière à pouvoir être retirée ou dressée. L'amorce se composait d'un tube de paille rempli de fulminate, qui avançait sous le trou de lumière après chaque coup; un ressort adapté à l'écusson de sous-garde en coupait un brin et l'enflammait par son choc.

1814. L'Autriche crée un corps de troupe pour le service des fusées. — *Congrève* commence à tirer des fusées à grenades. — De 1803 à 1814, on fabriqua en France 3,956,257 fusils.

1815. En Amérique, on essaya avec succès des fusées sans baguettes, mais avec un forage en hélice qui leur donnait un mouvement de rotation. — En Angleterre, on ordonna le bronzage des canons de fusil.

1816. Pour obtenir des manufactures un travail uniforme, on établit en France un *atelier de précision* chargé de la confection des gabarits. — Les Gardes-du-corps français reçurent des fusils neufs et des pistolets à canons rayés. — A Birmingham, on établit un banc pour l'épreuve des canons de fusil. L'Angleterre possédait à cette époque : 743,000 bons fusils, 75,000 fusils pouvant être réparés, 14,000 carabines et 36,000 mousquetons ; elle fournit de 1814 à 1816 à ses propres troupes et aux troupes alliées 3 millions de fusils.

1817. *Congrève* établit à Bow une manufacture privée de fusées. — *Lepage* obtint un brevet d'invention pour un fusil soi-disant à l'épreuve de l'eau ; le chien seul était placé à l'extérieur du bois, et l'inflammation avait lieu par une goupille que le chien chassait sur l'amorce qui se trouvait sur l'axe du canon.

1818. Invention des **capsules à percussion** par *Joseph Egg*, en Angleterre, d'où elle fut importée la même année en France par l'armurier *Deboubert;* celui-ci et *Prélaz* perfectionnèrent cette invention et imaginèrent en même temps une manière très-simple de transformer les fusils pour l'emploi des capsules.

L'emploi des pilules à percussion avait donné lieu à un grand nombre d'inventions différentes dans la construction de la platine ; mais aucune de ces inventions ne pouvait être utilisée pour les armes de guerre. Pour prévenir ces pilules contre l'humidité, et pour les fixer, on les enduisait d'une couche de cire froide et bien épurée, et pour assurer la combustion de la cire, on les saupoudrait de fleur de soufre ; on avait cependant de la peine à les saisir à cause de leur petit volume, elles se perdaient facilement et l'on ne pouvait guère les fixer avec sûreté dans leur récipient.

Leur composition consistait d'abord habituellement : en 10 parties de poudre de chasse et 5 parties de chlorate de potasse ; on remplaçait quelquefois le chlorate par du fulminate de mercure humecté de teinture de benzine, car de cette manière, on pouvait former les pilules plus facilement ; on préférait cependant le chlorate de potasse pour l'usage militaire.

Le système de platine avec lequel les chasseurs danois firent en 1821 des essais étendus, s'appropriait le mieux, par sa simplicité, à la transformation des fusils pour l'emploi des pilules à percussion.

Planche XLV. Fig. 1.

Platine à percussion pour l'emploi des pilules d'amorce.

Les pièces intérieures sont les mêmes que dans la platine à silex ; le bassinet et la batterie sont remplacés par un garde-feu soudé au corps de platine et qui sert de support à la masselotte dans laquelle est vissé le nouveau bassinet (contenant le logement de la pilule et le canal de lumière). Un chien formant un S remplace le chien à pierre ; une tige placée au centre d'un grain d'acier vissé dans la tête du chien, enflamme par son choc la pilule d'amorce, tandis que l'évidement circulaire qui l'entoure ferme le logement de la pilule et empêche ainsi l'échappement des gaz au dehors.

Le mécanisme pour l'emploi des capsules est analogue au précédent, à cette différence près, que le logement de la pilule y est remplacé par une cheminée (qui, d'abord, n'était composée que du cône, du plat et de la partie filetée) vissée dans la masselotte, et qu'un évidement pratiqué dans la tête du chien au lieu du grain d'acier, sert de garde-feu.

Planche XLV. Fig. 2.

Platine à percussion pour l'emploi des capsules.

Diverses améliorations se succédèrent rapidement; on commença à visser et à braser la masselotte au canon et l'on obtint ainsi une communication plus sûre avec le canal de lumière, en empêchant en même temps l'eau de pénétrer entre la masselotte et le canon; on souda la masselotte aux canons neufs et on la forgea d'une pièce avec les culasses à patente. La cheminée, qui était d'abord cylindrique, reçut une forme cônique, et afin de pouvoir la visser et la dévisser plus facilement, on la pourvut d'un carré placé entre le cône et le plât; on quadrilla la crête du chien et l'on alésa le canal de lumière de la cheminée en forme de cône afin que les grains de poudre puissent y entrer plus facilement.

Planche XLV. Fig. 3.

Capsule.

Pour être appropriées à leur usage, les capsules doivent réunir les qualités suivantes: la tôle de cuivre employée pour leur fabrication doit être tenace et ductile, car le cuivre rigide rend la fabrication difficile, les culots éclatent facilement au tir et leurs éclats gênent le tireur, tandis que la tôle de cuivre trop faible rend les capsules sujettes à être écrasées et bosselées. La grandeur et la forme des capsules doivent être réglées de manière à ce qu'on puisse les saisir et les placer facilement, et dans ce but on les pourvoit souvent d'un rebord (en pliant les bords du culot). Le fond reçut autrefois un renflement au centre, destiné à recevoir la masse qui pro-

duit l'inflammation, et cette masse se composait de 24 parties
de chlorate de potasse, de 6 parties de soufre et de 4 parties
de charbon ; on recouvrait cette composition d'une couche de
vernis afin de la fixer et de la préserver de l'humidité.

1819. *Congrève* perfectionna sa fusée de guerre en adaptant
la baguette au centre, tandis qu'auparavant elle était adaptée
à un prolongement de la paroi extérieure ; la partie postérieure
de la cartouche fut renforcée par une plaque en fer, au centre
de laquelle on vissait la baguette et qui était percée de cinq
trous pour l'evacuation des gaz de la poudre.

Le capitaine d'artillerie danois, *Schuhmacher*, qui s'était
déjà servi en 1807 (avant Congrève) de fusées pour lancer
des projectiles, travaillait en même temps que Congrève au
perfectionnement des fusées, et après lui, le général autrichien,
baron *d'Augustin*, modifia les fusées introduites en Autriche
de la manière suivante :

Les chevalets de fusées et les fusées elles mêmes, dont
l'admission avait pris une grande extension différaient beaucoup dans leur construction ; les Anglais, par ex., se servaient
pour les fusées de 6 et de 12 ℔, de tubes conducteurs de
9 et de 12 pieds de long, placés sur deux chevalets à deux
pieds, et plus tard sur des affûts à deux roues ; ils avaient
aussi des appareils à orgue, montés sur des roues et servant
à tirer des salves de fusées ; les appareils avaient 4 tubes
conducteurs pour les fusées de 24 ℔, 6 tubes pour celles de
18 ℔, 8 tubes pour celles de 12 ℔, 12 tubes pour celles
de 6 ℔ et 20 tubes pour celles de trois livres. (Pour les
fusées de 6 et de 3 ℔, les tubes étaient placés en deux rangs
superposés). Les fusées étaient renfermées dans un coffret placé

sur l'essieu de l'affût, et lorsqu'on y attachait un avant-train, cet affût formait un char à 4 roues.

Planche XLVI.

Fig. 1. **Enveloppe de fusée avec une rondelle en fer** (Congrève 1819).

" 2. **Fusée à grenade anglaise**; la grenade était de forme cylindro-ogivale, parceque l'emploi des tubes conducteurs exigeait que le diamètre du projectile ne dépassât pas celui de la cartouche.

" 3. **Appareil avec tube conducteur cylindrique**, servant à lancer les fusées anglaises de campagne.

" 4. **Appareil anglais à orgue ou à salves**, sur deux roues.

" 5. **Fusée incendiaire française.**

La composition motrice des fusées de Congrève contenait, d'après l'analyse de Gay-Lussac : 75 parties de salpêtre "des Indes", 23.4 parties de soufre et 1.6 parties de charbon.

Voici quelques données concernant la portée des *fusées anglaises de campagne.*

Fusée de	3 ℔	Elévation de	25°	Portée :	2170	pas
"	" 3 "	"	" 8°	"	508	"
"	" 6 "	"	" 37°	"	2780	"
"	" 6 "	"	" 10°	"	508	"
"	" 12 "	"	" 40°	"	3625	"
"	" 12 "	"	" 10°	"	608	"
"	" 24 "	"	" 47°	"	3987	"
"	" 24 "	"	" 17°	"	846	"

Les résultats des coups qui touchaient une cible dont la longueur et la hauteur représentaient un escadron, étaient :

pour les fusées de 6 ℔, à 1100 pas, d'à-peu-près 25 %

„ „ „ „ 12 „ „ 2500 „ „ 17 %

D'après des renseignements français, les fusées de 5.4 ctm.
et de 6.8 ctm. pénétraient jusqu'à 6½ et 11 pieds de profondeur dans le sol, à une distance de 800 pas.

Les cartouches des fusées autrichiennes étaient en tôle
de fer épaisse de 1 millimètre et rivées; une douille de forme
pyramidale, servant à recevoir la baguette, était vissée à la
cartouche; le tube qui recevait la charge était pourvu d'un
trou de lumière placé près de la bouche.

La charge se composait de pulvérin de poudre à mousquet, dont le dosage était de 80 parties de salpêtre, 12 parties de soufre et 14 parties de charbon; ce pulvérin devait
être aussi condensé que possible.

Le forage était cylindrique ou se rétrécissait aussi par
degrés vers la partie antérieure et son diamètre était plus
grand que celui des fusées Congrève. Ces fusées n'avaient que
deux calibres: l'un de 6 ℔ ou de 2 pouces et l'autre de
12 ℔, ou de 2 pouces et demi.

La fusée de tir de 6 ℔, était munie d'une grenade de
6 ℔ pour la trajectoire tendue et la fusée de jet de 6 ℔
lançait une grenade de 9 ℔ pour la trajectoire élevée; la fusée
à mitraille de 6 ℔ avait une boite à mitraille chargée de
28 balles de plomb de 2 loths. La fusée de 12 ℔ tirait
une grenade de 12 ℔ pour la trajectoire tendue et un projectile creux de 4.8 pouces pour la trajectoire élevée; dans
le premier cas, on l'appelait: „fusée légère de jet" et dans
le second cas: „grosse fusée de jet". La grenade des fusées
de tir était attachée à la cartouche par des lacets de fil ou

de la ficelle, afin que le projectile se séparât au premier choc pour suivre sa route. La grenade des fusées de jet qui devaient rester en place était liée à la cartouche par des bandes croisées en tôle de fer. On avait aussi des fusées incendiaires et d'éclairage des deux calibres, avec ou sans parachûte.

Les baguettes étaient carrées. Pour faciliter leur transport et pour que le bois se retirât moins, on les faisait de deux pièces qu'on ne réunissait qu'au moment de s'en servir.

La partie inférieure du chevalet était en forme de trépied, et la partie supérieure était composée d'une rainure conductrice et d'une machine à pointer supportée par un disque en fer fixé au trépied. Au centre de ce disque, se trouvait une boite en laiton dans laquelle le pivot cylindrique de la machine à pointer était engagé et pouvait tourner. Ce pivot était solidement réuni à une rondelle en fer qui servait de support au disque tournant que l'on pouvait fixer dans la position voulue au moyen d'une vis d'arrêt.

La rainure, placée entre deux montants, communiquait avec un arc de cercle denté, qui servait à la diriger verticalement, et pouvait être fixé au moyen d'une vis d'arrêt. Une platine à percussion, qui partait au moyen d'une chaînette, était adaptée à l'arc gradué. La fusée était maintenue dans la rainure par deux fermoirs qui s'ouvraient d'eux-mêmes au moment du départ de la fusée ou du passage de la baguette.

Le poids du chevalet pour les fusées de 6 ℔ était de 19 ℔. Le chevalet pour les fusées de 12 ℔ était plus fort et muni d'un coussinet arrondi destiné à supporter le poids prépondérant de la partie antérieure de la fusée, et soutenu par deux bras en fer qui dépassaient l'extrémité de la rainure.

Planche XLVII.

Fig. 1. Chevalet autrichien pour les fusées de 6 $\mathscr{Z}$.

„ 2. Cartouches des fusées autrichiennes.

„ 3. Chevalet grec pour les fusées de 6 $\mathscr{Z}$
(avec un trépied formé par trois canons de fusils).

La multiplicité de l'emploi des fusées de guerre parlait en faveur de leur avenir; mais elles étaient encore réservées à bien des perfectionnements. —

En Russie (1819), on fit des essais avec des bouches à feu en bronze de fer; un licorne de cette espèce (obusier long de 10 et 11 calibres, dont l'âme se terminait dans la volée par une chambre conique) dont le métal n'avait que la moitié de l'épaisseur ordinaire, résista à 750 coups sans se détériorer, le canon étant échauffé à 110° R., tandis qu'un licorne ordinaire était mis hors de service par un nombre inférieur de coups tirés. —

Des fragments d'une ordonnance de cette année sur le matériel de l'armement et de l'équipement de l'armée fédérale subsistent encore; cette ordonnance ne fut jamais complètement rédigée, et on n'imprima que la première partie:

„Les grosses bouches à feu ou l'artillerie.“ Nous y trouvons les données suivantes:

„L'ordonnance sur le matériel de l'armement et sur l'équipement de l'armée fédérale est une suite des §§ 67 et 78 du règlement militaire général, et par conséquent elle doit être divisée en trois parties qui contiendront des prescriptions positives sur la construction des bouches à feu de l'artillerie, des voitures de guerre et des armes portatives.“

Les mesures y sont indiquées en pieds de France, et les poids en livres de 16 onces ou de 32 loths.

La première partie, qui existe encore, est divisée en 3 chapîtres qui contiennent:

1) La construction des bouches à feu en général; a. construction des canons, b. construction des obusiers, c. le grain de lumière, d. réception de la pièce.

2) La construction des affûts et de leurs accessoires en général; a. la voie, les essieux et les roues, b. les affûts des canons, c. les affûts des obusiers, d. la ferrure des affûts, e. les avant-trains et leurs coffrets, f. leur ferrure, g. les accessoires.

3) Les projectiles.

Les passages suivants de l'introduction méritent d'être remarqués:

„L'utilité, l'uniformité et la simplicité sont les principes sur lesquels toute cette ordonnance est basée. Ils sont naturels, simples et appropriés à notre petite confédération. Il sera expliqué ci-après comment chacun de ces principes doit être compris.

„L'utilité est le premier et le plus important de ces principes. Ce n'est pas toujours ce qui présente le plus de perfection en soi même et sans aucune liaison, qui réunit toutes les conditions d'utilité, mais plutôt ce qui, formant une partie du tout, remplit le mieux, par rapport aux autres parties du tout, le but qui lui est assigné. Les boulets et la mitraille d'un canon de 24 ℔ feront sans doute plus d'effet que ceux d'un canon de 12 ℔, et cependant celui-ci nous rendra comme pièce de campagne, surtout dans notre pays accidenté, de bien plus grands services que l'autre ; il sera donc plus utile sous tous les rapports. Une carabine lourde tirera aussi plus loin et atteindra mieux le but que le léger fusil de chasseurs, surtout si l'on tire des balles forcées avec la carabine et seulement des balles roulantes avec le fusil ; mais ce dernier est aussi utile dans sa sphère que l'autre. La carabine demande plus de temps pour la charge et plus d'exactitude dans le tir, tandis que le fusil fait plus d'effet par un tir plus rapide. Le carabinier, qui se sert de la carabine, à toujours besoin d'un soutien, et c'est le chasseur, armé du fusil, qui lui rend ce service. Chaque arme, dont on se sert dans une armée, et il y en a beaucoup, a son but spécial, et c'est celle qui remplit le mieux ce but, qui est la plus utile. Les armes blanches, les munitions, les voitures de guerre, les ustensiles et tout le reste sont soumis aux mêmes conditions.

L'uniformité est le second principe. Elle est indispensable pour le calibre des bouches à feu, grandes et petites, qui portent la même dénomination ; là où cette uniformité n'existe pas, les erreurs dans la distribution des munitions sont inévitables. Dans le tumulte de la guerre, la réflexion calme est une chose rare, et n'est-il pas bien facile, dans un moment sérieux, où un malentendu serait ce qu'il y aurait de plus dangereux, que les ordres soient mal donnés ou mal compris ? et cela n'arrive-t-il pas facilement dans une armée qui possède des pièces de même dénomination, et dont les munitions sont différentes ? et cette différence existe entre les bouches à feu de la Suisse. Les suites désastreuses, que cette différence pourrait amener dans un combat sont incalculables, et la nécessité de les prévenir, en introduisant un calibre uniforme pour toutes les bouches à feu de la même dénomination, est assez démontrée. Les carabines sont les seules armes qui supportent une exception à ce principe.

L'uniformité est aussi nécessaire dans la construction des bouches à feu de la même dénomination. Des canons de longueur et de poids différents, n'ont pas le même angle de mire; ils exigent des charges différentes et ont aussi des portées différentes. Les charges fortes augmentent le recul des pièces légères, occasionnent des erreurs dans le pointage et endommagent les affûts. Il est donc nécessaire, que non seulement le calibre des canons et le diamètre des boulets soient uniformes, mais aussi que cette uniformité existe dans la construction des pièces de même dénomination, afin que l'on puisse se servir pour toutes d'une charge égale. Ce n'est qu'alors que l'emballage des munitions peut aussi être uniforme.

L'uniformité est aussi une grande utilité pour la construction intérieure de tous les caissons de munitions, qui ne peuvent servir qu'à cette condition pour toutes les espèces de munitions. Mais dans ce cas, chaque munition doit être emballée dans des cassettes, ce qui permet de déballer les caissons très promptement et même de transporter les munitions sans caissons. Les avantages de cette disposition furent si évidemment démontrés dans les temps passés, que la haute diète la prescrivit comme ordonnance en 1800 et fixa les dimensions intérieures des compartiments des caissons.

L'uniformité de toutes les pièces de matériel qui ont le même nom, a surtout le grand avantage de permettre de remplacer ou d'échanger immédiatement une pièce brisée d'un affût, d'une voiture de guerre, d'un fusil, etc. Il faudra sans doute du temps et du travail pour amener à ce degré de perfection l'uniformité du matériel de l'armement et de l'équipement de tous les contingents fédéraux ; ce n'est cependant pas une chose impossible, et les avantages de cette uniformité se feront d'autant mieux sentir qu'on sera plus près du but.

Enfin le troisième principe, qui est étroitement lié au précédent, consiste dans la simplification du matériel, autant qu'elle est rationnellement possible. Le fait suivant, que nous prendrons comme exemple entre beaucoup d'autres, servira à prouver combien on était encore éloigné du principe de la simplicité.

Dans la révision du règlement militaire organique, on compte encore 6 espèces différentes de pièces de campagne, et ce chiffre va même jusqu'à dix, à cause de l'inégalité des calibres de quatre d'entre-elles. Le nombre des espèces de bouches à feu doit être réduit à cinq par la présente ordonnance.

De même les espèces de caissons de munitions qui étaient innombrables, doivent être réduites à quatre ; l'ordonnance de 1810 avait déjà préparé cette réduction en ce qu'elle avait d'essentiel.

Celui qui voudra se donner la peine de visiter les arsenaux de la Suisse, y trouvera certainement un grand nombre de bouches à feu et de voitures de guerre d'espèces différentes, et cela n'est pas étonnant, car dans les temps les plus anciens, où il n'existait encore aucun système d'artillerie, on croyait qu'il fallait avoir des canons et des mortiers de toutes les grosseurs, et c'est ainsi que l'on introduisit les calibres impairs de 9 ℔, de 4¹/₂ ℔ et encore bien d'autres. On donnait aussi aux canons trois longueurs différentes, et quelquefois davantage, suivant l'usage auquel ils étaient destinés. Ce ne fut que pendant la seconde moitié du dernier siècle, lorsque les essais eurent suffisamment prouvé l'inutilité de cette variété, que l'on commença à supprimer les différences de longueur et de calibre et à organiser l'artillerie d'une manière systématique. Ce fut cette circonstance qui donna surtout lieu à l'introduction en Suisse de deux ordonnances; Berne, qui possédait une fonderie de canons, conserva son ordonnance, et les autres cantons, qui recevaient leur matériel d'artillerie de Strassbourg, se réglaient d'après l'ordonnance française.

Mais il est temps que nous mettions fin à cette variété dans les ordonnances et que nous travaillions à leur simplification, il est aussi temps que nous mettions toute notre organisation militaire dans le meilleur état possible. La neutralité qui nous est garantie par les grandes puissances de l'Europe ne nous préservera d'une guerre que si nous sommes en état de la maintenir avec énergie. Ne devrions-nous pas nous efforcer de défendre notre honneur et notre indépendance ? Ne devrions-nous pas déjà préparer en temps de paix tout ce qu'il faut pour nous défendre? Nous laisserions nous effrayer par des dépenses qui ne seraient pas exorbitantes si les travaux nécessaires étaient bien organisés?

Comme on ne peut pas tout faire à la fois, la répartition des frais sur plusieurs années, les rendra beaucoup moins onéreux, et en outre, plus d'un arsenal possède un trésor qui peut couvrir la plus grande partie des dépenses. A quoi servent ces anciens canons et ces anciens mortiers qui ne serviront plus jamais à rien? Ne vaudrait-il pas mieux les transformer en un petit nombre de bouches à feu bien construites et conformes à l'ordonnance, en employant l'excédant du métal à payer les frais de cette transformation? Chaque arsenal devra cependant conserver quelques pièces de défense qui ne serviront que contre une surprise, et non pas contre un siège régulier, auquel une de nos villes ne s'exposerait que difficilement.

Si l'on se conforme au système que nous venons d'exposer, et si chaque canton répartit sa cote sur un certain nombre d'années, aucun canton n'étant trop surchargé, les frais d'un armement et d'un équipement conformes aux ordonnances de l'armée fédérale suisse seront faciles à supporter. Si l'on apporte en même temps les soins nécessaires au personnel, à l'instruction et à tous les autres besoins de l'armée, la Suisse parviendra peu à peu et dans un petit nombre d'années à occuper entre les nations de l'Europe la position qui lui est assignée par la nature, imposée par sa constitution et garantie par le congrès de Vienne, position qu'elle doit toujours s'efforcer de maintenir.“

D'après cette ordonnance, les bouches à feu de l'artillerie attelée de campagne de l'armée fédérale se composaient de canons de 12 ℔, de 6 ℔ et de 3 ℔ et d'obusiers de 24 ℔ et de 12 ℔.

Les prescriptions pour ces bouches à feu étaient les suivantes :

	Canons.												Obusiers.							
	de 12 ℔				de 6 ℔				de 3 ℔				de 24 ℔				de 12 ℔			
	I.	II.	III.	IV.	I.	II.	III.	IV.	I.	II.	III.	IV.	I.	II.	III.	VI.	I.	II.	III.	IV.
libre	—	4	4	6	—	3	6	—	—	2	9	6	—	6	1	6	—	4	10	6¹/₂
ngueur du canon (sans le bouton de culasse) . .	6	2	—	—	5	—	—	—	4	—	—	—	2	10	—	—	2	7	10	2²/₃
ngueur du canon (avec le bouton de culasse) . .	6	8	5	3	5	5	1	6	4	6	5	2¹/₂	3	3	—	—	2	11	10	—
ace libre entre le boulet et les parois de l'âme .	—	—	1	—	—	1	—	—	—	—	1	—	—	1	—	—	—	1	—	—
aisseur du métal au premier renfort .	—	3	9	³/₄	—	2	11	¹/₄	—	2	3	1	—	3	4	1¹/₂	—	2	9	1³/₄
„ „ „ à la bouche	—	1	8	4⁵/₈	—	1	3	4¹/₂	—	—	11	6¹/₈	—	—	—	—	—	—	—	—
„ „ „ au bourrelet													—	2	—	—	—	1	7	1¹/₃
„ „ „ au renfort des tourillons													—	2	8	3	—	2	1	8¹/₆
bre de la chambre . .													—	3	—	—	—	2	5	3¹/₆
gueur de la chambre .													—	6	9	—	—	5	4	6

La mire et la hausse sont mobiles et munies de deux échelles, dont l'une est graduée en pouces et en lignes, et dont l'autre indique les distances de 100 en 100 pas. Un guidon peu élevé est placé sur le bourrelet de la bouche. Chaque pièce de campagne est pourvue d'un grain de lumière en cuivre, dont la forme et le filetage sont les mêmes pour les cinq espèces de bouches à feu; la longueur varie selon l'épaisseur du métal de la pièce.

Pour l'épreuve des bouches à feu, l'ordonnance prescrivait 5 coups avec des charges de poudre de 4 ℔, de 2¹/₈ ℔, de 1¹/₈ ℔, de 1¹/₂ ℔ et de ⁷/₈ de ℔, et en outre, la pression hydraulique, puis enfin la vérification détaillée.

Les affûts et les avant-trains d'après l'ordonnance française.

Planche XLVIII.

Fig. 1. Bouche à feu du canon de 6 ℔.
„ 2. „ „ „ de l'obusier de 24 ℔.
„ 3. Grenade „ „ „ „ „
„ 4. Grain de lumière.

Cependant la prescription pour les affûts et les avant-trains ne fut pas exécutée, et quelques années plus tard, on prit pour modèle le matériel anglais, au sujet duquel on ne publia que quelques fragments d'ordonnance.

Ce n'est que depuis 1843 qu'il existe une ordonnance complète et correcte sur le matériel de l'artillerie fédérale qui différait très-peu de celui qui avait été introduit en 1819.

Paixhans, chef d'escadron d'artillerie française, proposa à son gouvernement la construction d'un monstrueux canon à chambre, qui devait servir à lancer des bombes à de grandes distances ; ces canons (Pl. XLIX. fig. 1) reçurent le nom de leur constructeur et furent appelés canons Paixhans ou **canons à bombes.** Ils étaient en fonte de fer ou en bronze et ces derniers avaient à-peu-près la même forme que les canons ordinaires. La plupart des canons en fer avaient des anses au lieu de dauphins et n'avaient pas de bouton de culasse, ou bien ils étaient pourvus comme les carronades d'un anneau à corde et d'un bouton de culasse percé pour la vis de pointage, dont la tête était en bas. En général, ces canons n'avaient pas de bourrelet, mais l'épaisseur du métal était renforcée au premier renfort. L'artillerie américaine se servait de canons à bombes appelés colombiades, qui tiraient des projectiles creux, dont le poids maximum était de 78 kilogrammes.

La portée des colombiades américaines était estimée (pour le premier bond) à 5930 pas pour les projectiles creux de 10 pouces, tirés avec une charge de 18 ℔ anglaises et une élévation de 35°, et de 6950 pas pour les projectiles pleins de 10 pouces, tirés avec une charge de poudre de 20 ℔ et une élévation de 39°.

Le rapport de la commission sur les essais faits à Brest en 1824, constate la force de percussion extraordinaire et l'action destructive des canons à bombes.

Planche XLIX.

Fig. 1. **Canon à bombes en fer,** sans bourrelet, sans poignées et sans bouton de culasse; ce dernier est remplacé par une anse.

„ 2. **Platine à pierre** pouvant aussi servir pour la percussion.

1820. *Gosset* inventa une platine à percussion, dont le chien était placé en dessous, et frappait sur une amorce renfermée dans une lentille de plomb. — Renette obtint un brevet d'invention pour une platine, dont le chien était pourvu d'une tige trempée qui frappait sur une amorce placée dans un évidement du bassinet.

1821. *Lepage* inventa une platine qui peut servir en même temps comme platine à pierre et comme platine à percussion; les doutes que l'on avait encore sur le système à percussion donnèrent naissance à plusieurs combinaisons pareilles (Pl. XLIX, fig. 2) qui ne furent pourtant pas admises.

1822. La France adopta un nouveau modèle de fusil, qui ne différait pas beaucoup de celui de 1777, et qui servit de base générale à l'ordonnance fédérale de 1842. — En Saxe, on construit des presses pour la fabrication des balles de fusil.

1823. En Amérique, *Josua Blair* fit des essais avec des torpédos; c'étaient de grosses fusées qui nageaient sous l'eau et qui perçaient la cale des vaisseaux; on les tenait pour très-dangereuses. — *Wright* proposa de remplir les capsules de fulminate de mercure. — *Sigel* reçut un brevet pour une invention qui consistait à enduire les amorces à percussion d'un vernis de gomme-laque. — *Congrève* essaya de se servir pour les bouches à feu, du système à percussion au moyen d'un marteau retombant sur une capsule de cuivre.

1824. L'Anglais *Perkins* construisit un canon à vapeur qui tirait 420 boulets dans une minnte; mais les difficultés qui s'opposent au transport d'une chaudière à vapeur, et le temps que demande la production de celle-ci, sont un obstacle insurmontable pour l'emploi de la vapeur à cette destination. —

En Prusse et à Weimar, on fit des essais avec le système à percussion. — Dans les Indes orientales, *Parlby* construisit des fusées à courte baguette, dont la construction intérieure produisait un mouvement de rotation ; le tube conducteur avait une longueur de 4 pieds, et l'on dit que ces armes étaient très-efficaces.

Les Birmans (Indes) se servaient de projectiles allongés contre les Anglais ; faute de moules à balles ils faisaient avec leurs doigts dans la terre des trous du calibre de leurs fusils et y versaient le plomb fondu.

Norton inventa en Irlande une grenade de main à percussion, dont les détails de construction sont inconnus, mais qui rendit de bons services pour défendre les habitants contre les Rockistes.

1825. *Cooker* inventa un fusil à percussion où le choc d'un ressort à boudin produisait l'inflammation d'une capsule placée sur l'axe du canon.

1826. Ainsi que cela avait eu lieu en Angleterre en 1815, le Hanovre et la Saxe, prescrivirent en 1826/27 le bronzage des canons de fusil et des autres pièces d'armes en fer. — Pendant longtemps, et surtout au commencement de ce siècle, on attachait beaucoup de valeur au poli des pièces d'armes en fer et à faire parade d'un brillant parfait. Pour obtenir ce brillant on se servait de moyens nuisibles qui usaient le métal au détriment des armes, et surtout des canons qui se faussaient sous le maniement grossier auquel ils étaient soumis. Les résultats fâcheux de ces excès demandaient qu'on y mit un terme et l'on y remedia par le bronzage des pièces en fer ; cette opération eut en même temps l'avantage de les préserver de la rouille et d'empêcher les canons de briller.

Le mélange, dont on se servait en Angleterre, se composait de 14 grains d'acide nitrique, de la même quantité d'esprit de nitre et d'esprit de vin, de 56 grains de sulfate de cuivre et de 28 grains de teinture d'acier. On enduisait le canon de cette composition, on le séchait et on le grattait aussi souvent que cela était nécessaire pour lui donner une belle couleur brune; on le plongeait ou on le lavait ensuite dans l'eau bouillante pour empêcher la rouille de s'y fixer, et après l'avoir légèrement frotté avec un polissoir de bois, on l'enduisait d'une couche d'un vernis composé de: 1 décilitre d'esprit de vin, 3 grains de sang-dragon pulvérisé et 28 grains de laque; 1 dernier frottement lui donnait alors une couleur brune d'un lustre mat. Les pièces de platine et les vis recevaient par la trempe une couleur grise.

Le mélange saxon se composait de:

1 once de fort acide nitrique, 2 onces de sulfate de cuivre et 1 once de teinture de fer, mêlés avec un pot (quart) d'eau.

Le manque de soins avec lequel on procédait pour un grand nombre de fusils, la négligence des ouvriers qui ne les nettoyaient qu'imparfaitement, le peu de précautions que l'on prenait pour empêcher les acides de pénétrer dans l'intérieur des canons, l'échaudement insuffisant à l'eau bouillante, etc., produisirent une croûte rude sur la surface des canons et furent cause d'autres inconvénients; on renonça donc au bronzage en 1836, mais on l'introduisit de nouveau plus tard. On connait beaucoup de ces compositions corrosives pour le bronzage (cette rouille factice qu'on empêche de ronger) du fer et de l'acier.

Le mathematicien *Paatzig* à Dresde, présenta une platine à magasin dont le réservoir en laiton, encastré dans le bois pouvait contenir 60 à 100 pilules d'amorce; un tiroir vertical, que le mouvement du chien faisait monter et descendre, amenait les pilules d'amorce au bassinet chaque fois qu'on armait le chien en redressant l'arme.

Planche L.

Platine à percussion avec magasin
de Paatzig à Dresde.

    a. intérieur de la platine armée,
    b.   „   „ „   „   désarmée,
    c. réservoir,
    d. tiroir.

Quoique la construction de cette platine fut très-ingénieuse, on lui préféra cependant celle pour l'emploi des capsules.

En Prusse, on fit des essais avec le système à percussion; en continuant ces essais en

1827, on se servit aussi de cartouches qu'on introduisait dans le canon avec leur enveloppe de papier (sans en vider la poudre), mais sans aucun résultat favorable. En Saxe, en Hanovre, etc., on étudia aussi le système à percussion dont les avantages furent reconnus partout; malgré cela, son introduction n'eut lieu que plus tard.

1828. Le capitaine français *Delvigne* présenta sa **carabine rayée à chambre,** dont la chambre à poudre était un peu plus étroite que le calibre du canon; les rebords de la chambre servaient de point d'appui pour la balle, que l'on forçait dans les rayures par quelques coups de baguette, sans que la poudre ne fût écrasée.

En France, on introduit le système du chargement par la culasse pour des carabines de rempart à 12 rayures. — Le Hanovre et la Saxe adoptent le système à percussion pour les bouches à feu; aux essais qu'on fit dans le Hanovre, on compta 275 ratés sur 10,000 coups. Sur 41,000 coups tirés avec 200 fusils d'infanterie à percussion, on ne compta que 72 ratés; l'influence de la pluie était presque nulle. — *Millar* obtint un brevet d'invention pour un fusil à percussion, où le chien était remplacé par un ressort encastré dans le bois. — Un canon à vapeur, construit par *Perkins* et qui tirait des boulets de plomb de 4 ℔ fut essayé à Vincennes; les boulets ne traversaient pas la cible de bois.

1829. Des projectiles incendiaires, cylindro-coniques construits par *Delvigne* furent tirés avec une carabine de rempart sur le „fort l'Empereur" à Alger; une capsule à percussion placée sur la pointe du projectile devait s'enflammer par le choc et produire l'explosion. — Les essais faits en France avec le système à percussion donnèrent 1 raté sur 290 coups, tandis qu'avec la platine à pierre, on comptait 1 raté sur 15 coups. — Dans la campagne d'Alger, on se servait de fusils à percussion. — Les affûts à flèche furent introduits en France.

Dreyse construit son premier fusil à aiguille qui se chargeait encore par la bouche. En 1809, il travaillait comme ouvrier chez le colonel Pauly à Paris, qui était chargé par l'empereur Napoléon de construire un meilleur fusil pour l'armée; il en vint à bout, quoique son fusil fût trouvé trop compliqué pour l'usage militaire. Dreyse continua par la suite à s'occuper de la réalisation de son idée. En 1814, il retourna dans son lieu natal, à Sömmerda, et il reçut en 1824/25 la permission d'y établir une fabrique de capsules à percussion (sous la raison commerciale de Dreyse et Collenbusch). Les essais qu'il fit, d'enflammer avec la pointe d'une aiguille des capsules humides qu'on lui avait renvoyées pour ce motif, réussirent et il chercha à utiliser ce moyen d'inflammation et à le combiner avec un autre avantage en transférant le mécanisme d'inflammation de l'extérieur à l'intérieur du fusil, ce qu'il réalisa en cette année.

1830. Des essais fait à Mutzig, de sécher les bois de fusil au moyen de la vapeur, eurent un résultat favorable.

1831. *Charoy* présente un fusil à percussion muni d'un réservoir pour les capsules; ce réservoir se compose d'un tube adapté derrière la platine et qu'on peut faire glisser en avant et en arrière au moyen d'un ressort; en pressant sur ce ressort, le tube avance sur la cheminée, sa partie antérieure s'ouvre et une capsule poussée par un ressort à boudin, vient se poser sur la cheminée. En France, deux régiments reçurent 600 de ces fusils pour en faire l'essai. — Le médecin *Robert* à Paris construisit un fusil se chargeant par la culasse, dont le mécanisme d'obturation se ferme et s'ouvre par un mouvement circulaire au moyen d'une charnière et d'un levier qui s'adaptent au nez de la crosse; lorsqu'on ouvre le système, le mouvement du mécanisme tend un grand ressort dont la griffe entre dans le cran pratiqué dans un ressort gâchette auquel adaptée auquel est la détente; en pressant sur celle-ci, on dégage le grand ressort qui se détend et vient frapper sur une amorce qui se trouve dans la cartouche (Pl. LII fig. 1).

Des essais qu'on fit en Suisse et à Turin avec des fusées eurent un résultat favorable.

Ackerstein reçut en Suède un brevet d'invention pour un fusil se chargeant par la culasse qui s'ouvrait et se fermait au moyen d'une charnière qui réunissait le canon et le bois.

1832. Le major brunswickois *Berner*, présenta son **fusil à canon ovale;** l'âme de ce canon avait deux rayures déterminant ainsi une forme ovale; on se servit d'abord de balles ovales, c'est-à-dire de balles entourées d'un bourrelet, mais plus tard, on les fit de nouveau de forme sphérique. Ce système plut surtout en Brunswick, en Oldenbourg, en Angleterre et en Russie; le résultat des essais de tir faits à Brunswick, à une distance de 400 pas et sur une cible de 8 pieds de haut sur 9 pieds de large, fut de 60 % de coups touchés.

Lefaucheux construit un fusil se chargeant par la culasse, dont le canon s'ouvre en faisant bascule; la tranche postérieure du canon quitte alors la surface plane qui lui sert de culasse et permet d'introduire la cartouche. Ce système fut adopté par la suite pour les fusils de chasse, il est très-recherché par les chasseurs. Sa construction brisée n'est toutefois pas favorable à l'usage militaire.

Planche LI.

Carabine de rempart française (se chargeant par la culasse).
Fig. 1 et 2. Modèle 1827, de construction plus ancienne.
a. canon, b. boite, c. culasse mobile, d. fente, e. bouche de la chambre, f. fermoir, g. ressort du fermoir.
Fig. 3. La même arme, modèle 1831.

Une espèce de boite reçoit la partie postérieure du canon, et la culasse mobile est pourvue de deux pivots qui glissent dans des fentes pratiquées dans les pans latéraux de la boite; l'embouchure de la chambre dont la paroi extérieure est conique

pénètre dans un évidement également conique, réservé dans la
partie postérieure du canon. Le système est fermé par un
billot muni d'un ressort, qui se meut dans une charnière; et
qui est destiné à serrer la culasse contre le canon pour le
fermer; lorsque le billot est ouvert, l'espace vide qu'il laisse
derrière la culasse permet de retirer celle-ci et de la redresser
pour recevoir la charge. Les nouvelles carabines de rempart
ont des chambres dont l'embouchure est cylindrique, mais leur
construction ne diffère guère de la précédente.

Longueur du canon 1,297 mètre.
Calibre 21,8 mm.
Nombre de rayures 12.
Pas de rayure, un tour et demi
sur la longueur du canon.
Elargissement du calibre au ton-
nerre 0,8 mm.
Longueur de la chambre 107.5 mm.

Diamètre de la chambre:
à la bouche 24 mm.
au fond 10 mm.
Charge de poudre: 8 à 10 gr.
Poids du projectile: 62,5 gr.
„ de la carabine: K. 8,650 gr.
Hausse à feuille mobile : portée
d'environ 800 pas.

Planche LII.

Fig. 1.

Fusil Robert, se chargeant par la culasse (1831).

Fig. 2.

a. Fusil de chasse Lefaucheux (à 2 coups).
b. Douille de la cartouche du fusil Lefaucheux.

Cette cartouche, dont la construction est très ingénieuse
se compose d'un tube de carton fermé à sa partie postérieure
par un culot en tôle de laiton, et un disque de carton fortement comprimé réunit ce culot au tube; la capsule est placée
dans une ouverture réservée au centre de ce disque et l'inflammation est produite par une tige, qui dépasse le canon
de l'arme et que le chien, en retombant, chasse sur la capsule.

Le **mortier-monstre**, dont on se servit au siège d'Anvers, avait un calibre de 22 pouces, sa chamb contenait 30 livres de poudre, la bombe vide pesait 900 ℔ et la bombe chargée 1000 ℔ ; l'inflammation était produite par un système à percussion ; le poids du mortier était de 14,000 ℔ et chaque coup tiré coûtait à peu près 500 francs.

1833. Pendant les années 1832 et 1833 on fabriqua 144,150 fusils de guerre à Liège. — L'escrime à la bayonnete, dont le capitaine saxon de *Selmnitz* paraît avoir été le fondateur, commence a devenir une branche de l'art de l'escrime.

1834. Le capitaine *Thierry* et en

1835, le colonel *Tardy de Montréal* proposèrent d'abandonner le bois comme matière de construction pour les affuts et de le remplacer par le fer. — Le colonel belge *Bormann* construit une **fusée de Shrapnels**, qui permet de régler le temps de combustion d'une manière exacte et régulière. Les fusées ordinaires, dont on se servait aussi pour les Shrapnels se montrèrent insuffisantes, car l'efficacité des grenades à mitraille dépend essentiellement de la régularité de la combustion de l'amorce et du moment de l'explosion du projectile qui doit avoir lieu à temps voulu. Ces fusées se composaient de petits tuyaux coniques en bois de hêtre, dont l'épaisseur correspondait au diamètre du trou de bouche et qui étaient chargés d'un mélange de salpêtre, de soufre et de pulvériné. La durée de leur combustion était réglée par la longueur de la fusée ou par le dosage de la composition (qui brûlait d'autant plus vite que le dosage de pulvérin était plus fort).

La fusée Bormann (Pl. LIII. fig. 1. a. b. c.) se compose

d'un disque d'étain et de plomb pourvu de cannelures, qu'on fixe dans le trou de bouche avec un ciment composé de plâtre et de vinaigre; on le place de manière que sa surface ne dépasse pas le bord du trou de bouche. Un canal circulaire, b. c. d., qui reçoit l'amorce, est pratiqué le long de la circonférence du disque et il est recouvert par un cercle de métal soudé au disque et pourvu d'une échelle qui indique le temps de combustion par degrés d'un $1/4$ et d'un $1/2$ seconde. L'amorce entière suffit pour 7 secondes.

Le canal de l'amorce est fermé à b. par une paroi; à d., il est ouvert et il correspond par un canal d. e. avec la chambre qui se trouve dans la surface inférieure de la fusée et qui est chargée de poudre en grains; cette chambre est fermée par une feuille de métal et sert à communiquer le feu de l'amorce à la charge du projectile. Une rainure a. est pratiquée dans la surface supérieure du disque et reçoit un brin d'étoupille, dont un des bouts correspond à l'amorce par un trou qu'on perce avec un instrument pointu dans le cercle gradué, avant d'introduire le projectile dans le canon.

Le trou de bouche de la grenade est pratiqué au centre d'un renflement qui renforce la paroi intérieure du projectile; l'introduction des balles et de la charge dans le projectile et la communication du feu ont lieu par le trou de bouche; la surface inférieure de la fusée repose sur le renflement et la poudre de la charge est répartie dans les intervalles que les balles laissent entre elles. Si l'on veut, par ex., que la combustion de l'amorce dure $3^1/_2$ secondes, on perce le cercle de métal à la place où ce chiffre est indiqué et on introduit le bout de l'étoupille dans le trou pratiqué; l'amorce commencera à brûler à cet endroit et au bout de $3^1/_2$ secondes, le feu atteindra la charge du projectile.

Ces fusées furent améliorées plus tard par Bormann lui-même, qui fit le cercle de métal plus mince afin qu'on pût le percer plus facilement ; plus tard, ce fut le capitaine d'artillerie *Siemens*, de Hanovre, qui munit les fusées d'un bouton fileté qui se vissait dans le trou de bouche, ce qui permettait d'enlever la fusée à volonté et l'assujettissait d'une manière plus solide qu'avec du ciment. Depuis lors, on inventa un grand nombre de fusées dont la construction était combinée de différentes manières.

Planche LIII.

Fig 1. a. b. c. **Fusée Bormann** (1835.)
„ 2.   „   **Splingard** (1846).
„ 3. a. et b. „   **française** (1847).
„ 4.   „   **Hellwig** (1849).
„ 5. **Shrapnel prussien à chambre.**

1836. Le fusil à aiguille, se chargeant par la bouche, n'ayant pas été adopté, *Dreyse* construisit un fusil de ce système se chargeant par la culasse et prépare une amorce appropriée ; ce **fusil à aiguille** fut soumis, en Prusse, à des essais détaillés.

En cette année, on essaya en Russie, en Angleterre, en Prusse, en France, en Autriche et dans les Pays-bas, d'employer l'électricité pour mettre le feu aux mines.

1837. L'Autriche introduisit les platines au système Console, avec lesquelles on avait fait des essais depuis 1835 ; on transforma d'abord à ce système, les fusils de 6 bataillons de chasseurs, et plus tard, tous les autres.

Cette platine fut améliorée d'une manière essentielle par le Feld-Maréchal-Lieutenant *d'Augustin*, mais elle fut cependant remplacée en 1854 par la platine à percussion pour l'emploi des capsules.

Planche LIV.
Platine-Console perfectionnée.

Une masselotte percée, de forme conique remplace le trou de lumière, dépasse la surface du canon a. . . être jusqu'au milieu du bassinet; l'amorce se met dans la cavité du bassinet et on l'introduit en partie dans le canal de la masselotte. Le couvercle du bassinet est pourvu extérieurement d'un garde feu tourné en bas, et sa partie supérieure, arrondie, est percée pour recevoir une tige pourvue d'une tête et dont la partie inférieure est pointue; cette tige est mobile, et lorsque le bassinet est fermé, elle repose sur le rouleau d'amorce, et le chien, en retombant, frappe sur la tête de la tige qui écrase l'amorce et produit ainsi son inflammation.

1841. En suite d'une serie d'essais détaillés, qui furent faits avec le fusil à aiguille de Dreyse, le roi Frédéric-Guillaume IV en ordonna l'introduction en Prusse, et chargea le ministère de faire à Dreyse l'avance des fonds nécessaires pour l'exécution d'une première commande de 60,000 fusils. Aux grands essais de tir qui eurent lieu à Spandau en 1846, beaucoup d'aiguilles se cassèrent ou se courbèrent, et l'admission de ces fusils fut de nouveau mise en doute. Ils rendirent cependant de bons services en 1848 lors des insurrections de Saxe et de Bade, et en 1850, on fit à Potsdam et à Spandau, des essais étendus, auxquels on soumit aussi les armes de Thouvenin, Minié, Podewils, la carabine à tige et la carabine Suisse, et où le fusil à aiguille surpassa tous les autres par la justesse de son tir et la rapidité de son feu.

L'aspect de construction du fusil modèle 1841 est en général celui d'un fusil d'infanterie ordinaire; sa longueur est de 1,43 m. sans bayonnette et de 1,935 m. avec la bayonnette; son poids est d'environ 4,980 Kilog. sans bayonnette et de 5,330 Kilg. avec la bayonnette; celle-ci était d'abord fixée au canon par un ressort, mais comme cela n'avait pas lieu d'une manière assez solide, on y ajouta plus tard une bague tournante.

La hausse, qui est soudée au canon se compose d'une mire fixe et de deux feuilles mobiles à charnière, dont la plus petite est placée derrière la mire fixe et la plus grande devant; le but en blanc de la mire fixe était de 300 pas pour l'ancien projectile conique et de 350 pas pour le nouveau projectile ovoïde qui remplaça le précédent. Les élévations pour les distances de 600 pas pour les anciens projectiles et de 800 pas pour les nouveaux, s'obtiennent au moyen des deux feuilles mobiles, ce qui demande nécessairement une instruction assez compliquée.

Le guidon est brasé sur le canon; les garnitures: l'embouchoir, la grenadière et la capucine, ainsi que le pontet de sous-garde sont en laiton.

Le calibre est de 15,43 mm., avec une tolérance de 15,17 mm. à 15,69 mm. pour les canons neufs en fer; les rayures, au nombre de quatre, ont la même largeur que les pleins et une profondeur de 0,78 mm.; leur hélice est d'un

pas sur 732 mm. ; l'âme du canon s'élargit légèrement vers
le tonnerre.

Les canons sont considérés comme „usés“, lorsque leur
calibre a atteint un diamètre de 15,95 mm.

Planche LV.

Fig. 1. Fusil à aiguille prussien, modèle 1841 (fermé).
„ 2. Aspect général de construction du système à aiguille
(mesures hors de proportion).

a. extrêmité postérieure du canon.	k. chambre à cartouche et cartouche.
b. boîte.	l. pilule d'amorce.
c. cylindre-culasse.	m. embase de la poignée.
d. cylindre-platine.	n. poignée.
e. porte-aiguille.	o. arrêtoir.
f. ressort à boudin.	p. bouton du cylindre-platine.
g. aiguille.	q. ressort de détente.
h. chambre à air.	r. détente avec ses trois points
i. tube conducteur à aiguille.	d'appui (1. 2. 3).

Le mécanisme de fermeture se compose de trois cylindres
qui s'emboitent l'un dans l'autre; le cylindre extérieur (la
boîte), dont la partie supérieure est fendue, est vissé au
canon et relie celui-ci au bois. Le second cylindre (cylindre
culasse), qu'on fait glisser en avant et en arrière ferme le
canon en emboîtant exactement le chanfrein du tonnerre. Le
cylindre intérieur (cylindre-platine) renferme le porte-aiguille
et le ressort à boudin qui l'entoure et qui donne au porte-
aiguille et à l'aiguille l'impulsion nécessaire pour percer
l'amorce et enflammer la charge.

Les mouvements de la charge sont les suivants:

1) retirer le cylindre platine en pressant sur le bouton
de l'arrêtoir. (Le porte-aiguille est retiré jusqu'au point où
son embase se trouve arrêtée par la tige du ressort-gâchette.)

2) Ouvrir la chambre en faisant tourner le cylindre-culasse à gauche et en le retirant au moyen de la poignée,

3) prendre la cartouche et l'introduire dans le canon,

4) fermer la chambre en poussant le cylindre-culasse en avant et en le tournant à droite en pressant l'embase de la poignée dans l'ouverture latérale de la boîte,

5) tendre le ressort à boudin en avançant le cylindre-platine jusqu'à ce que l'arrêtoir l'arrête.

On reconnaît que le fusil est armée, lorsque le porte-aiguille reste en arrière, le système étant fermé.

En pressant sur la détente, on retire la tige du ressort-gâchette et on dégage ainsi le porte-aiguille, qui est chassé en avant, et l'aiguille, après avoir traversé la charge, atteint l'amorce et l'enflamme. Si l'on veut désarmer la platine ou la mettre au repos, on presse sur la tête de l'arrêtoir et le cylindre platine rentre dans le système. L'espace que l'aiguille doit traverser est réglée par l'embase antérieure du porte-aiguille.

Pour que la tige du ressort-gâchette puisse arriver à l'embase du porte-aiguille, le cylindre-culasse est pourvu d'une fente coudée, qui permet d'avancer et de tourner ce cylindre.

Le cylindre culasse est aussi pourvu, à sa partie postérieure, d'une entaille dans laquelle la tête de l'arrêtoir et le bouton du cylindre-platine entre; lorsque le système est fermé, cette entaille et le bouton du cylindre-platine correspondent avec la fente de la boîte; il est par conséquent impossible d'ouvrir le système lorsque le ressort est tendu, vu que le bouton du cylindre-platine ne permet pas de tourner le cy lindre-culasse. Il en est de même lorsqu'on a fait feu, parce que le cylindre-platine se trouve alors dans la même position.

Le fusil ne peut être armé que lorsque le système est entièrement fermé; comme l'entaille du cylindre-culasse est juste aussi large que la fente de la douille, elle ne peut correspondre à cette dernière et le bouton du cylindre-platine ne peut y entrer que lorsque le cylindre culasse est serré à fond et que la fermeture complète du système est assurée.

Le maniement de cette arme n'est donc sujet à aucune erreur qui puisse causer du danger.

Le tube conducteur de l'aiguille est vissé dans le cylindre obturateur et l'espace vide qui entoure sa partie antérieure permet à la crasse de s'y déposer, tandis que l'élasticité de l'air comprimé augmente la force des gaz de la poudre.

En pressant avec force sur la détente et en dégageant ainsi la tige du ressort gâchette, on peut facilement démonter le système sans le secours d'un instrument quelconque.

La cartouche.

La construction de la cartouche est appropriée au mécanisme ingénieux du fusil; un sabot de papier comprimé (Zündspiegel) sépare la poudre du projectile (de forme ovoïde) et celui-ci repose dans la cavité antérieure du sabot; un évidement pratiqué au centre de la surface postérieure du sabot reçoit la pilule d'amorce. Ce sabot forme autour du projectile une enveloppe solide, et comme il est placé devant la poudre et dans la partie du canon où l'âme se rétrécit, il oppose à l'aiguille la résistance nécessaire. C'est aussi le sabot qui communique au projectile le mouvement de rotation; comme le diamètre du projectile (13,6 mm.) est moindre que celui du calibre, tandis que le diamètre du sabot dépasse de 1 mm. celui de l'âme, c'est donc le sabot, qui, au moment de l'explosion, se trouve comprimé et chassé dans les rayures, tout en se resserrant autour de la partie postérieure du projectile.

Le sabot contribue aussi au nettoyage de l'arme.

La longueur du projectile ovoïde est de 27 mm. et son poids est de 31 grammes.

Le sabot se compose d'une bande de papier qui se rétrécit d'un bout à l'autre et que l'on presse dans un moule; sa longueur est de 25,5 mm., la profondeur de sa cavité antérieure est de 14 mm., l'évidement circulaire pour l'amorce a un diamètre de 6,8 mm. et sa profondeur est de 2 mm.; le poids du sabot, y compris l'amorce, est d'à peu près 3 grammes.

Le poids de la charge est de 4,9 gr.; celui de la cartouche entière de 40,7 gr.; sa longueur est de 56,5 mm. jusqu'à l'étranglement de l'enveloppe de papier; le diamètre de la cartouche de 16,4 mm. et celui de la chambre à cartouche de 17,5 mm. D'après les indications du capitaine de Dy, le fulminate se compose de:

367,5 parties de chlorate de potasse et de

333,6   „   de sulfure d'antimoine.

On forme les pilules au moyen de cribles en métal et l'on humecte la composition avec un peu d'eau et d'esprit de vin.

La carabine à aiguille, introduite en Prusse en 1849, ne diffère que très-peu du fusil; elle subit en 1854 quelques modifications de peu d'importance. En 1862, on adopta le nouveau fusil de ligne qui ne diffère également que très-peu du précédent; la longueur du nouveau fusil, sans bayonnette, est de 1m. 365 et son poids de 4 K. 680 gr.

Le canon, en acier fondu (de Berger), est bronzé; il est relié au bois par des anneaux en laiton; la hausse se compose d'une mire fixe et de deux feuilles mobiles dont chacune a sa propre charnière; on peut faire glisser la hausse à droite ou à gauche dans son logement, afin de corriger les déviations latérales; la lame de la bayonnette est triangulaire, à pans creux et bronzée, ainsi que la douille et la bague. La détente est recourbée afin que le doigt puisse s'y appuyer facilement. La vitesse du tir est de 7 à 8 coups par minute.

Planche LVI.

Fig. 1. **Fusil à aiguille** dont le cylindre platine est retiré (1ᵉʳ mouvement).

„ 2. „ „ „ ouvert (2ᵉ *mouvement*).

„ 3. cartouche entière.

„ 4. sabot et projectile.

„ 5. coupe du sabot et du projectile.

„ 6. sabot tiré.

Planche LVII.

Détails de construction du fusil à aiguille de Dreyse.

Fig. 1, boîte, fig. 2. cylindre-culasse, fig. 3 et 4 cylindre-platine avec porte aiguille, ressort à boudin et aiguille.

Le zèle infatigable de *Dreyse* dans les efforts qu'il fit pour atteindre son but, ses luttes incessantes contre toutes les difficultés, que des scrupules, des opinions contraires et des tendences hostiles opposaient à son système **tout à fait nouveau,** furent enfin récompensés par l'examen approfondi et l'appréciation de ce système et par l'assistance pécuniaire de l'état de Prusse; la Prusse, de son côté, dut à l'énergie qu'elle déploya en effectuant son armement, la satisfaction de posséder une excellente arme de guerre qui surpassait tous les systèmes connus jusqu'alors, dont la construction était simple, solide et peu coûteuse et dont la munition était bonne et d'un prix peu élevé.

En France, le lieutenant-colonel d'artillerie *Pourchet* construisit un affût en fonte de fer pour les casemates et les côtes maritimes. L'affût de casemates pouvait servir pour des canons de trois calibres et des obusiers de deux calibres différents.

Les coussinets, dans lesquels repose la bouche à feu, peuvent être changés et leurs diamètres correspondent à ceux des tourillons des différentes espèces de bouches à feu.

La vis de pointage tourne dans un billot de bois qu'on peut avancer et reculer à volonté. L'affût a deux roues de devant et une roue de derrière en fonte de fer. Les deux roues de devant reposent sur une sellette de pointage en fonte, derrière laquelle est placée une poutre conductrice en bois; dans la batterie, les moyeux des roues reposent sur les parties saillantes de la sellette, qui est pourvue de roulettes et qui se meut autour d'un boulon muré dans la maçonnerie de la casemate. L'affût pour les côtes est construit d'après les mêmes principes.

1842. Dans sa séance du 13 avril de cette année, le conseil fédéral de la guerre, siégeant à Berne, décida la transformation des fusils à silex en fusils à percussion, et à cette occasion, il décréta les prescriptions concernant la qualité des fusils admis à être transformés et qui étaient destinés au service de l'armée fédérale; d'après ces prescriptions, on n'admit que les fusils construits d'après le modèle français de 1822, ou d'après le modèle fédéral adopté en 1817, et qui, sous le rapport de la solidité et des qualités requises, étaient soumis dans toutes leurs parties à un contrôle minutieux.

On désigna comme devant être rebutés : les canons qui n'étaient pas conformes à l'ordonnance, de calibre trop gros, ou qui avaient des creux plus ou moins profonds ; les canons qui n'avaient pas été éprouvés et ne portaient pas la marque d'épreuve, ainsi que ceux dont l'épaisseur était inégale ; les platines dont les pièces étaient gâtées et dont le jeu n'était pas régulier ; les baguettes et les bayonnettes détériorées ; les garnitures usées ou trop faibles ; les bois fendus ou forés de travers, ainsi que ceux où les pièces étaient mal encastrées et les bois détériorés.

Planche LIX.
Transformation des fusils à silex suisses en fusils à percussion.

Cette transformation comprenait les opérations suivantes:

1) Couper la partie postérieure du canon à la distance voulue de la tranche du tonnerre et tarauder l'écrou de culasse.

2) Ajuster la culasse (fig. 2); celle-ci est composée de :

a. le bouton fileté, dans lequel est pratiquée une cavité hémisphérique ; b. le corps de culasse avec la masselotte, le canal de lumière et l'écrou de cheminée ; c. la queue de culasse avec la mire et le trou de vis de culasse.

3) Transformation de la platine (selon la fig. 3) et ajustage du chien percutant.

Mécanisme de la platine.

Lorsqu'on arme le chien a), la noix b), qui est réunie au chien par un carré et une vis, tourne dans son trou et tend le grand ressort c), dont la griffe est soulevée par celle de la noix ; le ressort de gâchette d) presse sur la gâchette dont le bec entre dans le cran de la noix et la platine reste armée jusqu'à ce que la pression de la détente dégage le bec de la gâchette ; le grand ressort devient alors libre et agit de toute sa force sur la noix et sur le chien, dont le choc produit l'inflammation de l'amorce. La bride f), qui est percée pour recevoir le pivot de la noix, forme en quelque sorte un second corps de platine et sert à régler le jeu des autres pièces.

On transforma de la même manière les fusils d'artillerie et les pistolets.

Construction générale.

		Fusil d'infanterie.				Fusil d'artillerie.				Pistolet.			
		I.	II.	III	IV.	I.	II.	III	IV.	I.	II.	III	IV.
Calibre de l'âme	min.	—	—	5	8,2	—	—	5	8,2	—	—	5	8,2
	max.	—	—	6	1,5	—	—	6	1,5	—	—	6	1,5
Longueur du canon (lisse)	min.	3	3	8	5	3	0	5	—	—	6	5	5
	max.	3	6	—	—	3	2	7	—	—	—	—	—
Diamètre extérieur du canon au tonnerre	min.	—	1	0	1	—	1	0	1	—	—	8	3
	max.	—	1	1	0,5	—	1	1	0,5	—	—	6	8
Diamètr. ext. à la bouche	min.	—	—	7	—	—	—	7	—	—	—	6	8
	max.	—	—	—	—	—	—	—	—	—	—	7	6
Longueur de la bayonnette à lame triangulaire en acier	min.	1	2	6	—	1	2	6	—	—	—	—	—
	max.	1	5	5	—	1	5	5	—	—	—	—	—
La douille en fer, ajustée au canon													
La baguette en acier, de longueur conforme à celle du canon													
Le bois, dans lequel le canon est logé dans toute sa longueur et de la moitié de sa circonférence													
Epaisseur du bois au logement de la platine		—	1	6	—	—	1	6	—	—	—	—	—
Ouverture du canal de baguette		—	—	1	—	—	—	1	—	—	—	—	—
Espace entre la douille de la bayonnette et l'extrêmité du bois		—	—	—	5	—	—	—	5	—	—	—	—

Les garnitures devaient être conformes au modèle présenté en 1813 ; les garnitures en laiton étaient tolérées lorsque l'épaisseur du métal était suffisante.

Les accessoires se composaient : d'un tournevis avec clef de cheminée et chasse-goupille en acier et d'un tire-balle du même métal.

La Munition.

Poids de la balle : 6.4 drachmes = 25 grammes, soit 20 balles à la livre, avec une tolérance en plus ou en moins de 2 balles.

Poids de la charge : 7,813 grammes = $1/_{64}$ ℔ de poudre Nr. 3, 4 ou 5 pour les cartouches à balles, et 7,143 gr. = $1/_{70}$ ℔ pour les cartouches d'exercice, avec une différence tolérée de 0,254 gr. en plus ou en moins.

	Fusil d'infanterie.			
	I.	II.	III.	IV.
Diamètre intérieur des capsules (cylindre d'acceptation)	—	—	2	1
„ „ „ „ („ de rebut)	—	—	2	2,5

Une ordonnance pour les fusils et les pistolets neufs entra en vigueur en même temps que les prescriptions concernant la transformation, et ce fut encore l'ordonnance française qui, à peu de modification près, servit de base à la construction de ces nouveaux fusils.

Construction générale.

	Fusil d'infanterie.				Fusil d'artillerie.				Pistolet			
	I.	II.	III.	IV.	I.	II.	III.	IV.	I.	II.	III.	IV.
Calibre de l'âme { min.	—	—	5	8,2	—	—	5	8,2	—	—	5	8,2
{ max.	—	—	6	1,5	—	—	6	1,5	—	—	6	1,5
Longueur du canon (lisse)	3	5	—	—	2	9	7	—	.	6	0	5
Diamètre extérieur { au tonnerre	—	1	0	5,3								
du canon { à la bouche	—	—	7	1,3								
Bayonnette à lame triangulaire, et à douille fixée par une bague (poids : 24 loths).												
Longueur de la lame	1	5	3	3								
„ „ „ douille	—	2	2	5								

La baguette est en acier ; un des bouts est terminé par un refouloir conique, l'autre bout est fileté pour y visser le tire-balle qui sert aussi de lavoir.

La platine est à percussion et elle diffère de la platine transformée par sa partie antérieure qui remonte jusqu'au canon et par le grand ressort dont la branche supérieure est plus longue.

Les garnitures du fusil d'infanterie sont en fer, celles du fusil d'artillerie et du pistolet en laiton, excepté la plaque de couche qui est en fer.

La monture est en bois de noyer.

Planche LX.
Modèles suisses de 1842.

Fig. 1. Fusil d'infanterie.
" 2. Fusil de sapeurs, de pontonniers et d'artillerie.
" 3. Bayonnette.
" 4. Pistolet de cavalerie et d'artillerie.
" 5. Carabine de cette époque.
" 6. Coutelas-bayonnette de la carabine.

Il n'existait pas d'ordonnance pour les carabines, mais on recommandait l'observation des principes suivants :

	Carabines.			
	I.	II.	III.	IV.
Longueur du canon	3	—	—	—
Balles de 23 à la livre, avec une tolérance de 2 balles en plus ou en moins				
Pas de rayure: ³/₄ de tour sur la longueur du canon.				
Bayonnette ou coutelas-bayonnette.				
Longueur de la carabine sans bayonnette . . .	4	2	—	—
Poids de la carabine sans bayonnette: 10 à 12 ℔.				

Outre ces armes à feu, l'ordonnance prescrivait :

pour la cavalerie: le sabre français de cavalerie légère, mod. 1822 ;

pour l'artillerie: le sabre-briquet d'infanterie ou le sabre de cavalerie ;

pour le génie: le sabre a lame droite à un tranchant et dont le dos forme une scie ; la poignée et la garde, ainsi que la chape et le bout de fourreau sont en laiton ; le fourreau est en cuir noirci.

Mesures, poids et prix divers.

	Mesures.				Poids.	Prix.
	I.	II.	III.	IV.		
1 Fusil d'infanterie sans bayonnette	4	9	—		9 ℔ 28 loths	fr. 34 à 36
1 „ d'artillerie ou du génie .	4	3	7		8 „ 28 „	
1 sabre - briquet d'infanterie de 1r qualité						fl. 3½
1 coutelas						fl. 4. 5 k.
1 sabre de cavalerie, modèle français de 1822					4 ℔ 3 loths	fl. 6. 50 kr.
1 sabre d'officiers, à monture dorée					1 „ 28 „	L. 17. 50
1 sabre du même-modèle, non doré, pour les tambour - majors, les fourriers d'état-majors et les adjudants-sous-officiers . .						à 19.
						fl. 6. 36 kr.
1 sabre du génie (longueur de la lame: 17″ 3‴, largeur: 14‴, épaisseur: 2‴).					2 ℔ 8 loths	fl. 4. 54 kr.
1 hache de sapeur, sans manche, aciérée et aiguisée . . .					6 ℔	L. 5. 25
1 tablier de sapeur . . .						Btz. 160
1 fourreau de hache de sapeur .						„ 45
1 giberne						„ 39
1 fourreau de bayonnette . .						„ 7
1 baudrier de sabre . .						„ 25
1 ceinturon de cavalerie . .						„ 40
1 giberne de cavalerie . .						„ 35
1 tambour (les cercles aux couleurs cantonales) . . .					9 ℔ 24 loths	
1 corde de tambour . . .						„ 30
1 genouillère						„ 27
1 baudrier de tambour .						„ 20
1 trompette à pistons, avec une embouchure						L. 26.
1 trompette - basse avec deux embouchures						L. 33.

Cette ordonnance fut suivie d'une instruction sur la confection des munitions pour les fusils et les pistolets et leur emballage dans les caissons, qui parut le 25 Août de la même année.

Poids de la charge pour le fusil : $1/_{64}$ ℔ $= 7,813$ grammes

id.   pour le pistolet $1/_{100}$ „ $= 5$ id.

id.   pour les cartouches à blanc :

$1/_{70}$ ℔ $= 7,143$ id.

Poids de la balle : 100 balles $= 4$ ℔, $31^1/_2$ lots.

1 id. $= 6,4$ drachmes $= 25$ grammes.

Le plomb d'Amérique (de Missouri) fut recommandé comme étant le meilleur.

Diamètre du calibre de la balle, minimum : $5'''$ $2,636$.

id.   maximum : $5'''$ $5,142$.

Poids de 100 paquets de cartouches   ℔ $69^1/_2$

id.   100 paquets de 25 capsules   ℔ $2^1/_2$

D'après la circulaire du 20 février 1844, les armes modèles de l'ordonnance de 1842 devaient être délivrées aux cantons jusqu'au 12 avril de cette année.

1843. Une ordonnance sur les bouches à feu, les projectiles et les voitures de guerre de l'armée fédérale fut approuvée par le conseil de guerre, le 28 juillet de cette année.

Cette ordonnance contient les prescriptions détaillées pour la construction, le contrôle et l'épreuve des canons de 12 et de 6 ℔ et des obusiers de 24 et de 12 ℔, déstinés au service de l'artillerie fédérale de campagne; les prescriptions concernant les dimensions et la qualité des projectiles et enfin celles pour la construction des voitures de guerre.

Le métal des bouches à feu est un alliage de cuivre et d'étain.

Le contrôle des bouches à feu a lieu à trois moments différents de leur fabrication :

1) Contrôle de la bouche à feu relativement à la fonte, à l'exécution du travail et aux dimensions extérieures.

2) Epreuve de la résistance des bouches à feu et du grain de lumière, au moyen de 5 coups tirés avec une charge de 4 ℔ de poudre pour les canons de 12 ℔, de 2 ℔, 4 lots pour les canons de 6 ℔, de 1 ℔ 16 lots pour les obusiers de 24 ℔ et de 24 lots pour les obusiers de 12 ℔.

3) Vérification détaillée des bouches à feu finies, relativement aux dimensions prescrites.

Dimensions principales des bouches à feu.

	Canons								Obusiers							
	de 12 livres				de 6 livres				de 24 livres				de 12 livres			
	I.	II.	III	IV.	I.	II.	III	IV.	I.	II.	III	IV.	I.	II	III	IV.
Calibre (diamètre de l'âme)	—	3	9	5	—	3	1	6	—	5	5	2,5	—	4	4	—
„ de la chambre	—	—	—	—	—	—	—	—	—	2	7	6	—	2	2	—
Diamètre du boulet	—	3	8	7,5	—	3	—	8,5	—	—	—	—	—	—	—	—
„ de la grenade	—	—	—	—	—	—	—	—	—	5	4	5	—	4	3	2,5
Longueur de l'extrémité postérieure à la bouche	6	6	8	—	5	4	—	—	3	0	7	—	2	8	8	—
„ de l'âme	6	3	1	—	5	1	1	3	—	—	—	—	—	—	—	—
„ de la volée	—	—	—	—	—	—	—	—	2	1	6	7	2	1	5	6
„ de la chambre	—	—	—	—	—	—	—	—	—	6	1	—	—	4	9	—
Épaisseur du métal au trou de lumière	—	3	1	—	—	2	4	7	—	3	0	2	—	2	4	9
„ „ „ à la bouche	—	1	3	—	—	1	0	—	—	—	—	—	—	—	—	—
Diamètre du bourrelet	—	9	5	7,5	—	7	5	2	—	9	1	3	—	7	2	8
Le grain de lumière en cuivre forgé parfaitement pur																
Diamètre du trou de lumière	—	—	1	8	—	—	1	8	—	—	1	8	—	—	1	8
Le guidon, placé un peu en arrière de bourrelet, le dépasse de	—	—	—	5	—	—	—	5	—	—	—	5	—	—	—	5
La hausse se compose d'une tige cylindrique du même métal que la pièce, et qui est surmontée d'une tête dans laquelle est pratiquée l'entaille de mire; la hausse glisse dans un trou vertical et elle est retenue par une vis d'arrêt en acier, dont l'extrémité cylindrique entre dans le canal pratiqué dans la tige de la hausse, qu'elle empêche de retomber. La longueur de la hausse est de	—	8	—	—	—	7	—	—	—	9	4	—	—	7	5	—
La tige est graduée du côté gauche en pouces et en lignes; la longueur de la partie graduée est de	—	4	—	—	—	3	—	—	—	7	—	—	—	5	—	—

Poids de la bouche à feu du canon de 12 ℔   ℔ 1690 à 1700
    id.   id.   6 „   „   860 „ 870
    id.   de l'obusier de 24 „   „   910 „ 920
    id.   id.   12 „   „   520 „ 530

Poids des projectiles:	Canons de 12 ℔	Canons de 6 ℔
Boulet plein	℔ 11, 8 loths,	℔ 5,20 loths.
Biscaïens	„ 0,12 „	„ 0, 6 „
	Obusiers de 24 ℔	Obusiers de 12 ℔
Grenade-Obus	℔ 21,13 loths,	℔ 10,19 loths.
Grenade incendiaire	„ 17, 8 „	„ 8,— „
Biscaïen	„ —,7⁴/₅ „	„ —, 4 „

Cette ordonnance s'étend en outre sur la construction des affûts, des essieux, des timons, des balances, des avant-trains, des coffrets de munitions et leur distribution intérieure pour l'emballage des munitions; ensuite, sur les caissons d'artillerie, les fourgons, leurs avant-trains, leur arrangement intérieur, leur équipement et leur emballage; sur les forges de campagne, leurs avant-trains et leur outillage, et enfin, les caissons d'infanterie et de carabiniers.

Elle fut suivie, en 1844, d'un appendice sur les fourgons de bataillon. —

Le chargement des bouches à feu par la culasse, que l'on avait en vue depuis les temps les plus reculés, qui, après de nombreux essais fut même introduit dans quelques artilleries, mais qui ne répondait pas encore aux conditions de sûreté nécessaires, surtout pour les pièces de gros calibre, reçut enfin de nouvelles améliorations. Les avantages du chargement par la culasse, tels que l'introduction de la charge dans la bouche à feu, sans que l'on soit obligé de sortir la pièce de son embrasure (dans des locaux restreints, des navires, des casemates, des remparts, etc.), l'amoindrissement du danger causé par une inflammation spontanée de la charge, la facilité du nettoyage de la pièce et de l'extraction de la charge et la diminution du personnel de service qui est en même temps moins exposé au feu de l'ennemi entretenaient constamment le désir de perfectionner ce système en augmentant la sûreté de l'obturation, et les efforts qu'on fit pour atteindre ce but réussirent de plus en plus.

Un système de **chargement par la culasse**, inventé par le baron suédois de Wahrendorff, propriétaire d'une usine de fer, fut essayé en Prusse dans le courant de cette année, et ces essais, pour lesquels on se servit de canons de 6 ℔, de 12 ℔ et de 24 ℔, eurent des résultats satisfaisants. Un canon de 12 ℔ tira cinq coups à mitraille en 2$^1/_2$ minutes, tandis qu'un canon du même calibre, se chargeant par la bouche, demandait 4 minutes pour le même nombre de coups.

Relativement à la portée et à la justesse du tir on obtint aussi un résultat plus favorable qu'avec les canons se chargeant par la bouche, en employant même une charge moins forte, et la sûreté de l'obturation ne laissait rien à désirer.

Les bouches à feu au système Wahrendorff (Pl. LXI. fig. 1) avaient d'abord un forage lisse qui traversait la pièce d'un bout à l'autre et dont la forme était cylindrique jusqu'au tonnerre, où il s'élargissait, ainsi que la chambre des fusils se chargeant par la culasse, en formant un évidement assez grand à la tranche postérieure de la bouche à feu.

Cette chambre recevait la charge et le boulet enveloppé d'un manteau de plomb, et comme le diamètre de celui-ci était plus grand que celui du calibre de la pièce, il remplissait exactement le vide de l'âme.

L'obturation avait lieu au moyen d'un cylindre qui fermait l'âme en laissant très-peu de jeu; une tige, munie d'un écrou à ailettes, sortait de la partie postérieure du cylindre et un coin rectangulaire, pourvu d'une entaille pour le passage de la tige, traversait la pièce par une ouverture pratiquée de côté.

Une plaque, qui remplissait l'évidement postérieur de l'âme, recevait la tige et lui servait de conducteur. Le cylindre-obturateur était pourvu à sa partie antérieure, d'un anneau en fer retroussé en arrière et fendu de côté; cet anneau, dilaté momentanément par l'effet des gaz de la poudre et par la chaleur, rendait la clôture de la pièce parfaitement hermétique.

Pour charger la pièce on retirait l'obturateur, on introduisait la charge en la poussant avec le cylindre, on replaçait la plaque et on serrait l'écrou jusqu'à ce que le mécanisme fût fermé d'une manière complète.

Plus tard, on raya l'âme jusqu'à la chambre et l'on se servit de projectiles allongés et enveloppés de plomb; Wahrendorff modifia aussi la construction du mécanisme d'obturation, en coupant la partie postérieure de la pièce en tranche droite et en supprimant la plaque de l'obturateur, ainsi que le coin, qui fut remplacé par un cylindre transversal. Le cylindre obturateur reçut à sa partie antérieure, une espèce de chapiteau tronconique, dont la base étroite reposait sur la tranche du cylindre et formait ainsi une rainure circulaire dans laquelle l'anneau d'expansion était serré (Pl. LXI fig. 2).

Planche LXI.

Fig. 1. a. **Canon Wahrendorff**, se chargeant par la culasse.

Fig. 1. b. Coin du canon Wahrendorff (1843). -
„ 2. Système Wahrendorff, perfectionné.
„ 3. Canon Cavalli, se chargeant par la culasse.
„ 4. Projectile du canon Cavalli.

1844. On commença généralement partout à essayer les balles coniques. — Au tir fédéral à Bâle on fit usage de carabines rayées de petit calibre (carabines américaines) et de balles coniques, la précision de leur tir fit beaucoup de sensation.

1846. En France, on adopta la **carabine Thouvenin** et un projectile massif et pourvu de cannelures, construit par Tamisier; cette carabine fut aussi introduite, quelques années plus tard, en Belgique et dans d'autres états.

La carabine Thouvenin, aussi appelée **carabine à tige**, était construite de la manière suivante:

Une tige en acier, d'un $1/4$ de pouce à peu près de diamètre, et dont la longueur, appropriée au calibre de l'arme, devait dépasser la hauteur de la charge de poudre, était vissée dans le bouton de culasse, de manière que son axe correspondît exactement à celui de l'âme du canon; le projectile était refoulé sur cette tige par deux ou trois coups de baguette et pressé dans les rayures (qui étaient plus profondes au tonnere (0.7 mm.) qu'à la bouche (0.3 mm.), et qu'on appelait pour cela „rayures progressives"), sans que la poudre ne fût écrasée par la balle.

Le pas de rayure était très-faible et ne faisait qu'un tour sur 2 m.; un évidement ayant la forme de la pointe du projectile, était pratiqué dans la tête de la baguette, afin de ne pas déformer la balle en la refoulant.

L'enveloppe de papier qui entourait le projectile était graissée, afin de nettoyer l'arme après chaque coup.

Les défauts principaux de ce système étaient: le forcement irrégulier du projectile qui causait des déviations et des différences dans la portée et la difficulté de nettoyer la chambre à cause de la tige.

La carabine à tige française, modèle 1846, avait un calibre de 17,8 mm. et 4 rayures, dont le pas faisait $^2/_5$ de tours sur la longueur de l'âme (868 mm.). La profondeur des rayures était de 0,5 mm. au tonnere et elle diminuait progressivement jusqu'à la bouche où elle n'était que de 0,3 mm.; leur largeur restait la même.

La hausse mobile était pourvue d'un curseur, et les élévations y étaient indiquées jusqu'à 1000 mètres.

Le projectile (Pl. LXIV, fig. 3) était une balle cylindroconique, dont la longueur totale était de 28 mm.; la partie cylindrique avait une longueur de 10 mm. et un diamètre normal de 17,5 mm.; le poids de la balle était de 47 gr. et celui de la charge de 4,2 gr.

On obtenait encore un résultat de tir de 40 p. % à une distance de 800 mètres sur une cible de 12 pieds de large et 6 pieds de haut. Cette carabine était pourvue d'un sabre-bayonnette. —

En Amérique, Hale fit des essais avec des fusées volantes à rotation. Au lieu d'une baguette, ces fusées avaient un cône raccourci en fonte de fer, placé dans le sens de leur axe et pourvu de plusieurs trous percés en hélice. L'évacuation des gaz par ces trous produisait le mouvement de rotation de la fusée, qu'on tirait au moyen de tubes conducteurs.

C'est en cette année que les professeurs Schœnbein à Bâle et Bœttcher à Francfort inventèrent le **coton-poudre**, qui, plus tard, fut encore perfectionné par V. Lenk, capitaine dans l'artillerie autrichienne.

Le coton ordinaire pur a un poids spécifique de 1,47 à 1,5 et contient 44,45 parties de carbone, 49,38 parties d'oxygène et 6,17 parties d'hydrogène. Pour le transformer en coton-poudre, on en défait les noeuds, on l'étend et on le nettoye de tout ce qu'il contient d'impur, puis on le forme en feuilles d'ouate et on le sèche; on le plonge ensuite dans un bain composé de 100 parties d'acide azotique et de 79 parties d'acide sulfurique; le fond du vase qui contient ce liquide est pourvu d'un robinet; on y laisse reposer le coton pendant un quart d'heure, puis on laisse le liquide s'écouler par le robinet; avant de retirer le coton on en exprime le liquide dont il est imbibé, au moyen de petits bâtons en verre, puis on le met sous presse; lorsque les acides en sont bien exprimés, on le lave dans de l'eau qu'on renouvelle aussi souvent que cela est nécessaire jusqu'à ce qu'une feuille de papier bleu de tournesol ne prenne plus de teinte rouge au contact du coton; on le remet sous presse pour en faire sortir l'eau autant que possible, et on le sèche enfin à une température qui ne doit pas dépasser 35° R.

Le coton-poudre qu'on obtient de cette manière, ne diffère extérieurement du coton ordinaire que par un petit bruissement qu'il fait entendre lorsqu'on le presse entre les doigts; un frottement prolongé sur une surface rude et un coup frappé avec force peuvent enflammer le coton-poudre; mais lorsqu'il est défait et non comprimé, la partie qui a reçu le coup se consume seule et le reste s'envole. L'inflammation spontanée a lieu par une chaleur de 185° R. Le coton-poudre prend feu, comme la poudre ordinaire, au moyen de capsules, d'amadou, etc. et il attire bien moins l'humidité que celle-ci. Lorsqu'il est à l'état de compression normale et formé en cartouches, la dilatation de ses gaz et son efficacité sont beaucoup plus considérables que celles de la poudre ordinaire (d'après les essais faits en France en cette année, on obtint la même portée avec 800 gr. de coton-poudre qu'avec 2000 gr. de poudre ordinaire), et comme la quantité de coton-poudre nécessaire pour une charge est moindre, elle demande par conséquent un espace plus restreint. Le coton-poudre échauffe moins les canons, et pour le fusil d'infanterie, la proportion de cet échauffement, comparé à celui de la poudre ordinaire, est de 18 : 35° après 30 coups tirés rapidement l'un après l'autre. L'échauffement d'une bouche à feu en bronze, avec laquelle on avait tiré 100 coups en 34 minutes, était très-minime.

Le coton-poudre laisse très-peu de résidus, ne produit pas de fumée et son recul est très-faible. A côté de ces qualités qui devraient le faire préférer à la poudre ordinaire, le coton a un grand désavantage; il ne forme pas une masse compacte comme la poudre en grains, il est élastique et cette élasticité rend la confection des cartouches difficile; car l'éfficacité normale du coton-poudre dépend principalement de l'uniformité de sa compression, et il est difficile d'en effectuer le transport sans que cette compression normale n'en souffre.

Les qualités avantageuses du coton-poudre engagèrent l'Autriche à introduire des pièces de 12 ℔, construites pour son emploi et qui furent données à deux corps d'armée, dont chacun avait quatre batteries à cheval à 8 pièces. Les cartouches métalliques, dont on se sert aujourd'hui pour un grand nombre d'armes à feu se chargeant par la culasse, pourraient bien donner lieu à des études nouvelles sur l'emploi du coton-poudre, et le génie inventif de notre époque trouvera peut-être le moyen de remplacer le coton par un produit indigène.

1847. Le gouvernement de Sardaigne fit en Suède une commande de 20 pièces de canons à bombes, déstinés à armer le port de Gènes; ces canons, se chargeant par la culasse, étaient construits d'après le système du major de l'artillerie sarde, Cavalli; mais d'après le rapport que fit le lieutenant d'artillerie Nordensvan à l'académie royale de Suède pour les sciences militaires, sur les essais faits à Stafsjö, ce système laissait encore beaucoup à désirer (Pl. LXI. fig. 3).

La bouche à feu est en fonte de fer et l'obturation a lieu par un coin qui traverse le premier renfort et qui est placé perpendiculairement à l'axe de la pièce; sa face postérieure est oblique et ses deux bouts sont pourvus d'anses (a. b.) dont l'une, celle du petit bout, est attachée à la pièce par une chaînette qui permet de retirer le coin du côté opposé, sans qu'il ne sorte tout-à-fait de son logement dans lequel il doit rester pendant le chargement. Lorsque le chargement est effectué, on chasse ce coin dans son logement où il se force. La charge de poudre ne repose pas immédiatement sur la surface antérieure du coin; avant de fermer celui-ci, on introduit dans l'âme, comme cela a lieu pour le système Wahrendorff, un billot cylindrique en fer (c), pourvu à sa partie antérieure d'une cavité en forme de segment de boulet, et ce billot, qui est l'obturateur proprement dit, se serre contre une surface oblique formée par un élargissement du calibre; on l'introduit au moyen de la tige d. La partie postérieure du billot s'appuie sur un anneau de cuivre (r. r.), encastré dans le métal de la pièce et qui ferme hermétiquement l'âme lorsque le coin est chassé dans son logement.

Pour donner à ce système la solidité nécessaire, on fut obligé de renforcer considérablement le métal au premier renfort, dont la coupe est de forme octogone.

Pour pouvoir se servir de projectiles allongés, Cavalli pourvut ses bouches à feu de rayures; les canons à bombes de cette espèce, du calibre de 8 pouces (calibre de 30 ℔ des canons ordinaires) ont deux rayures diamétralement opposées, dont la profondeur est de 0,25 pouce, la largeur de 1,12 p. et dont le pas fait un $\frac{1}{2}$ tour sur la longueur de l'âme; ces rayures ont les angles extérieurs vifs et les angles intérieurs arrondis; le projectile Cavalli (Pl. LXI. fig. 4) a la forme d'un cylindre à base convexe et sa partie antérieure se termine en une pointe conique ou ogivale, dans laquelle est pratiqué le trou de bouche (a) qui reçoit une fusée à percussion. La partie cylindrique du projectile est pourvue, dans le sens de sa longueur, de deux ailettes (b) diamétralement opposées, dont la forme et la direction correspondent à celles des rayures; entre ces ailettes la partie cylindrique a encore deux renflements plus courts (c), dont le but est de prolonger la partie cylindrique pour assurer la position du projectile dans l'âme.

On augmenta ainsi considérablement la portée de ces

bouches à feu et l'on obtint avec le canon à bombes de 30 ℔ et une élévation de 14° 42', une portée de 4000 pas pour le premier ricochet; le poids de la charge était de 5 ℔ 9 lots et celui du projectile allongé, de 50 ℔. Les écarts étaient très-minimes, tandis que la force de percussion était considérablement augmentée. L'affût de ces bouches à feu est en fonte de fer et d'une seule pièce et sa construction est celle d'un affût peu élevé de casemates ou de vaisseaux; il pivote autour d'un boulon adapté à sa partie antérieure et il est placé sur une plate-forme en bois; on lui donne la direction latérale au moyen d'un guindeau adapté à la plate-forme. Cet affût permet de donner à la pièce une élévation de 15°.

On avait souvent de la peine à retirer le coin après avoir tiré un certain nombre de coups et même la fabrication du coin en fer forgé et sa trempe étaient sujettes à bien des difficultés. L'opération de visser et de dévisser après chaque coup l'écrou de la tige pour retirer le billot-obturateur, occasionnait des pertes de temps; l'anneau de cuivre reculait souvent après le coup, se serrait contre le coin en donnant passage aux gaz de la poudre et souvent-même il se cassait. On dit aussi que l'augmentation de fumée nuisait au service de ces pièces. Des essais, qu'on fit à Woolwich avec des canons de campagne de 9 ℔, construits d'après ce système et qui avaient 4 rayures faisait ³/₄ de tour sur la longueur de l'âme, et des projectiles coniques pourvus d'un anneau de plomb et de cannelures, eurent des résultats défavorables.

En France, on adopta pour les côtes maritimes, un affût en fer, construit par le capitaine d'artillerie Thiéry, qui était aussi simple que solide.

1848. L'usine Krupp à Essen (Prusse rhénane) fournit un canon anglais à grenades, en acier fondu, dont les dimensions n'étaient pas plus fortes que celles d'une bouche à feu du même calibre en bronze et qui résista, sans se détériorer, à toutes les épreuves de force. Des essais ultérieurs confirmèrent l'utilité incontestable des bouches à feu en acier fondu, qui sont supérieures à celles en bronze parce qu'elles sont plus durables et que leur âme ne s'élargit et ne s'altère pas ; leur fabrication est aussi moins coûteuse.

L'artillerie danoise se sert d'espingoles ; ces canons, d'espèce singulière, sont logés dans une monture et traînés par un seul cheval. Un tube de sûreté en cuivre, encastré dans la monture, renferme le canon proprement dit, formé de deux pièces dont l'une est en cuivre et reçoit la charge, tandis que l'autre est un bout de canon rayé en fer, long d'un pied, qui se visse à l'autre pièce et dans lequel les balles se forcent. Ces balles de plomb, d'un petit calibre de fusil sont percées de part en part et ce vide reçoit une composition inflammable ; chaque charge est de 30 balles, chargées les unes sur les autres et séparées par une couche de poudre ; l'inflammation a lieu par la bouche et les balles sont chassées du canon, les unes après les autres, dans des intervalles de 12 secondes. La hausse et le guidon sont placés sur le tube de sûreté. Outre ces espingoles simples, on connaît encore des espingoles de division, qui ont trois canons placés sur un affût, et dont chaque canon reçoit 30 balles du calibre de 15 à 16 à la livre, et des espingoles de défilé, à trois canons placés sur un affût, tirant chacun 30 balles de 5 à la livre. Ces der-

nières ont un attelage de 2 chevaux. L'emploi de ces espingoles n'a jamais donné des résultats remarquables.

En Suisse, la commission des armes fit des essais avec
une carabine américaine de petit calibre, tirant des balles
coniques de 57 à la livre, en suite desquels on transforma
quelques carabines des modèles existants au système ameri-
cain, en leur donnant un calibre de $2^3/_4$ à 3 lignes et 6 à 8
rayures arrondies; le poids des balles coniques était de
48 à 60 à la livre. On obtint avec ces carabines un tir
très-précis et une trajectoire tendue, mais les essais de 1849
constatèrent que la force de percussion de leurs projectiles
était bien inférieure à celle des projectiles d'un calibre plus gros.

1849. En cette année, on fabriqua à Liège 129,109 fusils
de guerre. On introduisit dans la marine française des canons
à bombes de 50 ℔, ayant un calibre de 195 mm.; la longueur
de l'âme était de 3 m. 094 ou de 16 calibres et la bouche
à feu avait un poids de 4800 kilogr. Le poids de la charge
de poudre était de 6 kilogr. pour les bombes et de 8 kilogr.
pour les boulets massifs. — Le capitaine français Minié
présenta son „**fusil Minié**"; le canon de ce fusil à 4 rayures
progressives, de largeur égale à celle des pleins, ayant une
profondeur de 0,5 mm. au tonnere et de 0,3 mm. à la bouche,
et du pas de 2 mètres. Le projectile cylindro-conique (Pl. LXIV,
fig. 4), qui est le facteur le plus important de ce système,
a une cavité de forme tronconique, dans laquelle est placé
un culot, qui est chassé par les gaz de la poudre dans cette
cavité, produit l'expansion du projectile et la force dans les
rayures, tout en empêchant les parois de la cavité de se

déchirer. Ce culot était autrefois en tôle de fer et avait la forme d'une petite écuelle; il remplissait la cavité à la base du projectile en s'appuyant contre la paroi intérieure. La partie cylindrique de la balle est pourvue extérieurement de trois rainures circulaires et la partie antérieure forme un cône tronqué dont le plat supérieur empêche la déformation du projectile par la baguette, dont la tête n'est pas évidée; on charge le projectile en le poussant doucement et sans coup de baguette au fond de l'âme. La longueur totale de la balle est de 29 mm., celle de la partie cylindrique, de 16 mm., son diamètre, de 17,2 mm. et la profondeur de l'excavation, de 16 mm. (pour les canons au calibre de 17,8 mm.) Les résultats favorables qu'on obtint relativement à la justesse du tir avec les premiers fusils construits d'après ce système, lui valurent bientôt une grande réputation, de sorte qu'il fut admis, non seulement par la France qui avait armée à titre d'essai quatre régiments d'infanterie de ces fusils, que les Français appelaient „fusils de précision", mais encore par d'autres états. En France, on transforma, outre les fusils d'infanterie, aussi les carabines à tige à ce système. On s'aperçut cependant bientôt que le culot ne remplissait pas toujours ses fonctions et qu'il devenait même nuisible en se déplaçant dans la cavité du projectile, de sorte que l'influence irrégulière des gaz de la poudre donnait à celui-ci une fausse direction; souvent aussi, les gaz, en s'introduisant dans la cavité derrière le culot, arrachaient la partie antérieure du projectile, le culot en fer endommageait les rayures, et la partie cylindrique trouée, et pressée dans les rayures par le passage des gaz, restait dans l'âme du canon. On chercha donc à remplacer le culot en donnant une autre forme au projectile (*Peter*, en 1853. Le colonel *Timmerhans* en 1853. Voyez Pl. LXIV, fig. 7).

1850. Le général *Willisen* organisa en Schleswig - Holstein une batterie mobile de 10 mortiers de 10 ℔ (poids du boulet massif en pierre). En 1848, devant Vicence et en 1849, devant Brescia, les Autrichiens se servaient déjà de ces mortiers mobiles de campagne.

Le capitaine *Splingard* de l'artillerie belge, utilisant le principe de la pile pour l'amorce des fusées, introduisit de petits tubes en cuivre, dont la longueur correspondait au temps de combustion voulu de l'amorce (Pl. LIII. fig. 2). Un bouchon b), percé au centre, était introduit dans la tête a) de la fusée, et ce bouchon recevait le tube de cuivre e). — En Russie, on introduisit pour l'artillerie de montagne des affûts en fer forgé; les deux flasques, de ces affûts sont réunies par trois boulons transversaux, et chacune est forgée d'une pièce; l'affût et la bouche à feu peuvent être chargés sur un cheval ou un mulet, ou traînés par un cheval en guise de voiture à deux roues, lorsqu'on y adapte un brancard.

Planche LXII.

Fig. 1. **Affût** de montagne russe, en fer forgé.

  „ 2. **Obusier** de montagne suisse.

Aux essais qui furent faits en Suisse, en cette année, Mr. *Wurstemberger*, lieutenant - colonel d'Artillerie à Berne, qui devint plus tard colonel fédéral et chef de l'administration du matériel de guerre, présenta une carabine de petit calibre avec un projectile allongé, ayant à peu près la forme d'un gland. Le principe de *Wild*, de charger le projectile sans le déformer, fut observé et la baguette fut pourvue d'une rondelle d'arrêt ; mais au lieu d'humecter la fourre qui entourait le projectile, on l'imbibait de graisse.

Par décret du 13 Mai 1851, le Conseil fédéral adopta cette carabine pour l'armement des carabiniers, et il en fixa les principes de construction par une ordonnance détaillée. Les dimensions principales de cette „**Carabine suisse de campagne**" sont les suivantes:

	I.	II.	III.	IV.
Le canon, en fer, soudé autour d'une broche ou en acier; dans le dernier cas, il doit être forgé massif et foré; sa longueur, sans la culasse . .	2	7	1	—
id. avec la culasse . .	2	8	—	—
Son diamètre au tonnerre	—	—	8	5
id. à la bouche	—	—	6	5
Distance de l'axe de la feuille de hausse au guidon	2	2	8	—
Calibre minimum 34^{IV}, Calibre maximum 37^{IV}.				
Calibre normal	—	—	3	5
8 rayures de largeur égale à celle des pleins.				
Profondeur des rayures	—	—	—	0.75
Les angles des rayures doivent être arrondis, mais pas ceux des pleins; la bouche doit être évidée afin de faciliter l'entrée du projectile. Le pas de rayure est de	3	—	—	—
Le canon est assujetti au bois au moyen de tenons et de glissoirs.				

	I.	II.	III.	IV.
La cheminée est construite pour de petites capsules et doublée de cuivre.				
La bayonnette à lame triangulaire se plante dans une douille en tôle de fer soudée au canon. Longueur de la lame	1	7	—	—
La hausse, logée dans une entaille du canon, y est fixée par une vis d'arrêt; le cran de mire, profond de 5^{IV} est pratiqué dans la partie postérieure et recourbée de la feuille de hausse; celle-ci se meut entre les deux joues du pied de hausse; les élévations pour les distances de 200 à 1000 pas sont indiquées sur la joue gauche. Rayon du quart de cercle	—	3	—	—
La platine est à chaînette et n'a qu'un cran de départ.				
La double détente, simple, à coffret.				
La baguette a une rondelle d'arrêt.				
La monture est en bois de noyer; l'inclinaison de la crosse (de la ligne horizontale) est de	—	3	—	—
Longueur totale de la carabine, y compris la bayonnette	5	8	5	—

Poids de la carabine, y compris la bayonnette : ℔ 9½ à 10.

Le canon est bronzé et les garnitures sont en fer et trempées.

Les accessoires se composent de: 1 moule à balles, 1 cuiller à fondre le plomb, 1 tournevis avec clef de cheminée, 1 tire-balle, 1 tire-bourre, 1 lavoir, 1 bouchon de carabine,

1 épinglette avec sa chaînette, 2 cheminées et 1 guidon de rechange.

La charge est de 3,8 à 4,2 grammes de poudre Nr. 4 (égale pour toutes les distances) contenue dans une cartouche en papier.

Le poids du projectile, en plomb tendre, est de 15,5 à 18 grammes. La fourre est en toile de coton, son diamètre de 10 ¹/₂ lignes, et la graisse dont elle est enduite se compose de ²/₃ de saindoux et d'¹/₃ de graisse de mouton; on attache la fourre au projectile au moyen d'un bout de ficelle.

Les capsules, amorcées avec du fulminate de mercure recouvert d'une couche de vernis, sont fendues et pourvues d'un rebord.

Chaque carabinier est muni de 60 cartouches, de 78 capsules, et de 60 balles fourrées.

Chaque officier et chef de section doit être pourvu d'une stadia.

Pour les carabines d'ancien modèle, cette ordonnance prescrit les modifications suivantes:

Le moule à balles doit être conforme au modèle du projectile adopté.

Le refouloir de la baguette doit recevoir un évidement conique, conforme à la pointe du projectile.

La graduation des hausses doit être refaite à neuf.

Les fourres carrées doivent être remplacées par des fourres rondes.

Les poires à poudre sont abolies et remplacées par des cartouches.

Planche LXIII.

Fig. 1. Carabine fédérale de campagne, mod. 1851.

„ 2. Hausse

„ 2. Bayonnette

„ 4. Platine

„ 5. Double détente

de la carabine ci-dessus.

(Pour le projectile, voyez Pl. LXV. Fig. 5.)

L'introduction de cette carabine fut le commencement d'une nouvelle époque pour l'armement de l'infanterie fédérale, car elle fut bientôt suivie du fusil de chasseurs et plus tard, du nouveau fusil d'infanterie, qui rivalisent avec elle sous le rapport de la justesse du tir. Ce fut par elle, avant tout, que les carabiniers furent ramenés à leur but, dont ils s'étaient de plus en plus éloignés depuis le commencement de ce siècle; d'une troupe légère, de vrais carabiniers de campagne, ils étaient devenus peu à peu un corps d'infanterie de position, et certains règlements sur le service des carabiniers favorisaient cette aberration. Le tir, en général, perdit son caractère d'exercice pratique pour la guerre; de lourdes carabines, pourvues de tous les accessoires imaginables, de mires à balancier et américaines, de guidons recouverts, de garde-feux, de supports, etc. rendaient les tireurs aussi immobiles que possible, et au lieu de s'exercer au tir en campagne ouverte, sur des cibles mouvantes et à des distances plus éloignées ou inconnues, ils ne tiraient ordinairement que dans les stand, à 200 pas, et une distance de 400 pas était pour eux „une grande distance".

Il se forma peu à peu des „rois des tireurs" et des tireurs de profession, qui surent exploiter cette stabilité et qui, à une distance de 200 pas, étaient extraordinairement exercés dans leur art, à condition toutefois que rien ne manquât à leur équipement compliqué ; mais leur adresse diminuait considérablement lorsqu'ils devaient tirer à des distances plus grandes ou inconnues, sur un terrain accidenté et sans abri contre les rayons du soleil et les variations de la température ; ils oubliaient que le but de leur existence était d'être un corps de tireurs d'élite, une troupe légère et mobile de chasseurs. La nouvelle carabine de campagne ·les a ramenés dans une meilleure voie. Mais c'est encore sous un autre rapport que l'ordonnance de 1851 mérite d'être mentionnée ; c'est par elle que la Suisse se montra pour la première fois indépendante de l'étranger dans la question de l'armement de ses troupes ; elle fut le premier état d'Europe qui sut utiliser les avantages que les armes de petit calibre ont sur celles de gros calibre, qui, à cette époque, étaient encore partout en usage. —

Autrefois, on se contentait d'imiter les systèmes des autres nations, et on restait en arrière de celles-ci ; la nouvelle carabine a donné un nouvel essor au tir en Suisse, elle se popularisa avec une rapidité étonnante et elle amena encore d'autres perfectionnements ; on ne peut lui disputer les avantages qu'elle a sur toutes les autres armes d'infanterie et de carabiniers, en ce qui concerne la précision du tir, la portée et la tension de la trajectoire. —

Les essais avec des canons *Wahrendorff* se chargeant par la culasse, fondus dans la fonderie de Stora Kopparberg, ayant eu des résultats favorables, le roi de Suède fit armer la forteresse de Waxholm de canons de cette espèce. — A Vincennes, on essaya de tirer des projectiles allongés avec des bouches à feu rayées. — Des essais analogues eurent lieu à Berlin avec un canon Wahrendorff de 12 ℔, pourvu de 6 rayures larges, peu profondes et d'un pas très faible; le projectile avait un poids de 24 ℔ et la charge de poudre était de 1 ℔ pour 400 pas et de 1 et ¹/₂ ℔ pour 800 pas; on dit que le but, qui était une cible de 4 pieds de haut sur 4 pieds de large fut touché à chaque coup. — La Suède adopta pour sa marine un fusil se chargeant par la culasse, proposé par le lieutenant Frilitzen; à part quelques modifications, ce fusil est analogue au fusil norwégien, sa chambre s'ouvre, comme celle du fusil français, en se redressant, et un cylindre excentrique, qui s'emboîte dans la partie postérieure de la chambre, la fait mouvoir en avant et en arrière; le canal de lumière est pratiqué dans la masselotte qui est tournée en bas. —

En Belgique, on adopte pour le fusil Minié, un projectile proposé par le colonel *Timmerhans*; une cavité en forme de cloche, qui est pratiquée dans le projectile, est renforcée par un culot obtus, qui doit remplacer l'ancien culot, tout en évitant les désavantages de ce dernier (Pl. LXIV fig. 6).

Pritchett, fabricant d'armes à Poultry, présenta à la commission examinatrice des armes à feu, réunie à Enfield, un projectile allongé qui n'a ni tèton ni culot (Pl. LXIV, fig. 7): ce projectile donna des résultats favorables et fut adopté pour le fusil Enfield qui reçut après ces essais le nom de „**fusil Enfield-Pritchett**, *mod. 1853*“ et remplaça depuis le fusil Minié. Son calibre est de 14,6 ᵐᵐ.; il a trois rayures concentriques avec l'âme, et leur pas tournant de gauche à droite fait un ¹/₂ tour sur la longueur du canon, qui est d'à-peu-près 990 ᵐᵐ. Le but-en-blanc de la mire fixe est de 100 yards; les autres distances sont indiquées sur une feuille de hausse mobile, pourvue d'un curseur. — La nouvelle carabine américaine à trois rayures progressives est une imitation de ce fusil. —

Lancaster avait présenté aux essais d'Enfield, un fusil à canon lisse, mais à forage elliptique et cette construction fut essayée plus tard pour les bouches à feu. —

A ces mêmes essais, *Wilkinson* présenta un projectile construit d'après les principes du forcement de la balle par la compression ou le refoulement, tandis que jusqu'alors, il avait ordinairement lieu par l'expansion au moyen d'une excavation et d'un culot. Ce projectile (Pl. LXIV, fig. 8) était massif; sa partie postérieure cylindrique avait deux rainures profondes, à angles aigus, dont un des côtés formait une surface large et oblique, se dirigeant en avant vers l'axe de la balle. En refoulant la partie cannelée, l'effet des gaz de la poudre diminue l'axe longitudinale du projectile et augmente son diamètre.

Le lieutenant d'atillerie autrichien *Lorenz* employa avec succès des balles de cette construction pour les carabines à tige de l'armée autrichienne; aux essais qui eurent lieu à cet effet, ces projectiles traversèrent, à une distance de 1000 pas, six planches eu bois de sapin d'un pouce d'épaisseur et à 2000 pas ils en traversèrent encore trois. — Dans le Gd. Duché de Bade et en Wurtemberg, on fit des essais étendus avec des fusées *Foss* perfectionnées pour fusils; c'étaient des tubes en cuivre, longs d'environ 3 calibres, chargés d'une composition inflammable et fermés à leur partie antérieure par un cylindre de plomb sur lequel les bords du tube étaient rabattus ; un trou percé dans le fond du tube servait à communiquer le feu à la charge de la fusée. Tirées avec la carabine *Wild*, le résultat de tir de ces fusées était de 76 p% à 400 pas, sur une cible de 6 pieds de haut et 8 pieds de large, et sur ce nombre il y eut 95 p% de coups incendiaires ; à cette distance, le projectile traversait encore 2 planches en bois de sapin, d'un pouce d'épaisseur. *Foss*, commissaire des guerres danois, avait déjà été à Berlin, en 1834 pour y essayer ses fusées ; mais les résultats de ces essais n'étaient pas encore assez satisfaisants.

Napoléon III qui, à cette époque, était encore président de la république française, proposa l'introduction d'une nouvelle bouche à feu, **d'un long canon à grenades,** destiné à remplacer le canon de campagne de 8 ℔ et les obusiers de 15 et de 16 centimètres, en substituant ainsi un seul calibre à trois calibres différents, et avec lequel on pouvait tirer des boulets pleins ou creux et des boîtes à mitraille. Ce canon à grenades en bronze, introduit en France en 1853, a un calibre de 121,3 mm. et une longueur de 14,6 calibres ou de 1815 mm. Cette bouche à feu n'a pas de chambre ; elle a un angle de mire naturel ; son diamètre le plus fort au tonnerre est de 316 mm. et celui du bourrelet de la bouche, de 255 mm. ; elle pèse 623 kilog. et elle est pourvue, comme toutes les pièces françaises, d'un bouton de culasse et de deux anses. On se servit pour ces canons, de l'affût des pièces de campagne de 8 ℔, qui permet de donner à la hausse une élévation maximale de 50 mm., correspondant à un angle de mire de 14°. La charge est de 1,5 kilog. pour le tir à boulets pleins et à mitraille, et de 1,225 kilog. pour le tir à grenades ; le poids du boulet plein est de 5 kilog. et celui de la grenade vide, de 3,9 kilog.

Ce système Napoléon III fut aussi adopté en Saxe, en 1853. **1853**. En Angleterre, on fit des essais avec des canons Lancaster (bouches à feu lisses, mais à forage elliptique), qui ne répondirent aucunement aux attentes; les résultats de tir étaient très-peu satisfaisants, même à de courtes distances. —

Par décret du 4 mars de cette année, les obusiers courts de 24 ℔ et de 12 ℔ de l'artillerie suisse durent être transformés en obusiers longs du même calibre; les affûts sont les mêmes que pour les canons de 12 ℔ et de 6 ℔. —

On construisit le fusil de chasseurs suisse d'après les principes de la carabine fédérale de campagne; mais jusqu'en 1856, il subit encore quelques modifications. —

Planche LXIV.

Projectiles coniques divers pour armes à feu portatives.

Fig. 1.	Delvigne . . .	1828	Fig. 10. Minié, modèle français de . . .	1854
„ 2.	Minié, premier modèle	1840		
„ 3.	Tamisier . . .	1846	„ 11. Nessler . . .	1856
„ 4.	Minié à culot . .	1849	„ 12. hessoise (Ploennies)	1857
„ 5.	de la carabine suisse	1851	„ 13. Withworth hexagone	1856
„ 6.	Timmerhans . .	1852	„ 14. Prélaz-Burnand .	1859
„ 7.	Prittchett-Enfield .	1852	„ 15. Bouholzer . . .	1861
„ 8.	Wilkinson-Lorenz .	1852	„ 16. Projectiles des armes à	
„ 9.	du fusil de chasseur suisse	1856	feu portatives suisses, se chargeant par la culasse.	

1854. Le fusil qui fut adopté en France pour la garde impériale, reçut une balle évidée sans culot (Pl. LXIV. fig. 10); ce projectile fut remplacé par la balle *Nessler*. (Pl. LXIV. fig. 11).

La „*Volcanic repeating arms C⁰.*, *Newhaven Conn.*" reçut le 14 février de cette année un brevet d'invention pour un **système d'armes à répétition** qui fut surtout appliqué aux pistolets.

Planche LXV.

Pistolet américain à répétition.

Fig. 1. Vue extérieure.

„ 2. Construction du système et détails.

Ce pistolet se compose de deux parties principales :

I. le canon,

II. la boîte en bronze dans laquelle le canon est vissé et qui renferme le mécanisme. Le canon consiste en deux tubes superposés ; le tube supérieur a) est octogone et forme le canon proprement dit l'âme a un calibre de 10 mm. et elle est pourvue de 6 rayures en hélice ; le tube inférieur d'un calibre de 11 mm. forme le magasin, il reçoit un certain nombre de projectiles, chargés de poudre muriatique et le mécanisme amène ces projectiles l'un après l'autre dans le canon.

Lorsque le pistolet est désarmé (fig 2), on fait remonter le ressort à boudin, qui se trouve dans le magasin, au moyen du cylindre c), dont la griffe ou poignée glisse dans la rainure du magasin qu'elle déborde (fig. 1. c) et l'on fait entrer ce cylindre dans l'embouchoir d) qu'on fait tourner de côté ; une petite vis empêche le cylindre de sortir de l'embouchoir (fig. 2). Le magasin est alors ouvert, on le remplit de projectiles qu'on y introduit la pointe en haut ; on le ferme en remettant l'embouchoir à la place où sa rainure correspond à celle du magasin et où il est retenu par un crochet qu'un petit ressort

à boudin fait monter et descendre. Le ressort du magasin
agit alors sur le cylindre qui, de son côté, presse sur les
projectiles et les pousse dans le mécanisme.

L'embouchoir, qui tourne autour de la partie antérieure
du canon, dont le diamètre extérieur est réduit à 15,5 mm.,
est retenu par une bague d'arrêt e) fixée à la bouche du
canon par deux petites vis, dont l'une sert en même temps
de guidon.

Le projectile postérieur entre dans la rainure du traineau (transporteur) f); lorsqu'on pousse le pontet g) en avant,
le cylindre i) est retiré en arrière par le ploiement de la
pièce coudée h) qui se trouve entre le pontet et le cylindre;
dès que l'embase du pontet atteint le levier k), celui-ci relève
le transporteur de manière à ce que le projectile qu'il contient vienne se placer devant l'ouverture postérieure du canon;
en même temps le mouvement de recul du cylindre arme le
chien l).

Le mouvement en arrière du pontet consiste en deux
mouvements distincts, pendant le premier, le déploiement de la
pièce coudée est justement suffisant pour pousser le projectile
dans l'intérieur du canon, et en même temps le levier est
retenu par un ressort m).

En retirant le pontet plus en arrière (second mouvement),
la tête du ressort est soulevée en dehors de l'excavation du
levier, le traineau redescend brusquement, et le pistolet est
prêt à tirer; le cylindre dont la tête pénètre dans l'âme du
canon et le remplit, forme ainsi la clôture, qui est assurée
par l'extension de la pièce coudée dont les trous d'axe antérieure sont ovales et permettent du jeu en avant, pour pré-

venir une pression sur les axes de la pièce coudée ou une courbure de ceux-ci.

La charge qui est de poudre très-forte est contenue dans la cavité du projectile creux n); cette cavité est fermée par une feuille en laiton au centre de laquelle se trouve l'amorce; la feuille de laiton est percée au milieu et cette ouverture est bouchée par une rondelle très-mince en liège.

La tête du cylindre obturateur est armée de deux petits crochets que le choc du chien fait pénétrer dans la rondelle de liège et qui produisent l'inflammation de l'amorce; la feuille de laiton, retenue par les crochets, reste attachée au cylindre qui la retire lorsqu'on ouvre le système, et le choc du transporteur (produit par l'entrée du ressort dans l'excavation du levier) la jette dehors.

Le mécanisme de platine est très-simple; il se compose du chien l) réuni par une chaînette au grand ressort p). La détente q) forme en même temps la gâchette r); le grand ressort est retenu par la vis s). Ce mécanisme, qui se démonte très-facilement, est couvert des deux côtés par des glissoirs fixés à la boîte par la vis du pontet. La partie inférieure de la boîte est fermée par deux plaques en bois, dont la partie antérieure entre dans une coulisse et qui sont retenues par une vis et un pivot; ces plaques servent à compléter la crosse du pistolet. —

1856. Aux essais qui eurent lieu dans la Hesse et en Russie, en cette année et en 1857, *W. de Ploennies* proposa, pour les armes à feu portatives, en concurrence avec les projectiles Minié, des projectiles expansifs, dont la cavité était de forme variée. Un de ces projectiles donna encore des résultats très-satisfaisants, sous le rapport des écarts, avec un vent de balle de 0,9 mm.; pour les projectiles, dont l'expansion doit encore avoir lieu lors même qu'on accorde une grande tolérance de calibre, il recommande un alliage de 3,5 parties d'antimoine sur 96,5 parties de plomb tendre, pour donner à celui-ci une plus grande résistance contre l'amoindrissement du diamètre du projectile vers la bouche, produit par la vibration du canon. Une balle de cette espèce, construite par lui, mais en plomb pur (Pl. LXIV, fig. 12) fut adoptée dans la Hesse.

Le **fusil de chasseurs suisse**, modifié et adopté définitivement, a la construction suivante :

La longueur du fusil sans bayonnette est de 132 ctm.; le canon est bronzé, sa longueur est de 93 ctm. avec la culasse; son diamètre extérieur est de 25,5 mm. à la tranche du tonnerre et de 18 mm. à la bouche; la distance entre le cran de la hausse et la face antérieure du guidon est de 8,4 ctm.; la hauteur du guidon, mesurée de l'axe de l'âme est de 17,5 mm.; les élévations de la hausse, mesurées du pan supérieur du canon à l'arête supérieure de la feuille de mire, sont les suivantes :

Distances en pas :	300.	400	500.	600.	700.	800.	900.	1000.
mm.	10,2.	12,6.	15,6.	18,6.	21,9.	25,2.	29,1.	33,6.

Le calibre normal de l'âme est de 10,5 mm.; les rayures, au nombre de 4, tournent de gauche à droite, elles sont concentriques à l'axe de l'âme, leur largeur est égale à celle des pleins et leur profondeur est de 0,225 mm.; leur pas est d'un tour sur 810 mm. Le canon est assujetti au bois par trois boucles et un crochet de bascule; les garnitures sont en fer forgé, et bleuies, la platine est à chaînette, le chien n'a qu'un cran de départ; la bayonnette, à lame triangulaire, s'adapte au canon au moyen d'une douille et d'une bague; la charge de poudre est de 4 grammes; le projectile est indiqué sur la Pl. LXIV, fig. 9; il est placé dans la cartouche la pointe en bas et le papier qui l'entoure est graissé avec un mélange de 4 parties de suif et d'une partie de cire (au lieu d'une fourre). A 800 pas, la force de percussion du projectile est encore assez grande pour percer 5 planches d'un pouce d'épaisseur.

Planche LXVI.

Fig. 1. Fusil de chasseurs suisse, modèle 1856.
„ 2. Fusil d'infanterie suisse, modèle 1863.
„ 3. Bayonnette } du fusil d'infanterie, mod. 1863.
„ 4. Hausse
„ 5. Yatagan } de la carabine suisse, mod. 1864.
„ 6. Embouchoir

1858. Les *bombes,* dont Orsini et ses complices se servirent pour l'attentat contre la personne de Napoléon III étaient à percussion et avaient la forme d'une poire, afin qu'elles tombassent toujours sur la partie la plus lourde; elles étaient pourvues de plusieurs amorces, afin d'éclater sans faute en tombant; la charge était de poudre muriatique, composée d'environ $82\frac{1}{2}$ parties de chlorate de potasse, $6\frac{1}{4}$ parties de soufre et $11\frac{1}{4}$ parties de charbon.

Le ministère de la guerre hollandais ordonna des essais comparatifs avec les nouveaux modèles de fusils; ces essais eurent lieu à La Haye (Gravenhage) dans l'école normale de tir et furent terminés en 1859.

On y soumit principalement les armes suivantes :

	Calibre	Nombre des rayures	Pas de rayure	Projectile
	millimèt.		mètres.	
Fusil de tirailleurs hollandais . . .	16,7	4	2 —	Petrowitsch.
Fusil bavarois . .	13,9	4	1,50	Podewils.
Fusil autrichien . .	13,9	4	2,33	Lorenz.
Fusil Enfield anglais	14,7	3	2 —	Prittchett.
Fusil de chasseurs suisse	10,4	4	0,81	Suisse.
Carabine Witworth .	11,5		0,50	Withworth, cylindrique et hexagone.

La commission déclara à l'unanimité que le fusil de chasseurs suisse était la meilleure arme de guerre et l'on fit surtout ressortir la légèreté de sa munition et la facilité de sa confection ; la précision du tir, la tension de la trajectoire, réunie à une force de percусssion suffisante du projectile, la simplicité de la construction et du maniement de l'arme, la possibilité d'une tolérance de calibre de 0,4 mm , la facilité de la charge et l'encrassement très-minime du canon.

Le fusil d'infanterie bavarois occupa le second rang pour la tension de la trajectoire, et le 3e rang pour la précision du tir ; le fusil Enfield anglais resta inférieur au fusil bavarois et le fusil de tirailleurs hollandais au fusil Enfield. Les résultats obtenus avec le fusil d'infanterie autrichien étaient encore plus défavorables, ce qu'on attribua surtout à son pas de rayures très-faible et à la compression insuffisante de son projectile.

La **carabine Witworth** ne fut pas reconnue comme arme de guerre utile à cause de ses dimensions trop courtes et de sa fabrication difficile ; sous le rapport de la précision du tir, elle suivit de près le fusil de chasseurs suisse, et sous celui de la force de percussion (avec le projectile hexagone) elle était supérieure à tous les autres modèles ; mais sa trajectoire était aussi plus élevée que celle du fusil suisse. L'âme de cette carabine est hexagonale, et les angles sont rabattus sur une largeur de 1,3 mm. ; le plus grand diamètre de l'âme est de 12,5 mm. Pour le projectile, voyez Pl. LXIV, fig. 13.

Dans la manufacture royale d'armes à Enfield, qui fournit en moyenne 100,000 fusils par année, on fabrique l'arme composée de 63 pièces (canon 3, bayonnette 4, baguette 1, garnitures 18, platine 13, hausse 8, vis 15, bois 1) exclusivement au moyen de machines par 774 opérations. Le bois, d'une seule pièce, ébauché brut, se fait en 22 minutes, fini jusqu'à l'huilage, en passant par 12 machines.

1859. Par décret du 26 janvier, l'assemblée fédérale décida la transformation de tous les fusils à percussion lisses de l'armée fédérale en fusils rayés au système proposé par MM. le colonel fédéral *Burnand* et l'armurier *Prélaz*. Le calibre des armes admises pour la transformation fut fixé à 17,7 mm. au minimum et 18,15 mm. au maximum.

L'âme fut pourvue de 4 rayures et d'un léger évidement au tonnerre ; la profondeur des rayures est de 0,25 mm., leur largeur de 6,9 mm. et leur pas fait un tour sur 160 ctm. Une hausse, dont la feuille, en forme de lyre, tourne autour d'une vis en acier faisant charnière, est soudée sur le canon. Les élévations pour les distances de 400, 600 et 800 pas sont indiquées sur la partie arrondie du pied de hausse. L'éloignement de l'axe de la hausse de la partie postérieure de la culasse (la longueur du canon étant de 1,08 m.) est de 176 ctm., la distance de cet axe jusqu'au milieu du guidon de 858 mm.; la balle est expansive (Pl. XLIV, fig. 14). A la distance de 500 pas, ce fusil transformé donne encore des résultats de tir très-favorables.

1860. Lors des débats sur le traité de commerce avec l'Angleterre (7 Juin), le tribunal supérieur de commerce, présidé par Mr. Rouher, consulta des fabricants d'armes français et des experts; il fut constaté que la fabrication des armes en général, même celle des armes de luxe qui ont bon cours et qui se vendent à des prix modiques, ne peut prendre pied et fleurir qu'à côté de la fabrication libre d'armes de guerre, parceque ce n'est que par cette dernière qu'on peut apprendre une organisation rationnelle et correcte du travail. On exprima aussi l'opinion que l'acier fondu remplacerait sous peu le fer pour la fabrication des armes à feu, vu que sa durabilité est presque trois fois plus grande que celle du fer; un canon d'acier fondu, des usines de *Krupp*, doit avoir résisté à une charge d'épreuve de 90 grammes de poudre et de 12 balles du calibre de l'âme; cette charge occupait un espace long de 52 centimètres.

On nota les prix suivants :

	à Liège :	à St. Etienne :
Un fusil de guerre ordinaire . .	fr. 28. —	
Un fusil Lefaucheux à deux coups	„ 80. —	
Un revolver Lefaucheux . . .	„ 46. 10.	fr. 58. 20.
Un revolver Colt	„ 47. 87.	
Un revolver Deane-Adams . .	„ 53. 75.	

Les **revolvers** (ce nom se donne d'ordinaire seulement aux pistolets; s'il s'agit, par ex. d'une carabine à laquelle on a appliqué ce système, on l'appelle „carabine-revolver"), en suite des améliorations qui furent apportées à ce système par Colt, Deane-Adams et Lefaucheux, occupent aussi un rang parmi les armes à feu de guerre.

Au lieu des pistolets à plusieurs canons rangés les uns à côté des autres autour d'une axe et réunis entre-eux, qui étaient en usage jusqu'alors, on se sert aujoud'hui de préférence de pistolets à un canon correspondant à un cylindre tournant, dans lequel sont pratiquées plusieurs chambres qui reçoivent les charges; le cylindre, en tournant, amène une des chambres en haut; l'ouverture antérieure de cette chambre correspond exactement à l'âme du canon et sa partie postérieure au chien qui enflamme la charge en retombant, soit sur une cheminée (Colt, Deane-Adams), soit sur une **tige** (Lefaucheux). Le cylindre, qui est pourvu d'un point d'arrêt pour chaque chambre, reçoit son mouvement de rotation du mécanisme de platine avec lequel il est en rapport; au système Colt, il tourne lorsqu'on arme le chien, tandis qu'au système Deane-Adams, la pression du doigt sur la détente arme le chien et fait tourner le cylindre en même temps. Lefaucheux a combiné les deux systèmes, de manière qu'on puisse armer le chien à volonté et le retenir au bandé, ce qui permet de viser plus juste, ou d'armer le chien et de faire tourner le cylindre en pressant simplement sur la détente lorsqu'on veut obtenir un tir plus rapide.

Planche LXVII.

Fig. 1. **Revolver Deane-Adams** (à percussion).

Fig. 2. **Cylindre** (*tambour*) *du revolver Deane-Adams.*

  „ 3. **Revolver Lefaucheux** (se chargeant par l'ouverture postérieure de la chambre).

  „ 4. **Cartouche** du revolver Lefaucheux.

Le système *Flobert*, que l'invention appliqua principalement à des armes de luxe (carabines et pistolets de salon) est d'une construction très-ingénieuse ; son mécanisme de platine, qui est très-simple, fut appliqué à des armes se chargeant par la culasse d'invention plus récente, et son système de cartouches uniques servit plus tard de base à la construction des cartouches de guerre (cartouches métalliques à feu périphérique).

Planche LXVIII.

Fig. 1. **Carabine de salon,** système Flobert.

  „ 2. **Construction du mécanisme de platine.**

  „ 3. **Cartouche.**

L'obturation a lieu par le chien, ce qui exige un grand ressort assez fort ; la face du chien est pourvue d'une arête triangulaire placée entre deux proéminences, dont les angles intérieurs sont rentrants ; l'arête triangulaire enflamme l'amorce en écrasant les bourrelets à la capsule, qui se dilate et pénètre dans les angles rentrants du chien, qui, lorsqu'on l'arme, extrait la capsule vide.

Les systèmes *Wilson* et *Storm* de fusils se chargeant par la culasse furent présentés à peu près en même temps à la commission anglaise.

Au système *Wilson*, le tonnerre est prolongé par une boîte vissée au canon et qui est ouverte à sa partie supérieure ; cette boîte reçoit le cylindre obturateur, qui y glisse dans un sens horizontal et qui, le système étant fermé, est retenu par un coin transversal. La tête du cylindre - obturateur est munie d'un tampon en gutta-percha.

Au système *Storm*, le canon est pourvu, à sa partie postérieure, d'une boîte vissée qui remplace l'ancienne culasse et la partie retranchée du tonnerre ; la partie antérieure de la boîte est renforcée par une charnière qui permet d'ouvrir la culasse mobile et de la replier sur le canon. La cartouche, dont l'enveloppe est en peau animale très-mince (peau transparente de boyau) est entourée de fil de soie, s'introduit dans la chambre ouverte, la pointe du projectile en arrière (ce qui donne lieu à des erreurs) ; on ferme ensuite la culasse mobile. Une tige qui correspond au mécanisme de platine et qui se meut dans le sens du prolongement de l'axe du canon, avance en même temps que le chien s'abat, pénètre dans une cavité cylindrique pratiquée dans la partie postérieure de la culasse mobile et assure la fermeture de celle - ci. Un petit ressort, dont la tête pénètre à l'intérieur de la boîte, empêche la culasse de s'ouvrir, même lorsque le chien est armé. Un bouton adapté à la masselotte sert à ouvrir et à fermer la culasse.

Les deux systèmes exigent l'emploi de capsules, dont le fulminate est renforcé, afin que le feu puisse traverser plus facilement l'enveloppe de la cartouche.

Planche LXIX.

Fig. 1. **Système Wilson.**
„ 2. a. **Système Storm.**
„ „ b. **Tige de fermeture** du système Storm.

Le 2 mai de cette année, le conseil fédéral suisse publia la mise au concours de modèles d'armes, ainsi que de pièces d'armes ; il décréta un premier prix de 3000 francs, un second prix de 2000 francs, etc. Après la clôture des essais faits par la commission fédérale examinatrice des armes, on procéda, le 12 janvier 1861 à la rétribution des primes ; mais, comme aucune des armes présentées ne répondit, dans toutes les parties, aux qualités exigées pour un nouveau fusil d'infanterie, on n'accorda pas de premier prix.

1) Le 2e prix (2000 francs) fut décerné à MM. *Burri* et *Bucholzer* à Lucerne pour un fusil à projectile expansif et à sabre-bayonnette à lame recourbée ; ce fusil était de construction solide, se chargeait facilement et donnait des résultats de tir assez satisfaisants, tout en permettant un élargissement convenable du calibre.

2) Une gratification de 500 francs fut décernée à MM. *Rodolphe Schmidt*, capitaine et *Ochsenbein*, armurier à Bâle, en appréciation de leurs efforts pour la construction d'un bon fusil d'infanterie avec un projectile spécial de leur invention. Ce fusil donna, à toutes les distances de 300 à 1000 pas, de très-bons résultats de tir.

Le calibre de cette arme était de 12 mm. ; les 6 rayures, en forme de scie, avaient un pas de 90 ctm. tournant de droite à gauche ; le projectile, compressif et expansif, était cannelé comme celui de Lorenz et légèrement évidé ; la profondeur de l'évidement, égale à la largeur du premier bourrelet, était de 4 mm. On tira ce projectile avec un fusil de chasseurs bernois, dont le calibre agrandi laissait un vent de balle de 0,6 mm., et les résultats de tir, à 800 pas, sur une cible de 1 m. 80 de haut et autant de large, étaient de 28 coups touchés sur 30 coups tirés. Ce même projectile modifié fut désigné pour les essais ultérieurs comme projectile de la commission; mais cette modification porta préjudice aux avantages de sa construction.

3) Mr. *Valentin Sauerbrey*, arquebusier et garde-arsenal à Bâle, reçut une-gratification de 300 francs pour trois fusils d'un travail exact et soigné.

4) Une gratification de 100 francs fut accordée à M. M. *Mulinen* et *Jaquet* à Genève, pour une nouvelle manière d'ajuster la bayonnette.

Des mentions honorables furent décernées à Mr. *Zaugg*, armurier à Berne, à Mr. le lieutenant *Vogel* à Zurich, à la direction de l'arsenal de *Morges* et à M. M. *Beuret*, frères, fabricants d'armes à Liège.

1861. Dans sa séance du 17 janvier de cette année, le conseil fédéral suisse décreta quelques changements dans l'habillement, l'équipement et l'armement de l'armée fédérale; l'ancien schako de l'infanterie et de l'artillerie fut remplacé par le képi, dont le poids ne devait pas dépasser 17 loths; les carabiniers et les troupes du génie reçurent un chapeau imperméable en feutre noir et les guides abandonnèrent le casque pour le képi. Les troupes de toutes armes reçurent le pantalon de drap gris-bleu au lieu des pantalons bleu foncé et verts; les cols raides furent remplacés par des cravates mollens en laine noire; on adopta une première paire de guêtres en drap gris-bleu, montant jusqu'aux mollets et une seconde paire en toile écrue.

Le hausse col des officiers fut aboli, ainsi que les coiffes de schako en toile cirée; on introduisit les sacs à pain en triège écru et le ceinturon noir remplaça la bouffleterie blanche; on abolit le tablier des sapeurs, ceux-ci reçurent le sabre-scie au lieu du sabre briquet d'infanterie ; on prescrivit pour le sabre des officiers un ceinturon noir en cuir verni. --

Un nouveau fusil se chargeant par la culasse fut présenté par *Joslyn* à la commission anglaise d'armes ; l'obturateur de ce fusil s'ouvre et se ferme au moyen d'une charnière adaptée de côté ; la cartouche est du système des cartouches uniques, un extracteur sert à retirer du canon sa cartouche brulée. — Le département militaire fédéral modifia le 22 avril de cette année, l'ordonnance sur le matériel des batteries de montagne de l'artillerie suisse. D'après cette ordonnance, une batterie de montagne se compose de 4 obusiers de 8 ℔ avec affûts, du calibre des canons de 12 ℔, de 2 affûts de réserve, 40 coffrets de munitions (contenant chacun : 6 cartouches ordinaires à obus, 1 cartouche à shrapnels, 1 cartouche à mitraille et un paquet de 10 étoupilles à friction) et de 8 caisses d'outils. En outre, chaque batterie avait au parc de division : un caisson de munitions, contenant 120 cartouches. L'effectif de munitions d'une batterie est de 536 cartouches à obus, 132 cartouches à shrapnels, 132 cartouches à mitraille et 1100 étoupilles à friction.

L'effectif de troupe d'une batterie est de 6 officiers, 109 sous-officiers, canonniers et soldats du train ; celui des chevaux est de 9 chevaux de selle pour les officiers et les sous-officiers montés et 44 bêtes de somme. La batterie est divisée en 2 sections à 2 pièces.

Planche LXII. a.

Fig. 2. Bouche à feu de l'obusier de montagne suisse de 8 ℔ et son obus.

Planche LXII. b.

Obusier de montagne suisse, chargé sur des bêtes de somme.

Cette ordonnance fut suivie en

1862 d'une instruction sur le service des batteries de montagne, approuvée par le conseil fédéral le 12 Mars de cette année.

Le 14 Mars, le conseil fédéral approuva une ordonnance sur les bouches à feu, les caissons, les munitions et l'équipement

des canons de 4 ℔, rayés.

Le métal des bouches à feu de ces canons est un alliage de cuivre et d'étain, dont les proportions sont de $8\frac{1}{2}$ à $10\frac{1}{2}$ parties d'étain sur 100 parties de cuivre; le calibre est de 84,45 mm.; la longueur de l'âme est de 17,05 calibres ou de 1 m. 44; l'arête du forage est arrondie à la bouche, ce qui élargit son calibre au diamètre de 93,43 mm.; l'âme est rayée sur une longueur de 1 m. 35, mesurée de la bouche; la partie de l'âme, qui reste lisse et qui forme la chambre, a une longueur de 90 mm. Les rayures sont au nombre de 6; leur pas est de 2 m. 57; elles ont une largeur de 18 mm. entre les angles des pleins et de 17,4 mm. au fond; leur profondeur est de 4,2 mm. d'un côté et de 2,9 mm. de l'autre; longueur de la bouche à feu, mesurée de la bouche à l'angle postérieur du premier renfort: 1 m. 503; longeur totale avec le bouton de culasse: 1 m. 623: diamètre de la partie postérieure du premier renfort: 228,8 mm.; diamètre à la bouche: 156 mm. diamètre du bourrelet: 195 mm. Poids de la bouche à feu: environ 392 kilog.; surpoids de la partie postérieure: 42 kilog. Le diamètre de la bouche à feu entre les tourillons et les dimensions de ceux - ci sont les mêmes que pour les canon lisses de 6 ℔, afin qu'on puisse se servir des affûts de ces derniers pour les pièces rayées de 4 ℔. La bouche à feu n'a pas d'angle de mire ; le guidon dont la hauteur, mesurée du centre de l'âme, est égale au rayon de la partie postérieure du premier renfort, est logé dans une rainure pratiquée au sommet du bourrelet. La pièce repose sur des flasques mobiles formant un support de pointage ; celui-ci peut se mouvoir de côté et tourne autour d'un boulon, au moyen duquel il est réuni à la partie antérieure de la flèche sur laquelle il est placé.

Les élévations se donnent au moyen du quart de cercle pour les grandes distances et de la hausse pour les petites ; le premier est divisé en degrés, le second en pouces et en lignes.

Les projectiles sont de 3 espèces :

1. la grenade
2. la grenade à mitraille ou shrapnel
3. la boîte à mitraille

ayant la même fusée à temper.

Les grenades et les shrapnels sont des projectiles creux de forme cylindro-ovigale en fonte de fer ; ils sont pourvus de 6 ailettes en zinc et d'un culot en plomb allié à $1/_{10}$ d'étain ayant à son pourtour 6 exubérances qui servent à guider le projectile dans les rayures ; le refoulement du culot, qui est légèrement concave, empêche l'évacuation des gaz de la poudre.

Deux canaux obliques, de forme conique, s'élargissant sur le devant et aboutissant à une rainure, sont pratiqués dans la partie postérieure du projectile et dans le culot ; ils sont traversés par des brins d'amorce qui communiquent le feu à la charge du projectile.

L'intérieur des grenades est enduit de poix et leur surface extérieure reçoit une couche de couleur noire à l'huile ou de goudron pour préserver le fer de la rouille ; afin de les distinguer des autres projectiles, le fond des shrapnels est peint en couleur blanche. — Pour les exercices de tir ordinaires, on remplit le projectile de sable et de sciure jusqu'à ce qu'il ait atteint son poids normal et on le pourvoit d'une fusée d'exercice en zinc, ayant la forme de la fusée véritable. Les grenades à mitraille sont chargées de 42 balles de zinc de 1 loth, placées en six couches, de manière que les trois couches inférieures soient de 6 balles, les autres de 8, et que le milieu reste libre ; les intervalles entre les balles sont remplis de soufre fondu ; au moyen d'une tige de fer, on forme à l'intérieur une chambre et celle-ci reçoit la charge de poudre ronde à mousquet, qui est renfermée dans un tube en mince tôle de laiton, afin que le soufre, en s'égrenant, ne se mélange avec la poudre et n'empêche son inflammation. La fusée est au système *Breithaupt* avec une vis de pression qu'on desserre pour temper et qu'on reserre ensuite ; la fusée, lorsqu'elle est vissée dans le projectile, complète la pointe de celui-ci.

Poids de la grenade chargée . . . . 3 kilog. 925.

„ „ „ charge . . . . 0 „ 220.

„ „ „ grenade à mitraille chargée . 4 „ 110.

„ „ „ charge explosive de la grenade
à mitraille . . . . 0 „ 047.

Le poids de la charge de poudre pour les canons rayés de 4 ℔ est de :

a) 562 grammes pour le tir des grenades, des shrapnels et des boîtes à mitraille.

b) 125 grammes pour le tir à trajectoire élevée jusqu'à la distance de 1600 pas. La poudre se compose de 77,5 parties de salpêtre, de 9 parties de charbon et de 13,5 parties de soufre; elle est à grains anguleux N° 5.

Planche LXX.

Fig. 1. Canon suisse de 4 𝔊, rayé. Ordonnance de 1862.
„ 2. Coupe transversale } de la bouche à feu.
„ 3. Vue de dessus

Planche LXXI.

Fig. 1. Hausse (ordonnance 1864)
„ 2. Grenade, vue extérieure et coupe } du canon suisse de 4 𝔊,
„ 3. Grenade à mitraille } rayé ordonnance 1862.
„ 4. Fusée

Dans sa séance du 5 septembre de cette année, le conseil fédéral approuva une ordonnance sur les chevalets de fusées de l'armée fédérale. Ce matériel est une imitation du matériel autrichien.

Depuis 1820, c'est-à-dire, dans un espace de temps de 42 ans, on éprouva à Liège 16,319,648 canons de fusils, tandis qu'à St. Etienne, de 1819 à 1860, dans le même espace de temps, on n'en éprouva que 2,959,662. — Au mois de mars de cette année, *Green* présenta à la commission anglaise son système de fusils se chargeant par la culasse. Ce système ressemble dans sa construction à celui de Wilson, mais il se rapproche davantage du système prussien; son cylindre obturateur, pourvu d'un levier, tourne et se retire en même temps que le couvercle de la boîte. Une bouterolle du cylindre entre de côté dans la boîte et assure la fermeture du système; la tête du cylindre est pourvue d'un tampon en gutta-percha.

Planche LXXII.

Fig. 1. Système **Green** (1863).

" 2. Système **Doersch** et **Baumgarten**. (*Carabine à aiguille*).
  a) boîte, b) et c) cylindre obturateur et mécanisme de platine.

Dans le grand‑duché de Bade, on introduisit un petit nombre de carabines se chargeant par la culasse; elles étaient du calibre conventionnel de l'Allemagne méridionale, de 13,9 mm. Ces armes pouvaient aussi se charger par la bouche avec la munition ordinaire.

On ouvre le système en tournant le cylindre-obturateur, muni d'une poignée, et en retirant, après quoi l'on introduit la cartouche par l'ouverture de la boîte; la carabine est pourvue d'une cheminée pour l'emploi de capsules; le projectile est à sabot; il a un tampon de feutre et une enveloppe en papier très‑mince; la cartouche est entourée d'une seconde qu'on ne déchire pas, mais qu'on retire par son but inférieur.

Au mois d'avril de cette année, une commission militaire fit à Echternach des essais officiels avec deux armes modèles, une carabine et un fusil (système à aiguille) présentées par M. M. *Doersch* et *de Baumgarten* à Suhl; les essais comparatifs avec des projectiles expansifs et des balles prussiennes allongées eurent des résultats favorables pour ces derniers. D'autres fabricants s'efforcèrent aussi à perfectionner le système à aiguille de *Dreyse*; M. *U. Ch. Schilling* à Suhl l'appliqua à des armes de petit calibre (10,5 mm.); il essaya de surmonter les difficultés qui s'opposaient à l'emploi de longues cartouches en donnant au canon le forage *Witworth*, mais à 8 pans, avec un pas d'hélice très‑fort (de 47 ctm.) et en réduisant la charge de poudre à 2 gr. 63. Les résultats ne répondirent pas aux attentes ; mais ces fabricants, ainsi que d'autres continuèrent toutefois de s'efforcer à appliquer ce système aux armes de petit calibre. La construction du système *Doersch* et *Baumgarten* diffère de celui de *Dreyse* dans les parties suivantes :

La boîte est formée par un prolongement du canon ; à la partie postérieure de la boîte se trouve la vis directrice, dont le but inférieur pénètre dans la rainure coudée pratiquée dans la chambre et règle ainsi le mouvement de va et vient de cette dernière. L'embouchure de la chambre entre dans le logement de la cartouche et la fermeture égale du canon est assurée par deux ailettes. L'embouchure forme une chambre à air très-courte ; la partie antérieure du tube de l'aiguille forme un cône tronqué applati et repose sur le fond de la cartouche.

Le mécanisme de platine se compose d'un court tube cylindrique, qui sert à armer et à désarmer le ressort à boudin ; il glisse dans le cylindre obturateur comme celui-ci glisse dans la boîte de platine, et son mouvement est réglé par une rainure coudée dans laquelle pénètre l'extrémité inférieure d'une vis directrice qui est vissée dans la virole du levier. Pour armer le fusil, on pousse le cylindre-platine en avant en pressant avec le pouce sur la crête du cylindre et on le tourne légèrement. L'arrêtoir est adapté à la tête du porte-aiguille au moyen d'une vis et d'un pivot et son embase sert aussi de cran de départ ; la détente agit sur l'extrémité postérieure de l'arrêtoir. Pl. LXXII, fig. 2. —

Un arrêté du conseil fédéral, en date du 7 février 1862, avait ordonné de continuer les essais avec les fusils d'infanterie.

Ces essais, se firent à Bâle pendant les mois de Juin, Juillet et Novembre, et quoique la majorité de la commission se fût prononcé en faveur du calibre anglais de 14,55 mm., les essais prouvèrent la supériorité du calibre de 10,5 mm. et du projectile de *Bucholzer*, garde arsenal à Lucerne.

On se prononça aussi contre l'introduction d'un fusil se chargeant par la culasse parce qu'on ne croyait pas encore que ces armes fussent possibles.

Le 24 décembre 1863, le conseil fédéral approuva l'ordonnance sur le

nouveau fusil d'infanterie, modèle 1863
(Pl. LXIV, fig. 2).

Ce fusil est de 2 pouces (60 mm.) plus long que le fusil de chasseurs, mais, à part cela, la construction de ces deux fusils est à peu près la même.

	Millimètres.
Longueur du fusil sans bayonnette	1380.
Longueur du canon en acier foudu bronzé	990.
Diamètre extérieur du canon au tonnerre	25,5.
Diamètre extérieur du canon à la bouche	18.
Distance entre le cran de mire et la tranche postérieure du guidon	840.
Hauteur du guidon, mesurée du centre de l'âme	15,4.
Les rayures, au nombre de 4, sont concentriques avec l'âme; leur profondeur est de	0,225.
Leur pas fait un tour sur	810.
La bayonnette est à lame quadrangulaire; elle a une douille et une bague.	
Longueur de la lame	480.

Les élévations de la hausse, mesurées du centre de l'âme sont les suivantes :

distances en pas : 300. 400. 500. 600. 700. 800. 900. 1000

millimètres : 21,9. 24,3. 27,45. 30,9. 34,8. 39. 43,8. 49,2

Le canon est relié au bois par un crochet de bascule et trois anneaux, dont celui du bas et celui du milieu, la grenadière et la capucine, sont fixées par des vis ; les garnitures en fer sont bleuies ; la platine est à chaînette et la noix n'a qu'un cran ; l'enveloppe de papier qui entoure le projectile est graissée ; le poids de la charge est de 4 grammes et celui du projectile, de 19 grammes.

Le nombre des fusils à fabriquer d'après ce modèle fut fixé à 80,000, le prix à fr. 78 par fusil et la durée de fabrication à 6 années ; ils durent être fabriqués en Suisse et cette décision du conseil fédéral fut accueillie avec beaucoup de satisfaction. La récapitulation des commandes entre les différentes fabriques était la suivante :

Société industrielle suisse à Neuhausen . . .	26,000
M. M. d'Erlach et Cie. à Thoune	20,000
Société d'armuriers de la Suisse orientale . .	7,500
Société d'armuriers de la Suisse centrale et occidentale	7,500
Mr. V. Sauerbrey à Bâle	7,500
M. M. Cordier et Cie. à Bellefontaine (Jura bernois)	7,500
Fabrique d'armes, rue du môle à Genève . .	4,000

Cette nouvelle industrie, la fabrication de l'arme entière (c'est à dire de toutes les pièces qui la composent, excepté les canons bruts, tirés pour la plupart, des usines de Berger et Cie. à Witten), eut à lutter d'abord contre bien des difficultés; mais on arriva bientôt à fournir des armes, qui non seulement pouvaient concourir avec celles de fabrications étrangères, mais qui surpassaient même ces dernières dans les qualités principales du fusil, surtout dans la construction intérieure du canon. Le conseil fédéral nomma un certain nombre de contrôleurs fédéraux, dont la tâche était non seulement de surveiller la fabrication d'un bout à l'autre et de vérifier la qualité des produits, mais encore de seconder de tous leurs efforts la marche du travail. Le contrôle proprement dit comprenait :

1) l'épreuve de résistance du canon foré, tourné et enculassé, avec une charge de 12 grammes de poudre et deux balles ou un cylindre de plomb du poids de 38 grammes;

2) la vérification de toutes les pièces du fusil, relativement à la qualité des matières premières, à leurs dimensions et à leur travail;

3) le tir d'essai de chaque fusil.

Chaque arme et chaque pièce, contrôlées et acceptées furent marquées au poinçon du contrôleur qui devenait ainsi responsable de leur qualité.

La fabrication suisse a la perspective de ne pas rester réduite aux besoins du pays et la Société industrielle suisse à Neuhausen (Gérant Mr. Peyer im Hof) fournit p. E. entre autres

6000 fusils d'infanterie pour l'Italie,
2000 fusils d'infanterie pour le Japon.

Cette société exécuta jusqu'à présent pour la Confédération Suisse les fournitures suivantes :

La transformation d'à peu près 8,000 fusils de gros calibre au système Prélaz-Burnand ;

la fourniture d'environ 1,700 fusils de chasseurs et d'environ 20,000 fusils d'infanterie, mod. 1863 ;

la transformation de 28,000 fusils de petit calibre en fusils se chargeant par la culasse ;

la fourniture de toutes les bayonnettes et baguettes pour les fusils d'infanterie, mod. 1863 (environ 50,000) ainsi que de toutes les pièces forgées pour la transformation des fusils au système *Milbank-Amsler*.

Cet établissement, qui dispose d'une force hydraulique d'à peu près 140 chevaux, s'est encore agrandi depuis peu ; sa productivité est considérable et ses produits sont d'un travail soigné.

Les autres fabriques et sociétés ont également accompli leur tâche, de sorte que si leur fabrication n'avait pas été interrompue, les 80,000 fusils modèle 1863 auraient pu être fournis avant l'expiration du terme fixé par les contrats. —

En Amérique, la nécessité d'armer un nombre considérable de troupes pour la guerre, donna un nouvel essor à la fabrication d'armes ; on ne se contenta pas de produire des armes d'après les modèles existants, mais on introduisit encore bien des innovations par l'invention de fusils se chargeant par la culasse, soit à charge simple, soit à répétition ; parmi lesquels on préféra pour la cavalerie fédérale le fusil (mousqueton) *Spencer*.

Planche LXXIII.

Fusil Spencer, à répétition.

1) le système ouvert, 2) le système fermé, 3) la cartouche.

Le magasin ou réservoir de ce fusil est pratiqué dans la crosse et peut contenir 7 cartouches renfermées dans un tube qu'on sort pour le charger et qu'on remet ensuite dans la crosse ; un bouton arrondi, pressé par un ressort à boudin, pousse les cartouches, l'une après l'autre ; dans la chambre du canon.

Le système de fermeture se compose de 3 parties :

1) l'obturateur a) dont la tranche antérieure ferme la chambre, lorsque le système est fermé ; la broche percutante glisse dans une rainure pratiquée dans la surface latérale de droite de l'obturateur, et repose sur le bourrelet de la cartouche, dont l'inflammation est produite par le choc du chien ; l'obturateur a) est relié à la sous-garde par la tige d) qui le fait descendre dans la pièce mobile c) lorsqu'on fait pivoter cette dernière en ouvrant la culasse mobile.

Le ressort à boudin e) fait remonter l'obturateur a) lorsqu'on ferme la culasse.

2) La pièce mobile c) ;

3) la sous-garde mobile b), qui sert à fermer et à ouvrir la culasse, en agissant sur toutes ses parties.

La pièce mobile c) est fixée par la vis g) à la boîte en fer qui relie la culasse au canon et au fût, d'un côté, à la platine et à la crosse de l'autre ; la crosse est assujettie au moyen du tube extérieur du réservoir qui est vissé dans la boîte, par la platine et par l'écusson de sous-garde.

Le conducteur f) ainsi que son ressort sont adaptés à la boîte.

A part le temps qu'il faut pour charger le réservoir, le chargement de cette arme demande 3 mouvements :

1) armer le chien, 2) ouvrir la culasse en faisant basculer la sous-garde en avant, 3) fermer la culasse au moyen de la sous-garde.

En faisant basculer la sous-garde en avant, on fait d'abord descendre l'obturateur a) puis la culasse s'ouvre entièrement; la cartouche du réservoir, qui est la plus rapprochée, est poussée par le ressort à boudin sur la pièce mobile c) en même temps que l'extracteur h) retire la douille de la cartouche tirée en la faisant glisser sur la surface supérieure du conducteur f). En fermant la sous-garde, l'obturateur a) presse sur le fond de la nouvelle cartouche et la fait entrer dans la chambre du canon.

La douille de la cartouche est en tôle de cuivre mince, son bourrelet est rempli de fulminate dans tout son pourtour.

On dit que 50,000 fusils de cette espèce étaient en usage à la fin de la guerre d'Amérique. —

1864. Dans sa séance du 5 Février de cette année, le conseil fédéral approuva l'ordonnance sur les

canons de montagne de 4 ℔, rayés,

ainsi que sur les munitions, la hausse et la construction intérieure des coffrets de munitions; on transforma le matériel des batteries de montagne d'après cette ordonnance.

La construction de la bouche à feu est la même que pour les canons rayés de campagne, mais elle est plus courte et plus légère que celle de ces derniers. Longueur de l'âme: 10,35 calibres ou 873 mm.; longueur de la chambre: 60 mm.; longueur de la bouche à feu, mesurée de l'angle postérieur du premier renfort à la bouche: 900 mm.; longueur totale avec le bouton de culasse: 1 m. 008. Diamètre de la partie postérieure du premier renfort : 168 mm. ; diamètre au point de jonction de la volée et du bourrelet : 126 mm. ; diamètre du bourrelet : 152 mm. ; les dimensions de la pièce entre les tourillons et celles de ceux-ci sont les mêmes que pour les obusiers de montagne lisses et correspondent aux dimensions des affûts de ces derniers ; longueur de la ligne de mire, mesurée de l'angle du premier renfort au sommet du bourrelet : 822 ; longueur de la ligne de mire, mesurée du cran de mire au sommet du guidon 895,5 mm. ; la bouche à feu a un angle de mire positif naturel de 30′ ; son poids est de 102,5 kilog. ; le surpoids de la partie postérieure est d'un $1/6$ du poids total de la bouche à feu. La charge de poudre est de 297 grammes, elle est la même pour les deux espèces de projectiles (grenades et shrapnels) et elle est renfermée dans un sachet d'étamine qui n'est cousu qu'avec de la soie, afin d'éviter que des brins de fil ne conservent du feu dans le fond de l'âme. La hausse mobile se compose du pied, de la planche et du curseur ; le pied est une pièce en métal pliée en équerre qui repose sur le pourtour du premier renfort en embrassant l'angle qui le relie au bouton de culasse ; la planche est une plaque en laiton, adaptée verticalement au pied de hausse, elle a une longueur de 210 mm., une largeur de 39 mm. et une épaisseur de 4,5 mm. ; une fente longitudinale, longue de 180 mm. et commençant à 11 mm. du sommet de la hausse est pratiquée au milieu de la planche ; afin de corriger la déviation du projectile, la planche est inclinée de côté, de manière que son centre dévie de 0,6 mm. de la ligne droite à la hauteur du premier renfort et de 9 mm. à une hauteur de 117 mm. de ce dernier.

La partie droite de la planche est divisée en pouces et en lignes de 0 jusqu'à 5 pouces ; la partie gauche porte les élévations pour le tir à grenades de 300 jusqu'à 2000 pas, ainsi que le temps de combustion de la fusée du projectile ; sur la partie droite, à côté de la division en pouces et en lignes, sont encore indiquées les élévations pour le tir à mitraille, de 200 à 600 pas. Le curseur (en acier), retenu par une mince feuille de métal faisant ressort, a une embase qui glisse dans la fente de la planche et on peut le placer à chaque trait de la graduation. La partie supérieure du curseur est fortement oblique et sert d'indicateur ; un évidement circulaire, est pratiqué dans le curseur et son centre se trouve à 20,4 mm. audessous de l'arête supérieure ; la partie supérieure de cet évidement est à jour et la partie inférieure reçoit le cran de mire ; sa largeur entre les angles supérieurs est de 4,5 mm. et sa profondeur de 2,4 mm. ; lorsque le curseur est entièrement abaissé, le fond du cran de mire correspond avec le sommet du premier renfort. (Pour la hausse, voyez Pl. LXXI, fig. 1.)

Planche LXXIV.

Bouche à feu du canon de montagne de 4 ℔, rayé.

a. Vue de dessus.
b. Coupe longitudinale.
c. Coupe transversale.

~~~~~~~~

On éprouve au fort Hamilton (Amérique) le **canon monstre** (Rodman), la plus grosse bouche à feu connue jusqu'alors. Cette pièce reçut d'abord une charge de 60 ℔ de poudre et une bombe du poids de 1000 ℔; le chargement dura une demi-heure ; le projectile tomba dans la mer à un ¹/₄ de mille (anglais) et fit plusieurs ricochets sur la surface de l'eau.

On essaya un second coup avec 120 ℔ de poudre et un boulet du poids de 1800 ℔, qui, avec une élévation de 25°, toucha l'eau à 3 milles et demi de la côte.

La détonation était assourdissante.

Poids de la bouche à feu : 116,497 ℔ ; longueur : 24 pieds ; calibre : 20 pouces ; poids ordinaire de la charge de poudre : 100 ℔ ; poids de la bombe : 1000 ℔.

Planche LXXV.
Canon monstre Rodman.

Ces canons monstrueux n'auront jamais une importance générale, leur efficacité n'étant pas en proportion de la peine et des frais que coutent leur emploi ; un coup tiré d'un canon de 1000 ℔, dont le service demande 20 hommes, revient au prix de 1500 francs, et il n'est pas encore prouvé que le tir d'une pièce de 1000 ℔ soit plus précis que celui d'un canon de 100 ℔ et même de 4 ℔. —

L'invention des navires et des tours cuirassés, ainsi que des torpédos, appartient également à l'époque de la guerre d'Amérique ; les frais de cette guerre s'élevèrent à la somme de 24 milliards de francs. —

Le 10 décembre de cette année, le Conseil fédéral approuva l'ordonnance sur

la carabine suisse (modèle 1864),

qui diffère du modèle 1851 par ses rayures, qui sont au nombre de 4 au lieu de 8 et qui ont un pas de 25 pouces = 750 mm.

La bayonnette est remplacée par un yatagan adapté au canon et à l'embouchoir (Pl. LXVI, fig. 5 et 6). La cartouche contient une charge de poudre de 4 grammes et un projectile Bucholzer entouré d'une enveloppe de papier graissé. Les élévations de la hausse, mesurées du centre de l'âme à l'arête supérieure de la feuille, sont les suivantes:

Distances en pas :	200.	300.	400.	500.	600.	700.	800.	900.	1000.
mm.	19,2.	21,3.	23,7.	26,7.	29,7.	33,3.	37,5.	42,-.	47,1.

La hausse est celle du fusil d'infanterie modèle 1863 ; la hauteur du guidon, mesurée de l'axe de l'âme, est de 15,9 mm.; la baguette n'a pas de rondelle d'arrêt ; la cheminée est construite, ainsi que celle du fusil d'infanterie, pour l'emploi de grosses capsules. —

On fit en Hannovre des essais avec des fusils transformés d'après le système *Lindner*. Dans ce système la clôture était très bien assurée, mais par contre le temps trop long qu'il fallait pour charger et le maintien de la capsule ne remplissait pas le but du chargement par la culasse. La chambre mobile de ce fusil est logée dans une ouverture allongée qui se trouve dans une rainure pratiquée en arrière du canon. La chambre, qui tourne autour de la vis de culasse est relevée par un ressort de pression, dès qu'on écarte la jonction pourvue d'un pas de vis qui réunit la chambre et le canon.

La cartouche spéciale, construite par *Lindner* pour les armes américaines transformées d'après son système (la cavalerie américaine était armée en partie de mousquetons de cette espèce) est conique et elle est fermée à sa partie retrécie par une bourre de coton, qu'on retire avant de charger, après quoi la cartouche se vide d'elle-même.

Planche LXXVI.

Fig. 1. **Mousqueton américain au système Lindner.**

    a. la culasse ouverte.

    b. pièce de jonction.

Fig. 2. **Fusil Enfield anglais au système Snider.**

    a. l'obturateur ouvert.

    b. Cartouche Boxer, adoptée pour ce système.

    c. douille de la cartouche (détails de construction.

Le 25 Août de cette année, le ministère de la guerre anglais mit au concours des systèmes pour charger par la culasse les fusils Enfield, et posa les conditions suivantes:

1. les frais de transformation ne devaient pas dépasser 25 francs par fusil;

2. la précision du tir ne devait pas souffrir de cette transformation.

De 50 systèmes présentés, 8 seulement furent admis à concourir, et de ces 8 systèmes, on en rebuta trois comme tout à fait impropres. Les cinq systèmes restants étaient ceux de Wilson, Storm, Green, Westley-Richard et Snider, mais ce dernier était le seul qui ne fut pas encore connu de la commission, et aussi le seul qui fût construit pour l'emploi de la cartouche unique. Après les essais qui eurent lieu en **1865**, pendant les mois de Janvier, Février et Mars, la commission déclara que le système Snider, surtout à cause de sa cartouche unique, était le seul qu'elle pût recommander pour des essais ultérieurs; elle le trouva même préférable au système Storm, qu'elle reconnut, du reste, comme étant le meilleur et le plus simple de tous ceux qui étaient construits pour l'emploi de capsules.

La commission proposa de transformer provisoirement 1000 fusils Enfield au système Snider et de faire de nouveaux essais avec des armes de petit calibre; à cet effet, on publia le 21 Juin une nouvelle mise au concours, en donnant pour la construction des fusils présentés, les indications suivantes : Calibre, 11,43 mm.; longueur du canon, 990 mm.; poids du canon, 2 k. 041 à 2 k. 250; poids de l'arme, y compris la baguette, mais sans bayonnette, 4 k. 082 au plus; poids du projectile, 31,1 gr.; poids de la charge de poudre d'ordonnance, 4,53 grammes au plus. Une cartouche unique n'était pas obligatoire, mais recommandée et le projectile devait être graissé.

On continua toutefois, après quelques modifications, à transformer les fusils Enfield d'après le système Snider et pour l'emploi de la cartouche Boxer.

L'obturateur est adapté à la boîte par une charnière, il s'ouvre du côté droit et peut être retiré en arrière; on ouvre l'obturateur pour introduire la cartouche dans le canon et on extrait la cartouche vide en le retirant en arrière après l'avoir ouvert. Placé entre le canon et la paroi postérieure de la boîte, il ferme le canon et sert d'appui à la cartouche qui empêche d'elle même l'évacuation des gaz de la poudre. L'inflammation de la charge est produite par le choc du chien sur la broche percutante mobile, qui traverse le corps de l'obturateur et frappe sur une capsule placée au centre de la cartouche. Un petit pivot, qui entre dans un léger évidement pratiqué dans l'obturateur, assure la fermeture du système et l'empêche de s'ouvrir spontanément. La chambre à cartouche forme à sa partie postérieure un évidement plus grand, servant de logement au bourrelet et qui donne à la cartouche l'appui nécessaire pour résister au choc de la broche sur l'amorce et pour qu'elle ne soit pas poussée dans le canon. L'extracteur, qui est combiné à l'obturateur, pénètre dans la chambre jusqu'en avant du logement du bourrelet et extrait la cartouche tirée lorsqu'on le retire en arrière ; on la rejette en tournant l'arme de côté. Un ressort à boudin, adapté à la tige de la charnière, ramène ensuite l'obturateur à sa place. La douille de cartouche, qui fut d'abord construite au système *Lancaster*, fut perfectionnée plus tard en employant pour former le tube la mince tôle de laiton de la douille Boxer. —

Le 29 Mai de cette année, le conseil fédéral suisse publia la mise au concours d'un fusil modèle, se chargeant par la culasse et dont la construction devait répondre aux conditions suivantes : Calibre, 10,5 mm. ; longueur du fusil 1 m. 38, c'est à dire celle du fusil modèle 1863 ; poids du fusil, 5 kilog. au plus ; un système construit de manière qu'on puisse se servir, en tous les cas, du canon et autant que possible du bois et des autres pièces du fusil modèle 1863 ; la hausse et le guidon selon l'ordonnance de 1863 ; 4 rayures qui devaient être concentriques à l'axe de l'âme et d'une largeur égale à celle des pleins ; pas des rayures un tour sur 81 ctm. ; le canon devait être lié au bois d'une manière solide, sans qu'on fût obligé de le déplacer pour charger ; une cartouche unique, réunissant toutes les garanties de durabilité ; la poudre devait être de fabrication suisse et le projectile devait permettre une tolérance de calibre de 0,6 mm. La forme extérieure ne devait rien avoir qui pût gêner le maniement de l'arme ; l'inflammation devait avoir lieu d'une manière complète, régulière et sûre ; le jeu du système, facile et regulier,

ne devait pas se déranger après un tir prolongé et sans interruption ; l'arme devait enfin être facile à nettoyer et à entretenir. Le terme auquel les modèles devaient être délivrés fut
fixé au 1er Octobre 1865, et la prime à 20,000 francs, sous
réserve toutefois de la répartir entièrement ou en partie sur
différents modèles, dans le cas où aucun de ces derniers ne
répondrait d'une manière parfaite à toutes les conditions.
— A l'expiration du terme fixé, qui fut prolongé jusqu'au
1er Novembre, un grand nombre de modèles étaient arrivés
à destination, d'autres, venant de loin, étaient encore en route.
L'auteur de ce traité prit aussi part à ce concours en présen-
tant un modèle, dont il fut fait mention aux essais ultérieurs ;
nous en parlerons à cause de l'originalité de sa construction.
Le but qu'on avait en vue, de construire une bonne arme se
chargeant par la culasse, répondant aux conditions de solidité,
de simplicité et d'un maniement facile, fut atteint et ce système
n'était pas, comme beaucoup d'autres, une imitation, une modification ou une combinaison de différents autres systèmes.

Planche LXXVII.

Système Schmidt et Jung.

a. l'obturateur ouvert,
b. détails de construction,
c. l'obturateur fermé,
d. la cartouche.

La culasse et la partie enlevée du tonnerre sont remplacées par une boîte en fer pourvue d'une queue de bascule ;
le canon est solidement relié à la partie antérieure de cette
boîte au moyen d'un crochet de bascule et d'un tiroir, et il
n'y est pas vissé comme à la plupart des autres systèmes ; il

suffit donc, pour démonter entièrement le canon, d'ôter les anneaux qui le relient au bois.

L'obturateur est adapté à la boîte par une charnière et s'ouvre de droite à gauche ; lorsqu'on baisse le levier, le crochet a) qui est d'une pièce avec l'arbre du levier, fait retirer la broche percutante b) et arme le ressort à boudin c).

Le bec du ressort-gâchette d) entre dans l'entaille de la broche percutante et la platine reste armée jusqu'à ce que le bec du ressort-gâchette soit dégagé par la détente e) ; le ressort à boudin agit alors sur la broche et celle-ci frappe sur l'amorce et l'enflamme. La détente est retenue par le ressort f). Le mécanisme de percussion s'arme donc de lui-même chaque fois qu'on ouvre la culasse ou qu'on baisse le levier, et il n'y a pas de mouvement spécial pour armer avant de presser la détente.

La charge demande 4 mouvements :

1) ouvrir l'obturateur, 2) extraire la cartouche tirée au moyen de sa tige, qui dépasse d'à peu près 3 mm. la surface supérieure de droite du canon, 3) introduire la cartouche, 4) fermer l'obturateur. La cartouche se compose d'un tube en carton, d'un culot métallique et d'un tampon de papier comprimé ; elle est à feu central, au système Lancaster.

Ce fusil donna, en général, de très-bons résultats, mais les douilles des cartouches laissaient encore à désirer, vu qu'à peu près 2 p. % des cartouches étaient mal confectionnées et se gerçaient ; ces gerçures, du reste, n'exerçaient pas une influence désavantageuse sur le tir. —

Plusieurs des modèles présentés n'avaient pas de car-

touche appropriée, et la question des munitions devint bientôt
la question principale.

Il est plus facile de construire un mécanisme approprié,
lorsqu'on est déjà en possession d'un bon système de cartouche
unique, que de construire la cartouche d'après le fusil.

Les essais avec les modèles présentés furent renvoyés à
cause de la guerre austro-prussienne; on les reprit avec d'autant
plus de zèle après cette guerre, où les avantages du chargement par la culasse se montrèrent d'une manière si évidente.

La commission suisse d'artillerie s'occupa de la question
des bouches à feu de gros calibre rayées et se chargeant par
la culasse; elle proposa l'introduction des canons rayés de 8 ℔,
en acier fondu avec le système *Broadwell*, ainsi que des
canons transformés de 12 ℔ en bronze, où l'obturation a lieu
par un coin. Des essais avec ces deux espèces de canons eurent
lieu en décembre devant les commissions des deux chambres
fédérales, et ces essais constatèrent d'une manière éclatante
la précision de tir de ces bouches à feu, ainsi que la grande
force de percussion et l'efficacité de leurs projectiles (grenades,
shrapnels et boîtes à mitraille). —

On conserva la fusée à temper pour les shrapnels, mais
pour les grenades, on la remplaça par une **fusée à percussion.** —

La commission fédérale d'artillerie fit aussi des essais
avec la poudre blanche de *Schulze*.

Le principal composant de cette poudre est la fibre de
bois (de peuplier, de frêne, de chêne, etc.); on la concasse
d'abord en petits grains ronds ou disques, on plonge ces grains
dans une solution de soude et on les expose ensuite à l'action

de la vapeur d'eau ; de cette manière, les corps étrangers en
sont éloignés et il ne reste plus que la fibre ligneuse pure ;
mais il reste encore à éloigner les substances colorantes au
moyen du gaz de chlore. Après cela, on plonge les grains
dans un bain d'acide azotique et d'acide sulfurique, en pro-
cédant comme pour le coton poudre, puis on les lave à l'eau
courante et on les sèche. La poudre ne devient explosive que
par un procédé final qui consiste à l'impregner complètement
d'une solution de salpêtre pur, puis on la sèche et on l'assortit
au moyen de tamis. Afin d'éviter le danger d'une explosion
spontanée, on peut effectuer le transport de la poudre avant
de procéder à la dernière opération, qui ne demande que très-
peu de temps et qui peut se faire lorsque la poudre est arrivée
à destination. Le résultat de ces essais, comparé à celui de
la poudre ordinaire, ne fut pas très favorable à la poudre
Schulze. —

Un postulat du 21 Juillet recommanda au conseil fédéral
d'éviter les changements trop réitérés des règlements existants.
1866. Le 14 Février, le conseil fédéral approuva un appendice de l'ordonnance sur le matériel des canons de 4 ℔ rayés ;
on changea le guidon et l'on pourvut la pièce d'une embase
placée au milieu de sa longueur, pour y fixer la hausse lorsqu'on veut obtenir une trajectoire plus élevée ou une portée
plus grande. — Par décret fédéral du 24 Février, les cantons furent invités à prendre les mesures nécessaires pour
mettre des fusils et des carabines à la disposition des hommes
servant dans la milice, qui désireraient s'exercer au tir en
dehors du service militaire. — Un décret fédéral du 19 Juillet
ordonna l'introduction des canons de 8 ℔, rayés, se chargeant

par la culasse au système Broadwell, et la transformation des
canons en bronze de 12 ℔ au chargement par la culasse;
on procéda immédiatement à la transformation, ainsi qu'aux
nouvelles acquisitions.

Les nouvelles bouches à feu sont en acier fondu et leurs
affûts en tôle de fer. — Le 20 Juillet, l'assemblée fédérale
décréta l'introduction d'armes à feu portatives, se chargeant
par la culasse pour toute l'armée.

La commission chargée d'examiner les modèles présentés,
se composait de Mr. le colonel fédéral H. Herzog, inspecteur
de l'artillerie, président, de Mr. le colonel Wurstemberger,
chef de l'administration du matériel de guerre, de Mr. le
colonel Welti, qui, après avoir été nommé conseiller fédéral,
fut remplacé par Mr. le colonel Bruderer, de Mr. le colonel
van Berchem, qui fut remplacé pour des motifs de santé par
Mr. le colonel Delarageaz, et de Mrs. les colonels Vonmatt,
Merian et Siegfried. Un grand nombre de modèles furent
présentés aux essais, qui eurent lieu pendant les mois d'Août,
de Septembre et d'Octobre; outre les fusils Chabot, Nichols-
Durango, Peabody, Remington, Martini, Bachmann, Nichols,
Pfyffer, Milbank, Keller, Schmidt, Gamma, Vetterlin, Snider,
Chassepot, Henry, Winchester, Tschanz, Lindner, Hügel, Ho-
ward, Cochrane, Spencer, Merian-Joslyn, Martini-Peabody,
Keller-Chabot, Amsler-Milbank, il y avait encore un certain
nombre de modèles dont le rapport de la commission ne parle
pas, soit parce qu'ils n'étaient pas accompagnés de munitions
appropriées, soit parce que leur construction ne répondait pas
aux conditions. On avait principalement en vue un système
qui fût propre à la transformation des armes de petit calibre

et on donna la préférence au système Milbank, que Mr. le professeur Amsler à Schaffhouse avait modifié en lui appliquant le système de fermeture au moyen d'un coin; la commission en proposa l'adoption et le conseil fédéral l'adopta le 7 Novembre pour la transformation des carabines et des fusils de petit calibre. L'application de ce système aux fusils de gros calibre fut renvoyée à des essais ultérieurs.

La question principielle, de savoir si les armes de nouvelle acquisition devaient être à charge simple ou à répétition, fut décidée en se prononçant pour ce dernier principe, et on recommanda le modèle, que la fabrique d'armes de New-haven (Connecticut) avait présenté sous le nom de fusil Winchester; ce fusil devait néanmoins subir quelques modifications, afin qu'on pût conserver le calibre suisse de 10,5 mm. —

La proportion entre le nombre des blessures provenant des différentes armes, qui put être constatée sur les corps de 13,202 hommes, blessés ou tués, de l'armée prussienne, donna les chiffres suivants:

blessures provenant de balles de fusil . . . 79 p. %
      „   „   d'éclats de grenades . . . 4,6 „
      „   „   de coups de sabre ou de lance 5   „
      „   „   de coups de bayonnette . 0,4 „

Le nombre total des morts et des blessés se répartit sur les différentes armes dans les proportions suivantes: infanterie 90 p. %, cavalerie 7,3 p. %, artillerie 2,7 p. %. —

Le montant des rétributions accordées par les autorités fédérales aux sociétés de tir qui avaient concourru pour la bonification de 50 cartouches par homme, s'éleva en cette année à la somme de fr. 10,052. 25 cts. et fut distribué à 307 sociétés comptant 11,831 membres; en 1864, le montant des primes n'était que de 6,700 francs. —

A la fin de l'année 1866, l'effectif de l'armée fédérale donnait les chiffres suivants :

Etat-major fédéral	699 hommes.
Elite	87,537 "
Réserve	49,513 "
Landwehr . . .	66,955 "
Total	204,704 hommes.

Nous avons déjà mentionné la construction de plusieurs des fusils se chargeant par la culasse, présentés à la commission fédérale; mais cela nous mènerait trop loin de les tous énumérer d'autant plus qu'un grand nombre de ces fusils et de ceux qui parurent plus tard, n'étaient que de légères modifications de systèmes déjà connus; on leur donnait alors un nouveau nom, et on les faisait passer pour des „nouveaux systèmes".

C'est avec raison que la commission voua une attention toute particulière aux munitions et leur fit subir des épreuves de sureté et de solidité; la cartouche métallique américaine se montra la plus avantageuse sous ce rapport, d'autant plus qu'on avait en vue une cartouche unique, servant aussi bien pour les armes transformées que pour les nouvelles (soit à charge simple, soit à répétition).

Parmi les fusils à charge simple, construits pour l'emploi de cartouches métalliques, les systèmes Remington, Peabody et Milbank-Amsler méritent surtout d'être mentionnés.

Le fusil Remington.
Planche LXXVIII.

Fig. 1. la culasse ouverte (le chien armé).

„ 2. „ „ fermée („ „ désarmé).

Le système Flobert (pour armes de salon) paraît avoir servi de modèle à la construction de ce fusil.

Quoique cette arme plaise par son aspect, il lui manque cependant la condition très essentielle de la solidité; ce système est très délicat, il s'encrasse facilement et le mécanisme est sujet à de fréquents dérangements et à l'usure. La clôture est formée par un double chien, c'est à dire qu'il y a en avant du chien percutant un obturateur qui a aussi une forme de chien, et qui tourne autour d'un axe très fort qui est fixé dans les parois latérales de la boîte de culasse.

Lorsqu'on abat le chien percutant, qui tourne également autour d'un arbre très fort, sa tête plate sert de point d'appui à l'obturateur, que l'on ne peut ouvrir pour introduire la cartouche dans le canon que lorsque le chien est armé; la broche percutante traverse l'obturateur et son mouvement est réglé par une vis; le chien, en s'abattant frappe sur la partie postérieure de la broche.

La cartouche vide est retirée par un extracteur qui suit le mouvement de la culasse mobile.

Quoique l'introduction de ce système eût déja été admise en Autriche, sa sensibilité extrême ayant été prouvée par les expériances, on revint sur la décision de l'introduire. —

Le fusil Peabody.
Planche LXXIX.

Fig. 1. Aspect du système (ouvert).

„ 2. „ „ „ (fermé).

Planche LXXX.

Fig. 1. Vue extérieure.
„ 2. platine.
„ 3. obturateur (fer cémenté).
„ 4. sous-garde „
„ 5. arrêtoir „
„ 6. ressort de l'arrêtoir (acier à ressorts).
„ 7. rouleau ou cylindre (acier).
„ 8. broche percutante (acier trempé).
„ 9. extracteur (acier trempé).
„ 10. pied de l'extracteur (fer cémenté).

Le fusil Peabody, breveté le 22 Juillet 1862, formait déjà pendant la guerre d'Amérique, l'armement de quelques petits corps de troupes. Moyennant une munition soigneusemen⁴ confectionnée ce fusil est une bonne arme parmi les nouvelles constructions.

Une *boîte de culasse* sert de logement à la culasse mobile et en même temps à relier la crosse et le canon du fusil.

La partie de la boîte qui contient la culasse mobile est comprise entre deux parois latérales; elle a la forme d'un prisme quadrangulaire plus haut que large, plus long que haut. Elle est ouverte en dessous pour livrer passage au pontet coudé, et en dessus pour l'introduction de la cartouche comme pour la sortie de la douille. Les deux parois sont percées de trous, dans lesquels s'adaptent les vis de quelques-unes des pièces de la culasse mobile. La face antérieure de la boîte forme un anneau taraudé dans lequel se visse la partie filetée du canon. La face postérieure de la boîte reçoit le tenon de la crosse et le bout fileté de la tige de crosse.

La *culasse mobile*, sert à fermer le canon au tonnerre

lorsqu'elle est à sa place dans la boîte, et à l'ouvrir lorsqu'on la rabat. Elle sert aussi à transmettre à l'amorce le choc du chien et à rejeter hors du fusil les douilles de cartouches tirées.

La culasse mobile se compose de huit pièces. *L'obturateur* est un bloc massif et mobile ; il est fixé entre les parois de la boîte par une vis-charnière qui le traverse vers son extrêmité postérieure. Il présente sur sa face supérieure une gorge allongée et arrondie qui sert de passage à la cartouche, lorsqu'on a ouvert la culasse pour charger.

Sa face antérieure s'applique contre l'orifice du canon quand la culasse est fermée. Sa face latérale droite porte une rainure arquée qui sert de canal à la broche et une fraisure oblongue pour l'arrêt de la broche.

A sa partie inférieure, l'obturateur affecte la forme d'un double crochet à griffes, dont chaque oeil est évasé en avant. Dans l'intervalle des deux griffes se trouve le logement de la pièce et du ressort d'arrêt.

Le *pontet coudé* forme un levier auquel sa grande branche, recourbée pour entourer la détente, sert de poignée. Le bout antérieur de cette branche est traversé par une vis-charnière qui fixe le pontet entre les parois latérales de la boîte. La petite branche qui retourne en arrière, se trouve à l'intérieur de la boîte ; son extrêmité est arrondie et s'engage dans l'ouverture des griffes de l'obturateur. Vers le bout de cette branche et sur largeur est pratiquée une rainure, qui sert au besoin de passage à la pièce d'arrêt.

La *pièce d'arrêt* sert à maintenir à sa place la culasse mobile, que celle-ci soit ouverte ou fermée. Elle est fixée par une vis entre les deux griffes de l'obturateur.

Sa partie postérieure présente en dessous deux entailles qui buttent tour à tour contre le cylindre, suivant la position qu'occupe la culasse.

Le *ressort d'arrêt* est emboîté entre les griffes de l'obturateur et recouvert par la pièce d'arrêt, sur laquelle il exerce une forte pression.

Le *cylindre* sert de point d'appui à l'extrémité postérieure de la pièce d'arrêt. Il est maintenu, entre les deux parois de la boîte, par une vis qui le traverse dans sa longueur et autour de laquelle il tourne.

La *broche* sert à déterminer l'inflammation de la cartouche ; elle a pour logement la rainure pratiquée sur la face droite de l'obturateur, dans laquelle elle a un mouvement de va-et-vient, limité au moyen d'un pivot qui pénètre dans la fraisure du canal. L'extrémité postérieure de la broche débouche vers l'arrière de l'obturateur, de manière à recevoir le choc du chien ; son autre extrémité vient aboutir du côté droit entre le bourrelet de la cartouche placée dans la chambre. Il en résulte que, lorsque le chien s'abat sur la broche, elle se trouve poussée en avant, et comme le bourrelet, plus large que le reste de la cartouche, butte contre la tranche du canon, celle-ci fait enclume et le choc de la broche provoque l'explosion de l'amorce.

L'extracteur sert à retirer du canon les douilles de cartouches et à les rejeter hors du fusil, au moment où l'on ouvre la culasse. Il a deux branches inégales qui font à peu près un angle droit ; il est fixé sur son support par une vis qui le traverse au point de jonction des deux branches, et autour de laquelle il peut prendre un mouvement tournant.

La branche la plus longue se termine en biseau et s'engage derrière le bourrelet de la douille quand on charge.

Le *support de l'extracteur* est fixé derrière le canon, dans la partie inférieure de l'ouverture de la boîte.

La platine, est une platine renversée, indépendante du mécanisme d'obturation.

La monture se compose de deux pièces en bois de noyer; le fut (partie antérieure) est pourvu du logement pour le tenon du canon, deux tenons à sa partie postérieure entrent dans la boîte de culasse et deux anneaux le relient au canon.

La crosse (partie postérieure) est ajustée à la boîte et reliée à celle-ci par une longue et forte vis qui traverse la crosse et la poignée, ainsi que par la platine, la contre-platine et l'écusson de sous-garde.

La charge de ce fusil demande 4 mouvements (à part celui de prendre la cartouche):

1. armer le chien;
2. ouvrir la culasse, en faisant basculer la sous-garde en avant;
3. introduire la cartouche dans le canon;
4. fermer la culasse, en faisant basculer la sous-garde en arrière.

Avec cette arme, dont la construction est simple, solide, et le maniement facile, on peut obtenir un tir très rapide.

Afin que la baguette ne sorte pas de son logement pendant le tir, son bout fileté est vissé dans le corps de la boîte.

Construction générale. millimètres.

Longueur du canon (en acier bronzé), y compris le

   bouton fileté . . . . 849,—

	millimètres.
Calibre	10,4
Les rayures, au nombre de trois, ont une largeur égale à celle des pleins; leur profondeur est de	0,2
Pas de rayures, un tour sur	720,—
Diamètre du projectile (au bourrelet principal) .	10,8
Longueur du projectile	26,—

Poids du projectile . . . 20,4 grammes

     „   de la charge de poudre   3,75   „

     „   de la cartouche entière   30,6   „

     „   du fusil, sans bayonnette 4 k.045   „

Longueur du fusil, sans bayonnette . .	1 m. 320,—
Diamètre extérieur du canon, sous le cran de mire	26,5
„ „ „ „ au guidon . .	18,2
Hauteur du guidon, mesurée de la surface du canon	6,4
„ „ „ „ „ l'axe de l'âme .	15,5
Distance entre le cran de mire et la tranche postérieure du guidon	780,—

Elévation de la hausse.

Distance en pas:	Elévation mesurée de la surface du canon:	Elévation mesurée de l'axe de l'âme:
300	12,1 millimètres	25,3 millimètres
400	14,7 „	27,9 „
500	17,5 „	30,7 „
600	20,5 „	33,7 „
700	24,— „	37,2 „
800	27,6 „	40,8 „
900	31,3 „	44,5 „
1000	35,1 „	48,3 „

La hausse est construite d'après l'ordonnance fédérale de 1863, son pied est en fer cémenté et bleui, sa feuille en acier; les anneaux sont en fer bleui, l'écusson, la détente et la plaque de couche en fer cémenté et la monture est en bois de noyer.

Les accessoires se composent d'un tourne-vis, dont les deux pièces réunies par un rivet, peuvent être repliées l'une sur l'autre, et d'un écouvillon cylindrique en soies de porc, qui se visse à la baguette.

1867. Sur le rapport fait par Mr. le capitaine fédéral *de Mechel*, qui fut envoyé dans les Etats-unis d'Amérique au printemps de cette année pour y faire l'acquisition d'une partie de fusils se chargeant par la culasse, le conseil fédéral décida l'achat de 15,000 fusils Peabody, que Mr. le capitaine de Mechel eut à contrôler. Cet officier fut aussi chargé de faire l'acquisition de 2 mitrailleuses Gatling, ainsi que des machines nécessaires à la fabrication des cartouches métalliques.

— La transformation des armes de petit calibre au système Milbank-Amsler ayant été décidée, on adopta aussi ce système pour la transformation des fusils de gros calibre; aussitôt après la publication des ordonnances du 24 Avril 1867 et du 1 Mai de la même année, concernant cette transformation, on procéda à la répartition des commandes entre les entrepreneurs suivants:

Fusils de gros calibre.

	fusils.
Escher, Wyss et Cie à Zurich . . .	22,000
Sulzer, frères à Winterthur . . .	10,000
Conseil d'Etat à Genève . . .	3,000

Socin & Wick à Bâle . . . . fusils 12,000
Wahl & Aemmer à Bâle . . . „ 6,000

en tout : **53,000** fusils de gros calibre.

Carabines et fusils de petit calibre. fusils ou carabines.

Amsler & Blank à Schaffhouse	3,000
Direction militaire de Bâle-campagne . .	876
Société d'armuriers de la Suisse orientale . .	5,125
„ „ „ „ „ centrale et occidentale	3,877
„ „ „ St. Gall	1,347
Burri, Schmid & Cie· à Lucerne . . .	500
Cordier & Cie· à Bellefontaine	1,500
d'Erlach & Cie· à Thoune	9,866
Direction de l'arsenal à Fribourg . .	464
Freuler & fils à Glaris	429
Gamma & Infanger à Altorf . . .	1,943
Conseil d'Etat de Genève	1,084
Hænni, armurier à Sion	653
Jung, armurier à Schaffhouse . . .	572
Müller, armurier à Berne	385
Roggen, armurier à Morat	313
V. Sauerbrey à Bâle	2,137
Société industrielle suisse à Neuhausen . .	10,000
G. Verdan à Neuchâtel	859
Zoller, armurier à Frauenfeld . . .	1,529
Département militaire du canton de Vaud . .	2,691
Ruckstuhl, mécanicien à Töss	?
Total	49,150

à peu près **50,000** armes de petit calibre.

Comme on devait continuer la fabrication des fusils mod. 1863 (mais sans culasse) jusqu'à ce que le modèle définitif d'un nouveau fusil fût décidé, ce chiffre dut encore être augmenté et la répartition entre les différentes fabriques fut modifiée en raison de leur productivité. On augmenta aussi le personnel du contrôle fédéral, chargé de la surveillance des traveaux et on nomma un contrôleur d'armes en chef, dont les fonctions furent conférées au capitaine *Rodolphe Schmidt.*

En suite des expériences faites avec les premières armes transformées des deux calibres, le système de transformation subit encore quelques modifications dans le but d'augmenter sa solidité. La construction du système

Milbank-Amsler

est la suivante:

a. armes de petit calibre. Planche LXXXI.

Fig. 1. La culasse Milbank-Amsler fermée.
„ 2. et 3. explication du système de fermeture.

Planche LXXXII.

Fig. 1. détails de construction, la culasse étant ouverte.
a) boîte de l'obturateur, b) obturateur, c) coin, d) broche percutante, e) extracteur, f) ressort de l'extracteur, g) arrêtoir.

La possibilité d'employer pour ce système des cartouches métalliques à feu central, fut constatée par le capitaine *Schmidt,* qui, à cet effet, fit des essais avec des systèmes modifiés par lui et présenta des modèles; mais l'avantage principal de ces cartouches, la possibilité de pouvoir s'en servir plusieurs fois, en renouvelant la charge, fut considérablement réduite par leur forme fortement conique.

b. armes de gros calibre. Planche LXXXIII.

Fig. 1. vue extérieure de la culasse fermée.

„ 2. détails de construction; (culasse ouverte)

a) boîte de l'obturateur, b) obturateur, c) coin, d) broche percutante, e) extracteur, f) arrêtoir.

Le principe de cette transformation (en prenant pour base celle des armes de petit calibre) est le suivant : la partie coupée du canon et la culasse sont remplacées par le mécanisme d'obturation, qui se compose des parties suivantes :

a) la boîte de l'obturateur (fer cémenté),

b) l'obturateur   (id.   ),

c) le coin   (id.   ),

d) la broche percutante (acier fondu, trempé),

e) l'extracteur (acier fondu bleui),

f) le ressort de l'extracteur (acier à ressorts),

g) l'arrêtoir   (id.   ).

1 vis de charnière, 1 vis de broche percutante, 1 vis de coin, 1 vis de ressort d'extracteur, 2 vis d'arrêtoir.

L'obturateur mobile, qui pivote autour de la vis de charnière, ferme le canon avec sa tranche antérieure et cette fermeture est assurée par un coin; la partie postérieure de l'obturateur est arrondie en arc de cercle, et le coin, dont les faces antérieures, concaves, correspondent exactement à cet arc de cercle, tourne également autour d'un axe formé par la vis de coin et se meut dans une fente pratiquée dans l'obturateur.

Il serait impossible de fermer le système, le coin étant abaissé et ses faces inférieures formant une ligne droite avec le corps de l'obturateur (Pl. LXXXI, fig. 2), mais comme le fcoin se meut lui-même dans le corps de l'obturateur, on peut ermer celui-ci après avoir levé le coin (Pl. XXXI, fig. 3)

Lorsque l'obturateur est fermé, il reste suffisamment d'espace pour faire descendre le coin à sa place, et ce coin assure la fermeture complète du système (Pl. LXXXI, fig. 1).

Comme il est impossible de placer à la fois l'obturateur et le coin entre les angles de la boîte, il est également impossible de les en faire sortir simultanément, et si l'on veut ouvrir l'obturateur, il faut avant tout dégager le coin, ce qui a lieu dès que celui-ci a dépassé les angles supérieurs des crochets de la boîte.

Pour raccourcir la cartouche, on donna à la partie postérieure de la douille un plus grand diamètre qu'à la partie antérieure qui doit recevoir le projectile. La douille est pourvue à sa base d'un bourrelet destiné d'une part à contenir le fulminate, et d'autre part à fixer la cartouche et l'empêcher de pénétrer plus en avant dans le canon qui est pourvu d'une chambre, dont la forme et les dimensions correspondent à celles de la cartouche.

Lorsque la cartouche est introduite dans l'arme et que l'obturateur et le coin sont fermés, l'inflammation de la charge a lieu par le choc du chien sur la broche percutante, qui traverse l'obturateur et dont la pointe frappe sur le bourrelet de la cartouche et l'écrase.

Afin que la broche ne puisse pas pénétrer plus en avant l'embase de la partie postérieure cylindrique repose sur celle du canal; une vis d'arrêt empêche que la broche ne soit chassée en arrière ou ne sorte de son logement.

Pour empêcher que le choc du chien n'enflamme la cartouche avant que l'obturation ne soit complète et assurée, on n'a laissé que très-peu d'espace entre le chien et la poignée du coin; de cette manière, si le coin n'est pas encore à fond, le chien achève de le fermer en s'abattant, s'il est encore ouvert, le chien frappe sur la poignée et non sur la broche percutante.

L'extraction des douilles tirées se fait par l'extracteur et par son ressort. L'extracteur, adapté à la joue droite de la charnière, tourne autour de la vis de celle-ci, qui lui sert d'axe ; sa partie inférieure est pourvue d'un crochet tourné en dedans et sa partie supérieure est surmontée d'une crête.

Le crochet saillant de l'extracteur se place devant le bourrelet de la cartouche.

Lorsqu'on ouvre l'obturateur, celui-ci presse sur la crête de l'extracteur, dont la partie inférieure et le crochet sont poussés en arrière, et l'extracteur qui est en même temps pressé par son ressort rejette vivement la douille en dehors de la culasse.

Le ressort de l'extracteur est adapté dans la coulisse de droite de l'obturateur et son extrémité antérieure atteint presque la crête de l'extracteur. La douille de la cartouche, par suite de sa dilatation occasionnée par l'explosion, se trouve serrée contre les parois de la chambre, ce qui empêche l'extracteur de céder immédiatement à la pression de son ressort et force celui-ci à se tendre ; mais lorsque la pression de l'obturateur sur la crête de l'extracteur est parvenue à dégager la cartouche, le ressort se détend, donne à l'extracteur un mouvement brusque et la cartouche est vivement rejetée en arrière. Un ressort d'arrêt adapté par deux vis sur le côté gauche de l'obturateur empêche celui-ci de retomber en arrière pendant qu'on introduit la cartouche dans le canon. Un trou vertical, percé dans l'obturateur et se prolongeant par une rigole jusqu'à la coulisse de droite, est destiné à donner passage aux gaz de la poudre, dans le cas, où une cartouche éclaterait.

La transformation des fusils de gros calibre au système *Milbank - Amsler* se base sur les mêmes principes que celle des armes de petit calibre; la poignée du coin est remplacée par un bouton; la tête du chien est creuse et passe pardessus le coin; comme la cartouche est courte, un ressort d'extracteur n'est pas nécessaire.

Ce système demande aussi 4 mouvements pour la charge (à part celui de prendre la cartouche).

1. armer le chien;
2. ouvrir l'obturateur (l'extraction de la douille a lieu en même temps);
3. introduire la cartouche dans le canon;
4. fermer la culasse.

Avec un fusil de cette espèce, un tireur habile peut tirer jusqu'à 12 coups dans une minute.

Mesures et poids divers.

	Petit calibre.		Gros calibre.	
	gramm	millim.	gramm	millim.
Longueur du fusil avec la bayonnette	—	1860	—	1935
„ „ „ sans „	—	1380	—	1470
Poids du fusil avec la bayonnette . .	4812	—	5109	—
„ „ „ sans „ . .	4500	—	4765	—
Longueur du canon avec le bouton fileté	—	926	—	1014
Calibre	—	$10_{,4}$	—	18
Les rayures, au nombre de 4, ont une largeur égale à celle des pleins; leur profondeur est de	—	$0_{,2}$	—	$0_{,25}$
Pas de rayures, 1 tour sur	—	810	—	1600
Longueur de la chambre, jusqu'au commencement des rayures . . .	—	$52_{,5}$	—	30
Diamètre du logement du bourrelet .	—	16	—	21
„ du projectile (au bourrelet principal)	—	$10_{,8}$	—	18
Longueur du projectile	—	26	—	24
Poids du projectile	$20_{,4}$	—	40	—
„ de la charge de poudre . .	$3_{,75}$	—	$4_{,5}$	—
„ „ „ cartouche entière . .	$30_{,6}$	—	51	—

Elévation de la hausse des armes transformées.

Distances en pas.	Fusils d'infanterie mod. 1863 Élévation mesurée au dessus		Fusils de chasseurs. Élévation mesurée au dessus		Carabines. Élévation mesurée au dessus			Fusil Prélaz-Burnand.
	de l'axe de l'âme mm.	de la surface du canon mm.	de l'axe de l'âme mm.	de la surface du canon mm.	de l'axe de l'âme mm.	de la surface du canon mm.	du sommet du guidon mm.	au dessus de la surface du canon mm.
300	22,4	10,–	23,–	10,6	22,7	10,1	6,8	13,8
400	25,7	13,3	25,3	13,4	25,–	12,4	9,1	18,5
500	29,–	16,6	28,8	16,4	27,7	15,1	11,8	23,7
600	32,5	20,1	32,4	20,–	30,7	18,1	14,8	29,5
700	36,1	23,7	36,3	23,9	34,2	21,6	18,8	36,1
800	39,8	27,4	41,4	29,–	38,–	25,4	22,1	43,6
900	43,8	31,1	46,2	33,8	42,5	29,9	26,6	—
1000	47,5	35,1	—	—	47,5	34,9	31,6	—

Le fusil à répétition Henry

est construit d'après les mêmes principes que le pistolet décrit plus haut (Pl. LXV), pour lequel la „Volcanic repeating arms Co.“ reçut un brevet d'invention en 1854. La seule différence consiste dans la munition, car celle du pistolet se compose d'un projectile creux, dont la cavité renferme une charge de forte poudre, tandis qu'on se sert pour le fusil de cartouches métalliques à inflammation périphérique, le magasin peut contenir 15 de ces cartouches.

Le fusil à répétition Winchester,

présenté par le même établissement, est le fusil Henry perfectionné, car on peut introduire la cartouche dans le transporteur par une ouverture latérale, et la faire passer de là dans le magasin sans autre manipulation. Pour charger le magazin qui est logé dans le fût de la monture, il ne faut pas changer l'arme de la position de la charge.

On peut ainsi compléter la charge du magasin après chaque coup, et tirer immédiatement chaque cartouche introduite ou la pousser en avant dans le magasin.

Quoique la charge de poudre ne fût que de 3,25 grammes, on obtint avec cette arme des résultats de tir très favorables, qui pourrait le devenir encore davantage avec des armes du calibre suisse et en employant une charge de 3,75 grammes de poudre fédérale. La rapidité de tir obtenue aux essais était 10,2 coups tirés par minute, en chargeant chaque cartouche séparément et de 21,9 coups avec le magasin chargé.

— A l'exposition internationale de Paris, on remarquait un canon de 1000 ℔ en acier fondu, provenant des usines de *Krupp* à Essen. Cet établissement en fit présent au roi de Prusse.

— Pour faire sauter des pierres, on se sert depuis quelques temps de nitro-glycerine, qu'on appelle aussi „huile de Nobels" d'après le nom de son inventeur; cette substance est jaunâtre, huileuse, vénéneuse et insoluble dans l'eau, elle peut être échauffée sans danger jusqu'à un haut degré de chaleur et elle commence alors à brûler en donnant une flamme vert-pâle; l'explosion n'a lieu qu'à une chaleur de 180° Celsius. Chargée dans des mines pour faire sauter des rochers, son éfficacité est de 10 fois celle de la poudre ordinaire, mais elle est aussi 8 fois plus chère que celle-ci. L'avenir nous apprendra si cette substance peut être employée en guerre d'une manière utile. —

Notre époque, si fertile en inventions, a aussi vu soulever la question d'armures légères qui doivent résister à de courtes distances au feu de l'infanterie. La cuirasse inventée par *Muratori* à Gènes, qui fut essayée à Vincennes par l'artillerie française, a un poids de 3 ℔ et une épaisseur de 8 mm.; elle doit résister à cinq pas aux balles de révolver.

Une arme défensive de cette espèce ne serait certainement pas inutile contre les nouvelles armes à feu rapide, et il serait donc possible que cette invention fût soumise à des études plus approfondies. — L'Atlas topographique de la Suisse, ouvrage du général *Dufour* passe pour un chef d'oeuvre de l'art; on en vendit 14,650 feuilles en cette année. — La commission fédérale d'artillerie fit des essais à Thoune avec les deux mitrailleuses Gatling qu'on avait achetées de la manufacture de revolvers Colt en Connecticut (Amérique). La construction de ces deux pièces est la même que celle des mitrailleuses qui furent fabriquées en grand nombre pour l'armée des Etats-unis. Chaque pièce a 6 canons; le calibre de la plus petite est de 12,7 mm. et celui de la plus grande : de 25,4 mm.; la première pèse 144,5 k., sans affût, et tire un projectile massif, cylindro-conique en plomb, dont le poids est de 29,8 grammes; le poids de la charge de poudre est de 4,7 grammes. La pièce de gros calibre pèse 460 kilogrammes, sans affût; le poids de la charge de poudre est de 22 grammes et son projectile cylindro-conique de plomb pèse 218 grammes.

La plus grande rapidité de tir obtenue avec la mitrailleuse de petit calibre est de 20 coups en 8 secondes, et celle de la mitrailleuse de gros calibre : de 20 coups en 12 secondes.

On tira jusqu'à 750 m. avec la pièce de petit calibre et jusqu'à 1500 mètres avec celle de gros calibre; avec cette dernière on fit un tir à vitesse aux distances de 1200, 1350 et 1500 pas, sur une cible de 2,7 m. de haut, en tirant 22 coup à chaque distance; les résultats étaient de 55, 50 et 32 p. % de coups touchés.

On charge les cartouches dans un entonnoir, d'où elles descendent une à une dans le mécanisme; l'introduction des cartouches dans le canon, le tir et l'extraction des cartouches vides ont lieu sans interruption par le mécanisme qu'on met en mouvement au moyen d'une manivelle. Lorsqu'un entonnoir est vide, on le remplace par un autre.

Par le mouvement de rotation du mécanisme, c'est-à-dire des 6 canons reliés entre-eux et tournant autour d'un axe commun; ces canons, l'un après l'autre, reçoivent leur charge, tirent et rejettent la cartouche vide; chaque tour de manivelle fait partir un coup; tandis que le canon supérieur de droite tire, celui qui vient de tirer se débarrasse de la cartouche vide et celui qui le précède reçoit une nouvelle charge; le mécanisme achève de charger les trois autres canons et arme les platines.

Un homme suffit pour faire marcher le mécanisme sans interruption, en tournant la manivelle, tandis qu'un autre introduit les cartouches dans les entonnoirs. Le mécanisme est solide, simple et ne se dérange pas facilement. Les pièces principales, renfermées dans un cylindre creux, sont à l'abri d'influences extérieures. Si, pour une cause quelconque un des canons ne peut plus fonctionner, on peut interrompre la communication des cartouches, en recouvrant la rainure qui conduit à la chambre de ce canon, et continuer le feu avec les cinq autres. La cartouche de la mitrailleuse Gatling se compose d'une douille eu cuivre à feu central; l'amorce e placée au centre du fond, sous un pontet transversal en étain qui est retenu à sa place par un angle rentrant de la douille. Pour la mitrailleuse de gros calibre, on se sert aussi de cartouches à mitraille; mais comme leur efficacité n'est propable qu'à de très-courtes distances, elles n'attirèrent pas une grande attention.

La mitrailleuse de petit calibre est montée sur un affût de canon de 4 ℔, celle de gros calibre sur un affût de canou de 6 ℔.

Les opinions sur la valeur réelle de ces armes à feu sont très-variées, car tandis qu'on soutient d'un côté qu'une armée ne pourrait pas rester au feu de ces mitrailleuses, on soutient de l'autre que ce ne sont que des jouets d'enfants.

Cette machine pourra sans doute rendre de bons services à des moments donnés, sans devenir toutefois l'engin infernal qu'on veut en faire.

Planche LXXXIV.

Mitrailleuse Gatling.

a) cartouche à projectile massif, b) cartouche à mitraille.

Des mitrailleuses, provenant de manufactures d'armes belges, semblent vouloir surpasser tout ce qui a précédé leur invention.

Une arme de cette espèce, la mitrailleuse belge, paraît se rapprocher du canon d'infanterie de l'armée française, autant qu'on est parvenu à pénétrer le secret de ce dernier. Elle se compose d'un faisceau de 37 canons de fusils rayés, reliés entre-eux et entourés d'une enveloppe en fer, ce qui

fait ressembler ce faisceau à une bouche à feu d'artillerie.
On introduit les cartouches métalliques dans des disques mobiles, dont les chambres correspondent exactement aux canons
et qui peuvent recevoir 37 cartouches; lorsqu'on veut tirer,
on place un de ces disques entre le faisceau de canon et la
partie postérieure de la pièce qui renferme le mécanisme de
percussion de manière qu'une cartouche se trouve derrière
chaque canon; il suffit alors de faire mouvoir le levier qui
gouverne le mécanisme pour faire partir tous les coups avec
la rapidité voulue. Lorsque les 37 cartouches d'un disque sont
tirées, on remplace celui-ci par un autre et l'on continue le
feu; ce changement de disque s'effectue si rapidement, qu'il
peut avoir lieu 8 fois en une minute, de sorte qu'on peut
aisément tirer jusqu'à 276 coups dans ce court espace de
temps. La portée des projectiles est évaluée jusqu'à 1500
mètres. Cette machine est montée sur un affût pourvu d'un
appareil de pointage qu'on peut faire mouvoir dans un sens
vertical et horizontal. — La mitrailleuse *Claxton* est analogue
à celle de Gatling; elle se compose de six canons et davantage,
tournant autour d'un axe commun et d'un mécanisme de chargement et de percussion placé derrière ces canons; on introduit les cartouches au moyen d'un entonnoir, et le mécanisme
mu par un levier effectue lui-même le chargement, le tir et
l'extraction des cartouches tirées. Le mécanisme de percussion
ne se compose que de deux pièces; on fait toujours feu avec
deux canons diamétralement opposés et il suffit d'un $1/4$ de
tour de levier pour faire partir un coup. Lorsque ces deux
canons sont trop échauffés, ce qui a lieu en très-peu de temps
à cause de la rapidité énorme du tir; on peut continuer le

feu en tirant avec deux autres canons, et on laisse les premiers se refroidir. Malgré ce changement, tous les canons peuvent se trouver fortement échauffés par un tir rapide et continu; pour remédier à cet inconvenient, on a placé deux groupes de canons, l'un à côté de l'autre et le même mécanisme de percussion qui est transférable de l'un à l'autre en 20 secondes, fonctionne pour les deux groupes. Pour ces mitrailleuses, dont le calibre est de 25 mm., on se sert de trois espèces de cartouches : l'une a un projectile massif, la seconde a un projectile à mitraille, partagé en 4 sections, la troisième enfin est chargée de 11 petites balles à mitraille, pesant ensemble 160 grammes. Les projectiles massifs, tirés avec une charge de poudre d'un $1/_7$ de leur poids, doivent conserver leur force de percussion jusqu'à 2000 mètres; l'efficacité des projectiles partagés se conserve jusqu'à 800 m. et celle des cartouches à mitraille jusqu'à 350 m. La pièce est montée sur un affût très-léger en fer, pourvu d'un mécanisme de pointage horizontal et vertical et d'un siège en fer, placé sur la flèche pour le canonnier servant, dont le poids aide à assurer la position de la pièce contre le recul. Des coffrets de munitions sont placés de chaque côté de la pièce, au-dessus et au-dessous des essieux; leurs couvercles et leurs côtés antérieurs sont doublés de plaques d'acier à l'épreuve de la balle et lorsqu'ils sont ouverts, ils abritent les canonniers servants contre le feu de l'infanterie.

Les mitrailleuses Claxton, construites pour être traînées par deux ou par quatre hommes, sont de deux grandeurs; les grandes servent pour l'infanterie et leur poids est de 367 kilog. y compris 500 cartouches; les petites destinées au service de montagne, ont un poids de 247 kilog. y compris le second groupe de canons, qu'on transporte dans une caisse, comme pièce de réserve; pour la mitrailleuse d'infanterie, les deux groupes de canons sont solidement réunis et montés sur le même affût.

Le décret fédéral du 19 Juillet de cette année abolit les batteries de fusées de l'artillerie suisse; elles furent remplacées dans l'élite par des batteries de 4 ₶. — Le 5 Décembre, une nouvelle ordonnance, concernant les sabres, entra en vigueur pour l'armée suisse; la lame des nouveaux sabres est plus légère et recourbée que celle des anciens; la garde est en acier; un fourreau d'acier remplace l'ancien fourreau de cuir des sabres d'officiers d'infanterie.

De nouveaux règlements d'exercice, considérablement simplifiés, furent élaborés en cette année, et leur introduction provisoire fut décidée par un décret fédéral du 18 Décembre.

A la fin de l'année 1867, l'armée fédérale possédait en fait de bouches à feu se chargeant par la culasse:

81 pièces de 8 ₶ au système Broadwell et 20 pièces du même calibre, dont la construction était presque achevée.

118 pièces de 12 ₶ en bronze, système de fermeture à double coin, ainsi qu'une quantité suffisante de munitions.

Canon suisse de 8 ₶, se chargeant par la culasse
(Système Broadwell).
Planche LXXXV.

Fig. 1. La bouche à feu, vue de gauche,
  „ 2. „ „ „ „ „ „ „ dessus,
  „ 3. „ „ „ „ „ „ „ droite,

Fig. 4. La bouche à feu, vue de devant,
„ 5. „ „ „ „ „ „ derrière,
„ 6. Profil des rayures à la bouche,
„ 7. „ „ „ „ „ chambre.

Planche LXXXVI.

Fig. 1. et 2. Coin de fermeture.
„ 3. Grenade.
„ 4. Shrapnel.
„ 5. Boîte à mitraille.

La bouche à feu est en acier fondu; l'obturation, système Broadwell, a lieu par un coin et un anneau de dilatation; calibre de l'âme: 0 m. 105; les rayures, au nombre de 12, ont une profondeur de 1,5 mm. et leur pas fait un tour sur 4 m. 2. Longueur de l'âme jusqu'au coin de fermeture 1 m. 92; longueur de la chambre lisse, y compris le cône de transition, 0 m. 315; longueur du cône de transition, 0. m. 06; diamètre de la chambre, 0 m. 11; longueur de la ligne de mire latérale, mesurée du cran de mire au guidon, 0 m. 93; la hausse est mobile, son curseur glisse dans un sens horizontal et la graduation, pour les élévations, comme pour la direction latérale, est divisée en millièmes de la longueur de la ligne de mire. L'angle de mire naturel est de 0°.

La grenade est de forme cylindro-ogivale; elle est entourée d'une mince enveloppe ou manteau de plomb, pourvue de 4 bourrelets dont le diamètre est de 0 m. 108; la première et la dernière rainure du manteau sont entourées d'une ficelle graissée qui sert à nettoyer l'âme du canon à chaque coup. La fusée est à percussion, au système prussien. Longueur totale de la grenade 0 m. 21; longueur de la partie cylindrique, 0 m. 12; le centre de gravité du projectile chargé est placé à 0 m. 1 de sa base ; le poids de la grenade, y compris la charge explosive de 0 k. 6, est de 7 k. 84.

Les shrapnels sont de forme cylindro-ogivale, leur pointe est légèrement aplatie et ils sont entourés d'un manteau de plomb comme les grenades. La fusée, système *Breithaupt*, est disposée pour être tempée, et le maximum du temps de combustion de l'amorce est de 10 secondes. La charge est de 60 grammes de poudre, renfermée dans un tube en fer forgé qui est placé dans le sens de l'axe du projectile et de 160 balles de zinc du poids de 16 grammes ; les intervalles entre les balles restent vides. La longueur du projectile est égale à celle de la grenade, son centre de gravité se trouve à 0 m. 95 de la base ; le poids total du projectile chargé est de 9 kilogrammes. — La boîte à mitraille se compose d'une boîte cylindrique en forte tôle de zinc, ayant un diamètre de 0 m. 104 ; le fond et le couvercle sont également en tôle de zinc ; la charge est de 84 balles de zinc de 62 grammes et les intervalles sont remplis avec de la colophane fondue. Poids total de la boîte à mitraille, 8. k. 25. La charge de poudre est de 1 k. 06 pour le tir à grenades, à shrapnels et à mitraille et de 0,25 pour le jet des grenades à trajectoire élevée ; les charges qui sont renfermées dans des sachets d'étamine, sont de poudre anguleuse Nr. 5, composée de 77,5 parties de salpètre, 13,5 parties de charbon et 9 parties de soufre ; le poids spécifique de la poudre est de 1,72 à 1,79, et 250 à 280 grains pèsent 1 gramme.

La construction des bouches à feu et la confection des munitions ont lieu avec tous les soins auxquels l'art moderne peut atteindre.

Les plus grandes distances indiquées sur la hausse sont de 5000 pas pour le tir à grenades, de 2800 pas pour le tir à sprapnels, de 1600 pas pour le jet des grenades et de 600 pas pour le tir à mitraille. Relativement à la justesse du tir, les résultats sont encore de 85% à 2000 pas, sur une cible haute de 2 m. 7.

Le système de fermeture *Broadwell* se compose d'un seul coin en fer forgé, qui glisse dans une ouverture transversale pratiquée dans le premier renfort; une vis, dont l'écrou est également dans le premier renfort, serre le coin dans son logement, de manière que le disque d'acier, encastré dans sa surface antérrieure soit exactement pressé sur les bords de l'âme; un cercle en acier, logé dans un évidement circulaire de l'âme, se dilate par l'effet des gaz de la poudre et empêche ainsi l'évacuation de ces gaz. Un demi-tour de la clef adaptée à la vis de coin suffit pour dégager celle-ci de son écrou et on peut alors retirer le coin jusqu'à ce que l'âme soit suffisamment ouverte pour pouvoir y introduire la charge. Une vis d'arrêt empêche le coin de sortir d'avantage.

Après avoir introduit dans la chambre le projectile et la charge, on rentre le coin, jusqu'à ce que la vis soit à la hauteur de l'écrou et on le serre à fond par un demi-tour de clef. La bouche à feu a une ligne de mire centrale passant par les points les plus élevés de sa circonférence et une ligne de mire latérale qui passe par le guidon placé sur le tourillon droit. Pour les deux lignes de mire, on se sert de la même hausse, qu'on peut placer au milieu ou à droite, au moyen d'un anneau adapté au premier renfort. La bouche à feu, y compris le coin, pèse 647 kilog.; le poids de la pièce entière avec son affût en tôle de fer et 28 cartouches à grenades est de 1900 kilog.

Canon suisse de 12 ℔, se chargeant par la culasse.
Planche LXXXVII.

Fig. 1. Canon transformé, vu de droite.
  „ 2.   „   refondu, vu de dessus.
  „ 3.   „   „   „   „ gauche.
  „ 4.   „   „   „   „ devant.
  „ 5.   „   „   „   „ derrière.

Ces canons en bronze, transformés ou refondus, sont construits d'après les ystème Kriener, et l'obturation se fait par un double-coin, qui est en fer forgé et qui pèse environ 38 kilog.; le poids de la bouche à feu est de 880 k. et celui de la pièce entière avec son affût et 18 cartouches à grenades est d'environ de 2450 kilog. La bouche à feu et les projectiles sont une imitation du système prussien; ces derniers sont entourés de ficelle comme ceux des canons de 8 ℔.

1868. En suite des essais et des épreuves de force, qui eurent lieu devant la commission fédérale des armes avec le fusil à répétition (calibre suisse et munition d'ordonnance), construit par Mr. *Frédéric Vetterli*, directeur de la fabrique d'armes à Neuhausen, le Conseil fédéral décida, par décret du 27 Fevrier de cette année, l'acquisition de 80,000 fusils de cette espèce.

Ce fusil se distingue principalement des autres armes à répétition par la construction très-simple de son mécanisme; la culasse s'ouvre et se ferme au moyen d'un levier qui s'appuie à la poignée, ce qui rend le maniement de cette arme plus rationnel et moins fatiguant que celui d'autres fusils à répétition où le mécanisme marche à l'aide d'un pontet mobile.

En retirant le cylindre-obturateur, on arme en même temps le chien qui est pourvu d'un échappement pressé par un ressort; cet échappement est soulevé par le mouvement ascendant du levier, dont la rondelle a un évidement excentrique, et il sert ensuite de point d'appui pour armer le chien; quand celui-ci est armé, l'échappement se retire de manière à ne plus être touché par le cylindre-obturateur lorsqu'on ferme le système. Le chien, dont la partie inférieure forme la noix, est rélié au grand ressort par une chaînette; la branche inférieure du grand ressort agit sur la détente, dont le bec remplit les fonctions de gâchette.

Pour charger avec le magasin, on apprète l'arme en deux mouvements, sans qu'il soit nécessaire d'armer le chien à part;

1. ouvrir la culasse en retirant le cylindre obturateur (qui arme en même temps le chien);
2. fermer la culasse en ramenant le cylindre en avant.

Lorsqu'on veut tirer en chargeant chaque cartouche séparément, cette opération demande trois mouvements;

1. introduire la cartouche dans le transporteur;
2. ouvrir la culasse (et armer);
3. fermer la culasse.

Deux canaux, qui traversent les deux parois de la boîte de culasse, donnent passage aux gaz de la poudre, dans le cas où une cartouche éclaterait.

La baguette est adaptée au côté gauche du fusil; son bout fileté se visse dans un trou taraudé pratiqué dans un bouton placé en dehors de la paroi gauche de la boîte, afin d'éviter que la baguette ne soit lancée en avant pendant le tir.

La vitesse du tir, en se servant du magasin, est de 20 à 23 coups par minute pour le feu de vitesse, et l'on est même arrivé à tirer 37 coups sans viser. En chargeant chaque cartouche isolément, un habile tireur peut tirer 13 coups par minute en visant et 16 à 17 coups sans viser.

D'après les études exactes et approfondies de Mr. le colonel fédéral *Siegfried*, la tension de la trajectoire ne diffère guère de celle du fusil d'infanterie mod. 1863, quoique le canon du fusil à répétition soit presque de 90 mm. plus court; la précision du tir est la même.

Ce fusil a soutenu d'une manière très-satisfaisante les épreuves sérieuses et étendues qu'on lui fit subir et son maniement, son démontage, son remontage et son entretien furent facilement compris par des tireurs peu exercés. Relativement à la vitesse du tir, même en chargeant chaque cartouche isolément, cette arme n'est surpassée par aucune autre, et ses feux de vitesse, à l'aide du magasin, la rendent supérieure à toutes celles qui furent adoptées par d'autres états.

	millimètres
Longueur du canon avec le bouton fileté	850.
Distance entre le cran de mire et le guidon	790.
Hauteur du guidon, mesurée de l'axe de l'âme	15.₄
Elévation de la hausse, mesurée de l'axe de l'âme à l'arête supérieure de la feuille.	

Distances en pas :	300.	400.	500.	600.	700.	800.	900.	1000.
mm.	22,7.	25,7.	28,8.	32,0.	35,0.	39,0.	42,8.	46,9.

Fusil à répétition, système Vetterli

(construction primitive).

Planche LXXXVIII.

Fig. 1. La culasse fermée ; la cartouche n'étant introduite qu'à moitié dans le transporteur ;

„ 2. la culasse ouverte avec le transporteur levé.

Planche LXXXIX.

Fig 1. Détails de construction du système ;

„ 2. et 3. transporteur ;

„ 4. cylindre obturateur ;

„ 5. extracteur ;

„ 6. broche percutante et fourchette ;

„ 7. poignée ;

„ 8. virole de fermeture avec ses ailettes.

~~~~~~~

Le système adopté par *l'Italie* pour transformer ses fusils au chargement par la culasse, se rapproche beaucoup de celui du fusil à aiguille prussien, dont il ne diffère que par quelques modifications qu'on fut obligé d'y apporter pour rendre cette transformation aussi peu coûteuse que possible. La platine à percussion, devenant superflue, fut retranchée, ainsi que la culasse, on pratiqua une fente dans le pan supérieur du tonnerre pour y faire glisser le cylindre obturateur et afin de relier solidement le canon au bois, on prolongea la partie postérieure du canon en y adaptant une queue de culasse.

La fermeture a lieu par le cylindre obturateur, dont le cône antérieur pénètre dans l'embouchure de la chambre ; on ouvre la culasse, comme cela a lieu au système prussien ; en tournant le cylindre à gauche et en le retirant en arrière à l'aide de la poignée, dont l'embase glisse dans la fente supérieure du canon; on la ferme en poussant le cylindre en avant et en pressant l'embase de la poignée dans l'entaille ménagée à droite de la fente. Le cône tronqué, qui ferme le cylindre à sa partie antérieure, est vissé au moyen d'un bouton fileté pourvu d'un carré et on peut le dévisser au moyen d'une clef; ce bouton fileté est traversé par l'aiguille à laquelle il sert de conducteur.

Le mécanisme de platine se compose du cylindre-platine muni d'une crête pour y appuyer le pouce, de la tige avec son bouton, de l'arrêtoir, du ressort à boudin, du porte-aiguille, dont la face antérieure est pourvue d'une rondelle en laiton et enfin de l'aiguille, dont la tête est logée dans le porte-aiguille. Ce mécanisme se démonte très facilement et l'aiguille peut être remplacée de la manière la plus simple et sans l'aide d'aucun instrument. Pour charger, on retire d'abord le cylindre platine, jusqu'à ce que la tête de l'arrêtoir soit entrée dans l'ouverture ménagée dans la boîte, on ouvre la culasse en tournant le cylindre-obturateur à gauche et en le retirant en arrière, on introduit la cartouche dans la chambre et on ferme la culasse en ramenant l'obturateur en avant et à droite; on fait ensuite rentrer le cylindre platine en pressant avec le pouce sur la crête et en le tournant à droite; de cette manière, le cylindre platine se trouve arrêté et le ressort à boudin agit alors sur l'aiguille et la chasse en avant lorsqu'il se détend sous la pression de la détente. Pour désarmer le fusil, on tourne le cylindre platine à gauche, son embase glisse dans la rainure de l'obturateur et le ressort à boudin, agissant sur le cylindre platine, chasse celui-ci en arrière.

La cartouche se compose d'une enveloppe de fort papier ; le fond de cette enveloppe est recouvert d'un disque épais en caoutchouc ou en drap, dont les bords sont légèrement retroussés, et sur lequel on verse la charge de poudre ; un sabot en papier comprimé repose sur cette charge, sa surface inférieure est évidée au centre et contient l'amorce, tandis que sa partie supérieure entoure la base du projectile ; l'enveloppe de papier est serrée par une ficelle autour de la pointe du projectile et graissée. Le poids de la charge de poudre est de 4,5 grammes, celui du projectile est de 36 gr. Le projectile est une balle à expansion, dont l'évidement est large et carré ; son plus fort diamètre n'est que de 17,2mm., tandis que celui du sabot est de 18,4 mm. pour un calibre normal de 17,6mm. L'aiguille traverse l'amorce en l'enflammant et permet ainsi aux gaz de la poudre de pénétrer dans la cavité du projectile le long des rayures et lui donne son mouvement de rotation.

Le disque, placé dans le fond de la cartouche nettoie l'aiguille des résidus de poudre qui y sont attachés et ses bords retroussés rendent l'obturation parfaitement hermétique Après avoir tiré, on peut retirer le disque ou le laisser dans le canon, dans ce dernier cas la nouvelle cartouche le pousse en avant et la balle le rejette en dehors du canon. Il vaut cependant mieux retirer le disque pendant les exercices de tir, parce qu'il risque de se serrer entre le projectile et les parois du canon et de nuire ainsi à la justesse du tir.

La charge s'effectue en 5 mouvements :

1) retirer l'aiguille à l'aide du bouton de la tige ;

2) tourner l'obturateur à gauche et le retirer en arrière ;

3) introduire la cartouche ;

4) fermer la culasse en ramenant l'obturateur en avant et à droite ;

5) faire rentrer le cylindre-platine en pressant sur la crête.

L'extraction du disque de la cartouche exige un mouvement de plus.

Le prix de cette transformation est de 15 francs par fusil.

Planche XC.
Système italien de transformation.

A côté de cette transformation, on travaille activement à réaliser l'introduction d'un nouveau fusil se chargeant par la culasse, qui réunisse toutes les conditions de perfection auxquelles on peut atteindre ; on a admis récemment le fusil Vetterli aux essais faits dans ce but.

— En France, on transforme les fusils de gros calibre d'après le système Snider, pour l'emploi des cartouches à feu central ; on travaille aussi activement à la fabrication de fusils à aiguille, système Chassepot.

Planche XCI.
Système français de transformation.
Fig. 1. (ouvert ;)
„ 2 (fermé.)

Planche XCII.
Fusil à aiguille français (système Chassepot).
Fig. 1. la culasse ouverte ;
„ 2. système et platine ;
„ 3. cartouche.

Ce fusil, que le décret impérial du 30 Août désigne pour être la nouvelle arme d'ordonnance de l'armée française, est de forme agréable à l'oeil, d'un maniement commode et d'une construction solide. Le bois est fort et tous les angles et arêtes vives sont évités avec soin. L'aspect extérieur (excepté toutefois la hausse peu commode à planche verticale et à un curseur mobile) ainsi que la construction simple, le démontage et l'entretien facile de ce fusil prouvent qu'on a observé d'une manière rationnelle les principes d'après lesquels toute arme de guerre doit être construite.

La partie postérieure du canon est prolongée par un cylindre creux, dont le diamètre est plus fort que celui du tonnerre, et dans lequel est logé le mécanisme d'obturation et de platine. Une rondelle en caoutchouc, qui est traversée par le tube conducteur de l'aiguille, s'emboîte dans la partie antérieure du cylindre-obturateur; cette rondelle est mobile et n'est retenue que par une vis qui l'empêche de sortir. La partie antérieure du tube conducteur de l'aiguille pénètre dans la chambre, tandis que le bouton de caoutchouc ferme hermétiquement le canon. Le cylindre-obturateur est pourvu de deux rainures pratiquées dans le sens de sa longueur; la rainure latérale, dans laquelle pénètre l'extrémité d'une vis, dirige le mouvement du cylindre lorsqu'on ouvre et ferme la culasse, tandis que la rainure inférieure permet au cylindre de passer pardessus le sommet de la gâchette. Lorsque le fusil est armé, le bec de cette gâchette se met devant la partie plate du chien et le retient, jusqu'à ce que la pression de la détente sur le ressort de gâchette la fasse descendre; le chien devient alors libre, chasse l'aiguille en avant et produit ainsi l'inflammation de la charge.

Deux entailles, dont l'une est plus longue que l'autre,

sont pratiquées dans la partie postérieure du cylindre - obturateur ; la plus longue est placée de manière à correspondre à la bouterolle du chien, qui y entre lorsque la culasse est complètement fermée et l'empêche de s'ouvrir avant que l'aiguille ne se soit retirée ; l'autre entaille, plus courte, sert de cran de repos, la bouterolle y entre sans que l'aiguille ne puisse pénétrer assez en avant pour enflammer la charge.

Le fusil Chassepot se charge en 4 mouvements :

1. retirer le porte-aiguille à l'aide du chien ;
2. tourner et retirer le cylindre-obturateur au moyen de la poignée ;
3. introduire la cartouche ;
4. fermer la culasse.

On compte donc trois mouvements de moins que pour la charge du fusil à aiguille prussien, vu que, pour ouvrir et fermer la culasse de ce dernier, il faut frapper sur la poignée du cylindre-obturateur et rentrer le cylindre-platine avant de pouvoir faire feu.

La munition se compose d'un projectile tout-à-fait massif, uni, dont la longueur est de 25 mm. et le poids de 24,5 grammes ; le plus fort diamètre du projectile est à la base où il est de 11,6 mm. ; à 18 mm. en avant de celle-ci, il n'est plus que 10,66 mm. L'enveloppe de papier de la cartouche (qu'on essaya aussi d'envelopper de gaze de soie) est fermée des deux côtés par des disques de carton ; le disque supérieur sert à entraîner les parties non consumées de l'enveloppe, qui sont du reste aussi chassées par les gaz qui remplissent la chambre à air.

Le disque inférieur loge une capsule dont le fond est percé de deux trous qui donnent passage au feu de l'amorce, l'ouverture de la capsule, tournée en arrière, est fermée par une rondelle en caoutchouc que l'aiguille doit traverser et qui empêche les gaz de la poudre de pénétrer dans le canal de l'aiguille. Le fond de la cartouche est en outre recouvert par une feuille de papier gommé. Le poids de la charge de poudre est de 5 grammes. Cette cartouche n'est pas très-bonne, et il est étonnant qu'on n'ait pas adopté une cartouche à feu central, et à douille métallique, dont l'extraction peut avoir lieu d'une manière si facile.

La vitesse de tir obtenue par d'habiles tireurs qui ont les cartouches à portée de main, peut être de 11 à 12 coups par minute, et la vitesse moyenne qu'on peut atteindre en campagne avec des hommes équipés réglementairement est de 7 à 7½ coups; le tir donne encore de bons résultats à une distance de 600 mètres.

	mm.
Longueur du canon de la bouche à l'ouverture postérieure	830
" de la partie rayée de l'âme	700
" " " chambre à cartouche	101
Diamètre du canon devant la boîte	27
" " " à la bouche	17,8
Calibre	11
Les 4 rayures ont une largeur égale à celle des pleins, leur profondeur est de	0,3
Pas de rayures, un tour sur	550
Distance entre le cran de mire et le guidon, la feuille de hausse étant abaissée pour les distances au-dessous de 500 mètres	693
Distance entre le cran de mire et le guidon, la feuille	

de hausse étant dressée, pour les distances au-
dessus de 500 mètres 693   mm.

Hauteur du guidon, mesurée de l'axe de l'âme . . 17,6

Élévation de la hausse, mesurée de l'axe de l'âme
à l'arête supérieure du cran de mire :

Distances en											
mèt. 200.	300.	350.	400.	500.	600.	700.	800.	900.	1000.	1100.	1200.
mm. 23,5.	26,5.	28.	30.	33,7.	37,8.	42,3.	47,3.	52,7.	58,6.	65,1.	71,6.

Longueur totale du fusil, avec et sans sabre-bayonnette

1 m. 870 — 1 m. 290.

Poids total du fusil, avec et sans sabre-bayonnette

4 k. 645 — 4 k. 045.

Une embase retient la baguette sous l'embouchoir.

— Un décret de l'Empereur d'Autriche, du 5 Janvier 1867,
ordonna la transformation des fusils au chargement par la
culasse d'après le système inventé par le fabricant d'armes
Wänzl. Ce système se rapproche beaucoup de ceux de Milbank et de Chabot, et la fermeture est assurée par une tige,
comme au système Storm.

La partie retranchée du tonnerre et la culasse sont remplacées par une boîte vissée au canon ; l'obturateur, dont la
tranche antérieure ferme l'ouverture postérieure de l'âme, est
réuni à la boîte par une forte charnière, dont les deux vis
sont placées vis-à-vis l'une de l'autre ; l'extracteur adapté à la
coulisse gauche de la boîte, glisse sur celle-ci dans un sens
horizontal. Un ressort très fort, placé à gauche et en dehors
de la boîte, presse sur l'ailette excentrique de la charnière,
de sorte que l'obturateur, en s'ouvrant se redresse brusquement
et agit sur l'extracteur qui rejette vivement en arrière la

cartouche vide. La broche percutante, dont la pointe est dirigée sur le bourrelet de la cartouche, est entraînée d'un ressort à boudin, afin d'empêcher que la cartouche ne s'enflamme d'elle-même lorsqu'on ferme l'obturateur ; un canal conducteur est percé dans une cheminée vissée dans la masselotte de l'obturateur et cette cheminée peut être recouverte d'un tampon en métal pour les exercices à blanc, afin que le chien, en s'abattant, ne frappe pas sur la broche.

La cartouche se compose d'une douille métallique à feu périphérique, la poudre et le projectile.

L'arme se charge et s'apprête en 4 mouvements :

    1. Armer le chien.

    2. Ouvrir la culasse.

    3. Introduire la cartouche.

    4. Fermer la culasse.

La vitesse du tir peut être portée à 13 ou 14 coups par minute.

Le poids du projectile est de 29,9 gr., celui de la charge est de 4,4 gr.

Ce système de transformation est très-bien combiné, commode et facile à manier. L'introduction de la cartouche, qu'il faut pousser en avant avec le pouce au moment où l'on abaisse l'obturateur, est une affaire d'habitude.

Planche XCIII.

Transformation autrichienne (système Wänzl).

Fig. 1. La culasse ouverte.

   „ 2. „ „ fermée.

Nouveau fusil autrichien (système Werndl-Holub).

Planche XCIV.

Fig. 1. La culasse remontée vue de côté.

Fig. 2. Coupe longitudinale du canon et de la culasse.

„   3. La culasse fermée, vue de dessus.

„   4. „   „   ouverte, „   „   „

Planche XCV.

Fig. 5. Coupe longitudinale du canon et de la boîte.

„   6. Coupe transversale.

„   7. Tranche antérieure de l'obturateur.

„   8. Obturateur.

„   9. Tranche postérieure de l'obturateur.

„ 10. et 11. heurtoir.

„ 12. „   13. extracteur.

„ 14. „   15. broche percutante.

„ 16. Cartouche.

La figure 2 représente la coupe longitudinale de la culasse ouverte; l'axe (k) traverse l'obturateur, sa partie antérieure pivote dans une cavité pratiquée dans le canon au-dessous de la chambre, tandis que sa partie postérieure traverse le heurtoir (fig. 2. b). La partie supérieure de l'obturateur est évidée (fig. 2, d et 7, d.

Pour charger l'arme, on tourne le cylindre à l'aide de la poignée (e) de manière que celle-ci se trouve en haut; l'évidement du cylindre correspond alors à l'ouverture postérieure du canon et l'on peut y introduire la cartouche; pour fermer la culasse, on tourne l'obturateur en sens inverse et l'arme est apprêtée. Pour serrer l'obturateur contre la tranche du canon et rendre la fermeture complète, on a pratiqué dans l'obturateur (fig. 8 et 9) un pas de vis qui correspond à une volute du heurtoir (fig. 10 et 11). Une broche percutante (fig. 14) traverse le cylindre-obturateur et met le feu à l'amorce fulminante en transmettant le choc du chien au bourrelet de la cartouche. L'extracteur, (fig. 12 et 13) a la forme d'un levier coudé; il est logé dans la partie postérieure du canon, au-dessous de la chambre, de manière à ce que le bourrelet de la cartouche repose sur sa branche principale (fig. 5 et 6); la rainure pratiquée dans la tranche antérieure du cylindre-obturateur (fig. 7 et 8 g), se termine par une surface radiale (o), qui, lorsque le cylindre est tout-à-fait ouvert, presse sur le bras (h) de l'extracteur (fig. 12 et 13), fait sortir l'autre bras (p) de son logement et rejette ainsi la douille vide en dehors de la culasse.

La charge de ce fusil dont le maniement est très facile s'effectue en 4 mouvements:

1. Armer le chien.
2. Ouvrir le cylindre en le tournant.
3. Introduire la cartouche.
4. Fermer le cylindre en le tournant en sens inverse.

Le système de clôture est très solide, mais par contre le mécanisme est assez compliqué, il est difficile à démonter et si l'on compte la platine de percussion, qu'on a gardée, il renferme un assez grand nombre de pièces.

— *Vetterli* a construit récemment un fusil à charge simple, dont le système est analogue à celui du fusil à répétition, mais avec cette différence qu'il ne renferme ni transporteur, ni les pièces qui le mettent en mouvement, et que la cartouche est introduite dans l'ouverture supérieure de la boîte; il ne faut que trois mouvements pour charger cette arme, et l'on peut employer à volonté des cartouches à inflammation centrale ou périphérique, en ne faisant que changer la broche percutante. Vetterli a aussi introduit dans son fusil à répétition un certain nombre de simplifications qui ont surtout pour but de faciliter le maniement et le démontage ; le chien et le grand ressort sont remplacés par un ressort à spirale.

1869. Monsieur *Charles Abegg* de Zurich avait déjà construit en 1851 une carabine se chargeant par la culasse, dont le système mérite d'être mentiouné à cause de sa construction particulière.

Cette construction aurait encore de la valeur dans les localités où l'on serait réduit à l'emploi de la poudre, du plomb et des capsules. En se servant d'une poire à poudre, où l'on peut se mesurer la charge au moyen d'un cylindre à pression, on peut effectuer la charge de cette carabine d'une manière commode et assez rapide.

Une enveloppe en fer, vissée au canon est ouverte et pourvue en arrière d'un crochet de bascule. Elle renferme une chambre mobile qui reçoit la charge et qui est munie d'une masselotte et d'une cheminée. Un axe très fort traverse verticalement la partie postérieure de l'enveloppe et de la chambre, et au moyen d'un renforcement conique il tire la chambre en avant et en arrière. La paroi antérieure de la clôture vient se placer à 1 1/2 mm. de l'ouverture un peu conique de la chambre qui s'adapte dans une entaille correspondante, pratiquée à la partie postérieure du canon, afin d'assurer la clôture.

Un ressort fixé du côté gauche de l'enveloppe presse sur la chambre mobile. Un double pontet sert de levier.

En faisant faire un quart de tour en dehors au pontet, la chambre est retirée en arrière, et dès qu'elle est sortie du canon, elle est rejetée par le ressort qui se trouve à gauche en avant ; on introduit alors dans la chambre la poudre et le projectile, et après l'avoir poussée en avant, on assure la clôture en faisant faire au pontet un mouvement en arrière

Entre l'extrémité postérieure de la chambre et la paroi postérieure de l'enveloppe se trouve un intervalle suffisant pour assurer le recul de la chambre ; la clôture est ainsi assurée par le fort axe vertical.

Planche XCVI.

Fig. 1. **Carabine** se chargeant par la culasse, construite par **Ch. Abegg 1851.**

Fig. 2. **Fusil Chassepot,** avec extracteur, modifié pour l'emploi de cartouches métalliques ou de cartouches en papier avec culot de métal, à feu central. **Essai de l'auteur.**

Ce fusil, ainsi modifié, tout en conservant le mécanisme du système Chassepot, permet l'emploi de cartouches métalliques à feu central, dont les douilles peuvent servir plusieurs fois en renouvelant simplement la charge. Lorsqu'on tourne le cylindre obturateur pour ouvrir la culasse, l'extracteur entre dans un logement pratiqué dans l'embase du bouton et se retire en suivant le mouvement du cylindre obturateur ; la cartouche extraite peut être enlevée avec des doigts pour reservir, ou rejetée en penchant l'arme à droite. Lorsqu'on ferme le cylindre obturateur, celui-ci amène l'extracteur en avant, le crochet se place devant le bourrelet de la cartouche et l'extracteur quitte son logement lorsqu'on tourne le bouton à droite ce qui rend possible de donner une très petite dimension au logement du crochet de l'extracteur dans la chambre à cartouches.

— Le système construit en 1868 par *Th. Klaus,* fabricant d'armes à Genève, est aussi très-approprié à la transformation des armes et surtout de celles de gros calibre.

On emploie pour ce système des cartouches métalliques à inflammation périphérique. On a eu égard dans cette construction à n'avoir qu'aussi peu de pièces que possible, et à rendre le démontage et le nettoyage très-faciles.

Une boîte vissée au canon remplace la partie retranchée du tonnerre et l'ancienne culasse; sa partie antérieure est traversée par l'écrou qui la relie au canon et sert d'appui à la tranche de la clapette de fermeture. La partie postérieure de la boîte forme une charnière et dans sa paroi gauche sont pratiqués les logements de la coulisse de l'obturateur.

Le mécanisme de fermeture se compose de trois pièces principales : 1) la clapette de fermeture, 2) l'obturateur, 3) la chaînette qui relie les deux pièces précédentes.

La clapette de fermeture, qu'on redresse en arrière en ouvrant la culasse, est reliée à la boîte par sa charnière et sa vis ; elle est pourvue d'une masselotte traversée par la broche percutante et d'une poignée placée à sa partie antérieure ; dans sa partie inférieure sont pratiqués le trou de pivot et le logement de la chaînette.

L'obturateur, pourvu d'ailettes latérales, est placé sous la partie antérieure et saillante de la clapette; on y remarque le trou de pivot, le logement de la chaînette et le prolongement du canal de broche pratiqué dans sa partie supérieure. Sa partie antérieure est cylindrique et entre dans la virole de la boîte pour fermer le canon; le ressort de l'extracteur, pourvu d'un crochet, est encastré dans le pan gauche de l'obturateur où il est fixé par une vis.

La clapette de fermeture et l'obturateur sont reliés par la chaînette et par ses deux pivots cylindriques; on met la chaînette en place en introduisant les pivots dans leurs trous. La partie supérieure et saillante de la coulisse se replie sur l'ailette gauche de l'obturateur qu'elle oblige ainsi de se mouvoir dans le sens de l'axe du canon.

La broche percutante frappe sur la partie du bourrelet qui se trouve en haut ; elle est entourée d'un ressort à boudin qui la retire en arrière lorsque le chien est armé et elle est retenue par une vis. —

Le mécanisme fonctionne de la manière suivante :

Lorsque le chien est armé, on ouvre la clapette ; l'obturateur, que la coulisse retient au fond de la boîte, est retiré en arrière par la chaînette et reste dans une position horizontale ; la douille de cartouche suit le mouvement de l'obturateur et on la rejette en penchant l'arme de côté. Lorsqu'une nouvelle cartouche est introduite dans le canon, on ferme la clapette dont la tranche antérieure s'appuie contre l'obturateur, qui ne peut plus reculer.

La tête cylindrique de l'obturateur entre dans la virole de la boîte et l'obturateur est recouvert par la partie saillante de la clapette qui s'appuie également contre la virole. L'inflammation ne peut avoir lieu que lorsque l'obturation est parfaitement assurée et l'obturateur ne peut être retiré en arrière qu'en ouvrant la clapette.

Pour donner passage aux échappements de gaz causés par des cartouches éclatées, on a pratiqué une ouverture au sommet de la virole de la boîte.

Planche XCVII.

Système Klaus. Fig. 1. (ouvert.)
„ 2. (à demi fermé.)

— Après de nombreuses épreuves auxquelles furent soumis en Angleterre un grand nombre de systèmes de culasse, le mécanisme *Martini* obtint la préférence.

Dans ce mécanisme le jeu de la culasse mobile se fait au moyen du pontet qui sert de levier, comme dans les fusils *Henry* et *Peabody*. Quoique ce système paraisse à première vue ressembler à celui de Peabody, il suffit de l'examiner de près pour s'assurer qu'il y a une grande différence entre les deux mécanismes.

La charnière du bloc-obturateur est placée plus haut, de manière à ce que l'angle que fait le bloc soit parfaitement droit. L'obturation se fait d'une manière beaucoup plus assurée dans le système Martini que dans celui de Peabody, car dans celui-ci, elle ne se fait qu'au moyen de l'arrêtoir, de son ressort et d'un rouleau, tandis que dans le système Martini l'obturation est produite par les deux bras du levier qui pressent sur le bloc-obturateur, en faisant avec celui-ci un angle presque droit.

Dans le système Martini, la platine est supprimée et remplacée par un mécanisme très simple logé dans le bloc, ce qui le met à l'abri de la rouille et permet de réduire la charge à trois mouvements :

1. Ouvrir la culasse en faisant basculer le levier en avant,
2. introduire la cartouche dans le canon,
3. fermer la culasse en faisant basculer le levier en arrière, tandis qu'avec le Peabody, il faut en outre armer le chien.

Le mécanisme Martini est plus simple et plus élégant et a aussi l'avantage de permettre, en changeant seulement la forme de la tige de percussion, l'emploi de cartouches à inflammation centrale ou à inflammation périphérique.

Planche XCVIII.

Fig. 1. **Système Martini**, la culasse fermée.

   „ 2.   „   „   '„   „   ouverte, la tige qui indique que le ressort est tendu sort à la partie postérieure et supérieure de la boîte.

Planche XCIX.

Fusil Martini-Henry.

Fig. 1. La culasse ouverte.

   „ 2. Construction du système.

   „ 3. Rayage du canon Henry.

   „ 4. Cartouche Boxer-Henry (Coupe de la douille Boxer voir Pl. CVI, fig. 3.)

Le comité anglais chargé du choix d'une arme de guerre se chargeant par la culasse décida de séparer la question de la culasse de celle du canon.

Après avoir éprouvé 65 systèmes de culasse et 7 canons, le comité décida, d'après tous les essais, de proposer l'adoption :

   a) *du système de culasse Martini ;*

   b) *du canon Henry ;*

   c) *de la munition Henry avec la douille Boxer.*

Après cette décision, le comité fit construire quatre fusils avec la culasse Martini et le canon Henry, ces deux parties construites sous la surveillance des inventeurs.

Comme les essais exécutés avec ces fusils jusqu'à la distance de 1200 yards (1097 mètres) donnèrent d'excellents résultats, le comité proposa au ministère de la guerre d'adopter le système de culasse Martini, le canon Henry et la munition Henry avec la douille Boxer. Il proposa aussi de donner au fusil le nom Martini-Henry, à la cartouche celui de Boxer-Henry, et d'accorder des récompenses à Mr. Martini pour sa culasse et à Mr. Henry pour son canon et sa munition. Ces propositions furent adoptées par le ministère de la guerre qui fit construire 3000 de ces fusils pour les essayer de toute manière et qui a pris dès lors les mesures nécessaires pour les fabriquer en grand.

Le système de culasse Martini (*modifié*).

Le bout fileté du canon B est vissé dans un trou taraudé, qui se trouve dans la partie supérieure de la paroi antérieure de la boîte de culasse, et la chambre qui forme l'extrémité postérieure de l'âme du canon est élargie de manière à recevoir la cartouche.

La boîte de culasse A, en fer forgé et cémenté, ouverte par en haut et par en bas, présente à l'intérieur un évidement rectangulaire qui sert de logement au mécanisme de la culasse mobile.

La chambre et l'ouverture supérieure de la boîte sont fermées par le bloc-obturateur D, qui pivote sur la vis placée à la partie postérieure et supérieure de la boîte, du côté opposé à la chambre. Ce pivot ne sert que d'axe pour le mouvement tournant du bloc; il ne reçoit pas le choc résultant du recul, qui n'agit que sur la paroi postérieure de la boîte, contre laquelle le bloc est repoussé. Le bloc est maintenu fermé par le levier E, auquel la vis-pivot F, fixée dans la partie inférieure et postérieure de la boîte sert d'axe.

La partie du levier qui se trouve dans la boîte est en forme de fourchette, et pénètre, lorsque la culasse est fermée, dans une excavation pratiquée à la partie inférieure du bloc, de manière que celui-ci ne peut être ouvert ni par le recul, ni par des gaz qui s'échapperaient accidentellement.

Lorsqu'on ouvre le levier, la fourchette sort de l'excavation du bloc et ses deux dents viennent frapper contre deux parties saillantes de celui-ci, ce qui fait descendre brusquement la partie antérieure du bloc, en laissant la chambre ouverte.

Lorsqu'on baisse un peu plus le levier, le bloc vient frapper contre un des bras du levier coudé C, qui sert d'extracteur; l'autre bras se trouve ainsi retiré en arrière et le crochet qui le termine saisit le bourrelet de la douille et la rejette en dehors de la boîte.

Au centre et dans la longueur du bloc est pratiqué un trou cylindrique dans lequel la tige de percussion H, et le ressort à spirale I, sont enfermés par la vis de fermeture K, et par la vis d'arrêt M.

La noix L, enfilée sur la partie carré du pivot F, et placée entre les deux branches de la fourchette, pénètre dans une rainure pratiquée dans la tige de percussion.

Lorsqu'on ouvre le levier E, la noix tourne avec le pivot, jusqu'à ce que la gâchette M, qui est en communication avec la détente N, pénètre dans le cran de la noix. Si l'on referme le levier, la noix reste arrêtée par la gâchette et le ressort de percussion est ainsi complètement tendu.

La détente est protégée par le pontet P, qui est fixé à la boîte par quatre lapettes qui sont traversées par les pivots F et K. L'extrémité droite du pivot P, est munie d'un indicateur en forme de languette, d'une seule pièce avec la noix, qui s'applique sur l'extérieur de la paroi droite de la boîte, et indique la position de la noix. On sait ainsi, si le ressort de percussion est tendu ou non.

Dans l'intérieur du pontet se trouve encore un glissoir de sûreté ou verrou R, et lorsqu'on sait par la position de l'indicateur que le ressort est tendu, on peut pousser ce verrou sous la détente ou sous la gâchette, de manière à ce qu'on ne puisse pas faire partir le coup. Le verrou est muni d'un bouton S, qui sort de la boîte et qui sert à le pousser.

Il y a aussi sur la paroi extérieure de la boîte un bouton ou marque T. Lorsque S et T coincident et ont l'air de ne former qu'une pièce, le fusil est en sûreté. Lorsque les boutons S et T ne coincident pas, on sait par la position de l'indicateur si le coup est prêt à tirer ou s'il a déjà été tiré. Comme le verrou ne peut être poussé dans la position de sûreté que si le fusil est armé, la position du bouton montre même sans l'indicateur ce qui se passe dans l'intérieur de l'arme.

Lorsque le ressort est tendu et qu'on veut faire partir le coup, on retire le verrou si on l'a poussé sous la gâchette, et en appuyant sur la détente, on fait sortir la gâchette du cran de la noix, qui se trouve alors dégagée, et comme elle ne retient plus le ressort de percussion, celui-ci se détend et pousse fortement en avant la tige de percussion dont l'extrémité amincie vient frapper contre le centre du fond de la cartouche où se trouve le fulminate. Pour désarmer, il suffit de presser sur la détente, le levier étant baissé; la broche percutante avance alors avant de se trouver dans la position qui permet l'inflammation de la cartouche.

La crosse est traversée dans sa longueur par une tige

très-forte W, dont le bout fileté se visse dans la paroi postérieure de la boîte et relie ainsi les deux pièces. Au-dessous
de la crosse se trouve une cavité qui renferme un ressort Z,
disposé de manière à accrocher l'extrémité du levier, à empêcher celui-ci de s'ouvrir, comme aussi à lui donner le mouvement brusque d'ouverture.

Le canon Henry.
Planche XCIX, fig. 3, Coupe.

Longueur du canon		mm.	787,5
Poids	” ”	kil. 1,96	
Calibre	” ”	mm.	11,43
Torse des rayures		”	559,—

Nombre et description des rayures :

Sept surfaces plates inclinées et formant une petite côte
à leur rencontre. Les milieux des surfaces et les arêtes des
côtes sont à la même distance du centre du calibre.

Le guidon est placé à 635 mm. de l'encoche de la hausse,
et cette dernière à 178 mm. de la partie postérieure du canon.

La hausse, en forme de cadre, se rabattant en avant,
est munie d'un curseur à encoche que l'on peut mettre aux
hauteurs marquées sur les branches du cadre et qui correspondent aux différantes distances de tir. La branche supérieure et la base du cadre sont aussi pourvues d'encoches.

La cartouche Boxer-Henry.
Planche XCIX, fig. 4.

(Coupe longitudinale de la douille Boxer voir Planche CVI, fig. 3.)

La douille Boxer se compose :

1) d'une longue feuille de laiton mince et roulée sur elle même, qui sert d'enveloppe à la poudre et à la base du projectile ; elle est entourée de papier imperméable ;

2) d'une double feuille en laiton plus forte et plus courte qui renforce la partie postérieure de l'enveloppe de la douille ;

3) d'un anneau en laiton qui entoure l'extrémité inférieure de l'enveloppe de douille ;

4) d'une plaque ronde en fer pour l'extraction ;

5) d'une clochette en laiton qui traverse la plaque de fer, où elle est maintenue par son rebord inférieur ; au-dessus du rebord se trouve le tube qui renferme la capsule et au-dessus de celui-ci une partie hémisphèrique percée d'un petit trou pour laisser passer le feu de la capsule, lorsque celle-ci est enflammée par son choc sur la pointe d'une petite languette en laiton qui est fixée dans l'intérieur de la clochette.

Entre le tube et l'anneau, il y a une garniture de papier comprimé, qui maintient la clochette, et qui sert aussi à presser contre l'anneau l'enveloppe de la douille et à la tenir roulée.

6) de la capsule, contenant le fulminate ;

7) de la languette de percussion placée dans la capsule avec la pointe contre le fulminate.

Le projectile Henry.
Planche XCIX, fig. 4, a.

Le projectile est comprimé, solide ; il est pourvu à sa base d'une petite excavation et à 2 mm. de sa base d'une petite rainure arrondie dans laquelle on comprime la douille pour y maintenir fermement le projectile. Sa composition est de 1 partie d'étain sur 12 parties de plomb ce qui le rend plus dur que le plomb pur.

Longueur du projectile   32,24 mm.
Diamètre   „   „   11,43 „
Poids   „   „   31 grammes.

Graissage.

Entre la poudre et le projectile se trouve une rondelle
de cire d'abeille pure, placée entre deux rondelles de *jute*
Planche XCIX Fig. 4. b., c'est à dire d'un carton très mince
et très solide qui se fabrique avec des fibres d'une plante
des Indes orientales qu'on nomme *jute*. La base du projectile
est entourée d'une enveloppe de papier graissé avec de la cire.

Charge de poudre.

5,85 grammes d'une poudre très forte à petits grains
angulaires et brillants.

La douille Boxer fut reconnue, comme remplissant sous
tous les rapports les exigences du service militaire, et surtout
comme très-appropriée au petit calibre. Elle n'a presque
jamais raté, pendant toutes les épreuves de tir, et n'a pas
sauté que, lorsque la chambre était mal construite; l'extraction n'a jamais manquée malgré la longueur de la douille.

La charge du fusil Martini-Henry se compose de trois
mouvements:

1. Ouvrir la culasse en faisant basculer le levier en
   avant;
2. introduire la cartouche dans le canon;
3. fermer la culasse en faisant basculer le levier en
   arrière.

Sa longueur totale est de 1 mèt. 275.

Ce fusil joint à un tir très rapide, une grande précision
de tir et une trajectoire très tendue jusqu'aux plus grandes

distances. Le projectile Henry a en outre une grande force de percussion et résiste très-bien à l'influence du vent. Tous ces avantages proviennent d'une forte charge de poudre ainsi que du poids, de la forme et de la dureté du projectile.

— En Bavière, on s'est décidé pour l'introduction du fusil *Werder*.

Le système de fermeture de ce fusil est à bloc, dans le genre de celui de Peabody, mais sa construction diffère de celle des autres systèmes de cette espèce par le réceptacle du mécanisme de fermeture et de platine, qui au lieu d'être d'une seule pièce, se compose de deux plaques ou corps de platine. A l'un de ces corps de platine sont fixés les boute-rolles et les pivots des pièces du mécanisme, tandis que l'autre sert de contrefort et de couvercle; cette construction rend le démontage et le remontage très-facile.

Les sept parties principales de ce fusil sont: le canon, la boîte, le mécanisme d'obturation et de platine, le bois, les garnitures, la baguette et le yatagan.

Le canon est en acier fondu et bronzé; sur sa partie antérieure se trouve une embase de guidon, dans laquelle le guidon est encastré; la hausse, à feuille mobile et pourvue d'un curseur, est logée dans la partie postérieure du canon, qui est refoulé et se termine en un bouton fileté.

La boîte, dont la partie antérieure forme une virole taraudée, est vissée au canon et son angle inférieur de devant est biaisé conformément au jeu de l'extracteur; on y remarque encore l'écrou horizontal de la baguette et l'écrou vertical de la vis de sous-garde. La partie postérieure de la boîte se ter-mine en une queue ou bande, traversée par une vis, dont l'écrou est pratiqué dans l'écusson de sous-garde; cette vis de bande, ainsi que deux autres vis, qui traversent le système et dont les deux bouts sont pourvus de rosettes, et la vis de sous-garde servent à relier le système à la monture.

La boîte est encastrée dans la monture; elle a deux coulisses latérales qui reposent sur les parois de son encastrement.

Le *coffret de platine* est formé de deux plaques ou corps de platine, qui, dépassent l'ouverture de la boîte; ces corps de platine sont également pourvus d'embases, qui reposent sur les parois de la boîte, et les deux tenons de celle-ci maintiennent les corps de platine dans leur position parallèle. Le coffret sert de réceptacle aux pièces du mécanisme de fermeture et de platine, qui sont: l'obturateur avec la broche-percutante et son ressort à spirale; l'extracteur; le chien avec son levier et son rouleau; la détente avec son ressort; la pièce d'appui avec son poussoir; le ressort de platine et le ressort de fermeture. La partie supérieure du corps de platine de gauche forme un couvercle voûté qui s'appuie à celui de droite et assure la position parallèle des deux plaques; le corps de platine de droite a trois bouterolles et deux pivots pour les pièces intérieures; les deux plaques sont percées à jour pour en diminuer le poids.

L'*obturateur* est un double levier, dont la tranche antérieure ferme le canon; son axe est formé par deux arbres très-forts et pourvus d'embases afin de diminuer le frottement. La partie antérieure de l'obturateur a une saillie qui frappe sur le bras inférieur de l'extracteur et un pied de support placé derrière cette saillie; la partie postérieure de l'obturateur, penchée en bas, est pourvue d'une fente pour le chien et d'une griffe pour le ressort de fermeture.

Le mécanisme fonctionne de la manière suivante:

L'obturateur ne peut être ouvert que lorsque le chien est abattu; on l'ouvre en pressant le poussoir (g) en avant et en dégageant ainsi le pied de l'obturateur de la pièce d'appui; l'obturateur, chassé par son ressort, descend brusquement et frappe sur le bras horizontal de l'extracteur (h); le bras vertical de celui-ci, qui est pourvu de deux crochets placés devant le bourrelet de la cartouche extrait et rejette la douille vide.

Après avoir introduit une nouvelle cartouche dans le canon, on arme le chien, dont la partie supérieure est coudée et surmontée d'une crête quadrillée et dont la partie inférieure forme la noix; lorsqu'on arme le chien, celui-ci fait remonter l'obturateur à l'aide du levier (e) et de son rouleau, les ressorts de fermeture et de platine se tendent et la pièce d'appui, poussée par une saillie de la noix, se place sous le pied de l'obturateur; le bec de la détente entre dans le cran de la noix et les ressorts restent tendus. La pièce d'appui soutient l'obturateur, dégage le levier et le chien peut s'abattre librement sur la broche.

La broche percutante (b) et son ressort à boudin (c) sont logés dans l'obturateur; le jeu de la broche percutante est réglé par un entaille et une goupille et sa tête dépasse le ressort à boudin. Le chien, en s'abattant sur la broche, transmet son choc sur une capsule placée au centre du fond de la cartouche et produit ainsi l'inflammation de la charge. Le ressort de fermeture reste tendu et la pièce d'appui continue de soutenir l'obturateur jusqu'à ce qu'une pression sur le poussoir le dégage ; le ressort se détend alors et fait descendre l'obturateur. Le ressort de détente (1), qui agit aussi sur l'extracteur, fait entrer celui-ci dans l'entaille pratiquée dans le logement du bourrelet de la cartouche.

On peut mettre la platine au repos, le système étant fermé ou ouvert ; s'il est ouvert, on arme le chien jusqu'à ce que le bec de la détente entre dans le cran de repos ; si le bloc-obturateur est fermé, on abaisse le chien en le soutenant avec le pouce et en pressant sur la détente ; il est toutefois prudent de dégager d'abord la pièce d'appui, de manière à ce que l'obturateur repose sur le rouleau du levier et que la broche ne puisse plus frapper sur l'amorce de la cartouche.

Relativement à la construction des pièces du mécanisme il est à remarquer que la largeur des ressorts et des autres pièces ne diffère de celle de l'espace intérieur du coffret, que de la hauteur des embases de frottement, et que toutes les pièces peuvent être enlevées et replacées très-facilement.

La monture est en bois de noyer d'une seule pièce.

Les garnitures sont de forme ordinaire ; il est à remarquer que le cylindre creux, qui est traversé par la vis de bande, sert à régler la distance entre la bande de la boîte et l'écusson de sous-garde et à assurer la réunion du système aux garnitures et au bois.

La baguette a un bout fileté qui se visse dans la boîte.

Le yatagan s'adapte à un tenon du canon.

Pour charger et apprêter le fusil Werder, il faut trois mouvements :

1. ouvrir la culasse en pressant sur le poussoir ;
2. introduire la cartouche ;

3. fermer la culasse en armant le chien.

La vitesse du tir est en moyenne de 14 à 15 coups en une minute.

La douille de cartouche se compose de trois pièces:

1) De la douïlle en laiton, dont le fond est replié à son centre en dedans et en revenant, afin de servir de logement et en même temps d'enclume à la capsule; à la périphérie intérieure de la partie repliée se trouvent 4 petits trous pour communiquer le feu de la capsule à la poudre.

2) D'une doublure intérieure en laiton, renforçant le fond.

3) De la capsule contenant le fulminate (voir planche CVI fig. 6).

Poids et mesures.

	Millim.	Kilogr.
Longueur totale du fusil sans yatagan .	1,308	
Poids du fusil sans yatagan	—	4
Longueur de la lame du yatagan . . .	471	
Poids du yatagan	—	0,650
Longueur totale du canon	892	
„ de la partie rayée de l'âme .	841	
„ „ „ ligne de mire (la feuille étant levée)	735	
Diamètre du canon à la bcuche . . .	16,8	
„ „ „ au tonnerre . . .	28,8	
Calibre	11	
Les 4 rayures ont une largeur égale à celle des pleins; leur profondeur est de .	0,26	
Pas de rayures, un tour sur	915	
Longueur totale de la cartouche . . .	64,6	

	Millim.	Kilogr.
Poids de la cartouche	—	0,035,21
Longueur de la douille de cartouche jusqu'à son rétrécissement	37	
Longueur totale de la douille	49,7	
Diamètre du bourrelet	15,95	
„ devant le bourrelet	13,08	
„ au rétrécissement	12,97	
„ à la tranche antérieure . . .	12,14	
„ intérieur à la tranche antérieure	11,46	
Epaisseur du bourrelet	2,09	
Diamètre du projectile	11,51	
Longueur du projectile	64,6	
Poids du projectile		0,022,5
„ de la charge de poudre		0,004,3
Diamètre extérieur de la capsule . . .	6,46	
Hauteur de la capsule	2,61	

Composition du fulminate :

4 parties de fulminate de mercure, 2,5 parties de chlorate de potasse, 1,5 parties d'antimoine et 2 parties de verre pulvérisé. Il faut 24 grammes de cette composition pour en pourvoir 1000 capsules.

Planche C.

Fig. 1. **Système Werder** (la culasse ouverte).

„ 2. „ „ (la culasse fermée).

a. obturateur; b. broche percutante; c. *ressort à boudin*; d. chien et noix; e. levier avec son rouleau; f. détente-gâchette; g. pièce d'appui et poussoir; h. extracteur; i. ressort de percussion; k ressort de fermeture; l. ressort de détente et d'extracteur.

Fusil Vetterli à charge simple.

Le mécanisme de fermeture et de percussion de cette arme est de la plus grande simplicité, d'un maniement agréable et très-facile à démonter et à entretenir par le soldat; elle réunit aux conditions de sûreté, de solidité et de durabilité, une vitesse de tir qui n'est surpassée que par celle du fusil à répétition.

La construction de ce fusil est peu sujette à des dérangements et à l'usure; on peut le fournir, moyennant une commande assez importante, au prix de 55 francs. Tous les angles vifs, qui pourraient gêner le maniement, sont évités avec soin et ce fusil, combiné d'une manière rationelle, occupe le premier rang parmi les armes de guerre à chargement successif par la culasse, qu'on possède actuellement.

Le modèle dont nous donnons la description est construit pour l'emploi de cartouches à feu central, mais on peut facilement le modifier pour l'emploi de cartouches à feu périphérique, en changeant la broche percutante et en y adaptant une fourchette. Il ne se compose en tout que de 55 pièces (sans compter la bayonnette) et le mécanisme de fermeture et de percussion n'en compte que 13. Pour démonter le système, il suffit de dégager le tiroir (qu'une vis empêche de sortir tout-à-fait et de tomber); on peut alors retirer le cylindre-obturateur qui renferme le mécanisme dont les pièces s'emboîtent l'une dans l'autre et sont fixées par un écrou, qu'on peut dévisser à la main et démonter ensuite toutes les pièces du système dans l'aide d'un instrument quelconque.

Le canon (en acier fondu et bronzé) est refoulé à sa

partie postérieure taillée à pans, il se termine par un bouton fileté sur lequel se visse la boîte; le tenon de bayonnette, le guidon et le pied de hausse sont encastrés dans le canon et brasés; les rayures sont au nombre de 4, leur pas fait un tour sur 660 mm. pour des canons du calibre de 10,5 à 12 mm.; la chambre est conforme aux dimensions de la cartouche. Une boîte cylindrique (en fer cémenté) est vissée au canon; elle est renforcée à sa partie postérieure et pourvue d'un crochet de bascule; la partie supérieure a une ouverture oblongue, arrondie aux deux extrémités, dans laquelle on introduit la cartouche; à l'intérieur on remarque: les entrées pour les deux tenons de la noix, les contreforts auxquels ces tenons s'appuient lorsque la culasse est fermée et la rainure dans laquelle l'extracteur glisse et qui empêche le cylindre-obturateur de tourner. Un ressort d'extraction, dont la tête dépasse la paroi intérieure de la boîte, est adapté au fond de celle-ci, et cette tête proéminente, qui glisse dans une rainure pratiquée dans le cylindre obturateur, maintient également celui-ci dans sa direction. La boîte est traversée par le tiroir auquel la tête de l'extracteur vient s'appuyer lorsqu'on retire le cylindre-obturateur et qui règle ainsi le mouvement en arrière de ce dernier. Le diamètre intérieur de la boîte est égal à celui du logement du bourrelet de la cartouche.

La fermeture a lieu au moyen du cylindre-obturateur (en acier) et de la noix; sa tranche antérieure pénètre dans le logement du bourrelet de la cartouche. Le cylindre est traversée dans toute sa longueur par le canal légèrement conique de la broche percutante, et une embase circulaire, en forme de bague, le divise en deux parties; à la partie antérieure on remarque: en haut, le logement de l'extracteur (qui sert aussi de ressort d'arrêt) et le trou de sa goupille; en bas, la rainure pour la tête du ressort d'extraction; la partie postérieure, plus faible, a une fente pour les ailettes de la broche percutante, et son extrémité est filetée pour y visser l'écrou.

La noix (en acier), qui est traversée par la partie postérieure du cylindre et s'appuie à l'embase circulaire de celui-ci, est pourvue d'un levier ou poignée; sa partie antérieure a deux tenons de fermeture et une entaille pour le ressort d'arrêt (partie postérieure de l'extracteur); deux évidements obliques, profonds de 8 mm., formant un pas d'hélice, sont pratiqués dans la partie postérieure de la noix; la tranche antérieure forme également un pas d'hélice de 2 mm, et comme il faut un $1/4$ de tour de la noix pour fermer, ce n'est qu'en baissant le levier que le cylindre-obturateur peut être poussé à fond en avançant encore de 0,5 mm.; de cette manière, la cartouche ne reçoit pas de choc qui pourrait l'enflammer prématurément.

A la broche percutante (en acier), on distingue la tige conique, les deux ailettes, (dont celle de dessous est pourvue d'un cran de repos) et la partie postérieure cylindrique. Le grand ressort (à spirale) repose sur les faces postérieures des ailettes; le fil d'acier dont il est composé, faisant 6 tours, sur une longueur (à l'état libre) de 27 mm. est d'une épaisseur de 2,3 mm. Ce ressort entoure la partie postérieure du cylindre-obturateur et il est fixé en place par l'écrou. Une enveloppe en fer (capsule) empêche que la poussière ou d'autres corps ne s'introduisent dans le mécanisme de percussion.

Le canon et le système sont réunis à la monture par la bascule et ses deux vis (qui servent aussi de vis de pontet et d'écusson de sous-garde) et par deux anneaux; la monture est en bois de noyer d'une seule pièce. L'écusson est pourvu d'un taquet traversé par l'écrou de la baguette; la détente, reliée à la gâchette par une articulation et une goupille, pivote dans la potence de l'écusson et elle est pressée par un ressort qui fait remonter la gâchette.

L'ouverture de la boîte peut être fermée par un couvercle cylindrique en mince tôle d'acier.

Les fonctions du mécanisme sont les suivantes : la noix tourne en suivant le mouvement de sa poignée, les ailettes de la broche glissent le long des pans obliques de la noix, se retirent en arrière et tendent le grand ressort, que le ressort d'arrêt, entrant dans son entaille, empêche de se détendre spontanément; ce ressort d'arrêt, ainsi qu'une embase de la poignée qui s'appuie à la bascule, empêchent de tourner davantage la noix. Les tenons correspondent alors aux ouvertures de la boîte et le cylindre-obturateur peut être retiré en arrière jusqu'à ce que la tête de l'extracteur se trouve arrêtée par le coin.

La douille de cartouche, dont le bourrelet est saisi par le crochet de l'extracteur, suit le mouvement du cylindre-obturateur et la tête du ressort d'extraction lui donne une secousse qui la rejette hors de la boîte. On peut aussi retirer la cartouche plus doucement et la prendre avec la main, si l'on a l'intention de la conserver pour s'en servir de nouveau.

Lorsque la cartouche est introduite dans le canon, on

ramène le cylindre-obturateur en avant, on tourne la noix en faisant descendre la poignée, et les tenons de la noix se placent, devant les contreforts de la boîte ; les ailettes de la broche se trouvent alors vis-à-vis des angles intérieurs et profonds des évidements de la noix et permettent ainsi au grand ressort de se détendre sous la pression de la détente ; le ressort d'arrêt quitte son entaille, le bec de la gâchette verticale, réunie à l'articulation de la détente, se place devant la tranche de l'ailette inférieure de la broche et le mécanisme reste armé jusqu'à ce que la pression du doigt sur la détente fasse descendre la gâchette ; le grand ressort, devenu libre, se détend et chasse la broche en avant. La partie postérieure de la broche indique que le fusil est armé, lorsqu'elle dépasse l'écrou du cylindre-obturateur. On peut mettre l'arme au repos en tournant lentement la noix et en pressant en même temps sur la détente ; le bec de la gâchette entre alors dans le cran de repos et empêche la broche de frapper sur l'amorce (ou sur le bourrelet de la cartouche).

Comme le diamètre intérieur de la boîte est égal à celui du logement du bourrelet de la cartouche, il n'est pas nécessaire d'introduire la cartouche dans le canon, il suffit de la placer dans la boîte, d'où le cylindre, en avancant l'amène dans la chambre ; la rapidité du tir y gagne considérablement.

Planche CI.

Fusil Vetterli à charge simple.

Fig. 1. La culasse fermée,
„ 2. „ „ ouverte.

Planche CII.

Fig. 1. Le système, l'enveloppe du grand ressort étant enlevée.
„ 2. Mécanisme de détente.

~~~~~~~~

Le nouveau modèle du **fusil à répétition suisse,**
système Vetterli, adopté comme arme d'ordonnance, diffère
du modèle primitif par la modification que son inventeur y a
apporté en appliquant à ce fusil le mécanisme de percussion
du fusil à charge simple; de cette manière, la construction
du mécanisme fut considérablement simplifiée et le maniement
devint plus facile et plus agréable, vu que le chien et le
grand ressort, qu'il fallait armer en retirant le cylindre n'éxis-
tent plus et qu'ils sont remplacés par un simple ressort à
spirale qui se tend facilement lorsqu'on tourne la noix et avant
qu'on ne retire le cylindre-obturateur en arrière. D'autres
modifications, apportées dans le but de simplifier la construction, seront mentionnées dans la description suivante.

Le *canon* (en acier fondu et bronzé) est taillé à pans
à sa partie postérieure; on y remarque: le bouton fileté, le
tenon de bayonnette surmonté du guidon; le logement de la
hausse avec ses renflements et la chambre à cartouche avec
le logement du bourrelet; ce dernier est assez profond pour
qu'on puisse y faire entrer le cylindre-obturateur et son sommet
est pourvu d'une entaille pour le crochet de l'extracteur.

La boîte de fermeture (en fer cémenté) est vissée au canon;
cette boîte qui renferme le mécanisme d'obturation et de percussion, forme aussi un coffret dans lequel le transporteur se
meut dans un sens vertical; elle relie en outre le canon au

fût et à la crosse. La partie antérieure de la boîte est pourvue
d'un écrou pour le canon et les parois de cet écrou sont traversées par deux canaux obliques qui débouchent dans la
chambre à cartouches et donnent issue aux gaz qui pourraient
s'échapper accidentellement. Au-dessous de l'écrou du canon
se trouve l'ouverture du réservoir ; cette ouverture est évidée
sur le devant pour recevoir la partie postérieure du fût qui
est fixé par un ressort, dont la tête entre dans un trou pratiqué dans la boîte. La paroi droite de la boîte est traversée
par les écrous des vis de fermoir de boîte et de sous-garde
et contient l'ouverture par laquelle on introduit les cartouches
dans le transporteur (éventuellement dans le réservoir).

A la paroi gauche, on remarque l'ouverture traversée par
le fermoir du réservoir et deux petits évidements pour son
talon ; le fermoir est adapté à la boîte par la vis de sous-
garde. La partie postérieure de la boîte, est forée dans la
direction de l'axe du canon, et au sommet de ce forage est
pratiqué une rainure dans laquelle l'extracteur glisse ; une
entaille donne passage au petit bras du levier coudé ; on
remarque en outre les entrées et les contre-forts pour les
tenons de la noix et le logement transversal du tiroir.

La partie inférieure de la boîte, qui forme une espèce de
coffret, a un évidement qui reçoit la poignée de la crosse et
sa partie postérieure se termine par deux bandes ; celle de
dessus est traversée par le trou carré de la gâchette et le
ressort de celle-ci y est assujetti par une vis, tandis que la
détente reliée à la gâchette, est assujettie à la bande inférieure,
à laquelle est encore fixé le pontet de sous-garde.

On distingue au transporteur (en fer cémenté) : le logement pratiqué à l'intérieur pour recevoir la cartouche qui sortant du magasin, doit être transportée devant la chambre du canon ; au-dessus de ce logement se trouvent les renflements destinés à retenir cette cartouche en place et à rejeter la douille extraite ; à droite, on remarque l'ouverture demironde par laquelle on introduit la cartouche et qui correspond à celle de la boîte. L'entaille pratiquée dans la partie inférieure, à gauche, sert de logement à la grande branche du levier coudé.

Le pontet de sous-garde (en fer cémenté) est pourvu d'une double potence placée sur l'écusson de devant ; la partie antérieure, de cette potence, est traversée par la vis de sous-garde, tandis que celle de derrière supporte le levier coudé (en acier) dont le ressort est encastré dans l'embase de la potence.

Le mécanisme de fermeture et de percussion est, comme nous l'avons déjà dit, celui du fusil à charge simple, quelque peu modifié.

Le cylindre-obturateur (en acier) forme avec la noix le mécanisme d'obturation proprement dit ; sa tranche antérieure pénètre de 2 mm. dans le logement du bourrelet de la cartouche ; il est traversé par le canal conique de la broche qui débouche dans une fente transversale, et une fourchette, logée dans cette fente, transmet le choc de percussion sur deux points diamétralement opposés du bourrelet de la cartouche.

Le cylindre-obturateur se compose de deux parties séparées par une embase circulaire, dont la tranche postérieure forme un pas d'hélice ; dans la partie antérieure, en haut, est pratiqué le logement de l'extracteur et en bas se trouve la rainure dans laquelle glisse la petite branche du levier coudé. La partie postérieure, un peu plus faible, a une fente verticale qui sert de conducteur aux ailettes de la broche et elle se termine en un bouton fileté pourvu d'un écrou. La noix (en acier), à laquelle est adapté un levier ou poignée (fer), tourne autour de la partie postérieure du cylindre-obturateur et s'appuie à son embase ; en avant de la poignée se trouvent deux tenons, et à l'intérieur, en haut, est pratiquée une entaille pour le ressort d'arrêt ; la partie postérieure de la noix a deux évidements à pans obliques dont l'angle intérieur a une profondeur de 11,4 mm. La tranche antérieure de la noix est taillée en pas d'hélice (de 2 mm), conformément à la tranche de l'embase du cylindre, et comme il faut un $1/4$ de tour de la noix pour fermer, ce mouvement fait encore avancer le cylindre-obturateur de 0,5 mm. et le serre à fond sur la cartouche, qui, de cette manière, ne reçoit pas de choc qui puisse l'enflammer prématurément.

A la broche percutante (en acier), on distingue : la tige conique, les deux ailettes (dont celle de dessous est pourvue d'un cran de repos) et la partie postérieure cylindrique. Le grand ressort (à spirale) repose sur les faces postérieures des ailettes ; le fil d'acier, dont il est composé, faisant 6 tours sur une longueur (à l'état libre) de 27 mm. est d'une épaisseur de 2,3 mm. ; ce ressort entoure la partie postérieure du cylindre-obturateur et il est fixé en place par l'écrou. Une enveloppe (capsule) en fer recouvre le grand ressort et met le mécanisme de percussion à l'abri de l'humidité et de la poussière.

Le fût s'emboîte dans la cavité antérieure de la boîte, où il est fixé par la tête de son ressort.

Le fût et le canon sont reliés par trois anneaux; ceux du milieu et du bas sont serrés par des vis, dont les têtes sont logées dans des évidements; l'anneau du milieu et celui du haut sont retenus par des ressorts. Un canal cylindrique, dans lequel le tube du réservoir est logé, est pratiqué dans le fut, au-dessous du logement du canon; le tube du réservoir est en mince tôle de laiton et il renferme le ressort à boudin avec la virole et son dé; la virole empêche le dé de sortir plus qu'il ne faut, lorsque le réservoir est vide. La partie postérieure du réservoir est pourvue d'un tenon taraudé dans lequel se visse le bout fileté de la baguette.

La crosse, dont la poignée s'emboîte dans la partie postérieure de la boîte, est reliée à celle-ci par la vis de bande et une vis à bois; un battant de bretelle et la plaque de couche sont également adaptés à la crosse au moyen de vis à bois. Un couvre-culasse en mince tôle d'acier recouvre l'ouverture supérieure de la boîte et empêche que des corps étrangers ne s'y introduisent.

Le mécanisme fonctionne de la manière suivante : la noix tourne en suivant le mouvement de son levier (c), et force ainsi les ailettes de la broche à se retirer en arrière en glissant le long des pans obliques des évidements de la noix; le grand ressort (d) se tend et la partie postérieure de l'extracteur (q), qui sert d'arrêt entre dans l'entaille pratiquée au haut de la noix; les tenons de la noix quittent les contre-forts de la boîte et se placent devant les ouvertures et l'on peut alors retirer le cylindre-obturateur en arrière jusqu'à ce que la tête de l'obturateur se trouve arrêtée par le coin (tiroir). En retirant ainsi le cylindre-obturateur, on extrait en même temps la douille de

cartouche, dont le bourrelet est saisi par le crochet de l'extracteur et qui vient se placer sur le transporteur (p) ; en achevant de
retirer le cylindre (b), l'extrémité de la rainure inférieure s'arrête
au petit bras du levier coudé (n), le retire en arrière et fait brusquement remonter le transporteur, qui rejette la douille vide
hors de la boîte et amène une nouvelle cartouche à la hauteur
de la chambre du canon. En ramenant le cylindre en avant,
on introduit la cartouche dans le canon et au dernier moment
de ce mouvement, l'autre extrémité de la rainure du cylindre
presse sur le petit bras du levier coudé, le pousse en avant
et fait descendre le transporteur, dans lequel une nouvelle
cartouche, poussée par le ressort à boudin du réservoir, s'introduit.

En tournant la noix à droite à l'aide du levier, on replace
les tenons de la noix devant les contre-forts de la boîte ; les
ailettes de la broche (s) se trouvent placées vis-à-vis des angles
intérieurs et profonds des évidements de la noix, et permettent ainsi au grand ressort de se détendre ; le ressort d'arrêt
ayant quitté l'entaille de la noix, le grand ressort n'est plus
retenu que par le bec de la gâchette (g) qui se place devant
l'ailette inférieure de la broche. La gâchette verticale est reliée
par une goupille à l'articulation de la détente (f) ; en pressant
sur celle-ci, on fait descendre la gâchette, le grand ressort
se détend et enflamme par son choc sur broche et fourchette (r)
la cartouche.

L'extrémité postérieure de la broche, lorsqu'elle dépasse
l'écrou du cylindre, indique que le fusil est armé ; on met
l'arme au repos en tournant lentement la noix et en pressant
en même temps sur la détente.

Si l'on veut tirer en ménageant les cartouches du réservoir pour s'en servir à un moment donné, on peut fermer le réservoir en déplaçant le fermoir et introduire pour chaque coup une nouvelle cartouche dans le transporteur ; les autres mouvements restent les mêmes. On peut aussi charger chaque cartouche isolément en l'introduisant dans la chambre par l'ouverture supérieure de la boîte dans le cas que le mécanisme de répétition serait accidentellement dérangé, on peut enlever la sous-garde avec le transporteur et le levier coudé et continuer de tirer en chargeant les cartouches dans la chambre ; les douilles extraites tomberont alors à terre par l'ouverture inférieure de la boîte.

Lorsqu'on veut tirer en se servant des cartouches du réservoir, il faut deux mouvements pour charger et apprêter l'arme :

1 tourner la noix et retirer le cylindre en arrière ;

2 ramener le cylindre en avant et baisser le levier de la noix.

Pour tirer en chargeant chaque cartouche isolément, il faut un mouvement de plus pour introduire la cartouche dans la chambre.

Il faut à peu près 25 secondes pour charger 13 cartouches, dont 11 dans le réservoir, 1 dans le transporteur et 1 dans la chambre du canon.

Ces 13 coups peuvent être tirés en 25 à 30 secondes, y compris le temps qu'il faut pour viser ; on peut les tirer sans viser en 15 à 20 secondes. En continuant de charger les cartouches isolément, après avoir tiré celles du réservoir, jusqu'à ce qu'une minute soit écoulée, on peut tirer jusqu'à 24 coups (en visant); en chargeant toutes les cartouches isolément, la vitesse de tir est encore de 15 coups en une minute.

Le système à répétition a un avantage incontestable sur tous les systèmes à charge simple, sans exception; la possibilité de pouvoir exécuter dans des moments décisifs des décharges successives en se servant des cartouches du réservoir, est d'une importance qu'on ne peut pas assez apprécier.

Dans les moments les plus importants, il arrive en général, que les mouvements de prendre la cartouche et de l'introduire dans l'arme, ne sont pas exécutés d'une manière aussi calme, rapide et sûre comme cela peut se faire sur les champs de manoeuvre, et la possibilité de pouvoir tirer dans des moments critiques un certain nombre de coups se succédant rapidement, est un avantage dont on ne peut pas assez apprécier l'importance et qui fait défaut dans tous les fusils à charge simple.

L'arme se démonte dans l'ordre suivant: retirer le cylindre à moitié; dévisser la vis de sous-garde et ôter le fermoir du réservoir; enlever le pontet de sous-garde avec le transporteur; dégager le tiroir et sortir le cylindre-obturateur. On remonte le système dans l'ordre inverse.

Dimensions et poids divers: millimètres.

Longueur du canon sans le bouton fileté . .	820
„ „ „ avec „ „ „ . .	842
Calibre normal	10,5
Les 4 rayures font un pas sur . .	660
Longueur de la ligne de mire . . .	782
Diamètre du canon à la bouche . . .	18
„ „ „ au guidon . . .	18,4

millimètres.

Diamètre du canon devant les pans . . .	24,5
" " " à la tranche de la boîte .	26
Hauteur du guidon, mesurée du centre de l'âme .	15,8
Longueur de la partie supérieure de la boîte .	135,7
Diamètre extérieur de celle-ci	32
Longueur du logement du transporteur . .	56,7
Largeur " " " " . .	21
Longueur du fût jusqu'à la tranche de la boîte .	749

Distance de l'extrémité postérieure du fût à la bouche

du canon   70,8

Longueur de la crosse (ligne horizontale)   .   .   372

" du fusil sans bayonnette   .   .   .   1300

Poids du fusil, sans la bayonnette, le réservoir n'étant

pas chargé   4 k. 500

" " " " " " avec le réservoir

chargé   .   4 k. 900

Poids de la bayonnette, à peu près   .   .   0 k. 300

Planche CIII.

Fusil suisse à répétition, système Vetterli;
dernier modèle modifié.

Fig. 1. Vue de l'arme.

" 2. le système.

Planche CIV.

Fig. 1. **Mécanisme d'obturation et de percussion,**
(le cylindre retiré, la capsule enlevée).

Fig. 2. **Mecanisme à répétition.**

a. boîte, b. cylindre, c. noix avec son levier, d. ressort de percussion,
e. écrou, f. détente, g. gâchette, h. ressort de gâchette, i. fermoir du
réservoir, k. couvercle, l. capsule, m. sous-garde, n. levier coudé,
o. ressort du levier coudé, p. transporteur, q. extracteur, r. fourchette,
s. broche perautante.

On essaya en France et dans d'autres états, *une nouvelle poudre à tirer*, où le salpêtre est remplacé par du picrate de potasse. Le but de ce produit, ainsi que d'autres compositions d'invention récente, est de supprimer la poudre ordinaire et son prix de revient doit même être inférieur à celui de cette dernière, les chimistes français *Casthellaz* et *Désignolles* ayant réuissi à perfectionner le picrate et à le produire à des prix modérés.

Cette nouvelle poudre à tirer ne doit pas être plus dangereuse, ni plus difficile à fabriquer que la poudre ordinaire, son efficacité, à poids égal, doit surpasser celle de cette dernière et l'on doit même pouvoir lui donner différents degrés de force. La quantité du dosage de picrate peut varier de 1 à 10 parties, sans que la poudre ne cesse d'être efficace, de sorte qu'on peut produire à volonté de la poudre de mine, dont l'effet de destruction est énorme, ou de la poudre moins forte pour l'emploi balistique. On peut donc obtenir, en modifiant le dosage de picrate une poudre efficace et avantageuse pour l'emploi balistique, avec laquelle on obtient une vitesse initiative plus grande qu'avec la poudre ordinaire et qui dégrade moins les parois de la bouche à feu. La poudre de mine ne se compose que de picrate et de salpêtre; pour la poudre de tir, on y ajoute du charbon de bois. Le dosage de picrate est de 20 p. % pour les armes de petit calibre et de 18 à 8 p. % pour les bouches à feu de l'artillerie.

Cette poudre se fabrique comme la poudre ordinaire; on la triture d'abord, puis on la soumet à une pression hydraulique plus ou moins forte, selon la rapidité de combustion qu'on veut lui donner, et enfin on la graine, on la polit et on la sèche. Elle donne très-peu de résidu et presque point de fumée et ne développe pas de gaz nuisibles à la santé, lorsqu'on la brûle dans des locaux fermés.

(Journal de l'artillerie suisse, 1868, No. 10.)

La construction d'un *nouvel affût* pour les pièces de positions, inventé par le capitaine écossais *Moncrieff*, donne lieu à des essais étendus, qui promettent un résultat favorable ; l'avantage de cette construction consiste en ce que la pièce, immédiatement après le coup, se retire d'elle-même et descend derrière le parapet pardessus lequel elle vient de tirer, et se met ainsi hors de vue de l'ennemi et à l'abri de son feu ; le recul soulève en même temps un contrepoids, à l'aide duquel on fait remonter la pièce à sa place après l'avoir chargée dans une position couverte. De cette manière, on a réussi à neutraliser l'influence nuisible du recul et à faciliter le chargement. (Journal de l'artillerie suisse.)

La transformation des fusils suisses au chargement par la culasse d'après le système *Milbank-Amsler* est achevée ; à la fin du mois d'Août, le nombre des armes transformées était de :

56,369 fusils de gros calibre,
76,676 fusils de petit calibre.

Le nombre total des fusils se chargeant par la culasse, y compris les 15,000 fusils Peabody., est donc de 148,000 et la quantité réglementaire de munitions est au complet. La fabrication de 80,000 fusils à répétition Vetterli est commencée et les commandes seront probablement exécutes avant l'expiration du terme fixé par les contrats.

La productivité de l'industrie armurière de la Suisse pourrait encore être considérablement augmentée, et cela est constaté par le fait, que lors de la mise au concours de la fourniture de 80,000 fusils à répétition, système Vetterli, les offres s'élevèrent au chiffre d'à peu-près 300,000 fusils à fournir dans le même espace de temps.

Fabrication des cartouches métalliques suisses, à feu périphérique.

La fabrication des cartouches de petit calibre est conforme à celle des cartouches de gros calibre, à cette différence près, que le rétrécissement de la partie antérieure (2 mm) doit avoir lieu avant que la cartouche ne soit chargée, et que la dernière opération, de serrer les bords de la douille autour du projectile, ne fait qu'achever ce rétrécissement.

La description suivante prend pour base la cartouche de gros calibre et l'établissement de MM. *Amsler & Blank* à Schaffhouse, qui est le seul qui se soit occupé jusqu'aujourd'hui de la fabrication des douilles de gros calibre pour la Confédération, tandis que les fabriques fédérales de Berne et de Thoune ne fournissent que des cartouches de petit calibre. La fabrique de Schaffhouse ne se chargea toutefois que de la fourniture des douilles, qui furent ensuite expédiées au laboratoire fédéral à Thoune pour y être pourvues de fulminate et recevoir leur charge.

Dans l'établissement de MM. *Amsler & Blank*, la fabrication des douilles a lieu à l'aide des machines suivantes:

1 machine à découper les rondelles,

18 machines à estamper (pour les formes successives de la douille,

5 machines à découper les bords,

5 machines à presser les bourrelets,

1 machine à nettoyer,

6 barils tournants.

Pour achever les cartouches, la fabrication possède en outre : 2 machines à amorcer, 3 machines à charger et à fixer le projectile, 1 presse hydraulique pour étirer le fil de plomb et 3 presses à balles.

Cet établissement peut fournir 60,000 douilles de gros calibre par jour et cette productivité peut même être portée à 100,000 douilles.

La fabrication des cartouches métalliques à feu périphérique a lieu en 16 opérations, en admettant que la tôle de cuivre ait déjà reçu l'épaisseur voulue en passant par des laminoirs de précision; cette épaisseur peut être vérifiée au moyen d'une machine d'assortissage :

Ces opérations sont les suivantes :

1e opération. Découpage des rondelles; les feuilles de tôle, taillées en lames de la largeur voulue, passent par une machine qui emporte les rondelles en donnant le moins de déchet possible. (Diamètre des rondelles, 36 mm.; épaisseur 0,8 mm.; poids 7 gr.)

Cinq machines, pourvues de matrices et de poinçons appropriés, forment les douilles, dont le diamètre et l'épaisseur de métal diminuent au fur et à mesure que leur longueur augmente. On place les douilles dans les trous des disques tournants, qui les amènent successivement à la matrice, d'où elles sont rejetées après avoir reçu leur forme ; les douilles présentent, dans les différentes phases de leur formation, les dimensions suivantes :

		diamètre.	hauteur.	épaisseur des bords antérieurs.
2ᵉ opération ; 1ᵉ matrice,	22 ᵐᵐ.	11,5 mm.	0,8 ᵐᵐ.
3ᵉ „ 2ᵉ „	20,3 „	15,5 „	0,6 „
4ᵉ „ 3ᵉ „	19,7 „	21,7 „	0,45 „
5ᵉ „ 4ᵉ „	19,- „	30,- „	0,3 „
6ᵉ „ 5ᵉ „	18,5 „	32,5 „	0,2 „

Les 7ᵉ et 8ᵉ opérations consistent dans le recuit et le décapage des douilles au moyen des acides sulfurique et nitrique délayés dans de l'eau et, dans le nettoyage à l'aide de barils tournants, remplis de sciure de bois ; on soumet les douilles à ces opérations lorsqu'elles doivent passer de la 3ᵉ machine à la 4ᵉ et de la 5ᵉ à la 6ᵉ ; elles ont même lieu trois fois lorsque la qualité du métal l'exige.

9ᵉ opération. Découpage des bords de la douille pour lui donner la longueur voulue, en ayant égard au raccourcissement occasionné par la formation du bourrelet ; cette opération a lieu au moyen d'une machine à laquelle on remet les douilles en les plaçant dans une coulisse oblique où une tige cylindrique vient les prendre, tandis qu'une rondelle a bords tranchants, soulevée par le mécanisme, en découpe les bords.

10ᵉ opération. Nouveau nettoyage des douilles pour en éloigner l'huile dont on s'est servi pour l'estampage ; cette opération peut se faire au besoin à l'aide d'une machine pourvue d'écouvillons.

11ᵉ opération. Compression du bourrelet au moyen d'une machine pourvue d'un poinçon et d'une matrice, dont la forme correspond à celle du bourrelet; le fond convexe de la douille s'applatit sous le poinçon qui en presse les bords dans l'évidement de la matrice, en laissant toutefois à l'intérieur un vide qui reçoit le fulminate.

Pour donner au vide du bourrelet une forme régulière, il est nécessaire que le fond de la douille ait l'épaisseur voulue et que le découpage des bords soit fait d'une manière exacte.

12ᵉ opération. Après un dernier nettoyage, suivi de la vérification des douilles, on y introduit le fulminate, qu'une fraise, tournant rapidement répartit dans le vide intérieur du bourrelet; on enlève ensuite avec soin le fulminate qui aurait pu rester attaché aux parois de la douille et on sèche enfin l'amorce à une température de 30 à 40° R.

Les opérations 13, 14 et 15, consistant à charger la cartouche, à y placer et à y fixer le projectile peuvent se faire séparément ou à l'aide d'une machine qui exécute ces trois opérations spontanément. Pour obtenir un tir régulier, il est nécessaire que la charge de poudre soit mesuré avec soin et que le projectile soit placé et fixé à la douille d'une manière exacte et régulière.

16ᵉ opération. On enduit le projectile et la partie antérieure de la douille d'un mélange de graisse de mouton et de cire.

Les cartouches sont ensuite empaquetées par 10 dans des boîtes de carton.

Composition

de la poudre:

75 parties de salpêtre
11 „ „ soufre
14 „ „ charbon

de l'amorce:

45 parties de fulminate de mercure,
30 „ „ verre pilé,
12 „ „ chlorate de potasse,
5 „ „ gomme délayée dans de
l'eau.

Dimensions, poids et prix.

Dimensions	Gros calibre	Petit calibre
	mm.	mm.
Longueur totale de la douille	25,—	38,0
„ jusqu'au commencement du cône antérieur	16,6	26,—
„ jusqu'au bout de ce cône . .	—	31,—
Epaisseur du bourrelet	1,8	1,8
Diamètre „ „	20,7	15,8
„ de la douille devant le bourrelet .	18,6	13,7
„ „ „ „ au commencement du cône antérieur . .	18,4	13,4
„ „ „ „ au bout de ce cône	—	11,4
Epaisseur de métal au fond	0,8	0,8
Longueur totale de la cartouche finie . .	40,6	46,—
„ de la partie graissée du projectile et de la douille	20,—	23,—
Poids	grammes	
de la douille	6,—	6,—
de la portion de fulminate	0,15	0,10

Poids	Gros calibre	Petit calibre
	grammes	grammes
de la charge de poudre (No. 4) . . .	4,50	3,75
du projectile	40,—	20,40
de la graisse	0,35	0,25
Poids total de la cartouche finie —. . .	51,—	30,5
Prix	centimes	centimes
de la douille vide	2,8	3,2
de la cartouche chargée	7,1	6,—
valeur du métal de la douille tirée . .	1,—	1,—

Planche CV.

Douilles des cartouches métalliques suisses.

Les numéros indiquent les différentes phases de la fabrication.

Formes diverses de cartouches pour les armes à feu se chargeant par la culasse.

Un coup d'oeil jeté sur les différentes espèces de cartouches adoptées ou connues seulement à titre d'essai, nous fait voir que leur perfectionnement ne peut pas encore s'arrêter au point où il est arrivée jusqu'à présent (ce qui serait plutôt le cas pour les systèmes d'armes) et que le génie inventif peut encore s'occuper avec succès de cette matière. L'accélération avec laquelle on procéda généralement à la transformation des armes d'infanterie fut cause qu'on s'occupa davantage de l'étude des différents systèmes de fusils et de l'exécution de cette transformation d'après un système approprié et avec le moins de frais possible tandis qu'il eut été plus rationnel, d'adopter d'abord une bonne cartouche et de baser sur celle-ci la construction d'un système de fusil ; cette circonstance fut cause que les résultats ne furent pas toujours très-satisfaisants.

L'importance de la munition n'est pas moins grande que celle de l'objet auquel elle doit servir et avec lequel elle doit en quelque sorte former un tout ; d'autre part, une différence de prix, ne fût-elle que d'un centime par cartouche, est déjà d'une importance très-sensible pour la caisse d'un état.

Il est actuellement encore difficile de dire quel est le système de cartouches uniques qui mérite décidément la préférence ; tous ont leurs avantages et leurs défauts. Nous ne ferons que peu d'observations sur cette matière et nous nous bornerons à donner une description générale et comparative des différents systèmes en ne faisant mention que des douilles et du mode d'inflammation, sans nous arrêter aux autres éléments de la charge.

Comme les cartouches en papier à culot métallique ont été remplacées avec avantage par celles en mince tôle de métal, on peut diviser les cartouches uniques en 4 catégories :

A cartouches en papier, à feu central, pour les systèmes à aiguille ;

B cartouches à douille estampée en cuivre, feu périphérique ;

C cartouches en mince tôle de laiton renforcée par un culot métallique ; l'inflammation est produite par le choc d'une broche sur une capsule placée au centre du fond ;

D Cartouches à douille estampée en cuivre ou laiton ; inflammation comme aux cartouches de la catégorie C.

Ces 4 catégories peuvent être subdivisées en espèces.

Planche CVI.

A. Cartouches à enveloppe de papier.

Fig. 1. *Système Dreyse.* Amorce placée au centre et en avant de la charge de poudre ; l'inflammation est produite par la piqûre d'une aiguille (v. page 196).

Cette cartouche unique, qui est la plus ancienne qu'on connaisse, est encore aujourd'hui une bonne cartouche de guerre.

Fig. 2. *Système Chassepot.* Amorce centrale enflammée par la piqûre d'une aiguille ; une capsule est fixée au centre d'un disque de carton placé derrière la charge de poudre. Cette cartouche est plus compliquée et moins avantageuse que la précédente. —

B. Cartouches à douille estampée en cuivre ; amorce périphérique répartie dans le bourrelet et enflammée par le choc d'une broche percutante. Système américain et suisse employé avec succès (v. page 348, Pl. CV).

C. Cartouches en mince tôle de laiton, à culot métallique.

Amorce placée au centre et enflammée par le choc d'une broche percutante.

Fig. 3. *Système Boxer* ; voir description page 317

D. Cartouches métalliques estampées à feu central.

Fig. 4. *Système Utendoerffer*, application du système Boxer aux cartouches métalliques ; le disque d'extraction est en fer cuivré ; la construction améliorée de la clochette qui est renforcée à son extrémité supérieure, augmente sa durabilité.

Cette cartouche, qui offre toutes les garanties désirables sous le rapport de la solidité, peut être fournie au prix de 5 centimes et demi et on peut s'en servir au moins 7 à 8 fois.

Fig. 5. *Cartouche Gosslin*, à douille métallique (laiton) pourvue d'un bourrelet ; le fond est construit de manière à pouvoir servir de clochette et en même temps de cône de résistance, de sorte que ces deux pièces deviennent superflues.

Quoiqu'elle n'ait pas de culot en papier comprimé, ni renfort, cette douille est très solide, légère et l'inflammation a lieu d'une manière sûre et complète ; la construction du fond permet de remplacer la capsule très-facilement.

Fig. 6. La *douille Werder* est construite dans le même sens et son culot est renforcé intérieurement par une doublure en laiton.

Les avantages que les cartouches métalliques ont sur celles de papier sont connus; pour ce qui concerne le coût des premières, nous ferons observer que les cartouches suisses de petit calibre peuvent déjà être fournies pour le prix de 6 centimes; déduction faite de la valeur de la douille déchargée qu'on peut évaluer à 1 cent., ce prix n'est pas plus élevé que celui de l'ancienne cartouche pour les armes se chargeant par la bouche, et on pourra encore le réduire en suite du perfectionnement de la fabrication, qui a surmonté les premières difficultés et leur conséquences désavantageuses et qui fait des progrès rapides. Parmi les cartouches métalliques, celles à feu central ont des avantages éminents sur celles à feu périphérique; ces avantages sont, p. ex., une obturation plus sûre et plus hermétique, une plus grande durabilité du mécanisme de fermeture, la possibilité du transport et de l'emmagasinage des cartouches sans l'amorce, dont on peut les pourvoir lorsqu'on veut s'en servir, etc. Le prix de revient qui est à celui des cartouches à feu périphérique comme 5,3 : 3,2 sera toujours un peu plus élevé et l'avantage économique des cartouches à feu central ne se fait valoir que lorsqu'on peut s'en servir plusieurs fois, et qu'on peut éviter autant que possible la forme conique qu'il faut donner aux cartouches d'armes de petit calibre pour en faciliter l'extraction; il est nécessaire aussi que la cartouche ne soit pas sujette à être déformée ou que ces déformations puissent se corriger facilement.

Dans ce cas, la modicité du prix se réunit aux autres

avantages; admettons qu'en temps de paix, on puisse se servir en moyenne 8 fois de la même douille de cartouche, le prix de celle-ci sera réduit à 1 ou 2 cent^s et celui de la cartouche chargée à 4 cent^s .Si l'on a en vue cet emploi réitéré des douilles déchargées, les cartouches les plus avantageuges seront celles qui peuvent facilement être nettoyées et permettent au besoin l'emploi d'acides, et celles dont la construction du culot demande le plus petit espace possible et qui se laissent charger avec facilité.

C'est la cartouche Gosslin qui répond le mieux à ces conditions, vu qu'elle se compose uniquement d'une douille et d'une capsule, cette dernière pouvant facilement être introduite et remplacée.

Dans sa séance du 27 avril 1868, le conseil fédéral suisse décréta quelques changements dans l'ordonnance sur l'habillement de l'armée fédérale.

L'habit (frac) de l'artillerie et de la cavallerie fut remplacé par une courte tunique en drap bleu-foncé ou vert; les hommes de troupe des deux armes reçurent en outre des blouses d'écurie en toile bleue et des bonnets d'écurie en mi-laine gris-de-fer au lieu des anciens bonnets des police. Le collet du manteau de cavalerie fut supprimé. La couleur gris-de-fer fut adoptée pour les pantalons des officiers et des secrétaires de l'état-major fédéral, des officiers montés de l'infanterie, des officiers et des hommes de troupe d'artillerie et de cavalerie et des officiers de santé de tous les corps.

Des brides en tissu métallique, argent ou argent doré, remplacent les épaulettes comme insignes du grade; ces brides se portent sur les deux épaules et se fixent au moyen de crochets.

	Etoffe et couleur du fond.	*Passepoils.*
Infanterie	drap bleu de bluet	écarlate.
Carabiniers	„ noir	noir.
Dragons	„ cramoisi	cramoisi.
Guides	„ noir	cramoisi.
Artillerie	„ noir	écarlate.
Génie	„ brun	écarlate.
Etat-major général	velours noir	cramoisi.
„ du génie	id.	brun.
„ d'artillerie	id.	écarlate.
„ judiciaire	id.	orange.
„ du commissariat	id.	bleu de bluet.
„ de santé	id.	noir.

Les grades sont indiqués par des étoiles à rayons d'argent ou d'or, portant une petite croix d'argent au centre.

Grade.	Nombre d'étoiles.	Grade.	Nombre d'étoiles.
Sous-lieutenant	1	Major	1
Lieutenant	2	Lieut-colonel	2
Capitaine	3	Colonel	3

Les brides des officiers subalternes sont unies; celles des officiers supérieurs sont un peu plus larges et se distinguent par quelques ornements.

L'adjudant sous-officier porte des brides d'officier subalterne, mais sans étoiles.

La giberne des médecins est supprimée. Les officiers de santé, les aumôniers, les fraters et les infirmiers portent au bras gauche le brassard blanc à croix rouge de la convention internationale de Genève.

Le ceinturon de sabre des officiers de toutes armes et de la troupe montée est en cuir de Russie ; il se porte sous la tunique. Les gants des officiers sont en peau gris-clair. —

En suite des modifications apportées à l'armement, et à l'habillement, le conseil fédéral, qui avait déjà approuvé, le 5 décembre 1867, l'ordonnance sur les sabres d'officiers et le 11 octobre 1868, celle sur les sacs et gibernes, adopta enfin, le 20 janvier 1869, un nouveau modèle de coiffure (présenté par M. le capitaine Rod. Wuescher à Schaffhouse). Cette coiffure, un chapeau-képi pourvu d'un couvre-nuque, est simple et légère ; elle est la même pour toutes les armes et pour tous les grades, qui y sont indiqués par des insignes.

Planche CVII.

Fig. 1. Coiffure militaire suisse (capitaine d'infanterie).
» 2.　　　 ″　　　　 ″　　　 ″　 (colonel fédéral).
» 3. Sabre des officiers non montés (garde et fourreau en acier. Celui des officiers montés est un peu plus long).
» 4. Garde du sabre d'officiers.
» 5. Sabre de soldat monté.
» 6. Bride d'officier subalterne.
» 7.　 »　　 »　　 supérieur.

Au XVIIIe siècle, où le soldat n'était guère plus qu'un automate et avait perdu toute estime et toute considération, l'habillement militaire dégénéra peu à peu en un affublement grotesque et même insuffisant, qui ne répondait plus au but ; la circonstance que dans quelques états, les capitaines étaient chargés de pourvoir à l'habillement de leur compagnie, moyennant une certaine rétribution, contribua de son côté à cette dégénération; ces capitaines cherchaient à faire des épargnes sur la somme qu'ils recevaient à cet effet, afin d'améliorer leur solde, qui était ordinairement assez maigre. La révolution française et ses suites donnèrent au soldat une position plus digne et l'habillement de la troupe devint plus conforme au but.

L'uniforme, que la plupart des armées portent actuellement se compose d'une tunique dont les pans recouvrent le ventre, quelques corps seulement ont conservé l'ancien habit à queue de morue; outre la tunique, les hommes de troupe reçoivent encore une veste à manches en drap ou en triège pour la tenue de quartier et une capote ou manteau qu'ils portent en marche ou par le mauvais temps. Outre les pantalons de drap, la troupe est généralement pourvue d'une seconde paire en mi-laine ou en triège; les pantalons sont généralement à brayette et quelques armées ont même adopté des pantalons qui ont des brayettes devant et derrière, afin que le soldat puisse faire ses nécessités sans être obligé de se débarrasser du fourniment et du sac. — Les effets de petit équipement sont: les chemises, les caleçons, les cravates et la chaussure; qui, pour l'infanterie, se compose ordinairement de demi-bottes ou de souliers et de guêtres. On commence aussi à porter des chemises de flanelle, destinées à prémunir le corps contre les vicissitudes de la température. La coiffure, dont le but est de protéger la tête contre les influences du temps et qui doit en même temps servir d'arme défensive, subit déjà de nombreux changements. Autrefois, lorsque la mêlée était l'ordre normal des combats, la coiffure ordinaire était le casque en métal ou en cuir bouilli à garni-

tures métalliques ; on en avait de toute espèce, avec ou sans
visière et celle-ci fut remplacée plus tard par une bande de
fer couvrant le nez. Un casque à visière était appelé salade
par les français, celata par les italiens, et les allemands lui
donnaient aussi le nom de casquet. Le morion (en allemand :
Pickelhaube, Sturmhaube etc.) était un casque sans visière.
Les mousquetaires portaient d'abord des bonnets de fourrure
ou de cuir des chapeaux et le chapeau rond était leur coiffure
ordinaire au XVIIᵉ siècle. Afin que les bords ne génassent
pas le maniement d'armes, on les retroussa sur deux ou sur
trois côtés et l'on forma ainsi le tricorne, ce chapeau difforme
qui gouverna tout le XVIIIᵉ siècle ; on garnissait parfois les
chapeaux de cavalerie d'un cimier en fer. Une tête ingénieuse
eut l'idée de retrousser les bords de devant et de derrière
au lieu des bords latéraux et construisit ainsi la coiffure que
Fréderic II donna à l'infanterie prussienne. Sur ces entrefaites,
le chapeau rond à larges bords et à calotte basse avait pris
un autre développement dans les modes civiles, en prenant
peu à peu la forme élevée du chapeau tube à bords étroits ;
c'est lui qui servit de modèle au *Czako,* dont la forme était
très variée et dont le calot était tantôt plus large et tantôt
plus étroit que la base. Le *Képi* est un czako de forme tronconique, et pourvu qu'il ne soit pas trop haut ni trop lourd,
c'est une coiffure militaire très-commode.

D'autres coiffures militaires, entre autres les casques de
la grosse cavalerie, surgirent au commencement de ce siècle
à côté des czakos et des képis. Les Français, les Anglais, les
Autrichiens et les Suisses portent actuellement le képi ; la
Prusse, quelques autres états d'Allemagne, la Russie et la

Scandinavie ont adopté le casque en cuir bouilli ou en acier,
à garnitures de métal et surmonté d'une pointe. Le czapcka
(bonnet carré) est la coiffure des lanciers ou ulans de toutes
les armées qui ont adopté cette arme nationale de la Pologne,
et le colpak (bonnet à poil) des hussards fut introduit en
même temps que cette troupe nationale hongroise. Les bonnets
pointus, garnis d'une plaque de métal, que les grenadiers
portaient au XVIIIe siècle, étaient une imitation des anciens
casques ou morions; on donna cette coiffure aux grenadiers
parce que cette troupe d'élite succédait en quelque sorte aux
anciens corps de piquiers.

Outre le casque ou le képi, on porte généralement encore
une coiffure de petite tenue en étoffe molle et pliable; on
l'appelle casquette, bonnet de police, bonnet d'écurie, etc.

La plupart des coiffures de grande tenue sont pourvues
de garnitures en métal, pour lesquelles on a aussi adopté
l'aluminium en remplacement du fer et du laiton; mais ces
colifichets brillants ne sont pas appropriés au but militaire.

Un habillement commode et qui se porte bien est nécessaire au soldat sous plus d'un rapport; ce doit être un uniforme qui se distingue du costume civil, qu'on porte avec
plaisir et qui soit considéré, même dans une armée de milices
comme un habit d'honneur. Il va sans dire qu'il ne doit pas
être trop assujetti à l'influence variable de la mode.

La transformation des armes à feu, en ce qui concerne
le chargement, est aujourd'hui un fait accompli. Des efforts
énormes ont été faits partout à cette occasion. Les armes à
feu portatives se chargeant par la culasse (celles qui sont

construites pour l'emploi de capsules n'entrent plus en considération) peuvent être divisées en deux catégories principales :

A. Systèmes à aiguille, et

B. Systèmes construits pour l'emploi de cartouches métalliques effectuant elles-mêmes l'obturation.

L'inflammation est centrale ou phériphérique ; les systèmes de la 2ᵉ catégorie se subdivisent en systèmes à charge simple et en systèmes à répétition. Les avantages généraux du chargement par la culasse sont :

La facilité de charger l'arme dans toutes les positions.

L'exactitude de la charge ; en introduisant dans l'arme des cartouches entières, on ne perd pas de poudre et on ne peut charger qu'un coup à la fois.

L'état de défense, conservé pendant la charge.

La rapidité du chargement et du tir.

Une plus grande précision de tir ; lorsque l'obturation est bien hermétique, la justesse du tir ne souffre plus de la „crainte du feu", que des échappements de gaz par la cheminée et des éclats de capsules occasionnaient si souvent.

Une plus grande tolérance de calibre, accordée par la possibilité de donner au projectile un diamètre proportionnellement plus grand que celui de l'âme du canon.

Une plus grande facilité d'entretien, surtout du canon qui est la partie principale de l'arme, parce qu'on peut facilement s'assurer si son intérieur est en bon état.

La simplification de l'instruction, parce que la charge demande moins de mouvements.

Outre ces avantages généraux, les divers systèmes ont

encore leurs avantages spéciaux; il y a même beaucoup de systèmes dont on ne sait pas auquel donner la préférence, si l'on prend en considération tous les facteurs qui constituent une bonne arme, tels que: la simplicité, la solidité, la modicité du prix de fabrication, la facilité du maniement, du démontage et de l'entretien, la durabilité, la justesse du tir, la tension de la trajectoire, la force de percussion et la vitesse initiale du projectile, la bonne qualité et le prix modique de la munition, etc., etc. Tous les systèmes ont leurs avantages et leurs imperfections et chaque état croit naturellement avoir adopté le meilleur.

Pour ce qui concerne la Suisse, il suffit de jeter un coup d'oeil sur son armement pour s'assurer que son état de défense se trouve dans les conditions les plus favorables. Le matériel des batteries de montagne, de campagne et de position de l'artillerie suisse répond à toutes les exigences et témoigne de l'activité et de l'énergie que la commission fédérale d'artillerie met à accomplir sa tâche. La fabrikation des cartouches métalliques pour les armes à feu portatives a fait de rapides progrès; la transformation des armes d'infanterie est achevée et toute l'armée est pourvue de fusils se chargeant par la culasse; bientôt les fusils à répétition expulseront tout-à-fait ceux de gros calibre et l'unité de munition sera établie pour toutes les catégories des armes portatives de l'armée fédérale, l'élite, la réserve et la landwehr. Cette révolution complète dans l'armement impose à la Suisse des dépenses considérables, mais qui sont d'autant plus justifiées que tout citoyen est soldat, quels que soient on état, naissance, etc.

Lorsque les circonstances l'exigent, chacun prend place

dans les rangs des défenseurs de la patrie commune; la nation, c'est l'armée et les frais d'entretien de celle-ci sont portés d'autant plus volontiers que chaque citoyen tient lui-même à posséder les moyens de défense dont il a besoin comme soldat. Les progrès évidents que fait le développement de nos institutions militaires sont une conséquence de la constitution fédérale.

Malgré l'humanité de l'idée et des voeux nombreux, l'abolition de la guerre, dont on parle tant aujourd'hui, ne sera jamais plus qu'un vain désir; elle aura d'autant moins de chance de réalisation, qu'au temps où nous sommes, l'ambition et la cupidité augmentent au fur et à mesure que la simplicité des goûts et la modération des désirs se perdent. La guerre a du reste, comme toute chose, aussi bien son bon que son mauvais côté.

La guerre est la politique des états secondée par la violence; où les efforts de la diplomatie sont impuissants pour amener une entente, ce sont les armes qui décident, et les guerres qui se sont suivies à travers les siècles ont fait l'histoire. On dit que la guerre est un mal et cette opinion est motivée par les suites désastreuses qu'elle entraîne, la mort de tant d'hommes, la paralisation des affaires, les dégats causés à la propriété, les impôts énormes pour en couvrir les frais, etc.; mais elle est aussi un bien pour l'humanité.

La guerre est une loi de la création qui entretient une lutte incessante entre tous les éléments de la nature et qui crée les choses nouvelles et bonnes en détruisant ce qui est vieux et corrompu; c'est la guerre qui ouvre de nouvelles voies de commerce, qui relie les nations entre-elles et qui fait participer l'une aux avantages de l'autre.

C'est par la guerre que la civilisation prend de l'extension; c'est elle qui sépare les nations en donnant à chacune un territoire dont l'étendue appropriée lui permet de se développer en conservant son caractère spécial; c'est encore par la guerre que les peuples se communiquent réciproquement leurs particularités caractéristiques. La discorde existe dans la nature du monde; qui ne la connaît pas? Qui ne sait pas qu'un jugement prononcé s'éloigne souvent de l'équité, même sans qu'il y ait mauvaise intention, de sorte qu'une entente à l'amiable entre les parties n'est plus possible; admettons maintenant qu'un arbitre ait à juger sur une différence entre deux peuples; celui qui aura perdu ne se soumettra pas à l'arbitrage et ce sera encore la guerre qui décidera. Qui serait assez puissant pour réunir tous les peuples, si différents entre-eux de moeurs et de caractère, sous une même loi et leur donner les mêmes notions de droit?

Un peuple, un territoire et un but commun vers lequel tendent tous les efforts forment l'état; si l'on veut conserver l'intégrité de l'état, il faut en défendre les conditions fondamentales lorsqu'elles sont attaquées de dehors et cette défense est le motif de la guerre. Il y a sans doute aussi des guerres, instiguées par l'ambition et le désir de faire des conquêtes, que rien ne peut justifier, qui n'ont lieu, ni dans l'intérêt ni par la volonté des peuples, mais plutôt parce que les peuples n'ont pas le pouvoir de s'y opposer et parce que l'état et la nation ne sont pas identiques; dans ces états, le gouvernement règne sur un peuple esclave, et met sur pied des armées formidables en enlevant au travail des milliers d'hommes que d'autres sont obligés d'entretenir.

Où l'état et la nation sont identiques, une guerre qui n'est pas dans l'intérêt de la nation elle-même ne peut avoir lieu, et cette nation ne sentira le besoin d'une guerre que lorsque celle-ci sera la dernière ressource.

On entend souvent dire que la Suisse ne saura apprécier dignement son intégrité et son indépendance qu'après une guerre qui lui donne l'occasion de prouver que la génération actuelle est digne de ses ancêtres. Pour tout homme raisonnable, cette opinion n'est qu'une provocation brutale et il envisagera la paix qui existe entre nous et les états voisins comme une preuve de leur estime; cette paix, qui n'est pas moins honorable qu'une victoire est aussi plus digne d'un peuple „libre" et „paisible" qu'une orgueilleuse présomption. Si nos ancêtres ont remporté des victoires, ce n'est pas parce qu'ils étaient doués de force et d'adresse corporelles extra-ordinaires, mais parce qu'ils avaient la conscience de combattre pour la bonne cause; cette conscience donnera aussi à leurs descendants du courage, de la force et de la persévérance.

Ne nous laissons toutefois pas endormir par les sons trompeurs du chalumeau de paix, mais continuons à nous exercer dans le métier des armes, d'autant plus que ces exercices deviennent de plus en plus importants. Ayons sans cesse devant les yeux la possibilité que d'aujourd'hui à demain notre liberté, notre patrie et nos foyers peuvent être menacées, et soyons toujours prêts au moment venu, et chacun dans sa sphère, à donner la preuve que l'esprit et l'ardeur qui animaient nos

ancêtres existe encore en nous; préparés intérieurement et
extérieurement et ayant la conscience de notre droit, le courage ne nous fera pas défaut et le Dieu qui assistait nos
pères sera aussi notre soutien si nous nous confions à lui
comme eux le faisaient. Le passage suivant, tiré de la description de la bataille de Morat par Jean de Muller nous servira
d'exemple.

„Lorsqu'on fut en vue des Bourguignons, Hallwyl com-
manda „halte!" son armée l'entoura et lui, sérieux et réjoui
en même temps, leur adressa la parole en ces termes:

„Homme valeureux, confédérés et alliés! les voilà devant
vous, ceux qui ont assasiné vos frères à Grandson et à Brie,
qui ont jeté le sort à Lausanne sur votre patrie, vos femmes
et vos enfants. Vous avez demandé à vous venger, les voilà,
devant vous. Il sont nombreux. Songez, Confédérés! au nombre
d'ennemis que vos pères ont tués à la bataille de Laupen,
il y a aujourd'hui cent-trente-sept ans. Le même Dieu vit
encore et la même valeur existe encore en vous. Que chacun
combatte comme s'il avait en sa main la fortune du jour, celle
des confédérés et de tous ceux qui lui sont chers. Frères!
pour que celui qui assistait nos pères nous soutienne aussi
aujourd'hui, recueillez-vous et priez!" — Ils tombèrent à genoux et étendirent les bras; pendant qu'ils priaient, le soleil
perça les nuages et se montra dans toute sa splendeur.

„Le capitaine se leva rapidement, brandit son épée et
cria: Confédérés, debout! Dieu veut éclairer notre victoire;
pensez à vos femmes et à vos enfants! en avant!" —

„Les yeux des Confédérés, animés par les sentiments,
brillaient d'un reflet plus clair que les armures innombrables

des ennemis; l'armée bourguignonne, qui paraissait invincible, ne put résister à l'impétuosité du choc et au courage résolu des Suisses, qui remportèrent une victoire éclatante."

Ce ne sont ni des frontières naturelles, ni une religion et une langue commune qui forment le lien qui relie les Confédérés entre-eux; mais ce sont l'identité des sentiments et la conscience de s'appartenir l'un à l'autre, basées sur les principes fondamentaux de la liberté et de l'indépendance. On l'entend à la frontière aussi bien qu'au coeur du pays, en français, en allemand et en italien, cette ancienne dévise des confédérés

Un pour tous, tous pour un.

Une table des matières et un résumé des ouvrages anciens et modernes, auxquels j'ai emprunté les données nécessaires, compléteront ce traité; je profite de cet occasion pour exprimer mes remercîments les plus sincères aux honorables personnes qui ont bien voulu me seconder dans ce travail, et particulièrement à M. M. les colonels *Herzog, Wurstemberger, Wyser, Nüscheler* et *van Berchem*, aux directions des arsenaux de *Soleure, Berne, Zurich* et *Bâle* et à Mr. le capitaine de carabiniers *Volmar*.

Je serais heureux de pouvoir me dire que j'ai réussi à réveiller dans nos milices l'intérêt de la connaissance des armes à feu, et dans l'espoir d'avoir atteint le but que je me suis proposé en écrivant se traité, je recommande celui-ci à un accueil bienveillant.

Schaffhouse, en Décembre 1869.

ROD. SCHMIDT, capitaine.

Table des planches.

Table des planches.

Table des planches.

Table des planches.

Table des planches.

Table des planches.

Résumé des matières.

Ouvrages auxquels on a emprunté des données.

Don Thomas de Morla, Général-major dans l'armée espagnole: „Enseignements de la science d'artillerie" . 1795/96

de Rodt, Emanuel, capitaine d'artillerie Suisse: „Geschichte des bernischen Kriegswesens" . . . 1831

Meyer, Maurice, capitaine prussien: „Handbuch der Geschichte der Feuerwaffen-Technik" 1835

Dessins et description des armes et armures de la collection d'Elewe!n Meyrik à Goodrichcourt, Heresfordshire.

Almanach militaire suisse 1854

Manuel Dammeyer pour les officiers, par Helmer, capitaine prussien du génie 1855

de Nestorf, C., capitaine prussien: „Théorie de Tir" . 1855

Gillon, capitaine d'artillerie de l'armée belge: „Cours élémentaire sur les armes portatives" . . . 1856

Schmœlzl, Jos., lieut.-colonel dans l'artillerie bavaroise: „Ergänzungs-Waffenlehre" 1857

Schœn, capitaine dans l'armée saxonne: „Histoire des armes à feu" 1865

Rustow, W.: „Dictionnaire militaire" . . . 1858/59/68

Laisné, J.: „Manuel du génie. Edition refondue par Kœrbling, capitaine dans l'Etat-major bavarois du génie" . 1864

Cavelier de Cuverville, lieutenant de vaisseau: „Cours de tir, armes portatives" 1864

Polain, Alphonse: „La fabrication d'armes de Liège" 1864

Clark, William: „Specification of repeating fire-arms" 1866

de Sauer, C. Th., capitaine d'artillerie de l'armée bavaroise: „Grundriss der Waffenlehre" . , . 1866

de Berneck, R. G., major dans l'armée prussienne: „Histoire de l'art militaire" 1867

Journal de l'artillerie suisse 1867/68
Réglements et rapports militaires fédéraux.

Hess, lieutenant-colonel féd.: „Les carabiniers suisses" . 1865

de Plœnnies, W., capitaine dans l'armée grand ducale hessoise: „Ouvrages militaires" parus depuis 1861 à 1867

Neumann, Ignace, fabricant d'armes à Liège . . 1867

Epoques

auxquelles ont régné les rois d'Angleterre dont les noms sont cités dans cet ouvrage.

Henri VII	1485—1509.
Henri VIII	1509—1547.
Edouard VI	1547—1553.
Marie	1553—1558.
Elisabeth	1558—1603.
Jaques I	1603—1625.
Charles I	1625—1649.
Cromwell	1649—1658.
Charles II	1660—1685.
Jaques II	1685—1688.

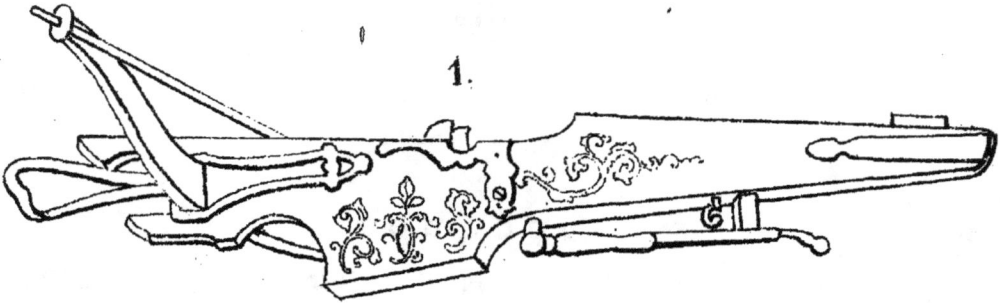

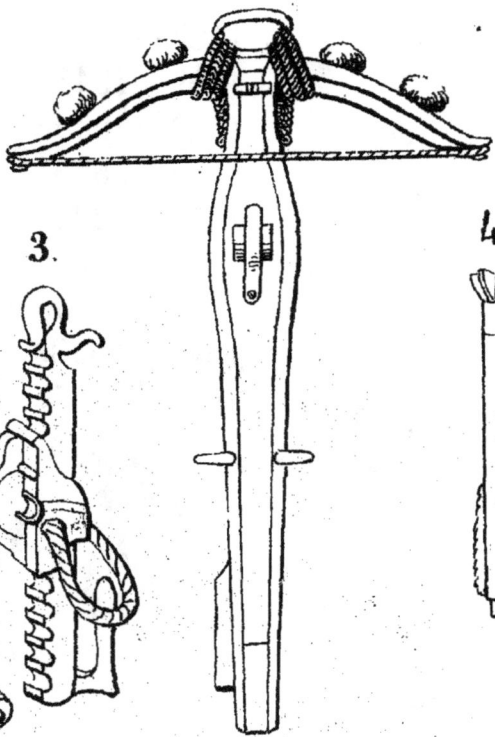

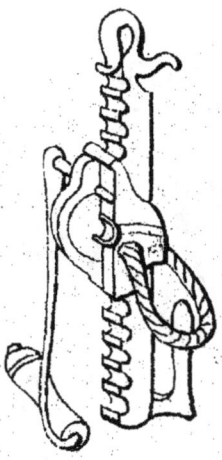

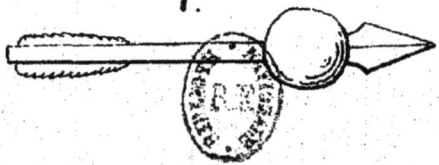

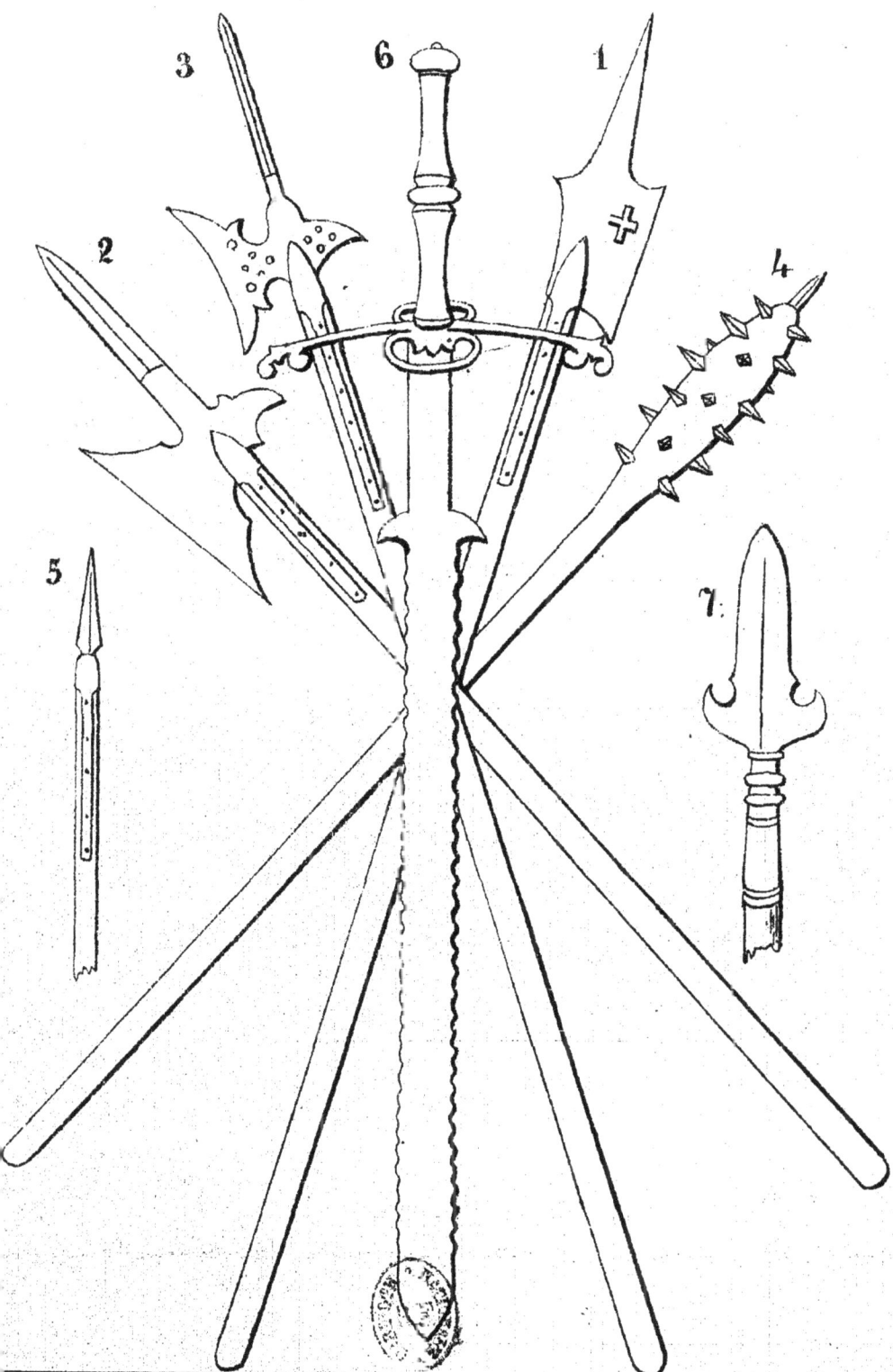

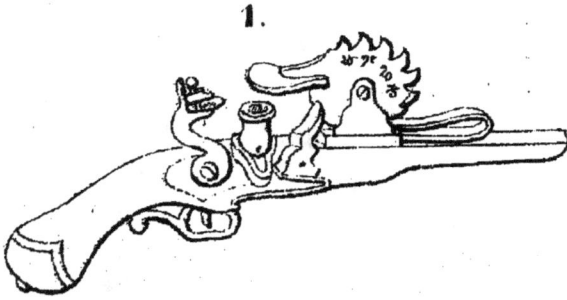

1.

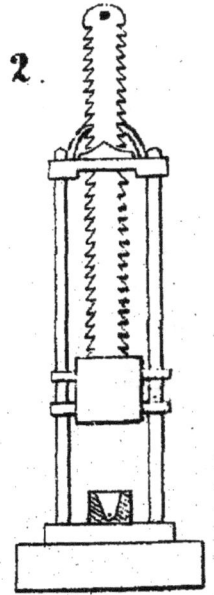

2.

3.

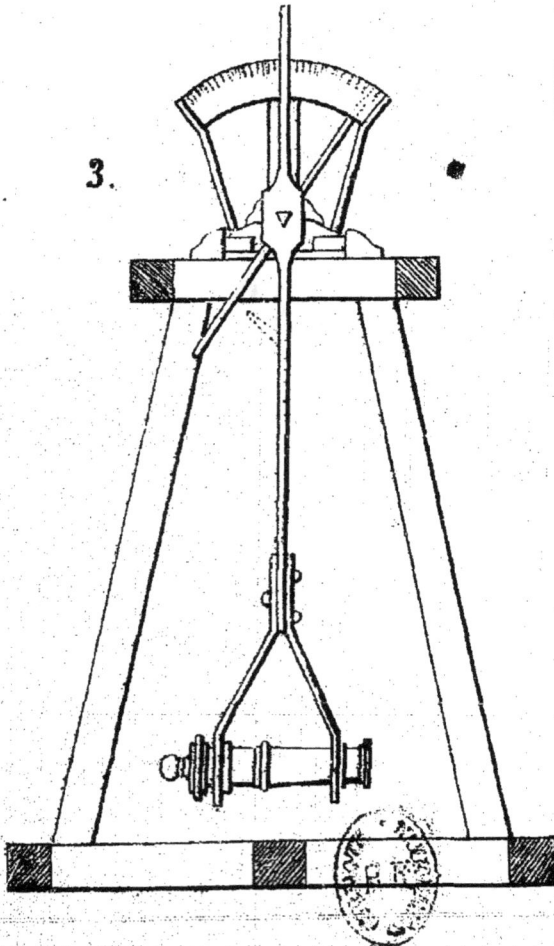

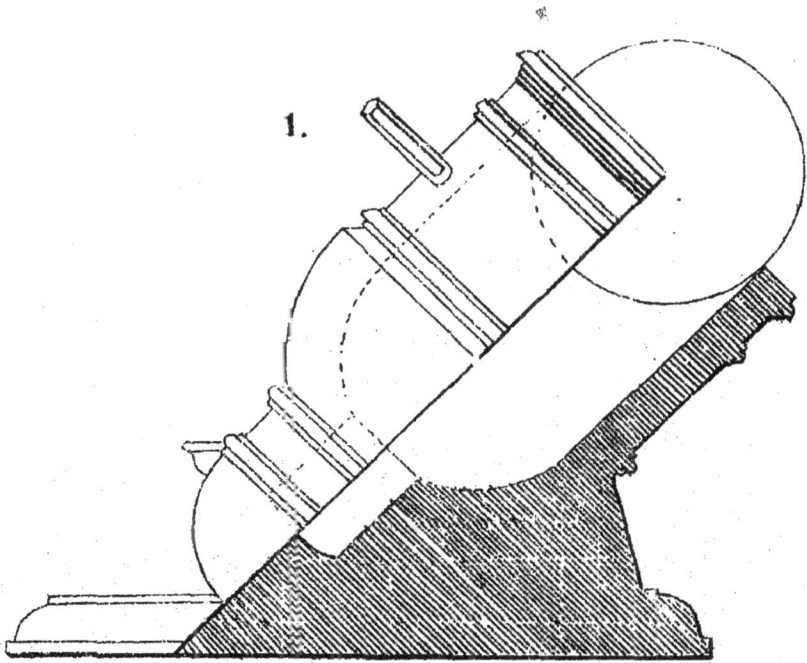

1.

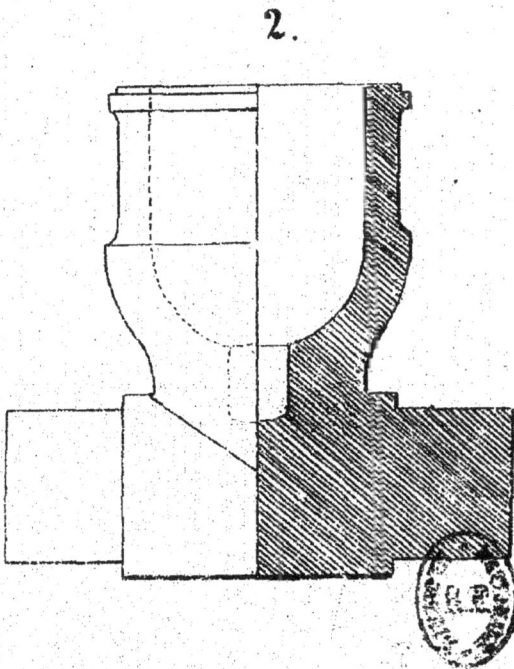

2.

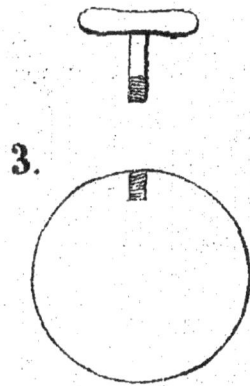

3.

1.

2 a.   b.

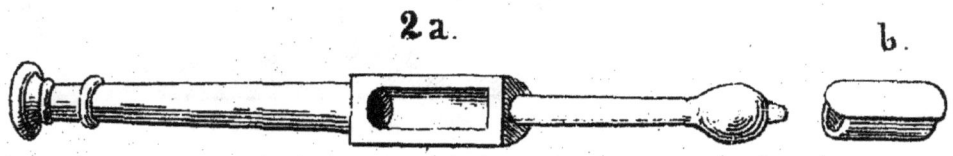

3 a.   b.

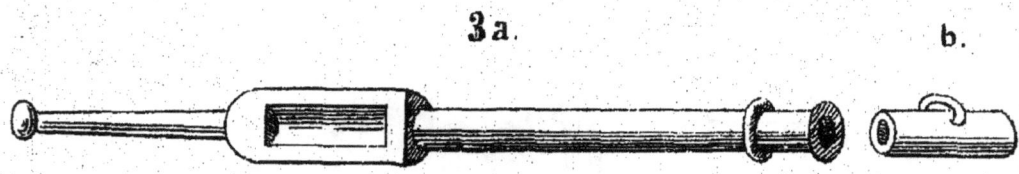

4

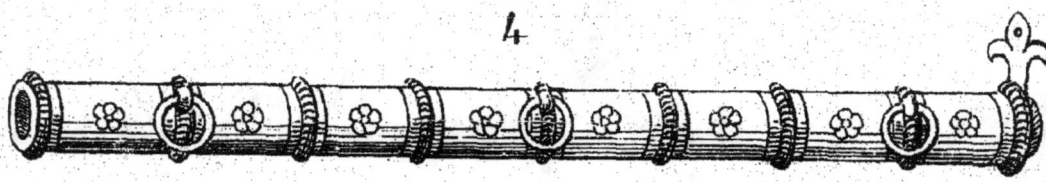

5

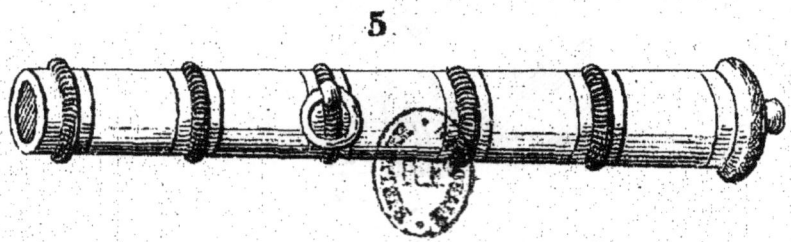

VIII.

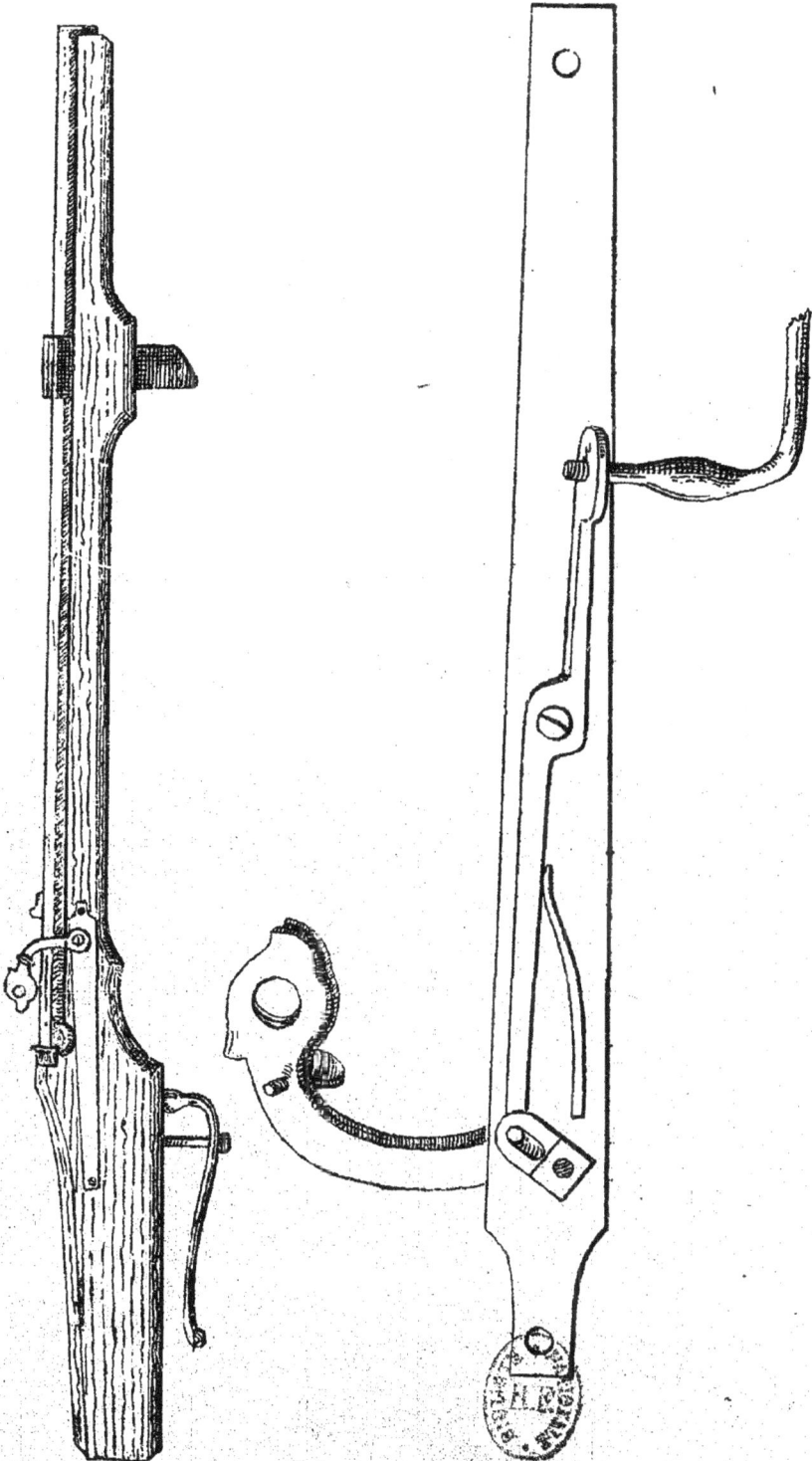

1.

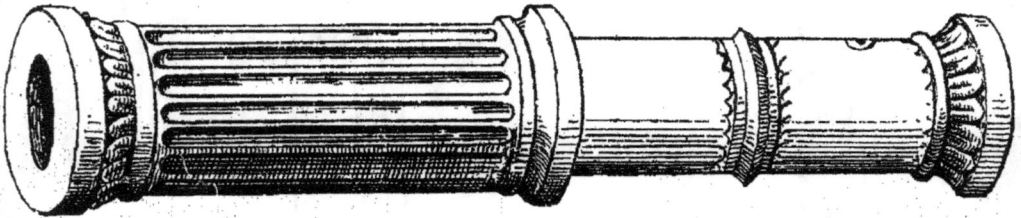

2.a.

2.b.

3.

1.

2.

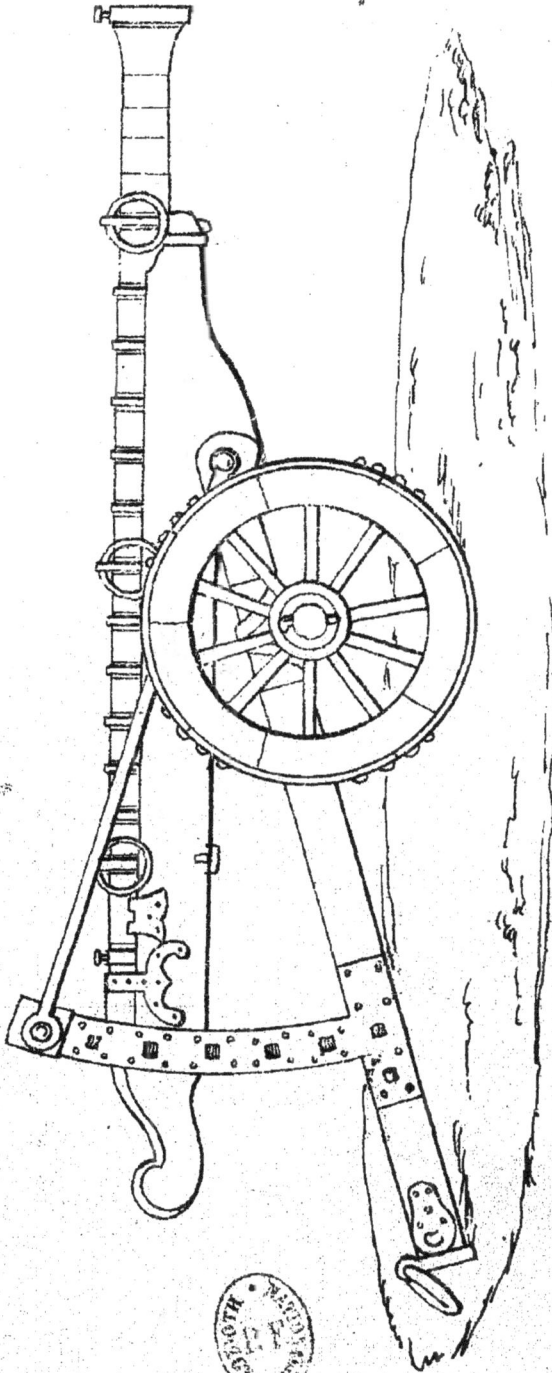

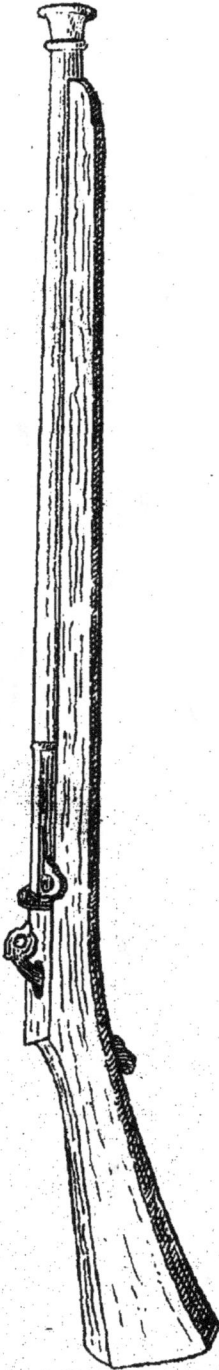

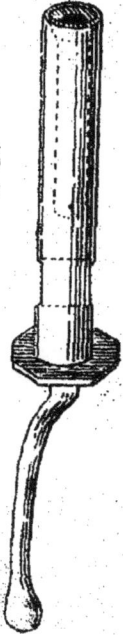

1.

2 a.

2 b.

2 c.

1.

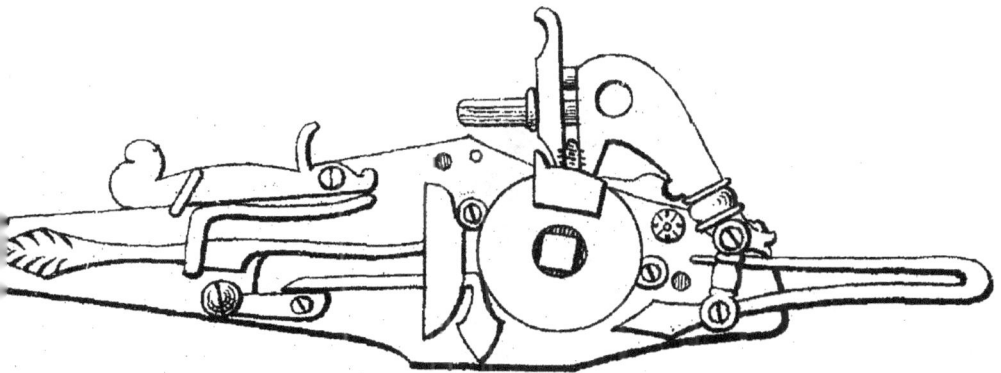

2.

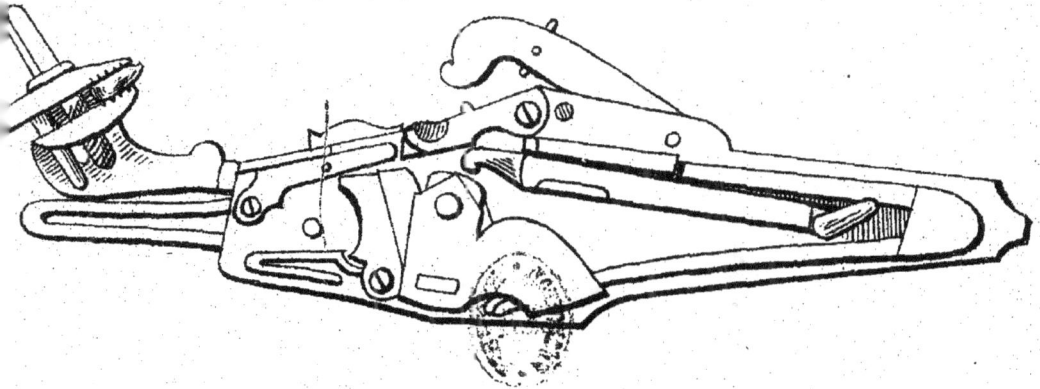

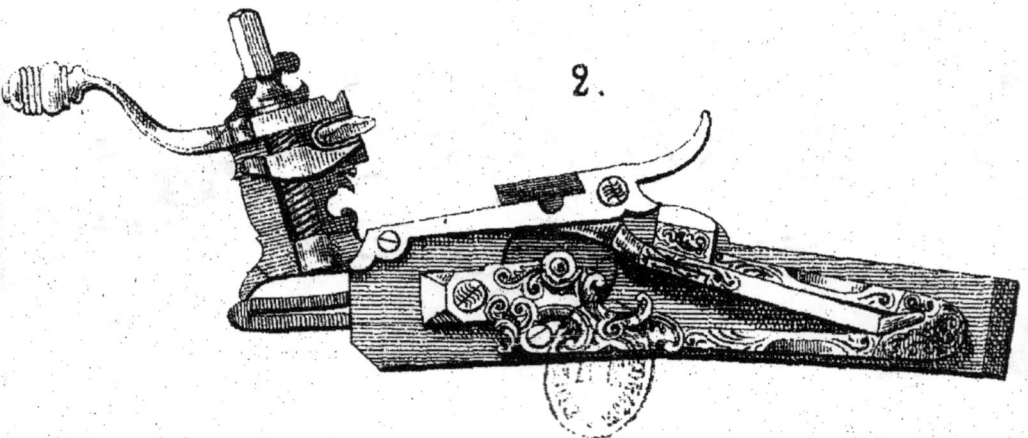

1.

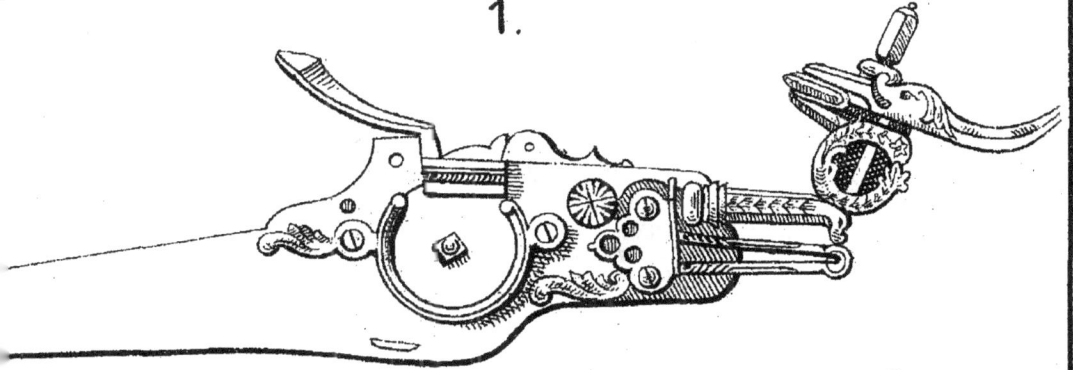

3.

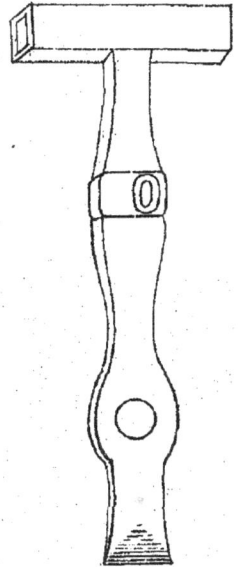

2.

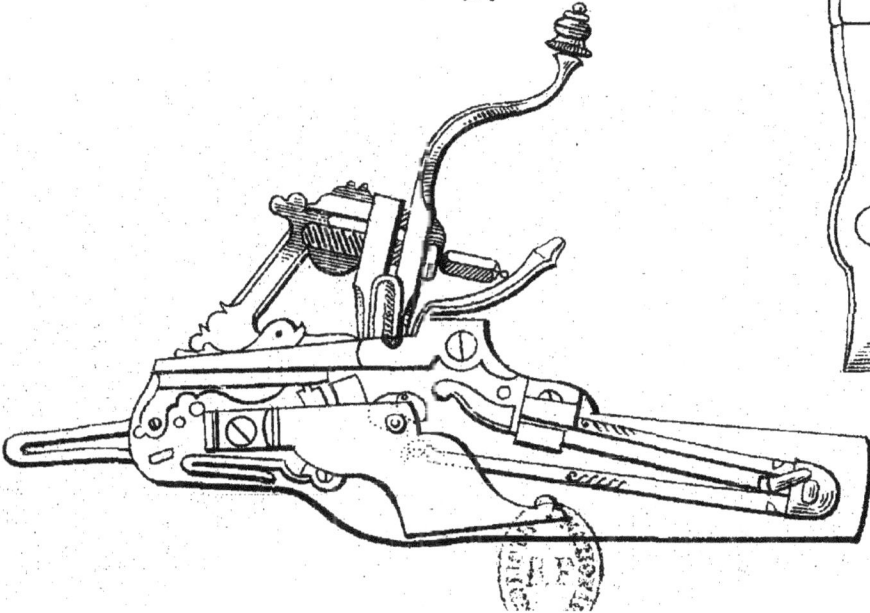

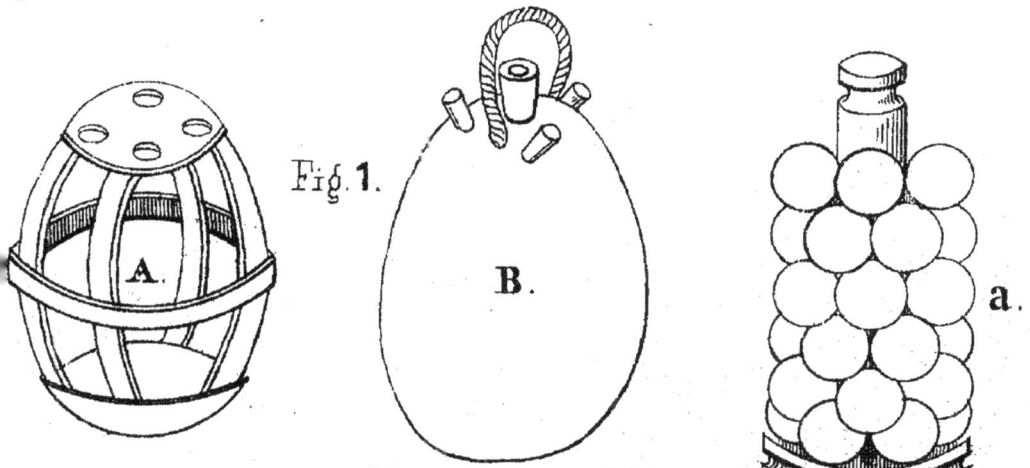

Fig. 1.

A.

B.

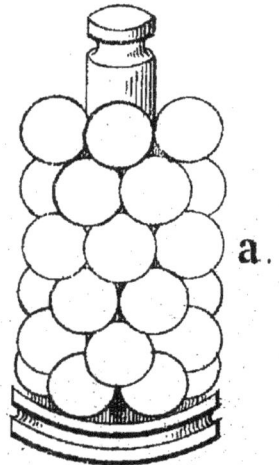

a.

Fig. 2.

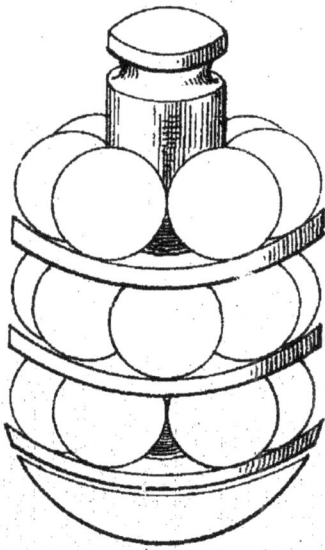

A.

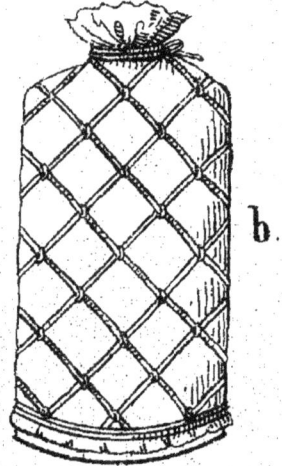

b.

Fig. 3.

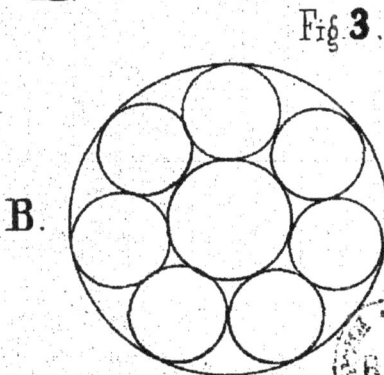

B.

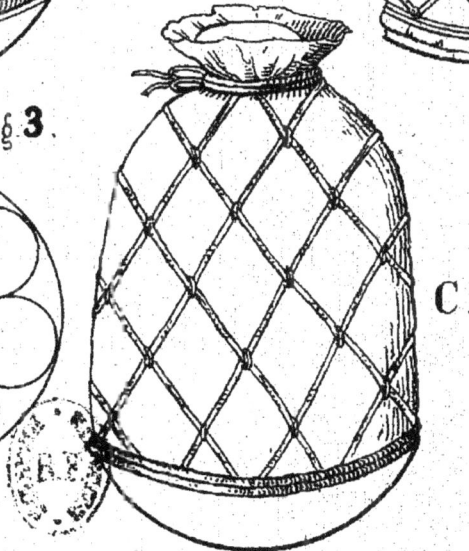

C.

1.

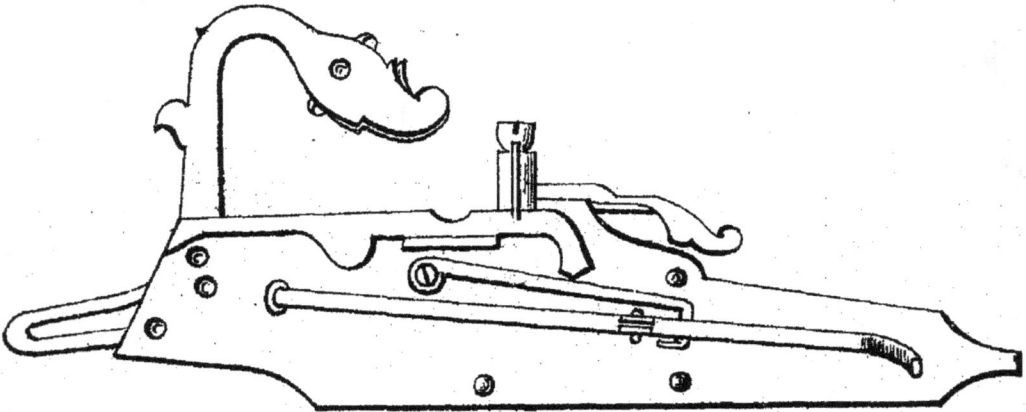

2.

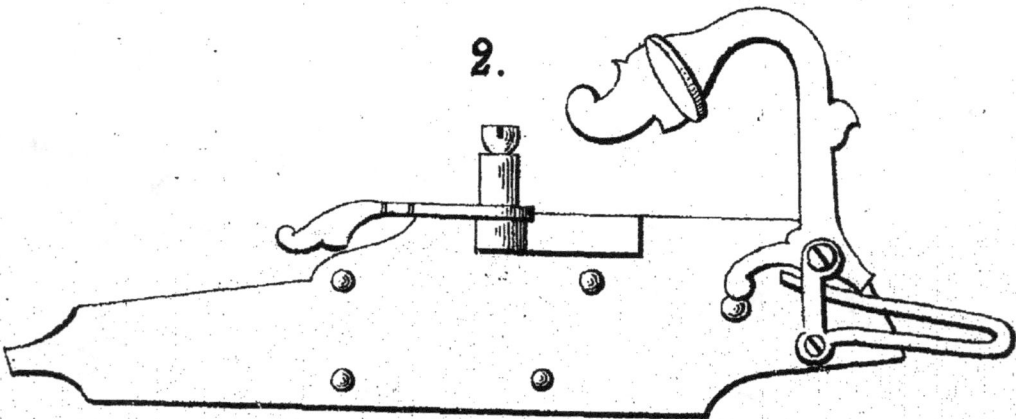

3.

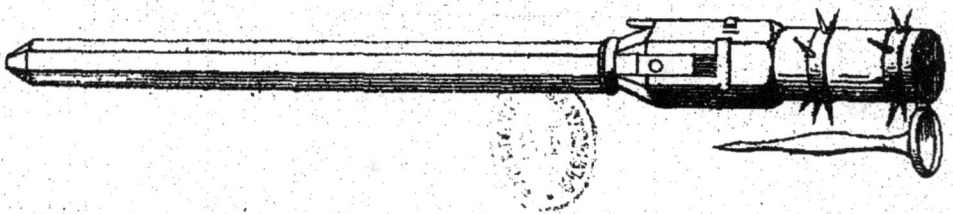

1.

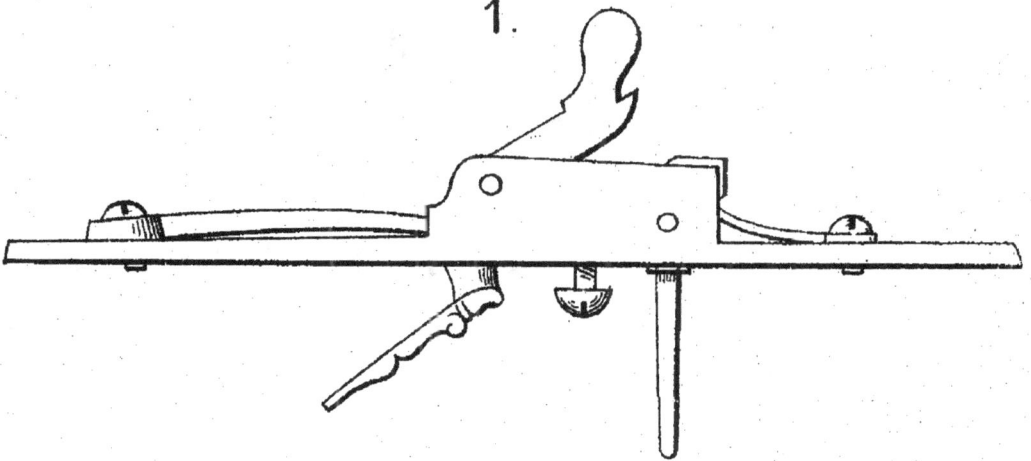

2.

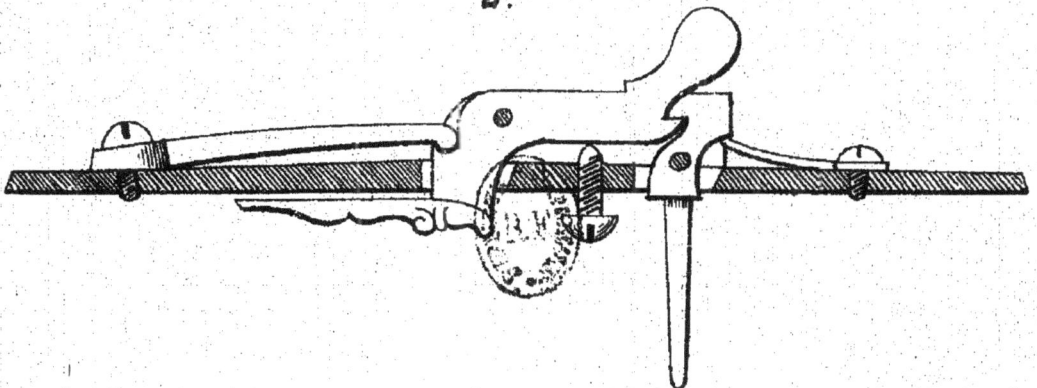

1.

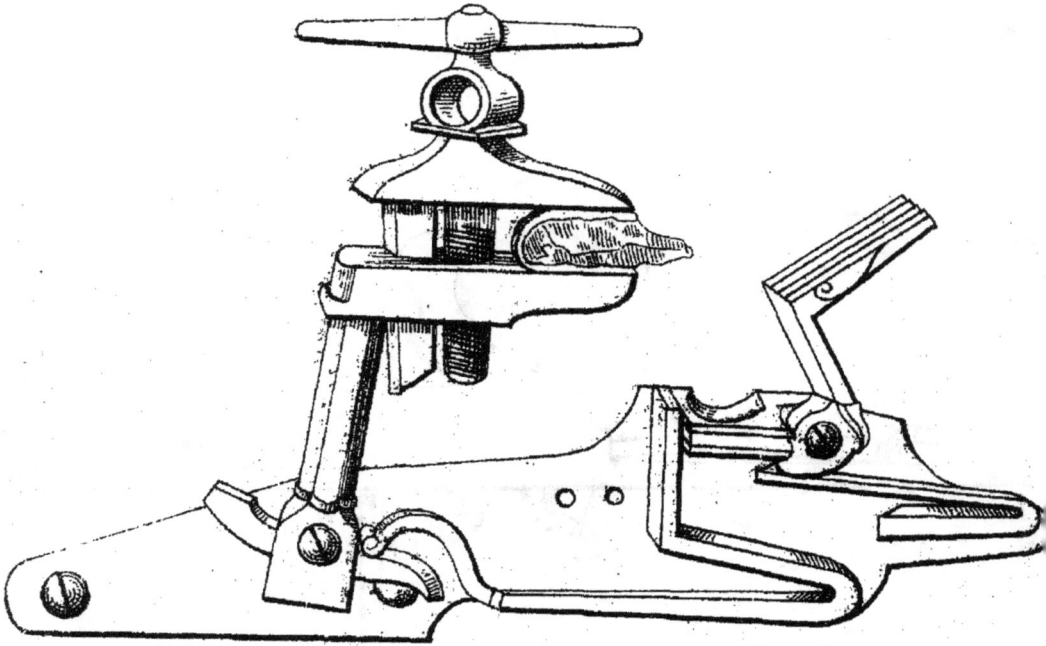

2.

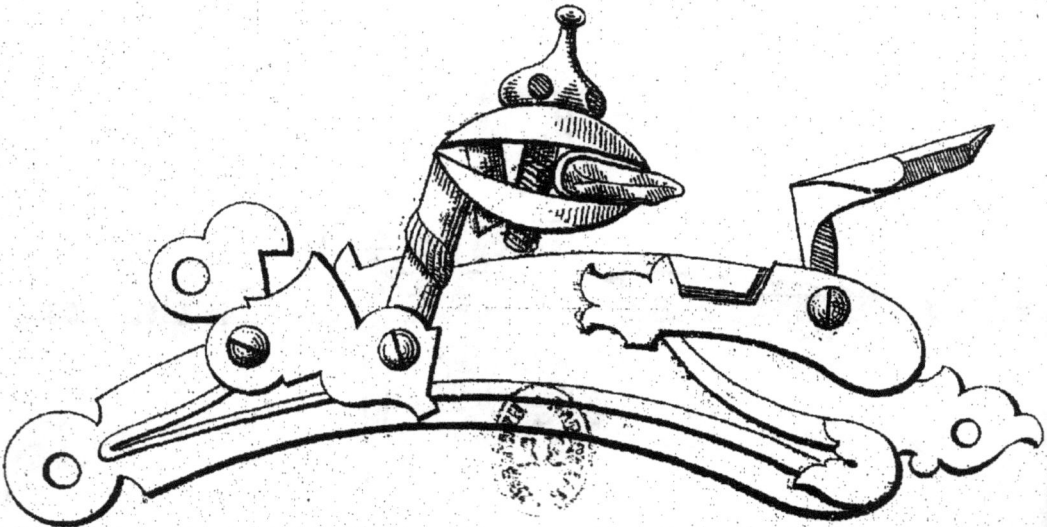

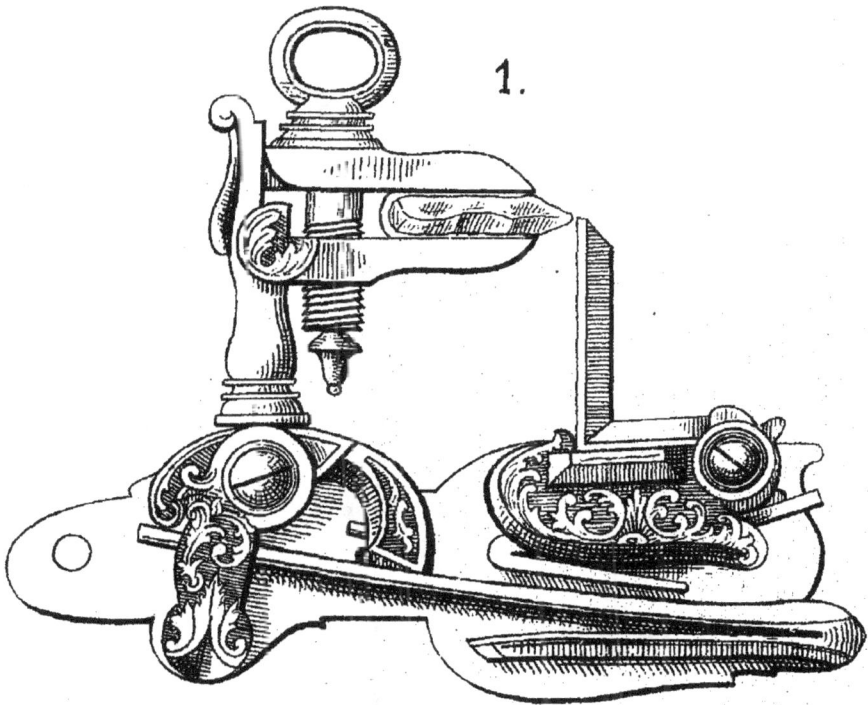

1.

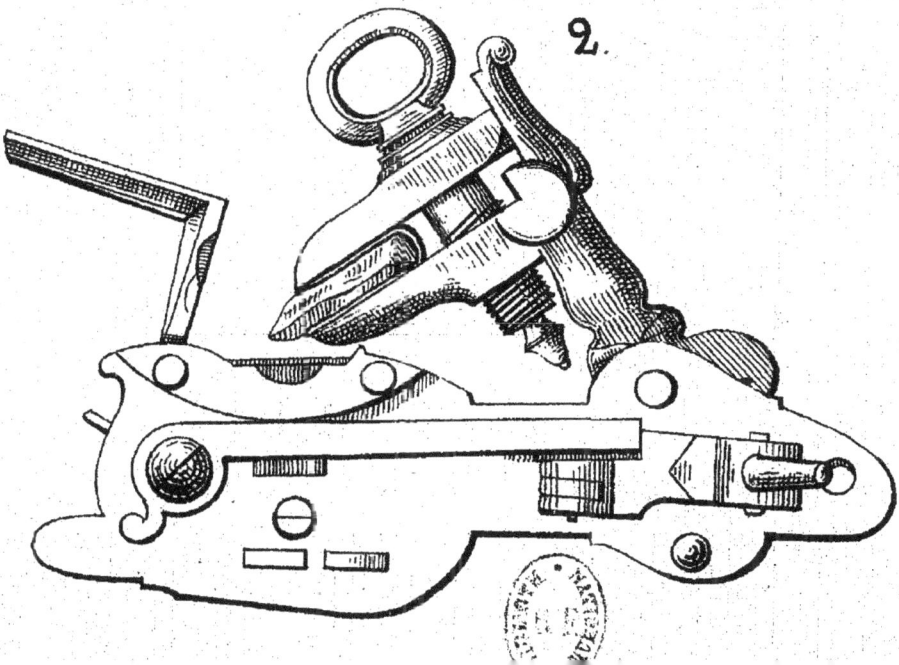

2.

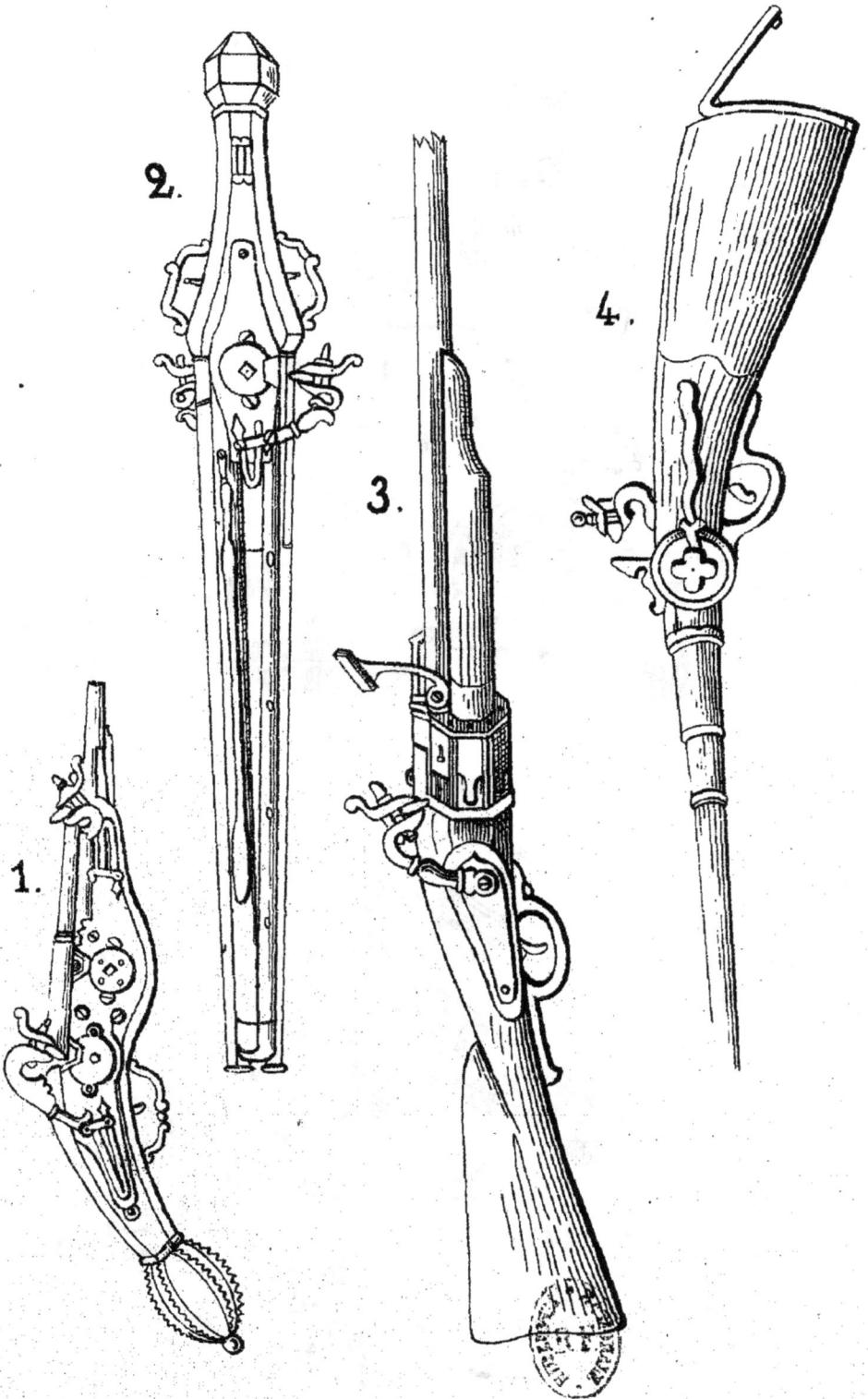

1.

2.

3.

4.

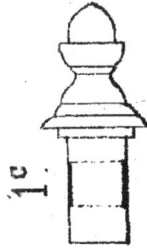

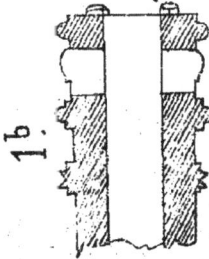

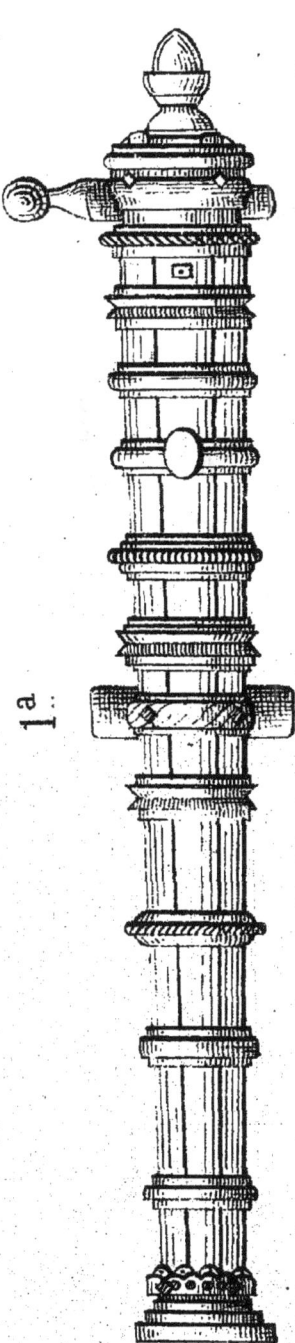

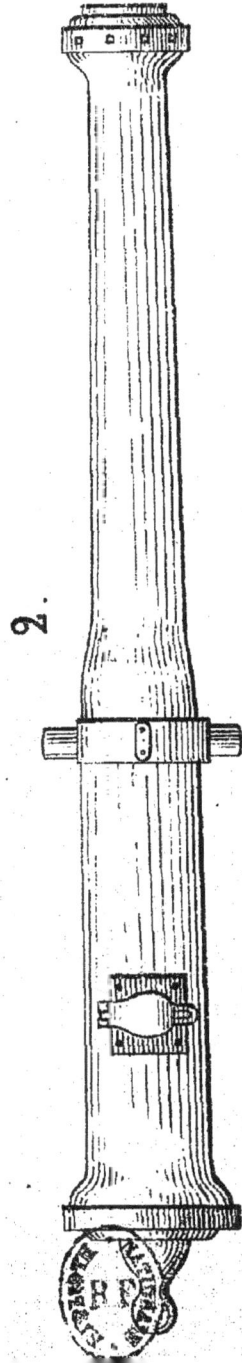

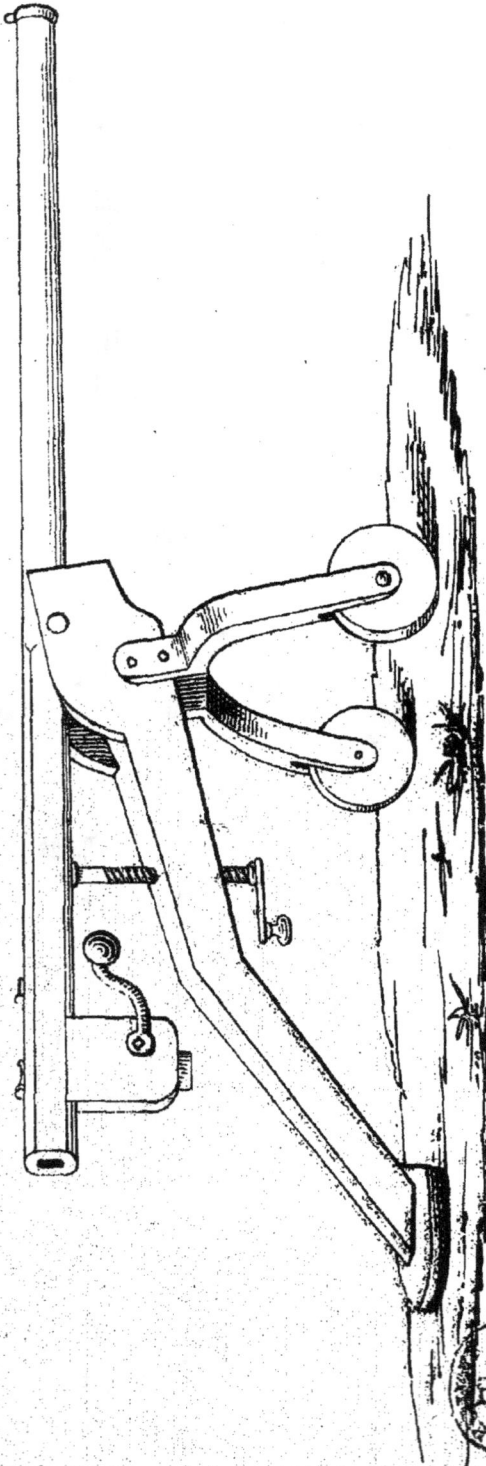

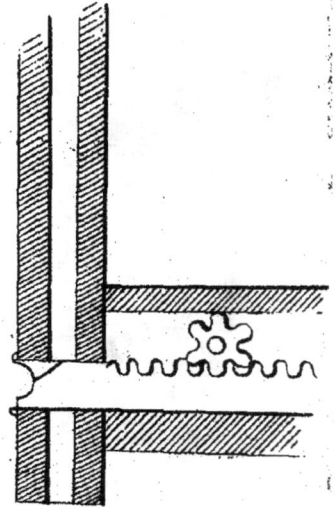

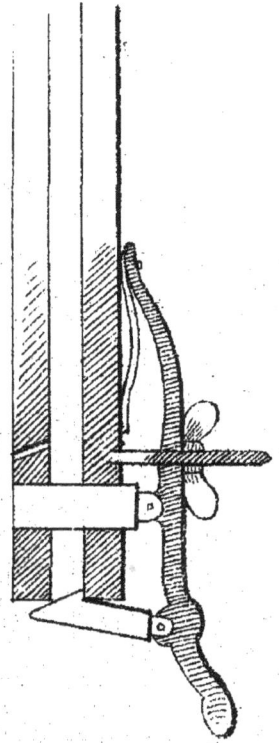

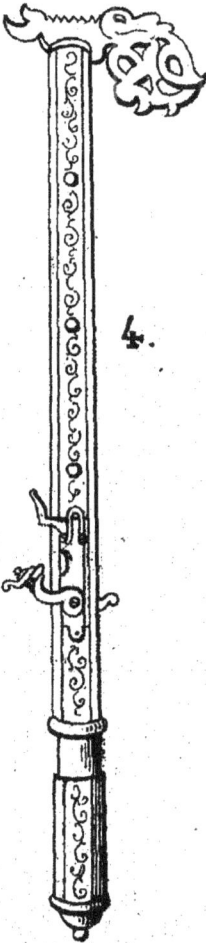

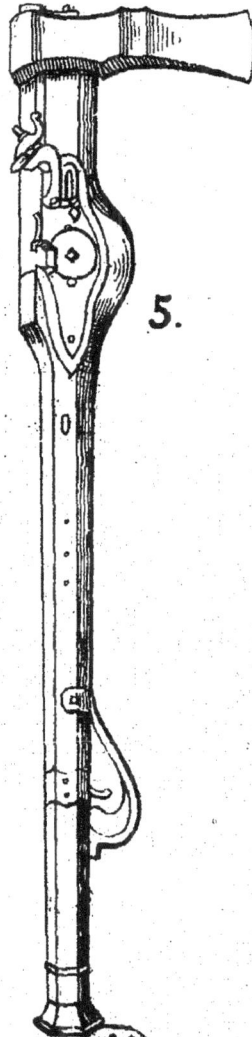

1.

2.

3.

NO ME EMBAINES SIN HONOR

4.

5.

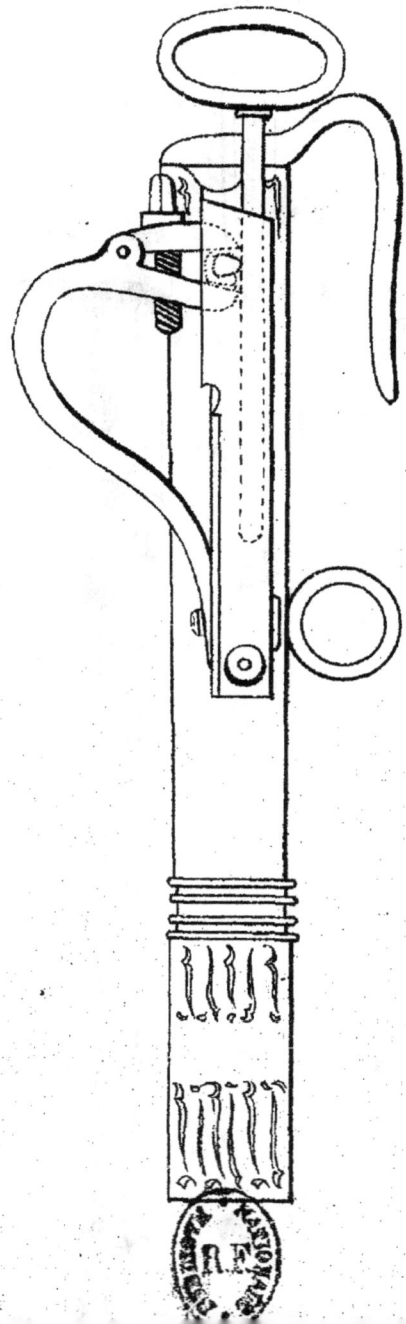

1.

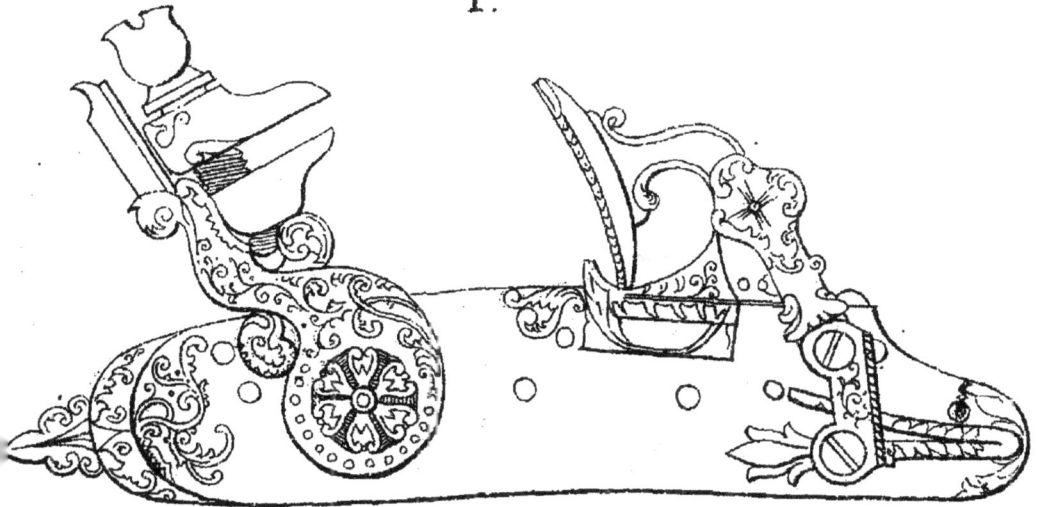

2.

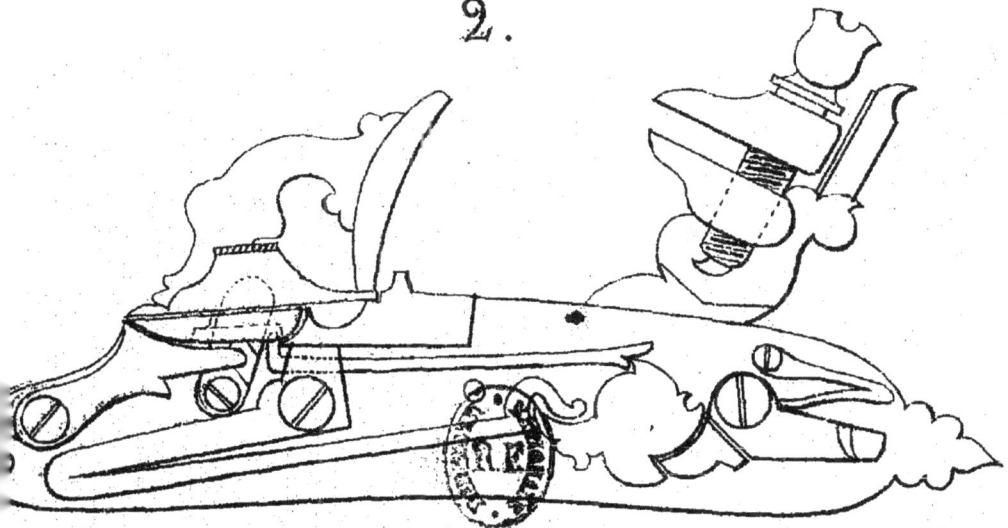

1.

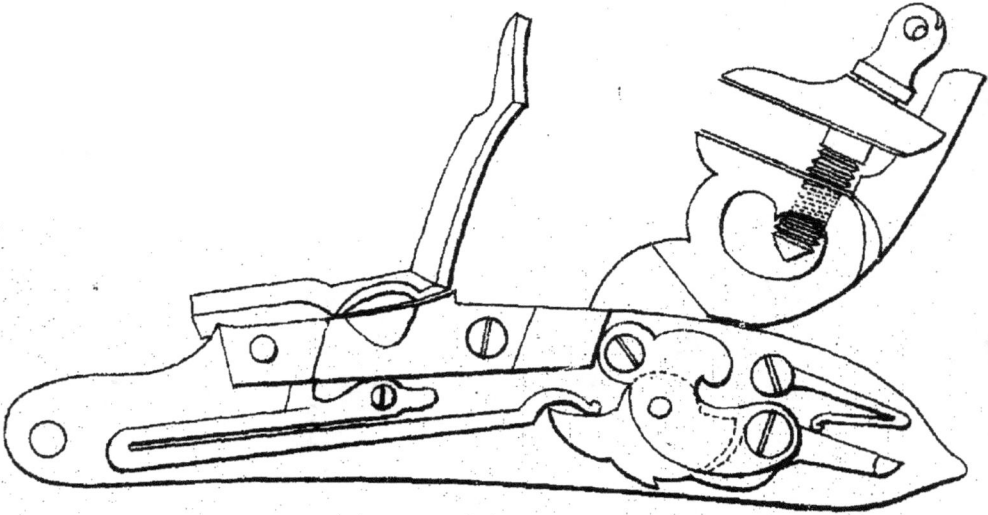

2.

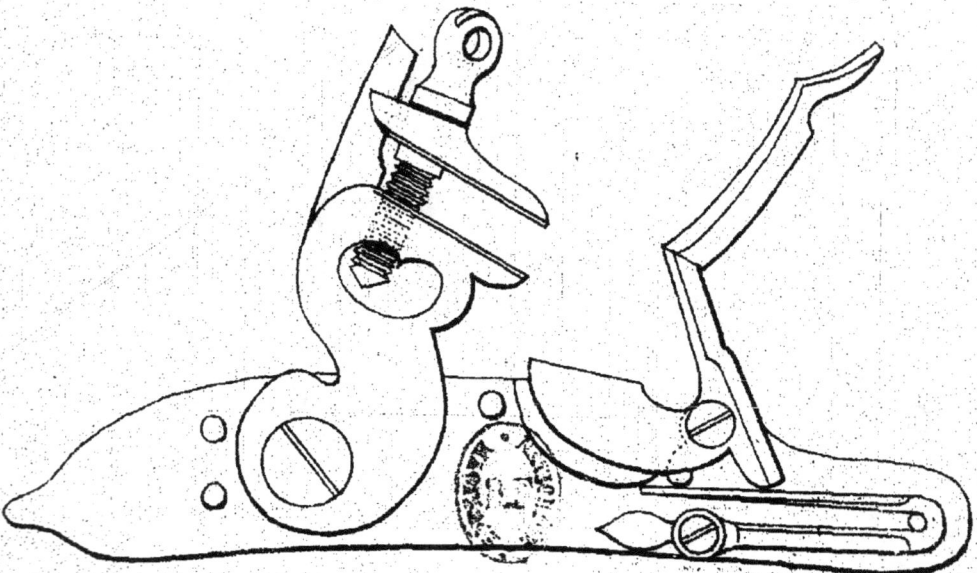

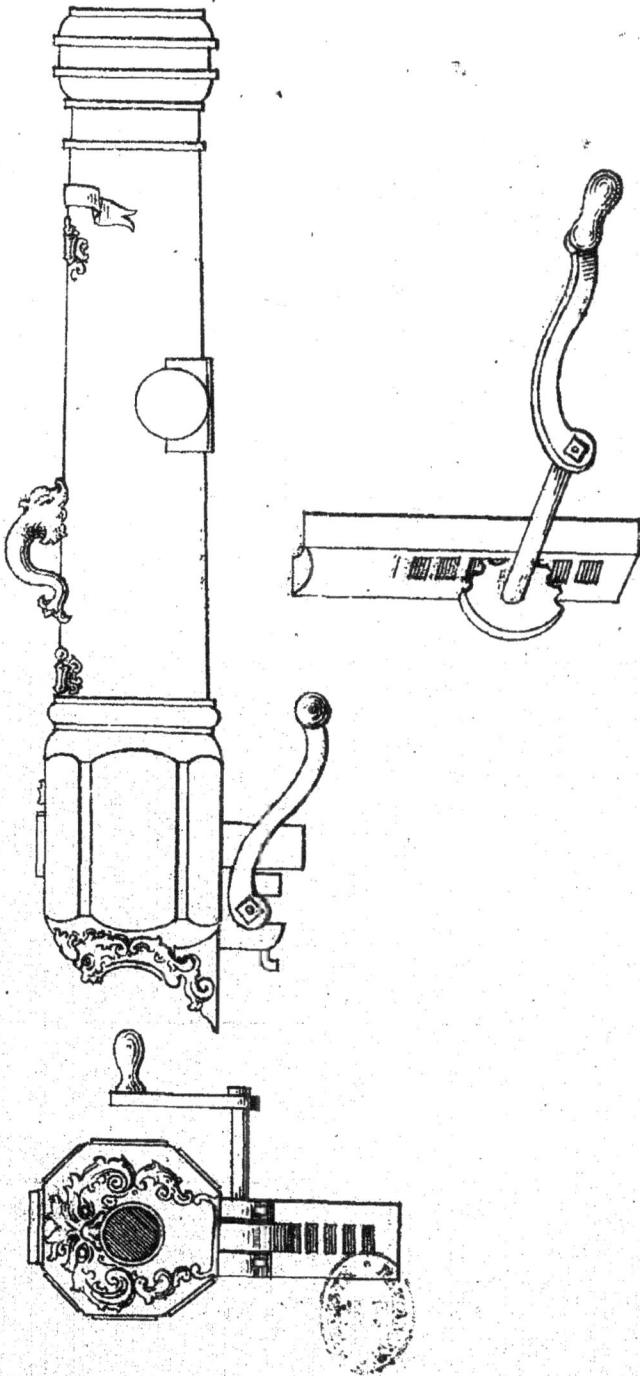

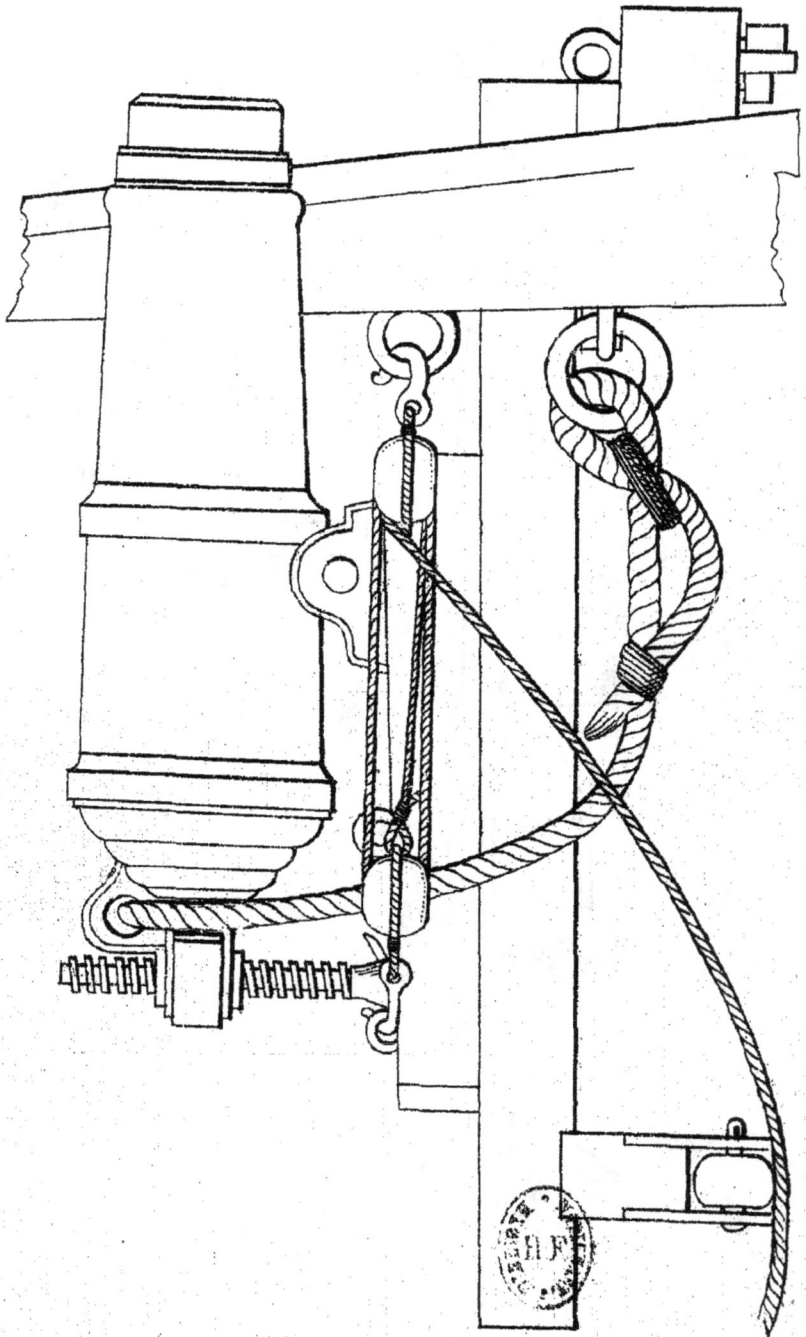

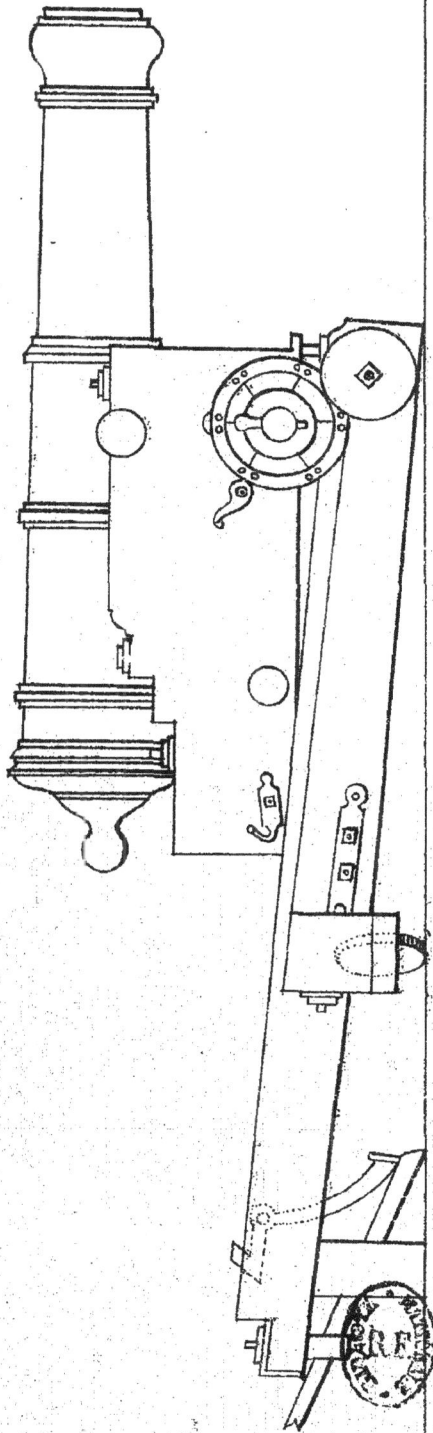

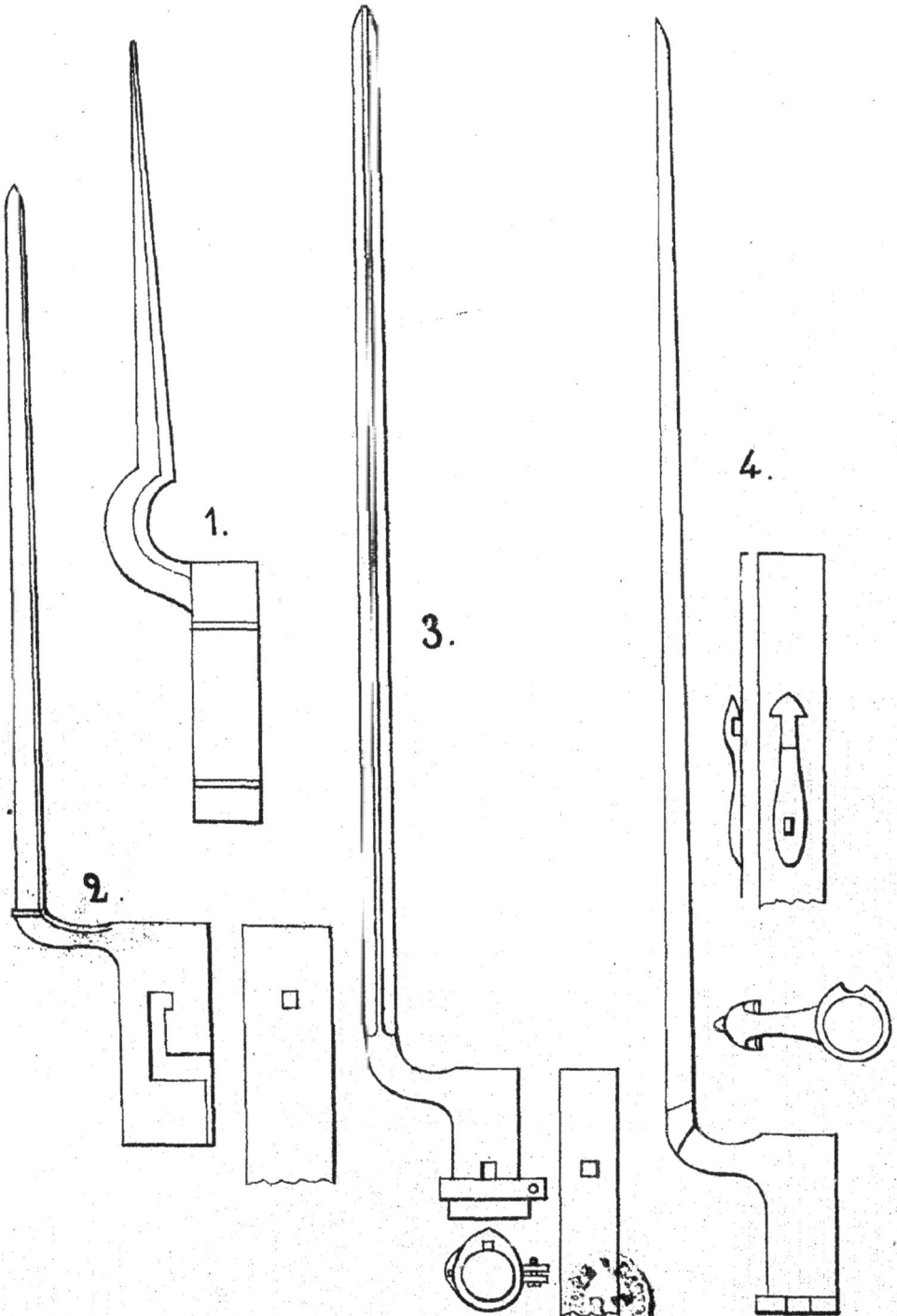

1.

2.

3.

4.

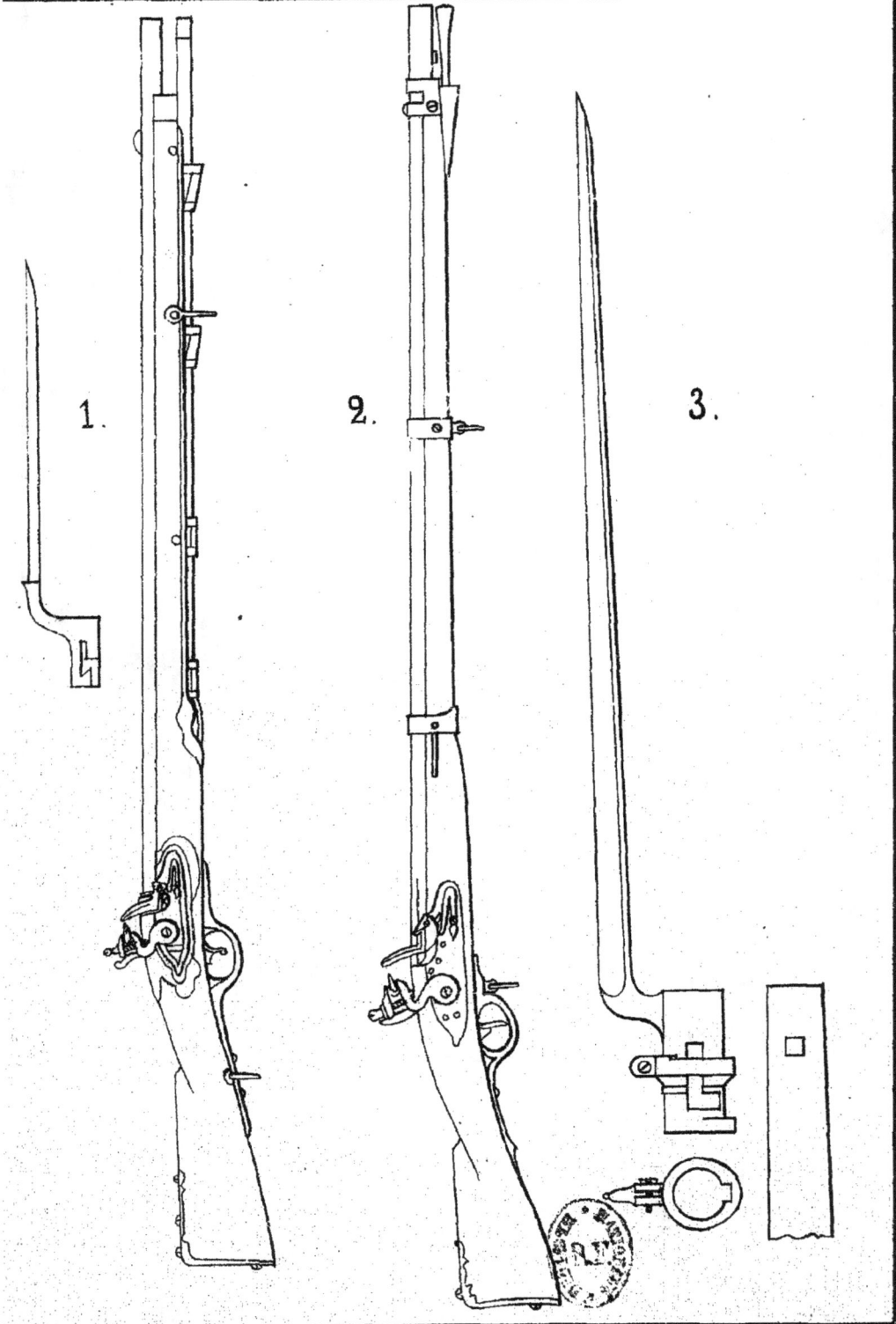

1.

2.

3.

XLII.

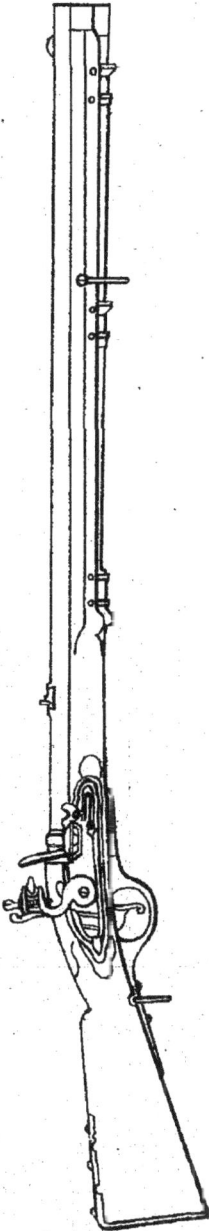

1.

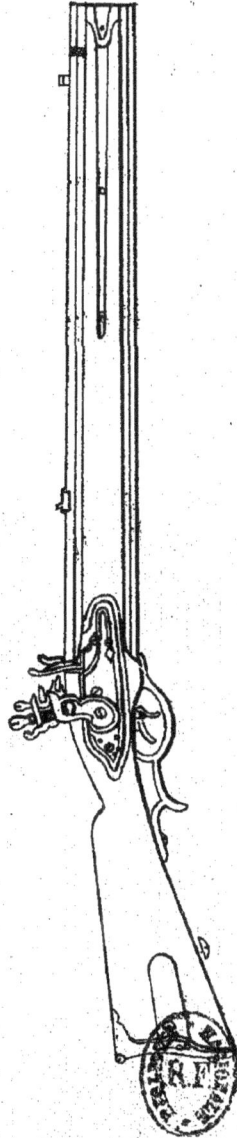

2.

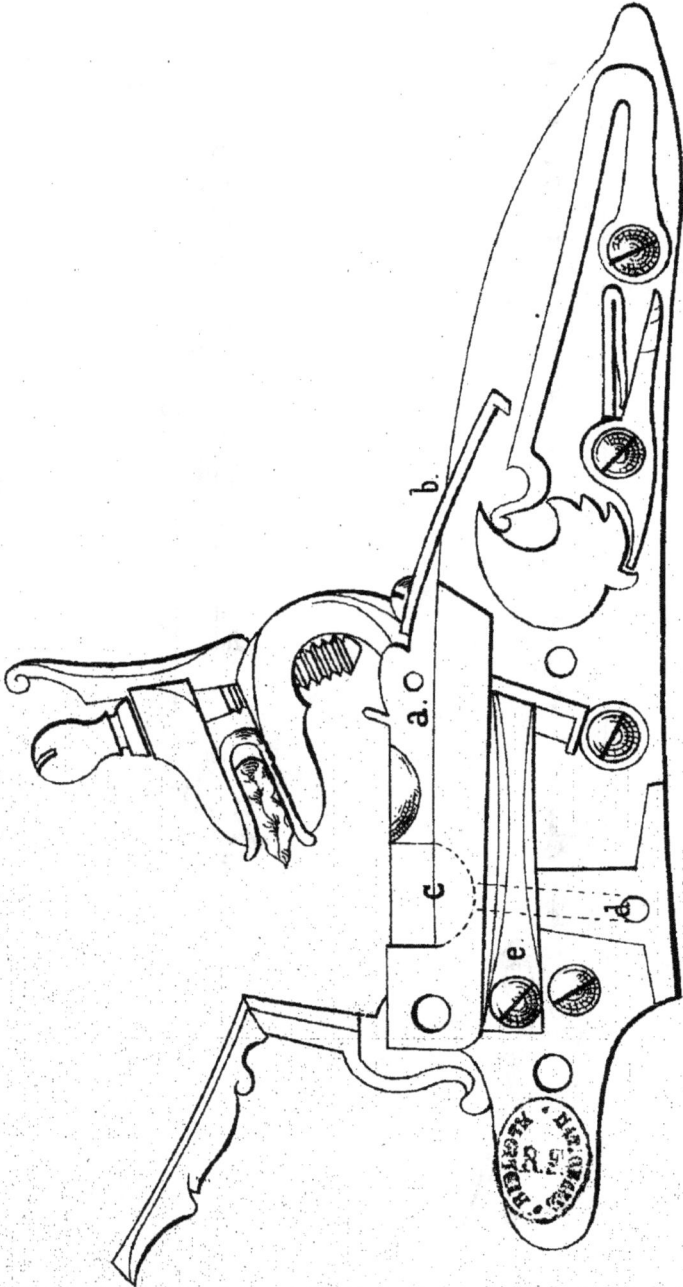

1.

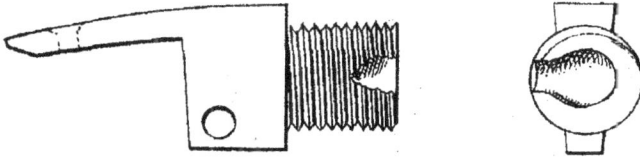

3.

2.

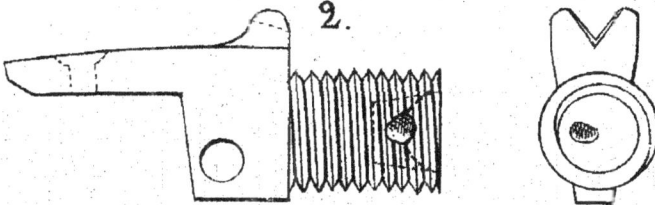

4.

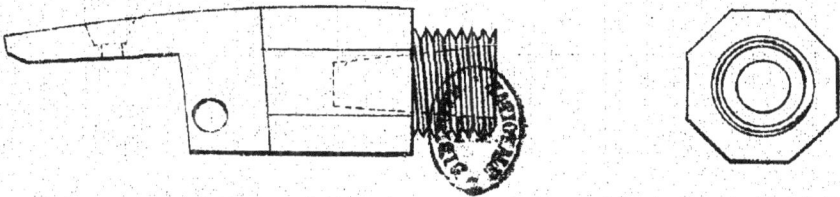

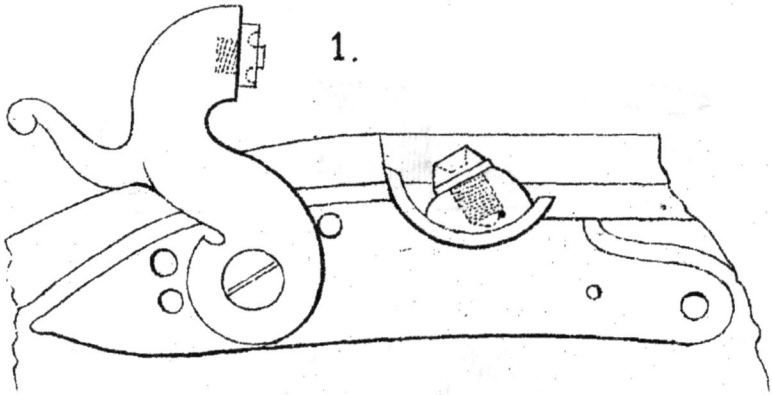

1.

3.

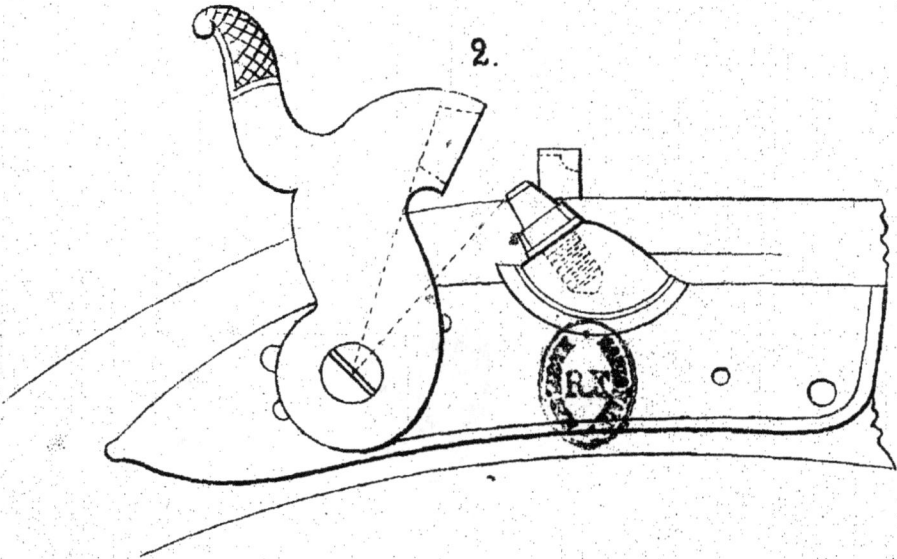

2.

1

2

4.

5.

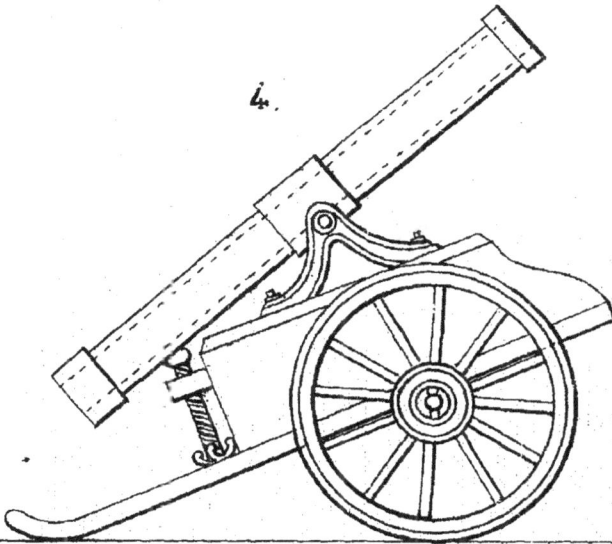

3

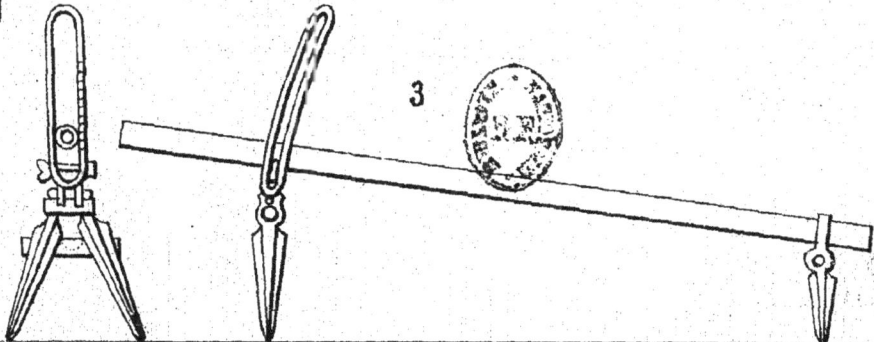

2.

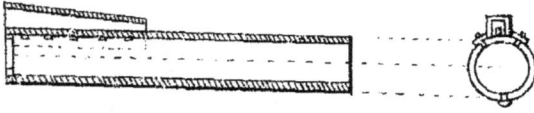

3.

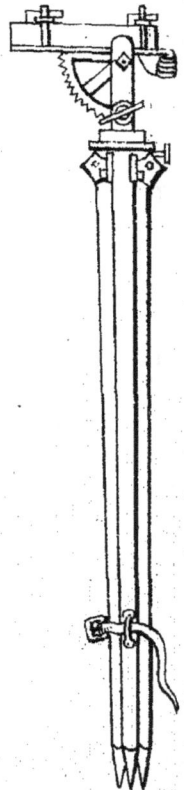

1.

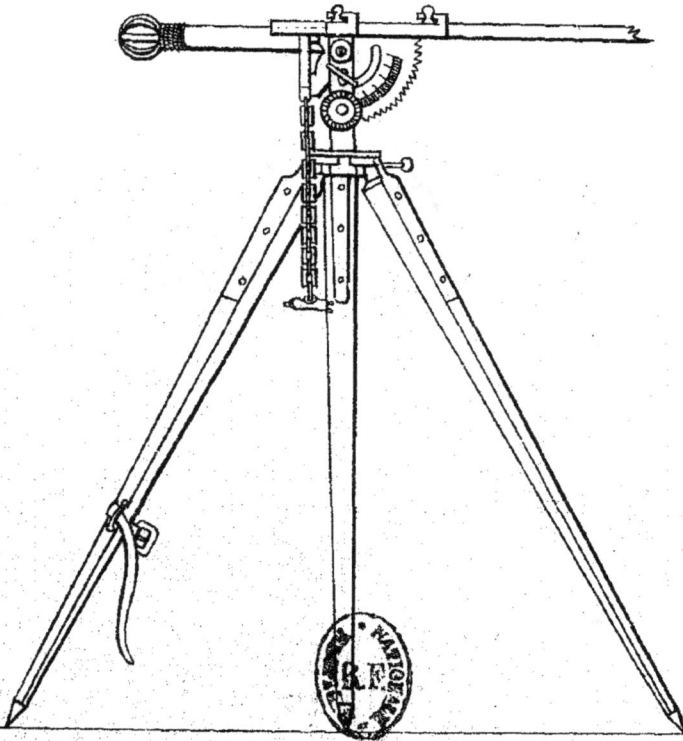

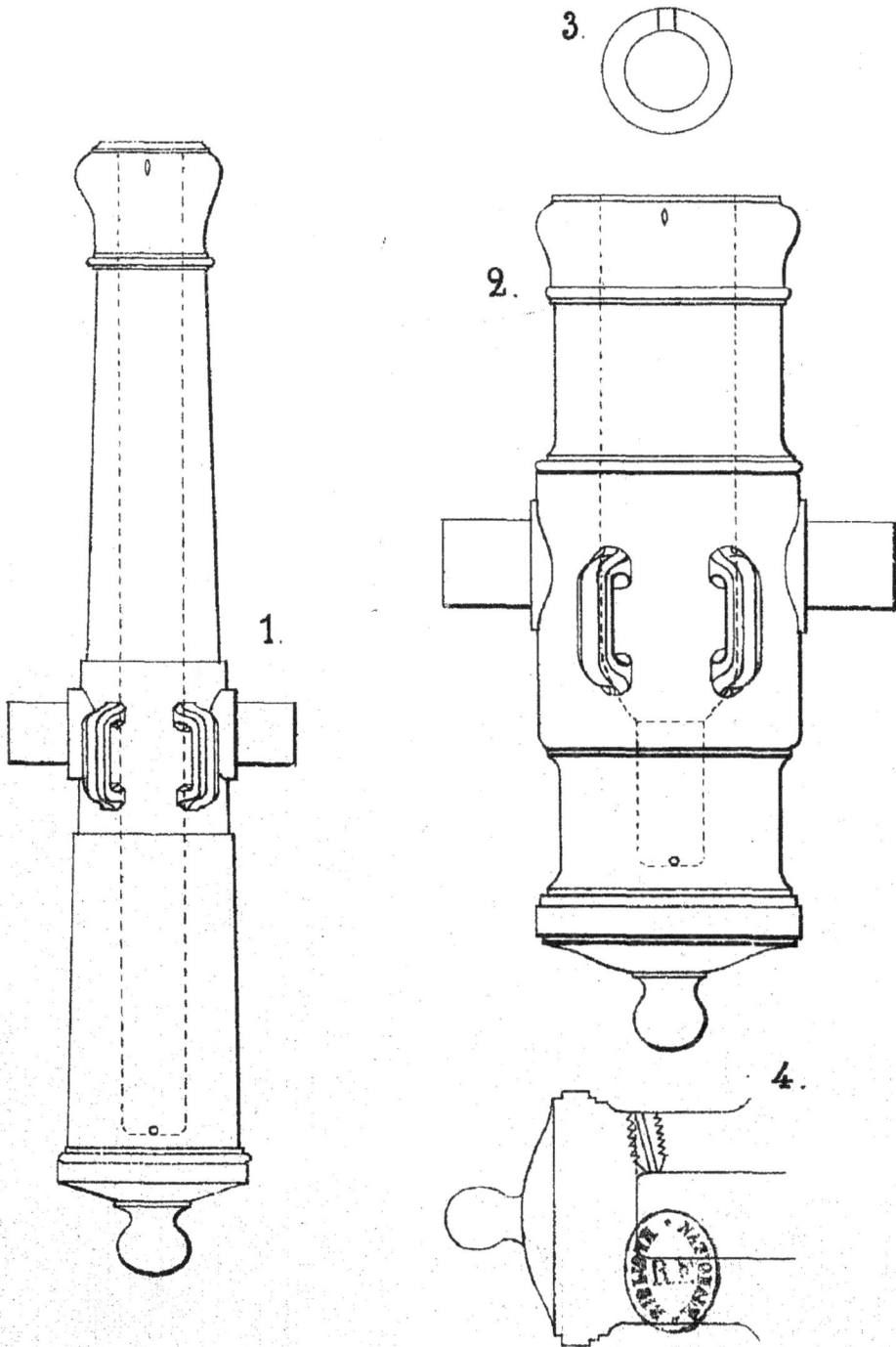

1.

2.

3.

4.

1.

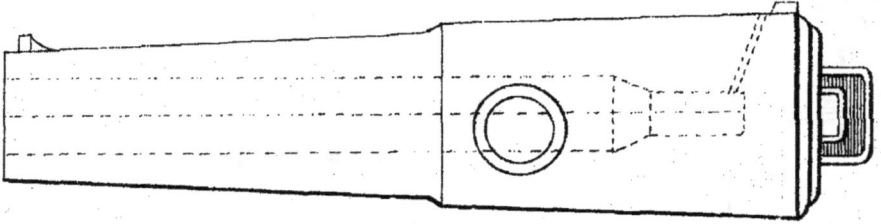

2.

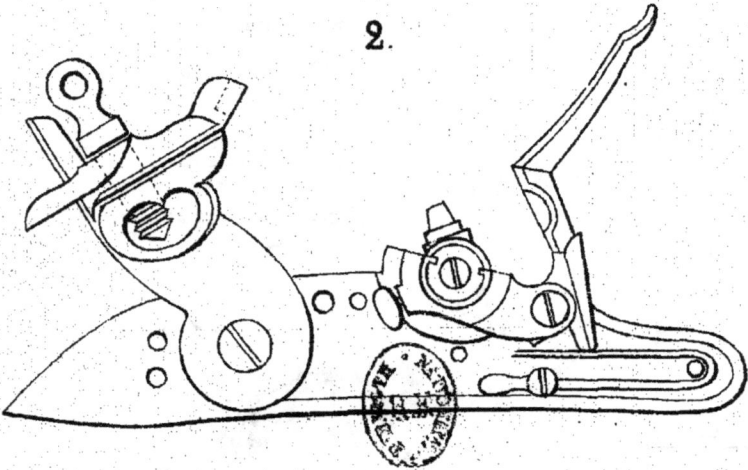

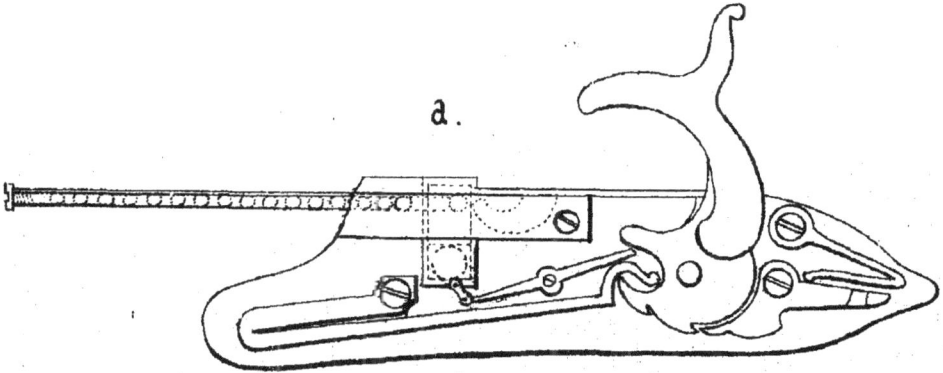

a.

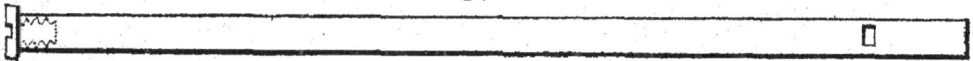

c.

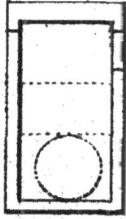 d.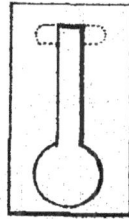

b.

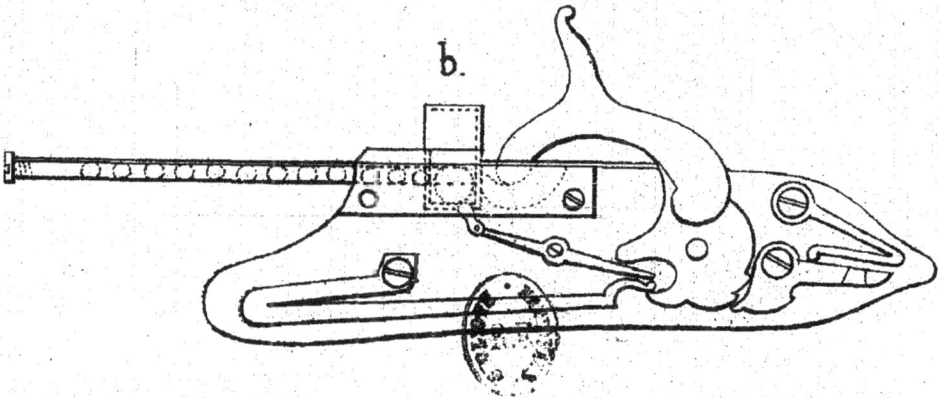

LI.

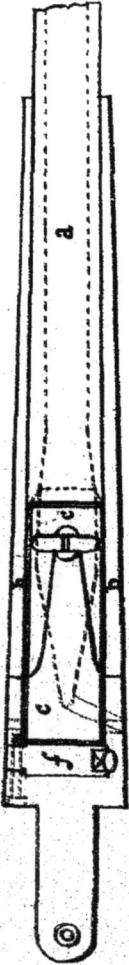
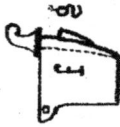
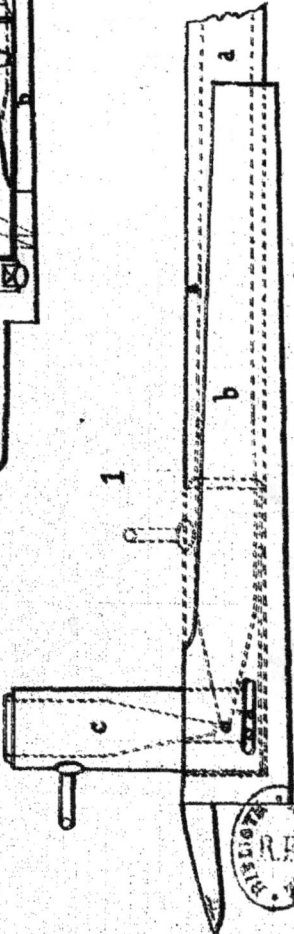
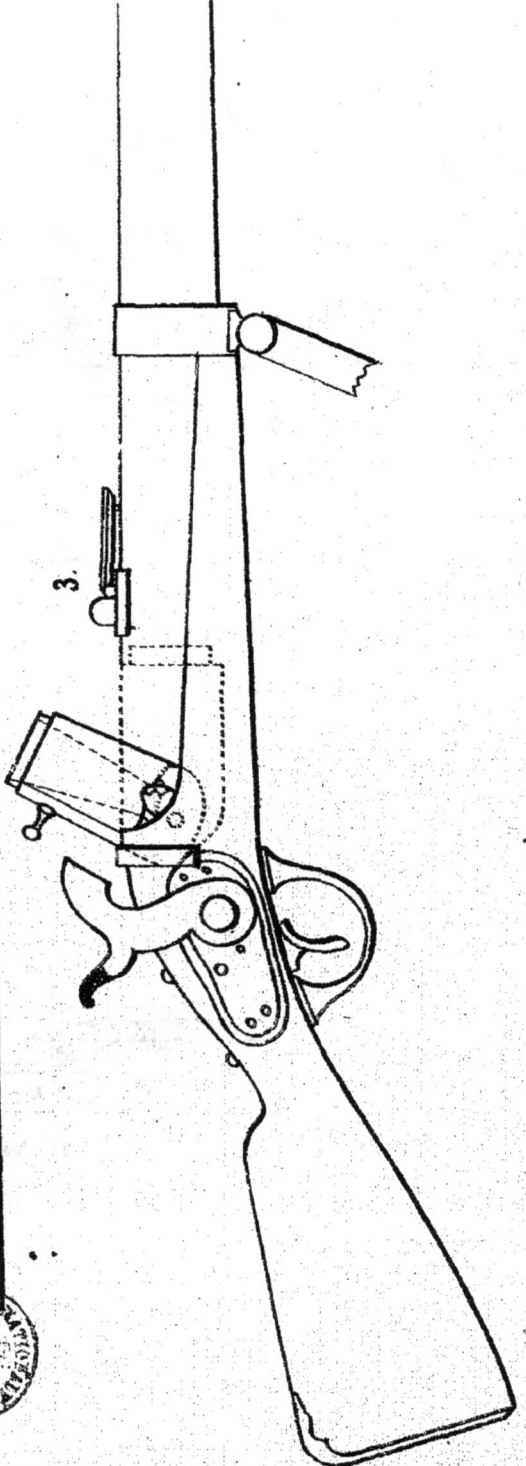

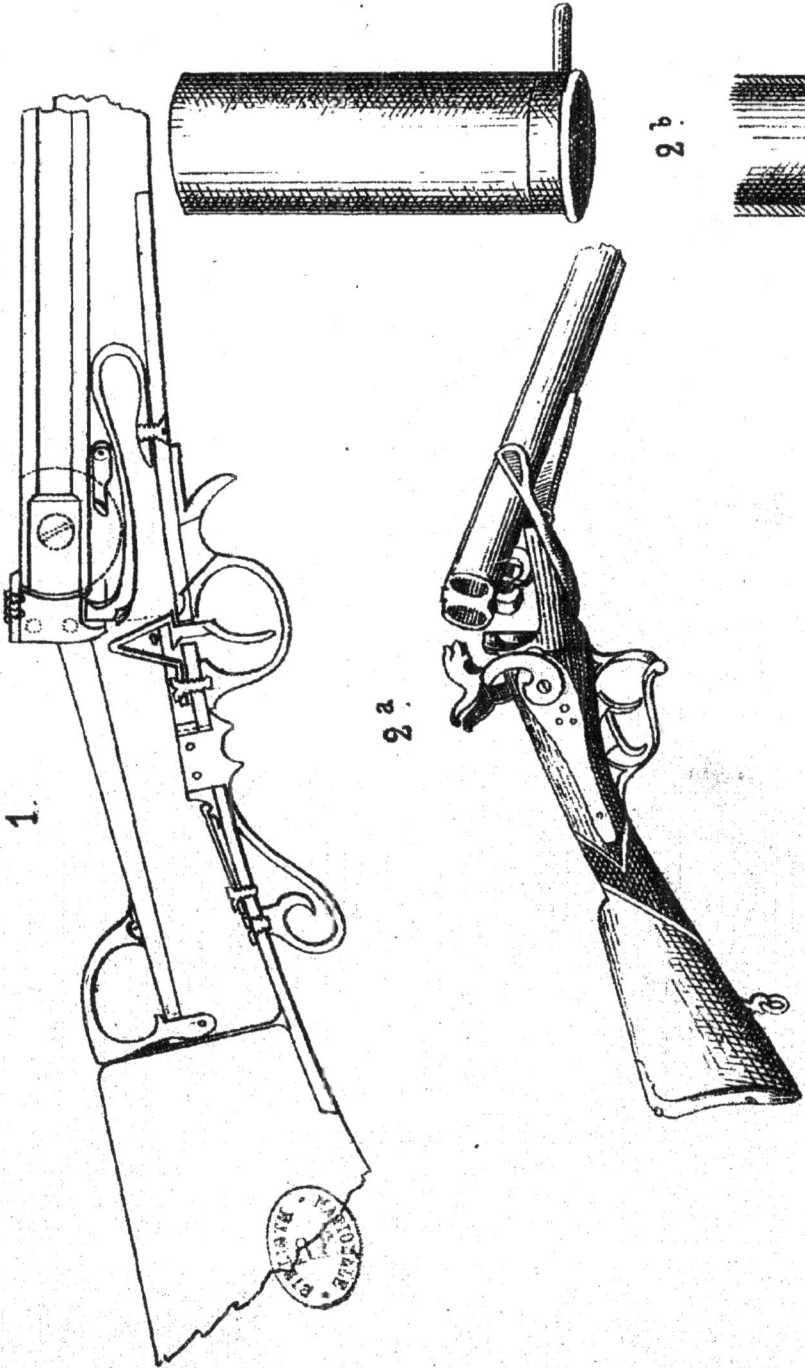

1.

2.ª

2.ᵇ

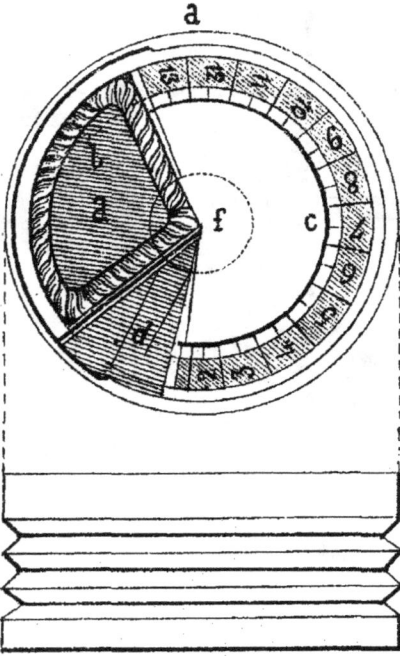

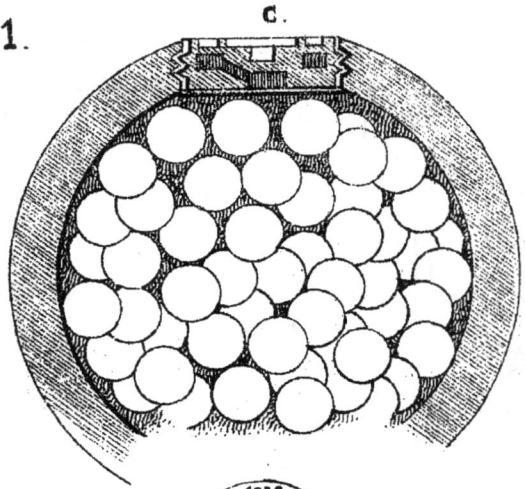

1.

c.

a.

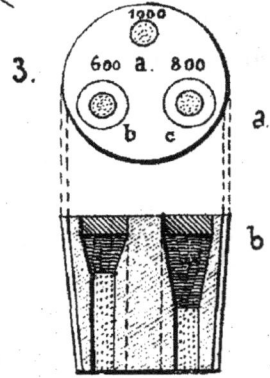

3.

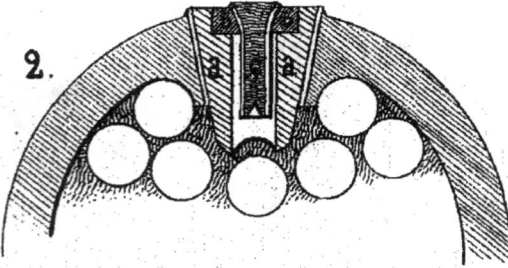

2.

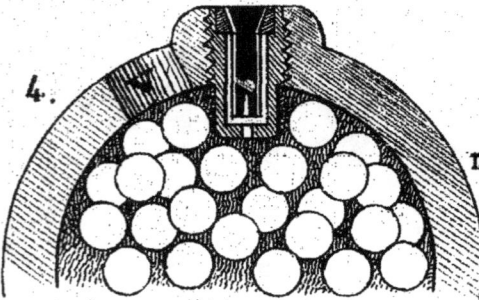

4.

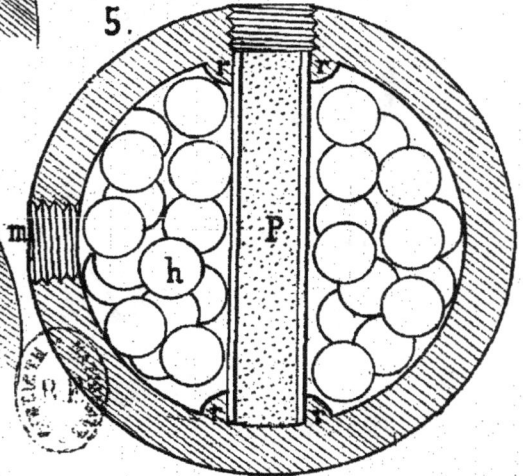

5.

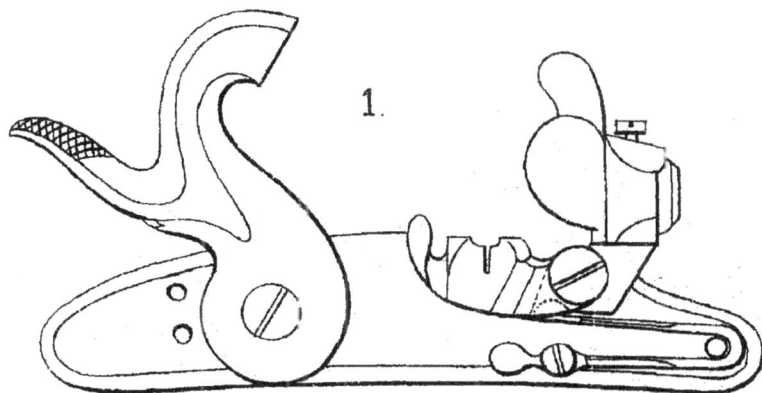

1.

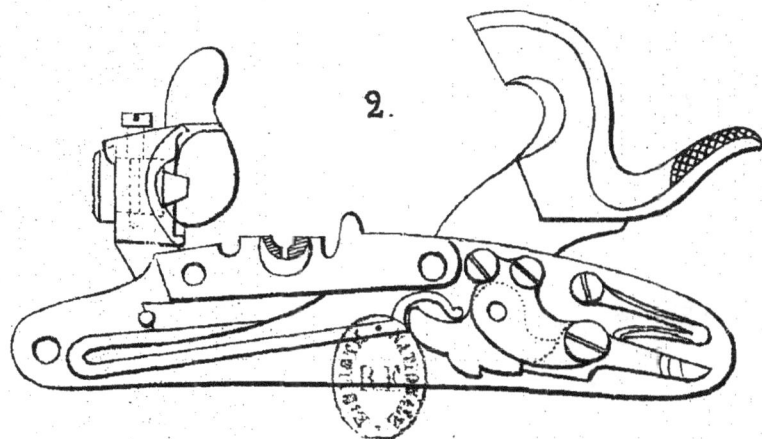

2.

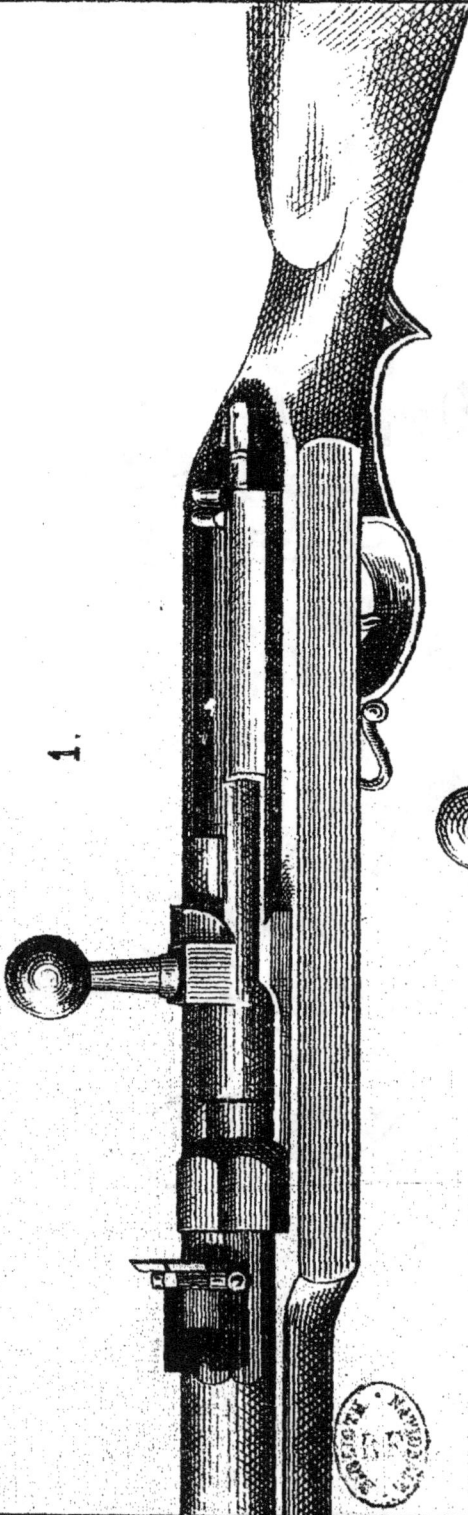

1.

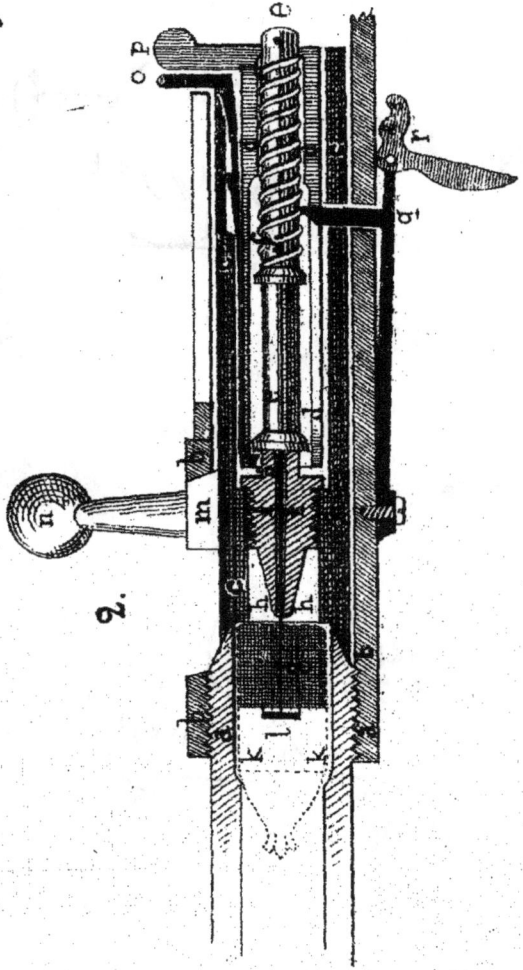

2.

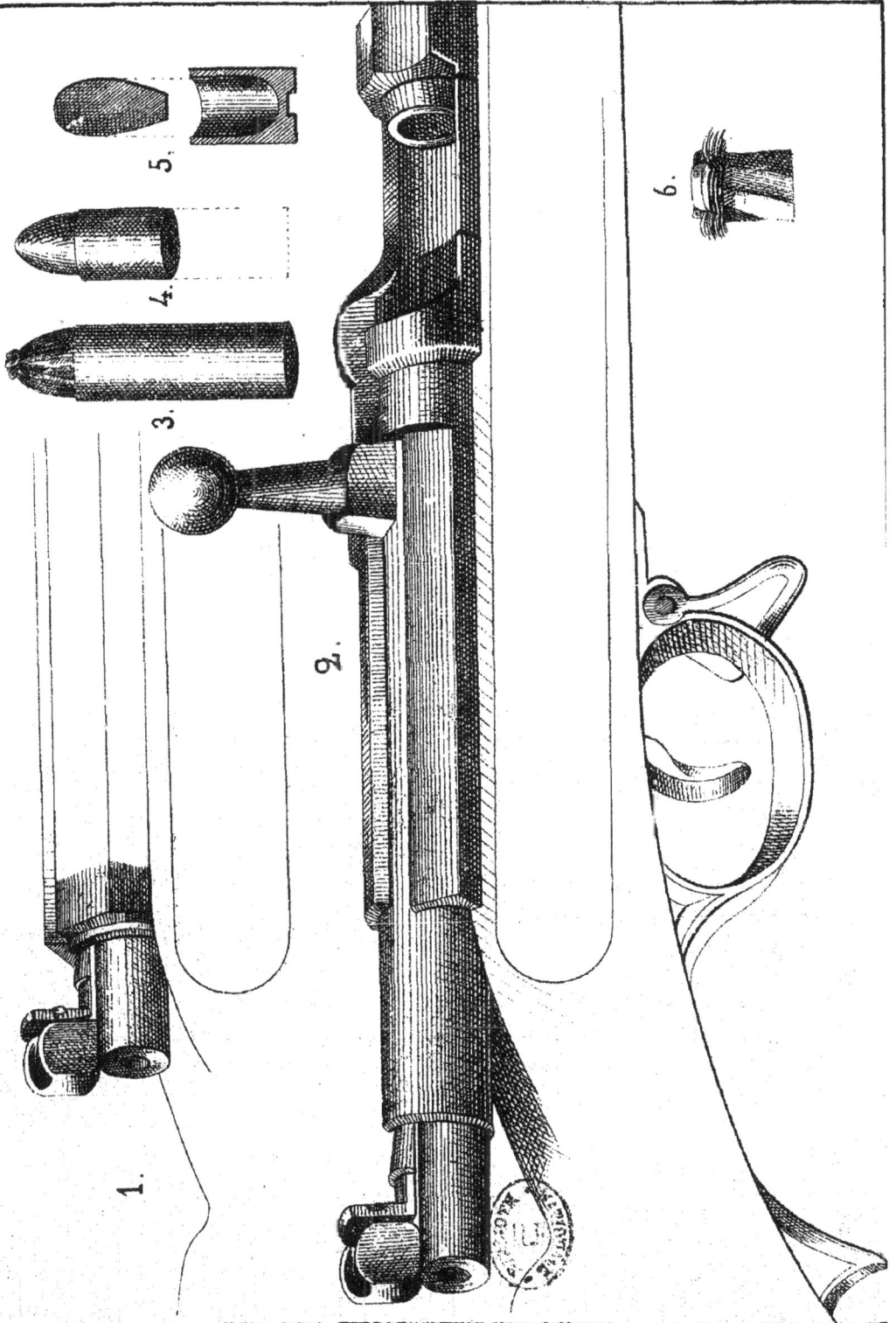

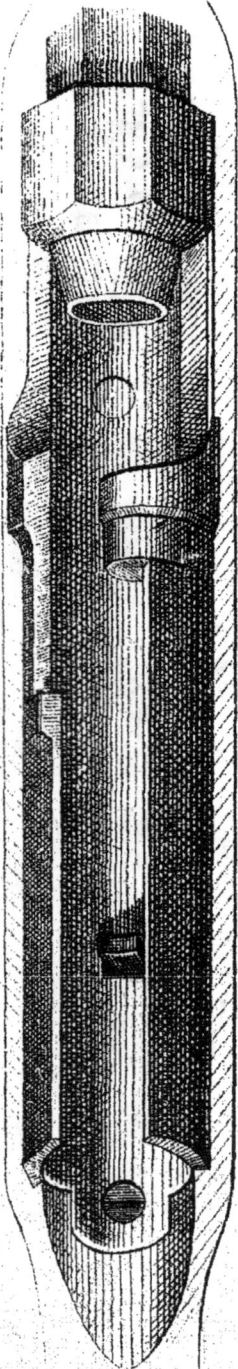
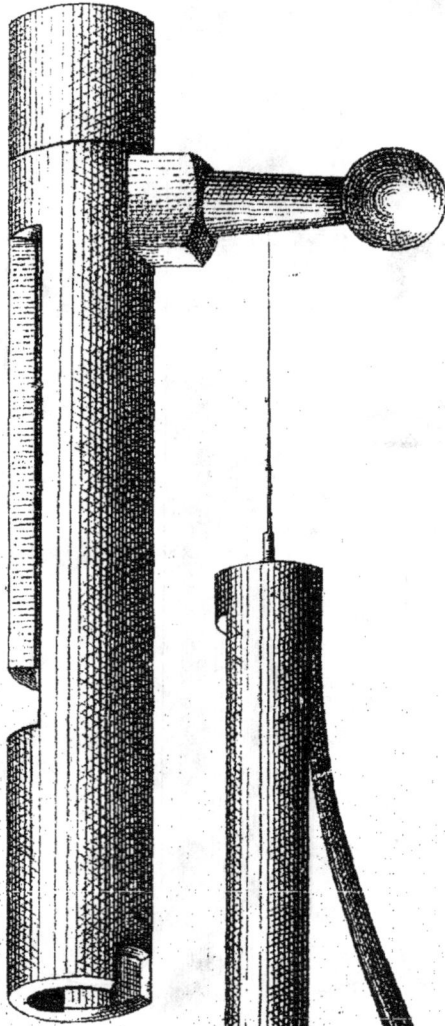
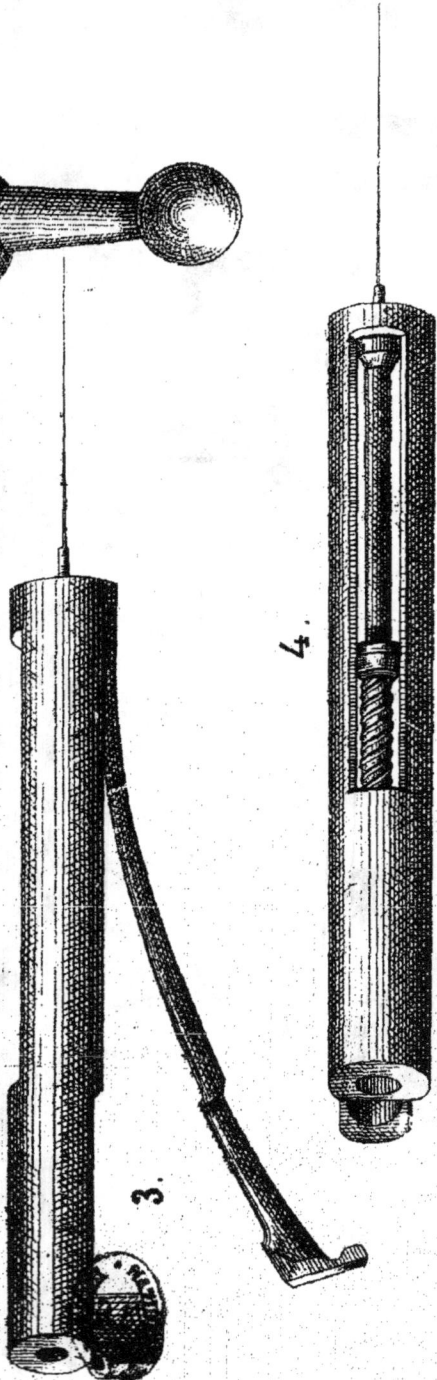
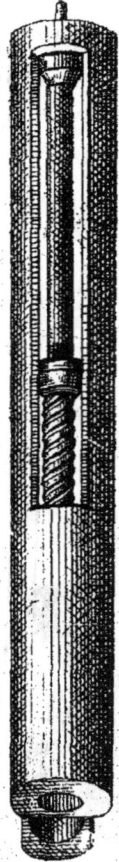

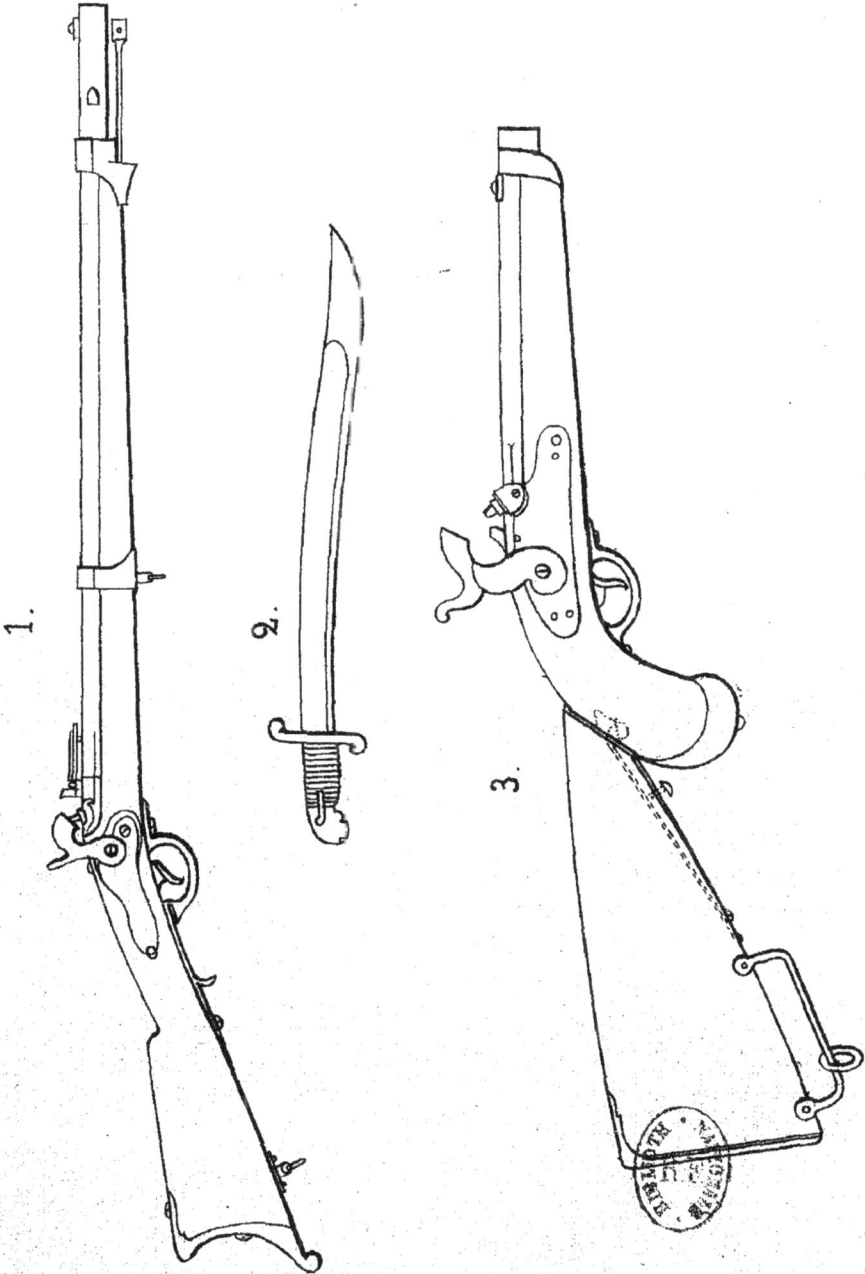

1.

2.

3.

LIX.

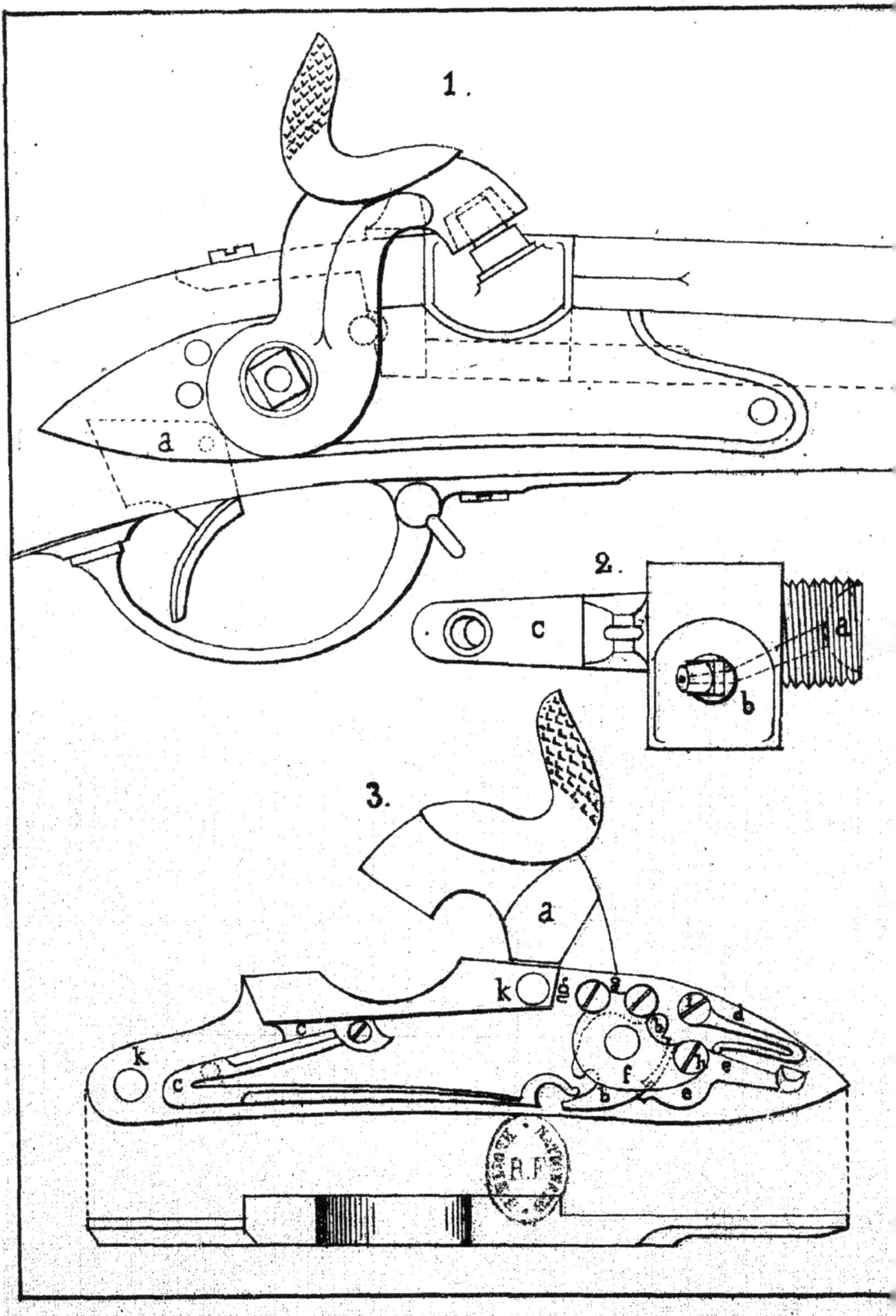

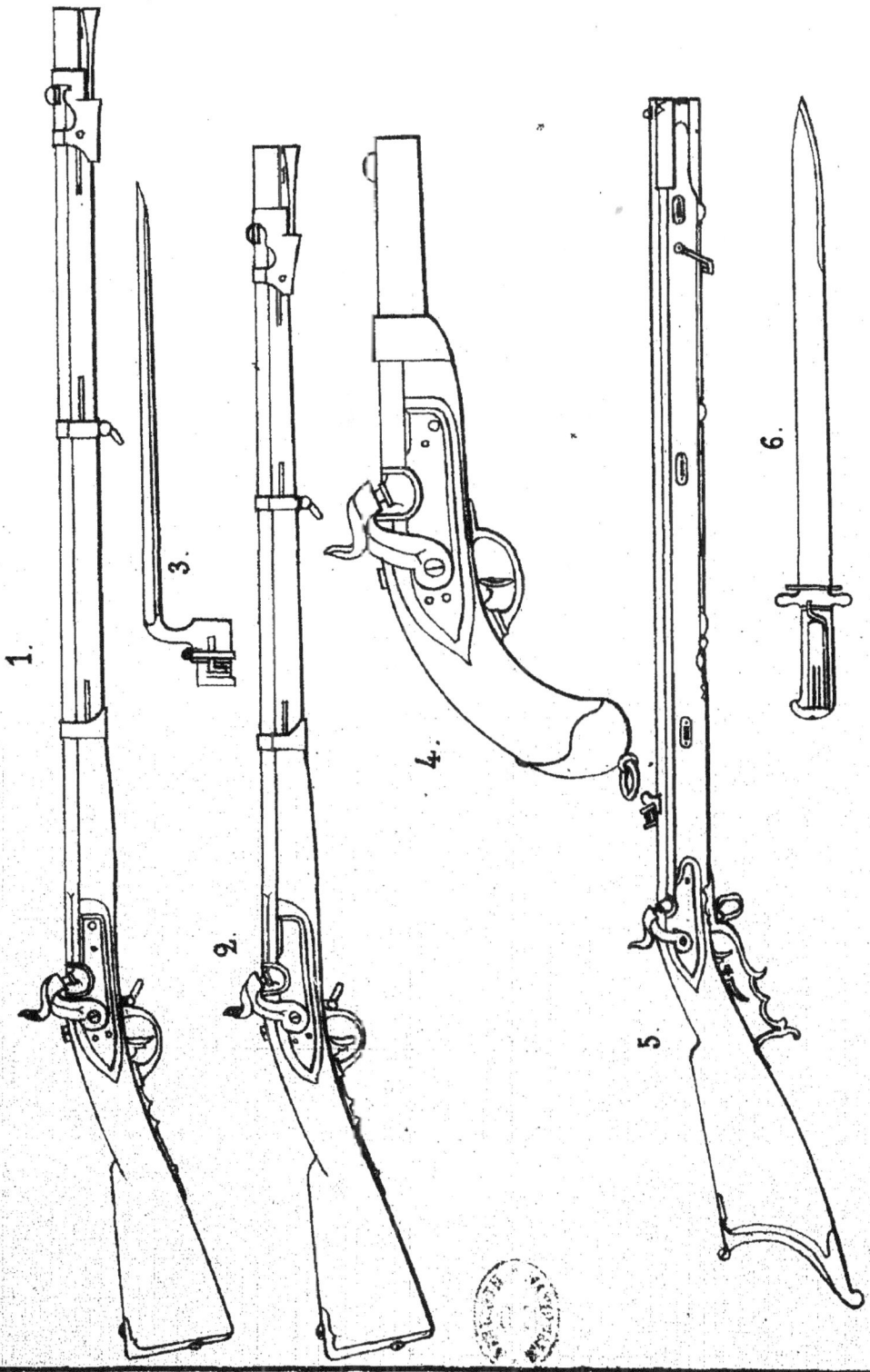

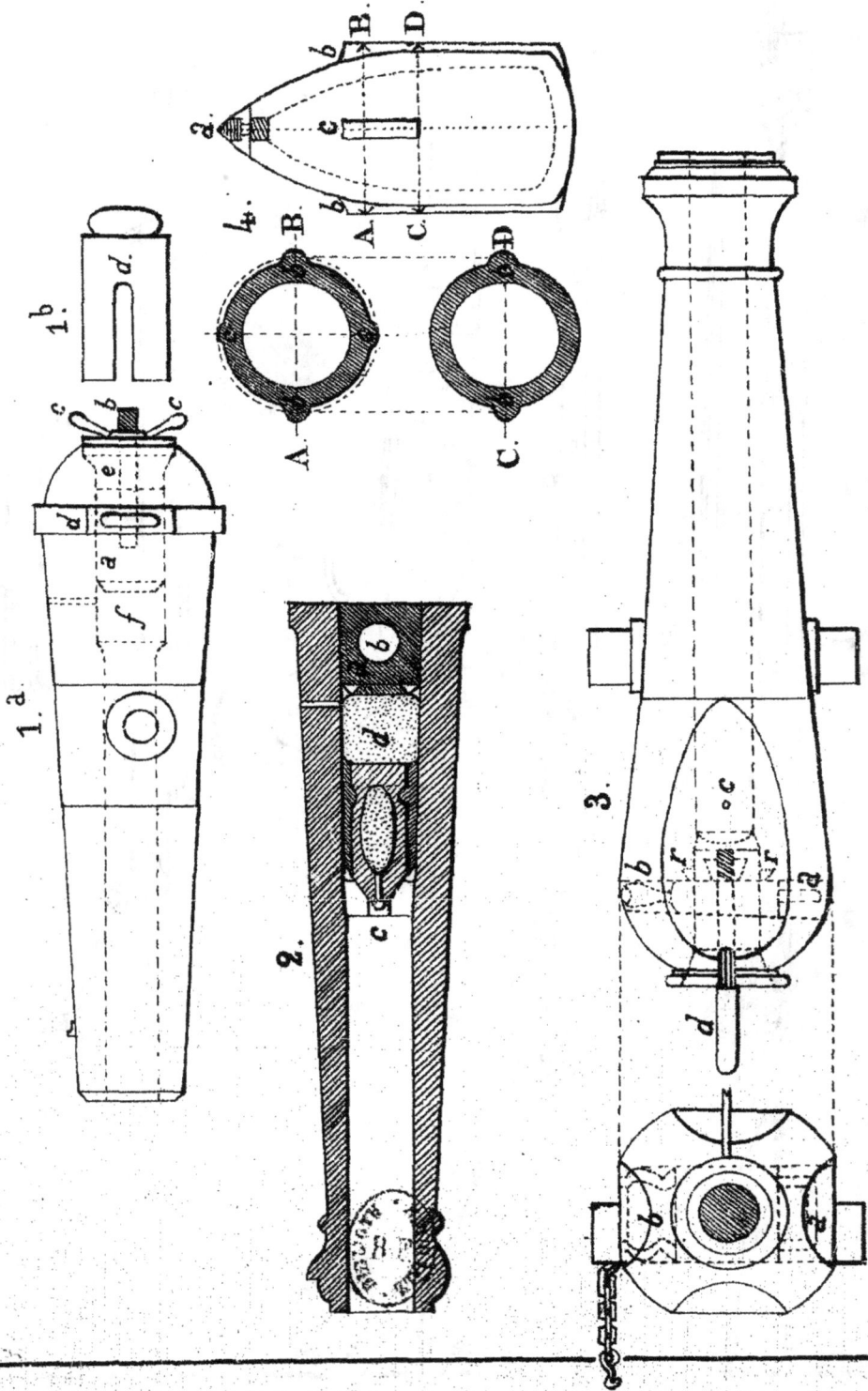

LXI.

1.

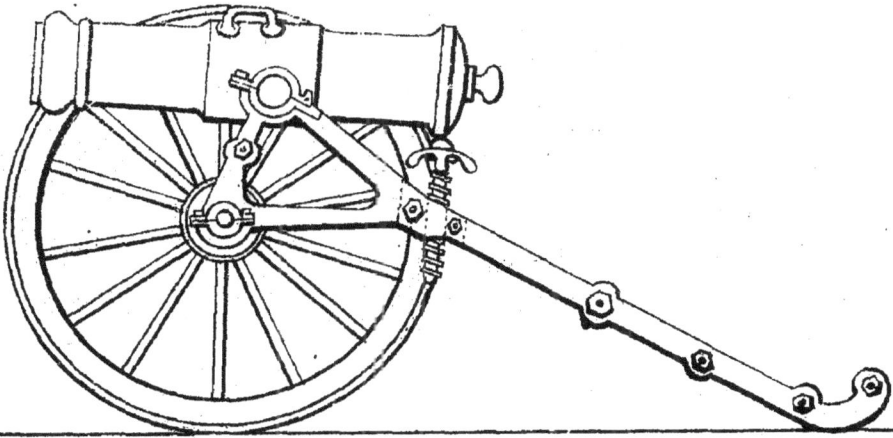

2.

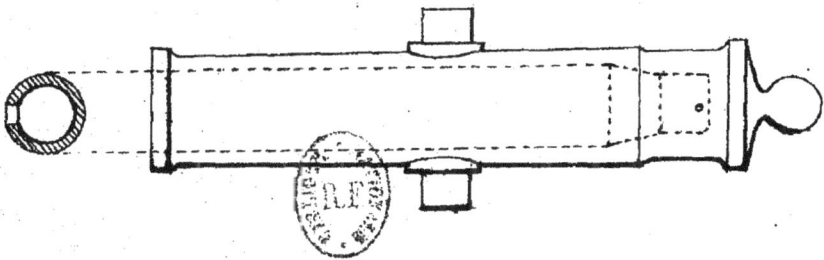

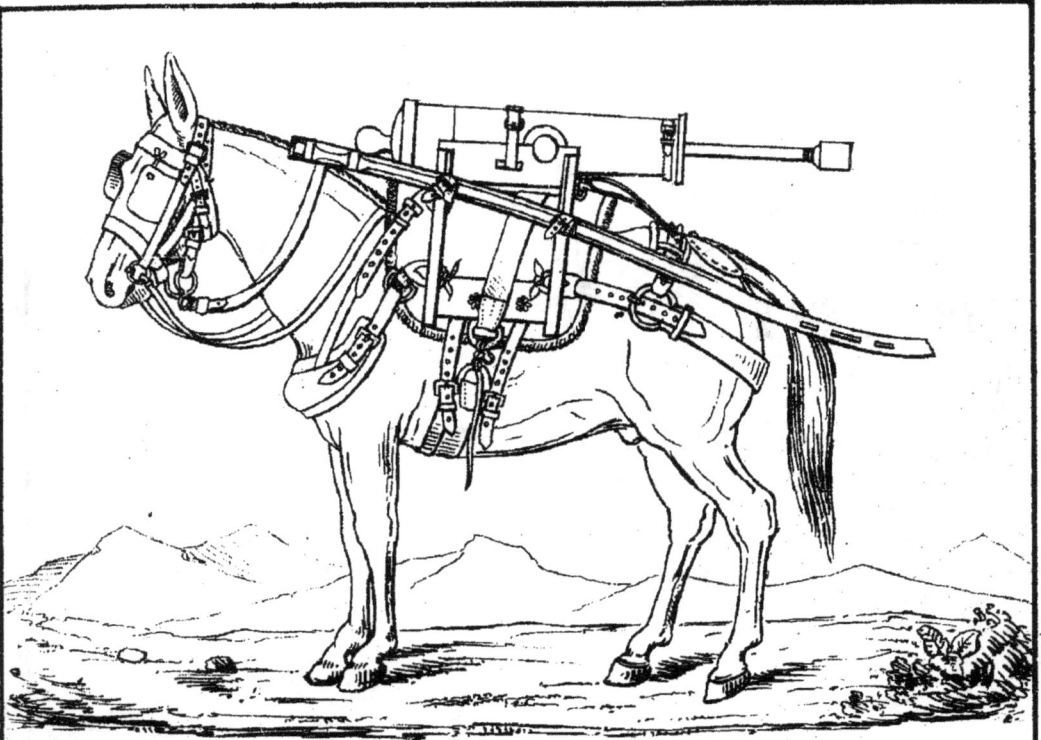

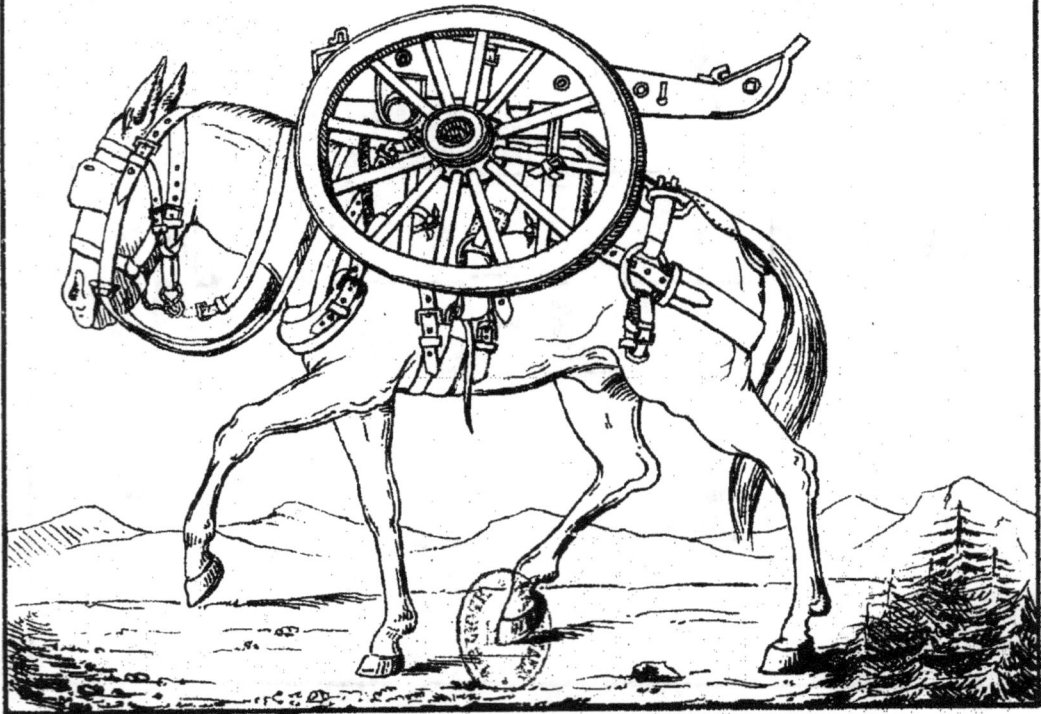

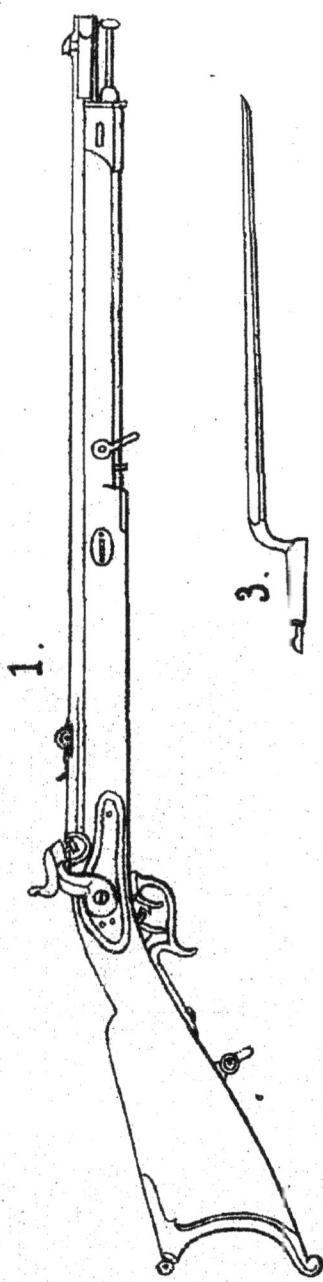

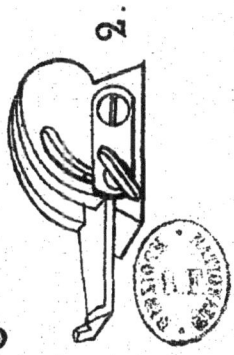

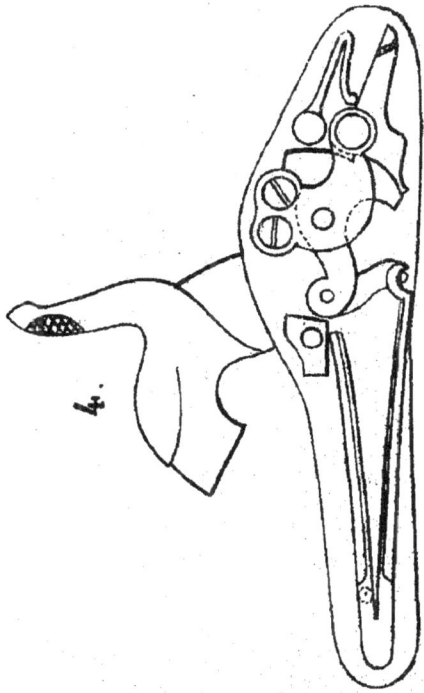

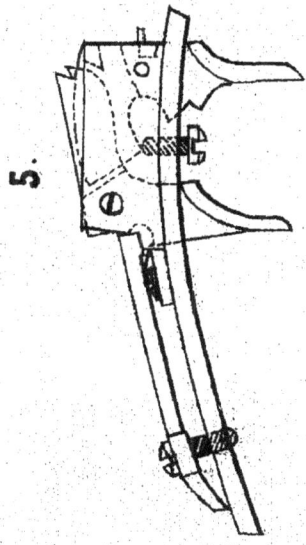

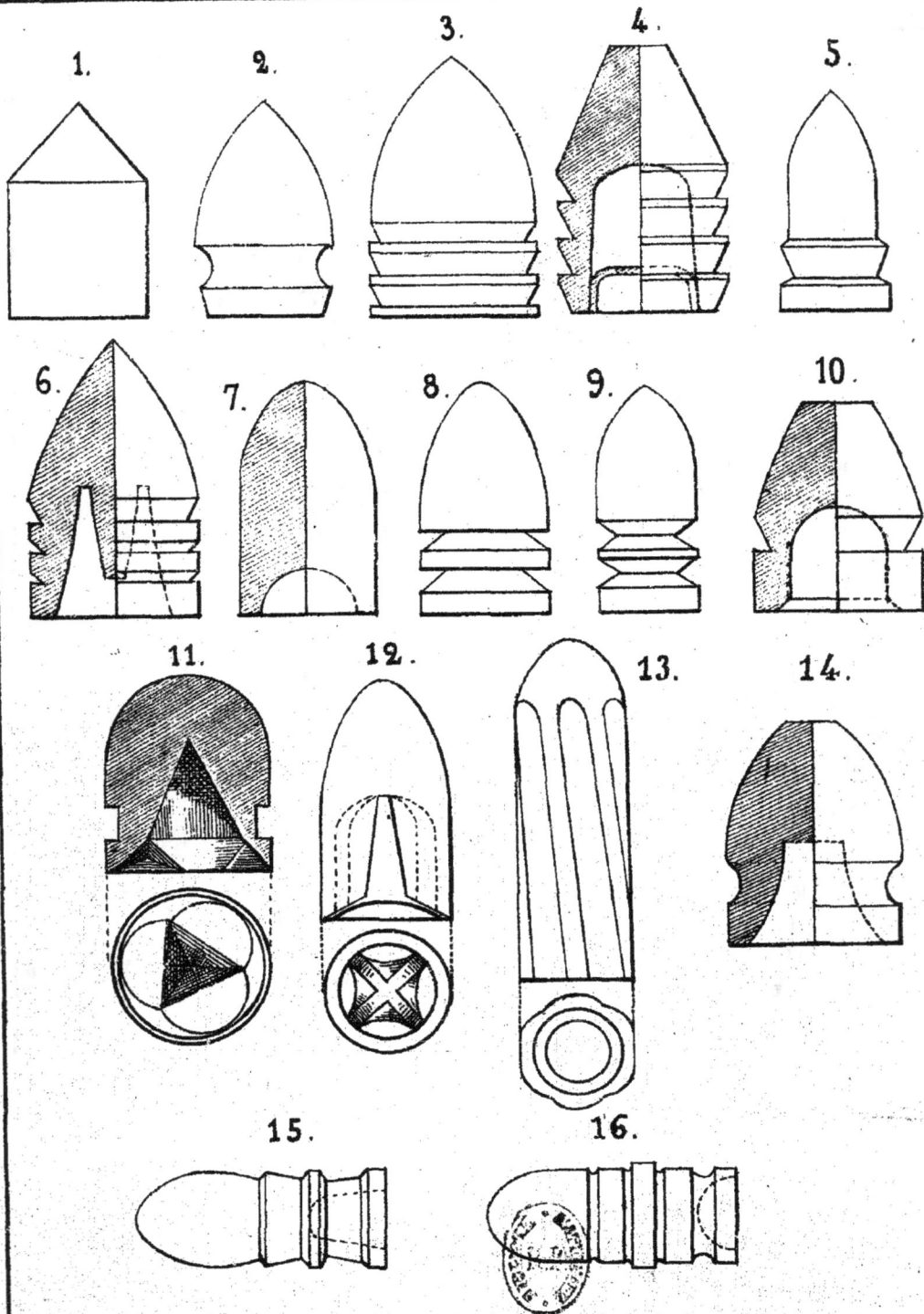

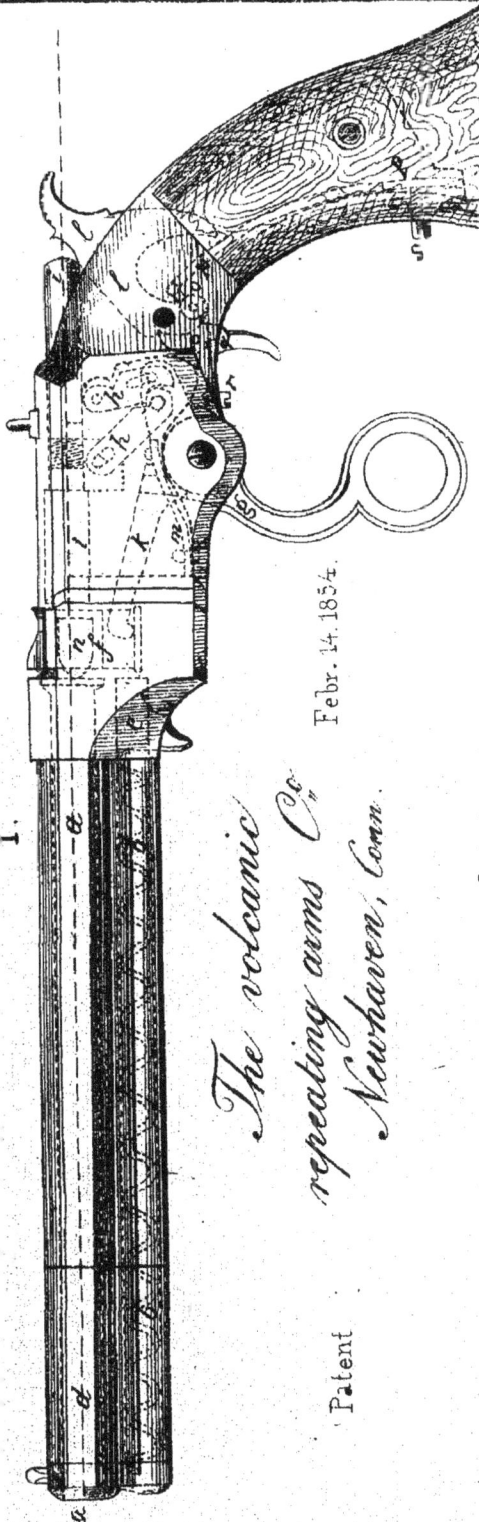

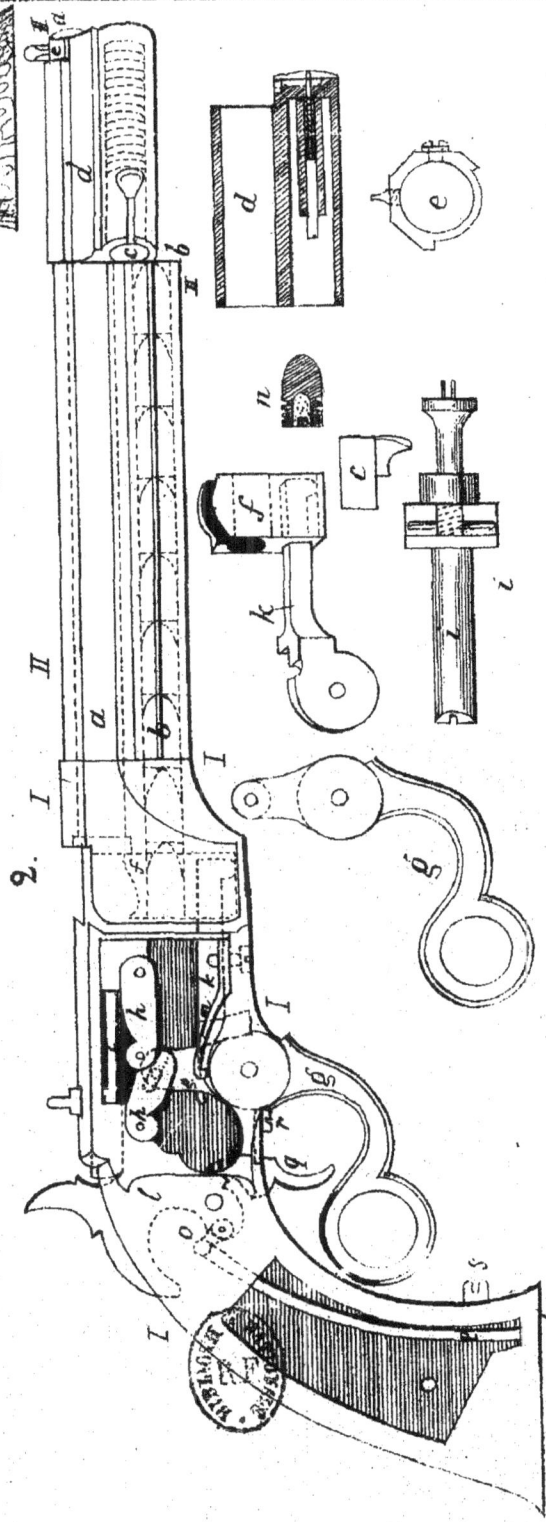

The volcanic repeating arms Co. Febr. 14. 1854.

Newhaven, Conn.

Patent

1.

2.

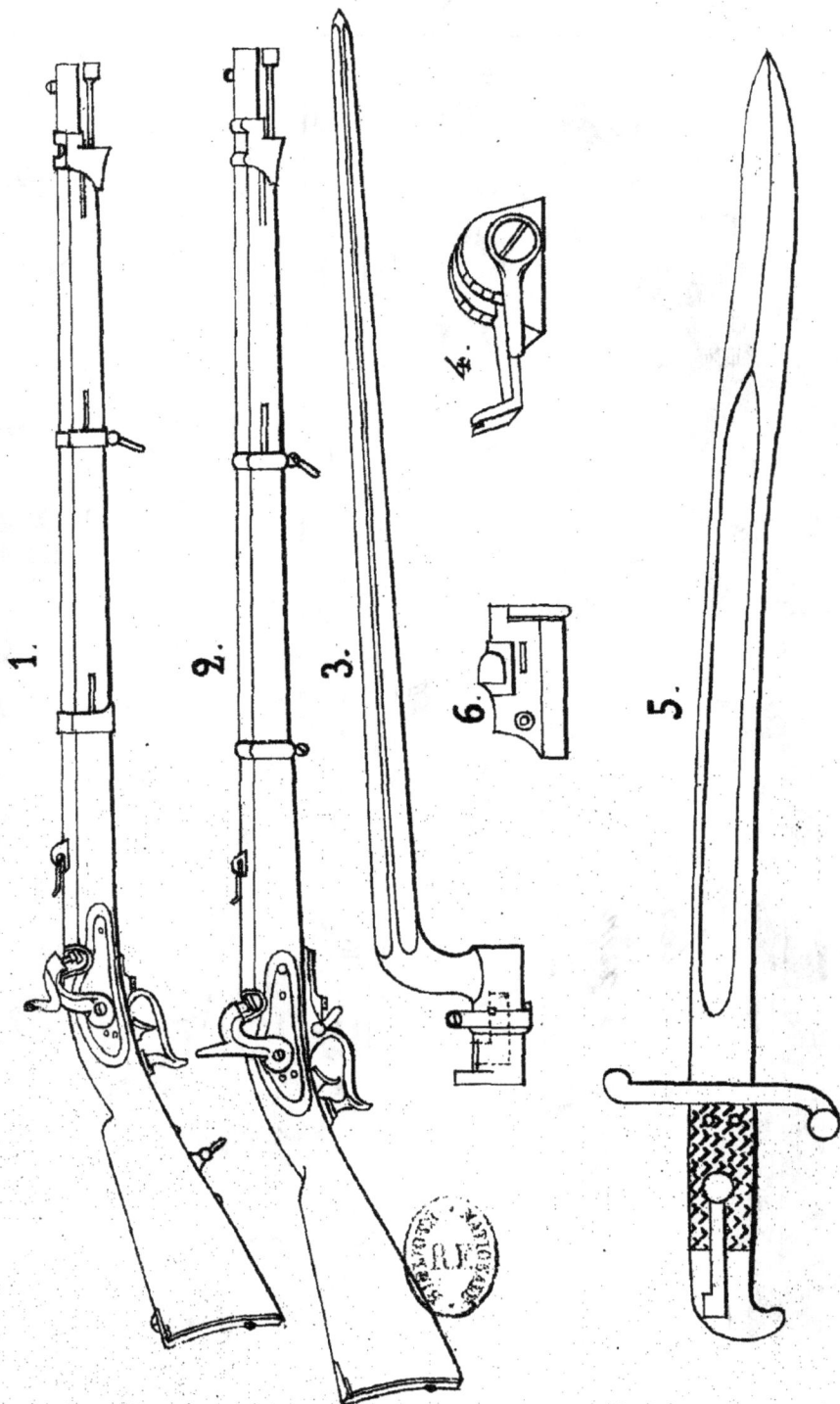

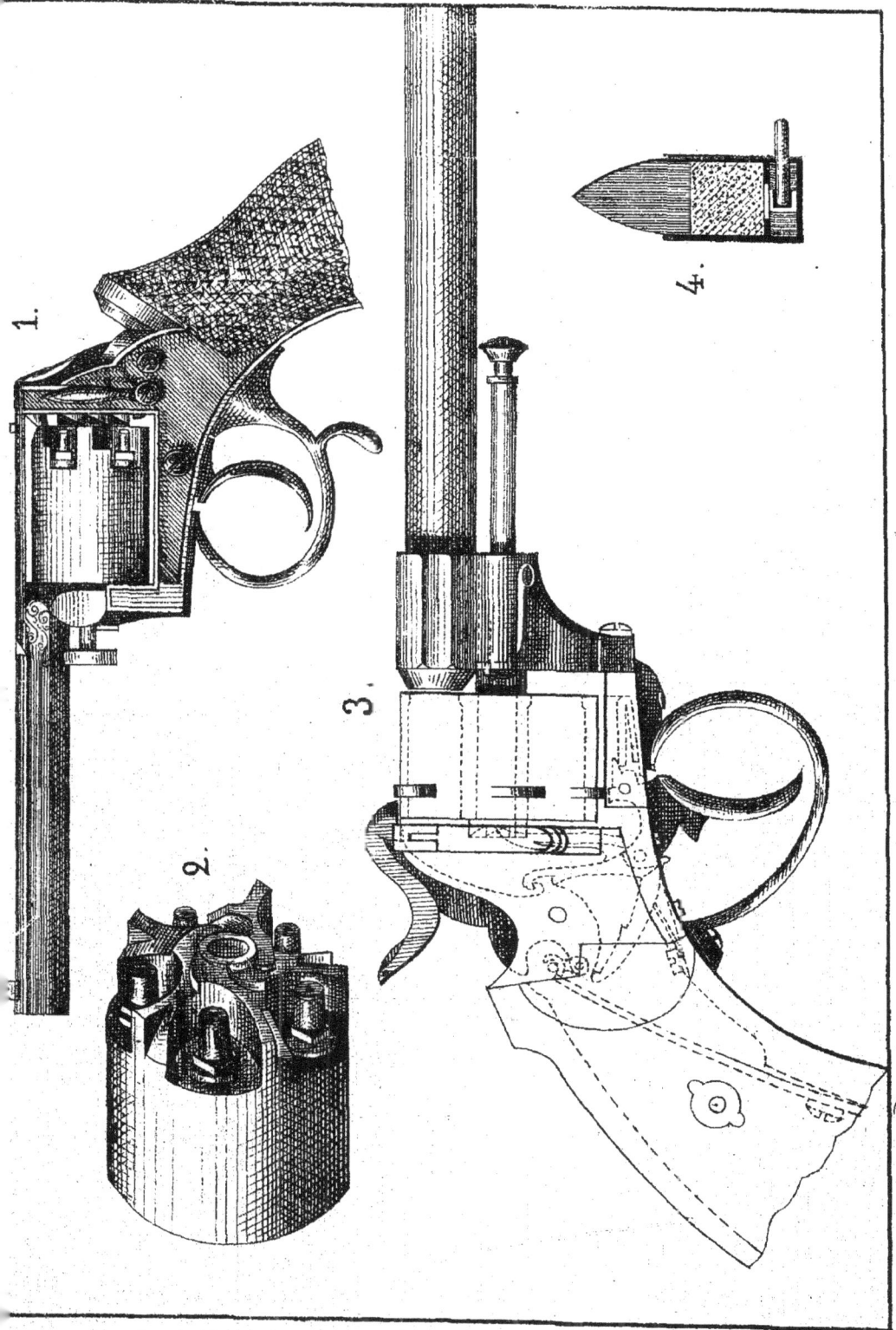

LXVII.

LXIX.

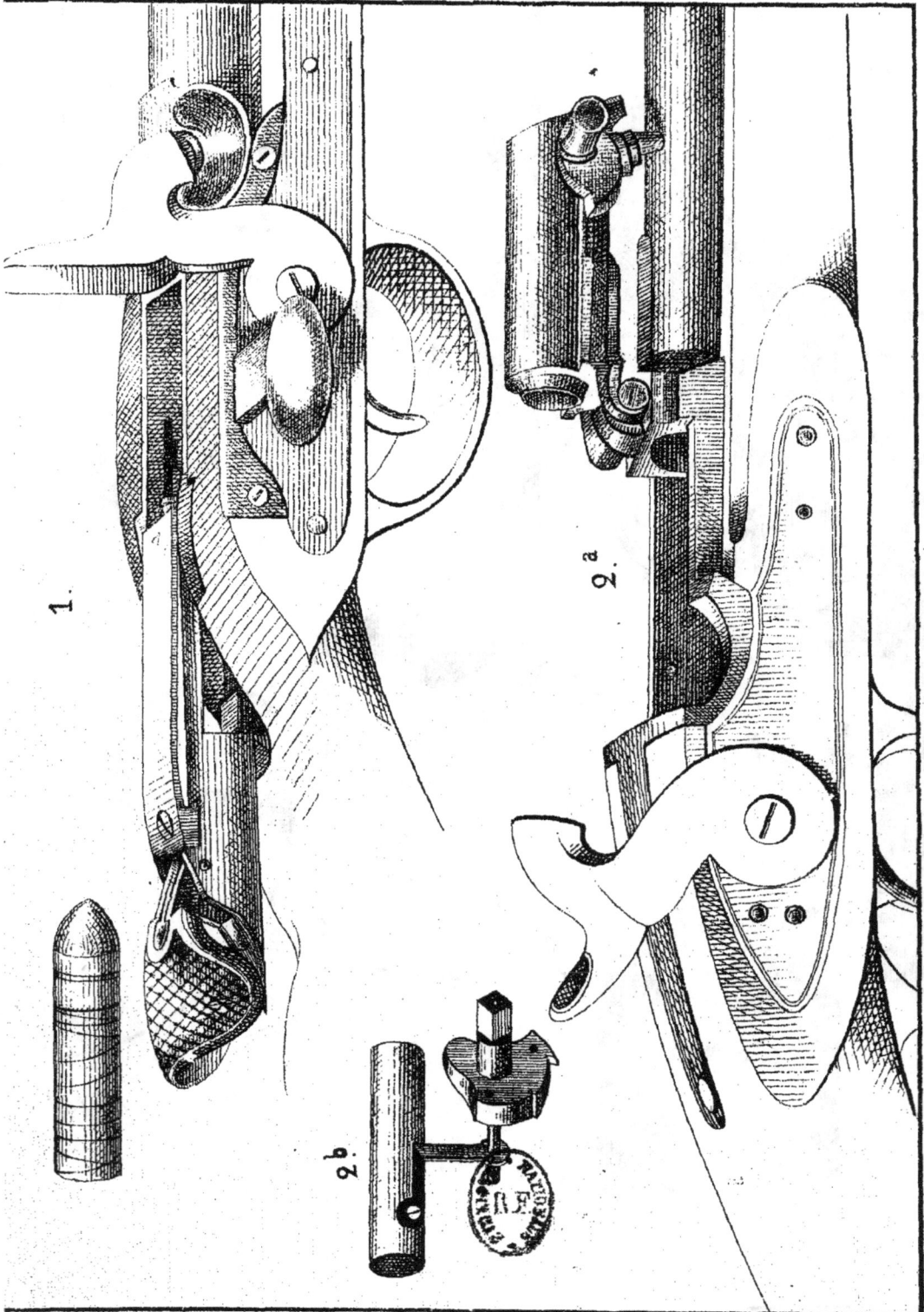

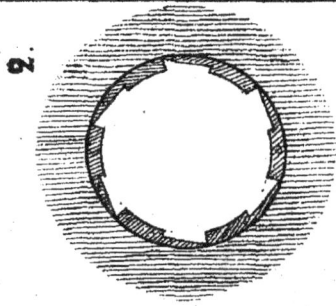

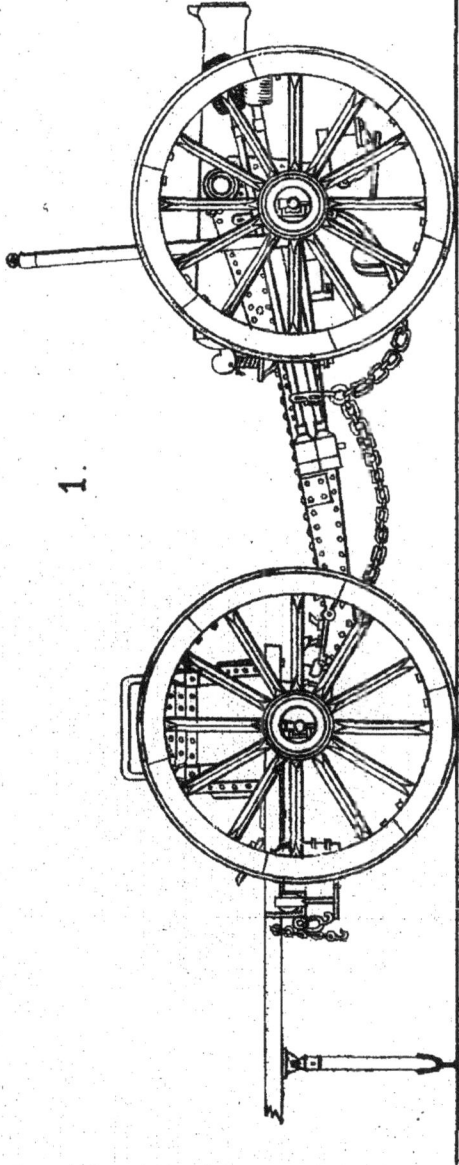

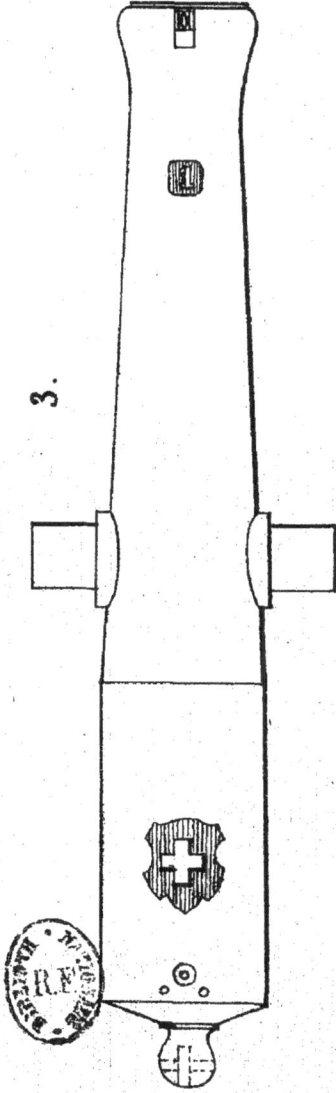

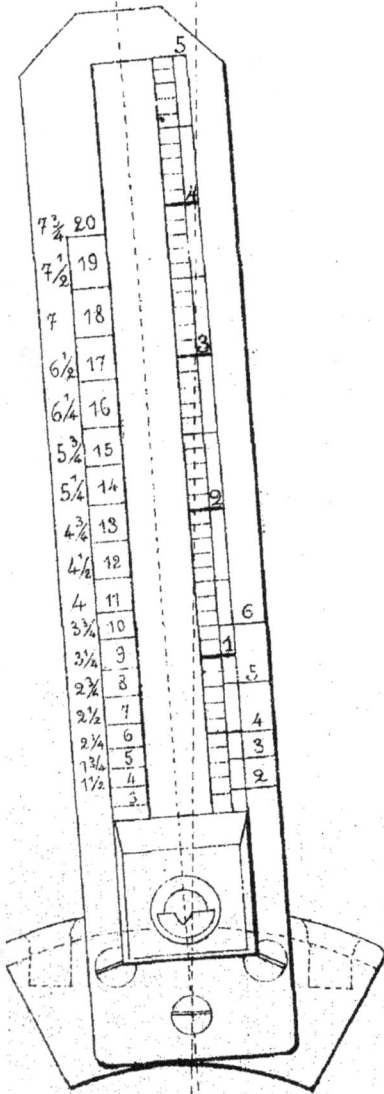

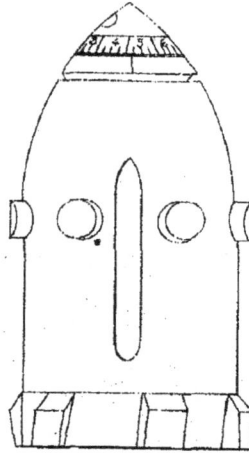

2.

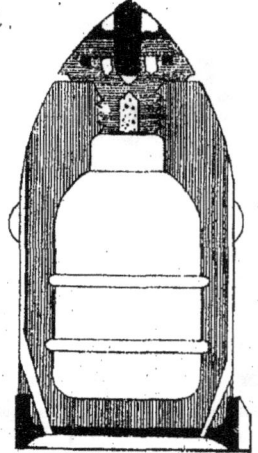

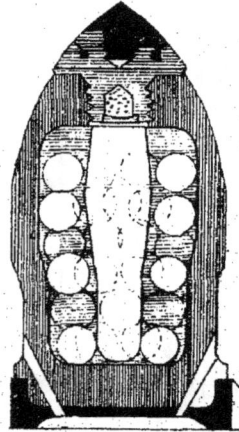

3.

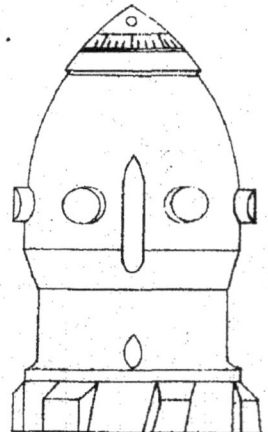

1.

4.

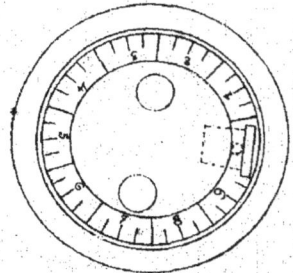

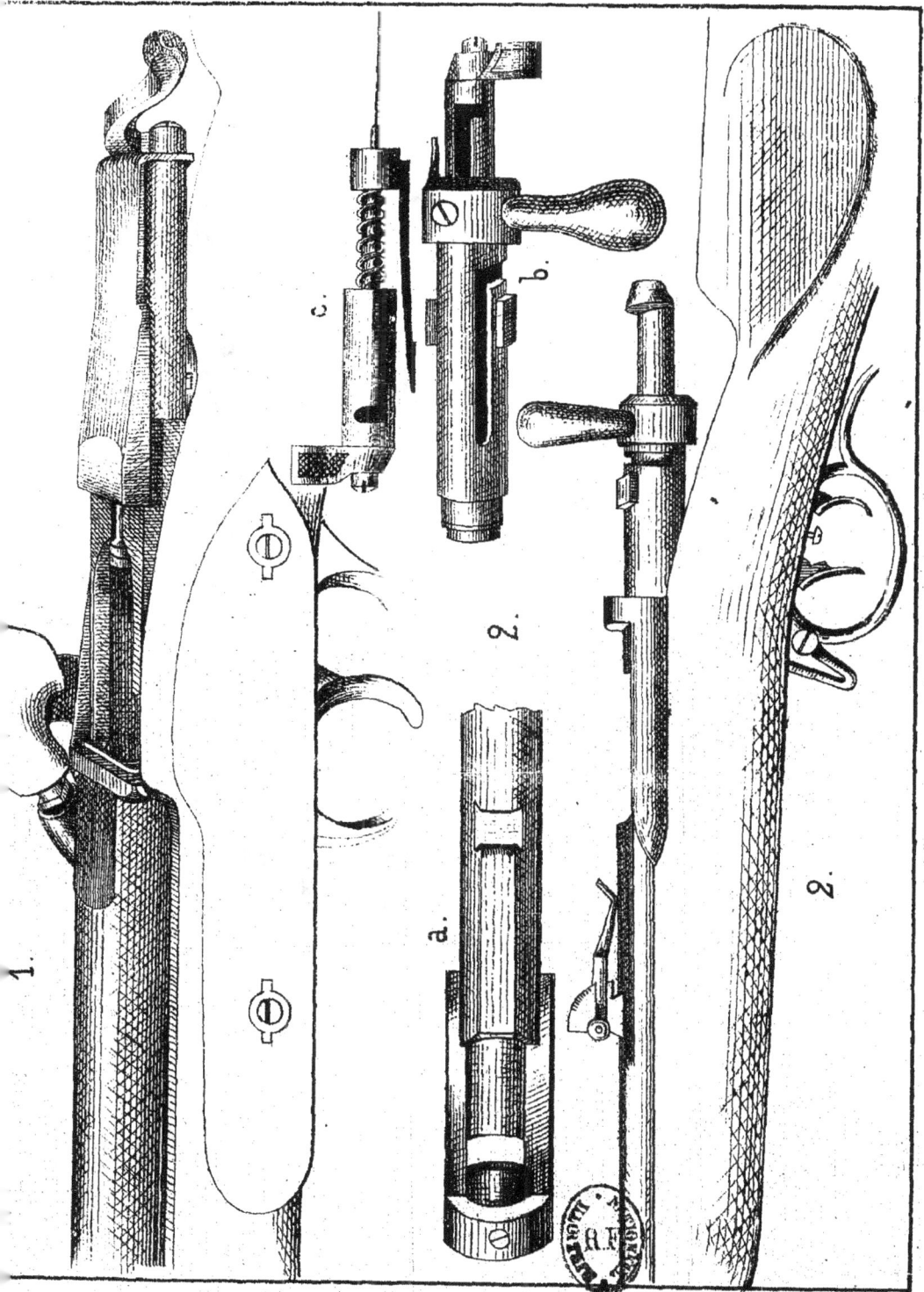

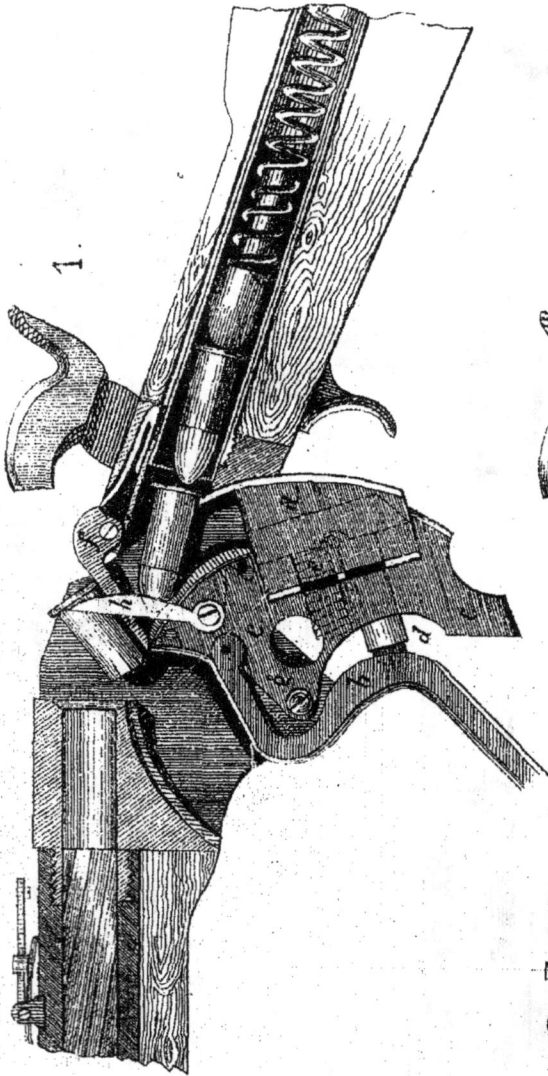

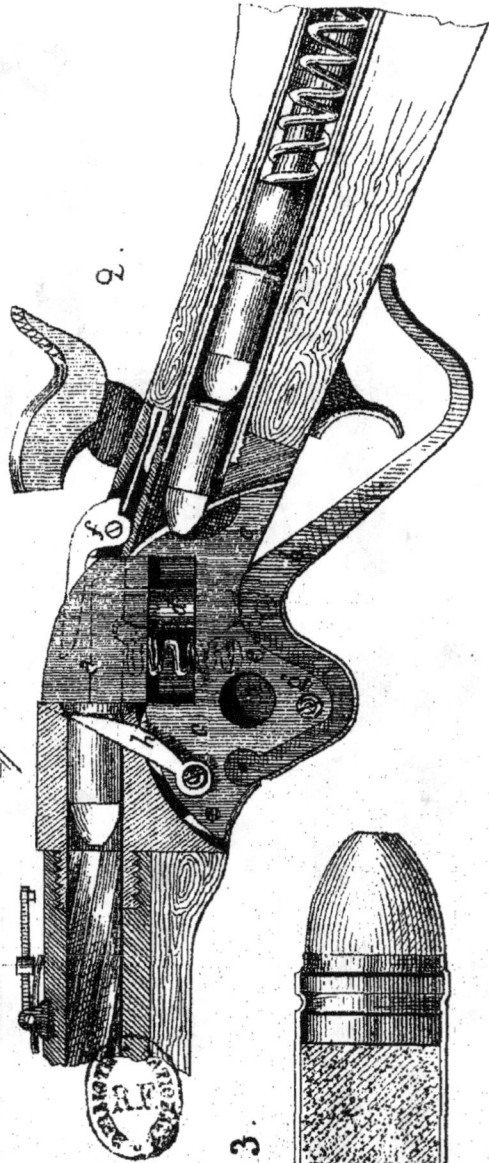

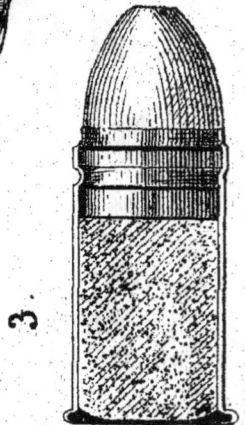

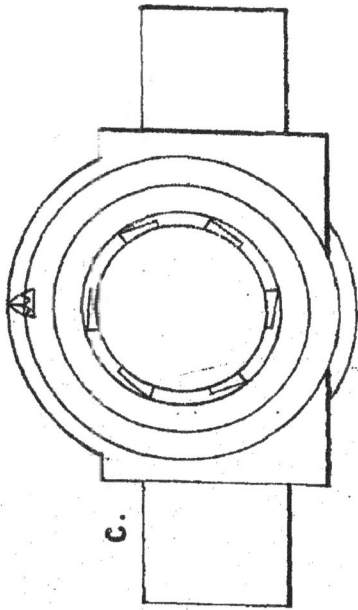

c.

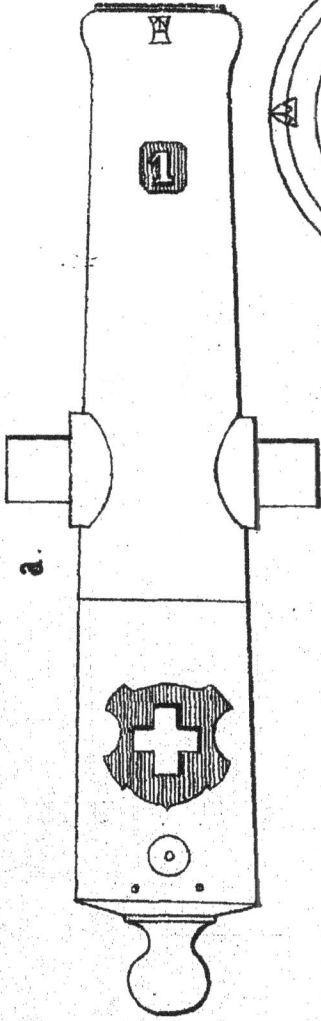

a.

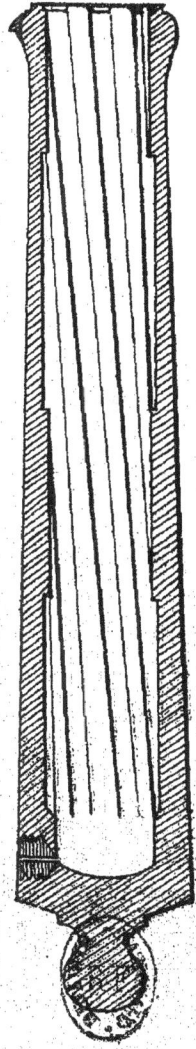

b.

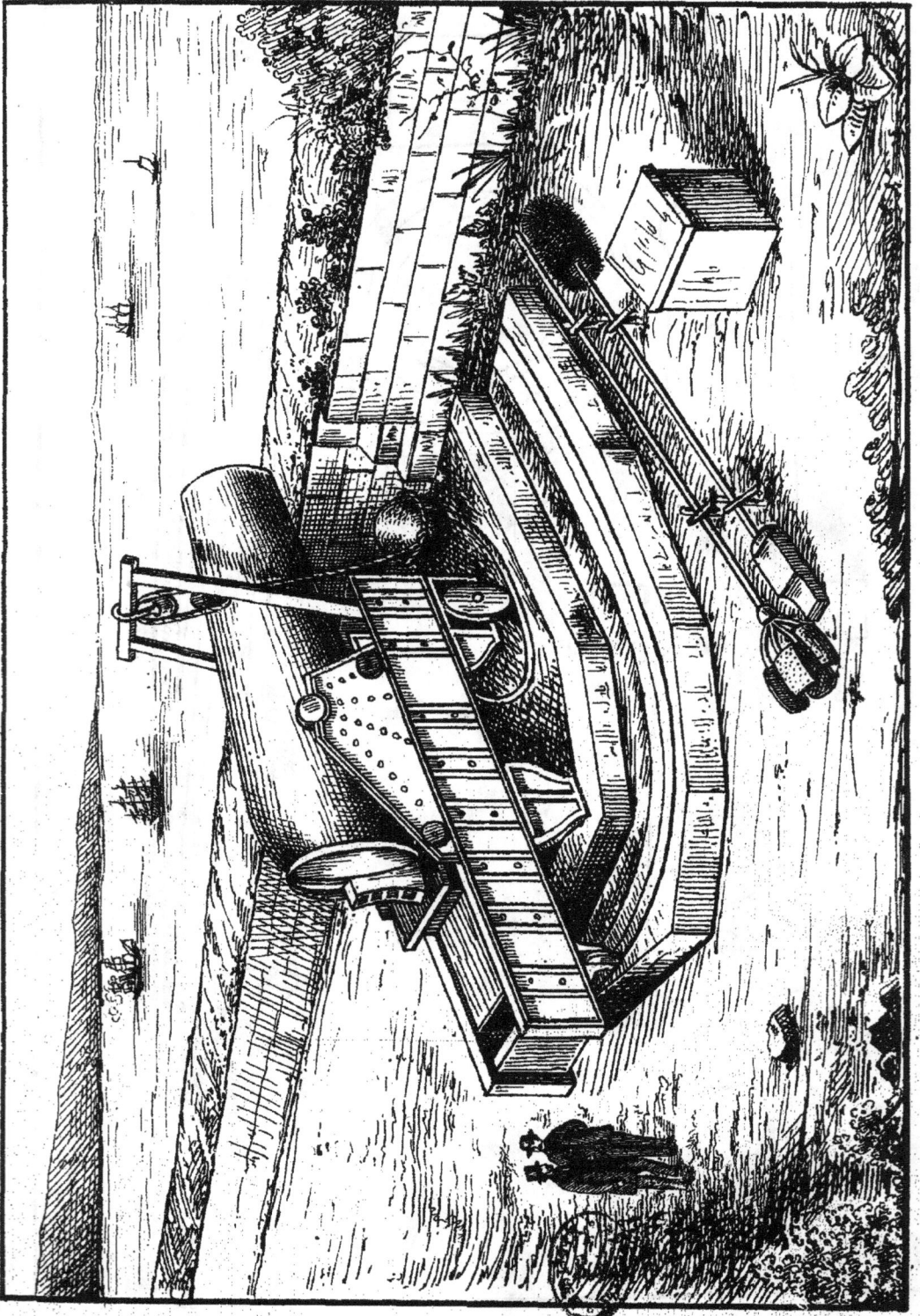

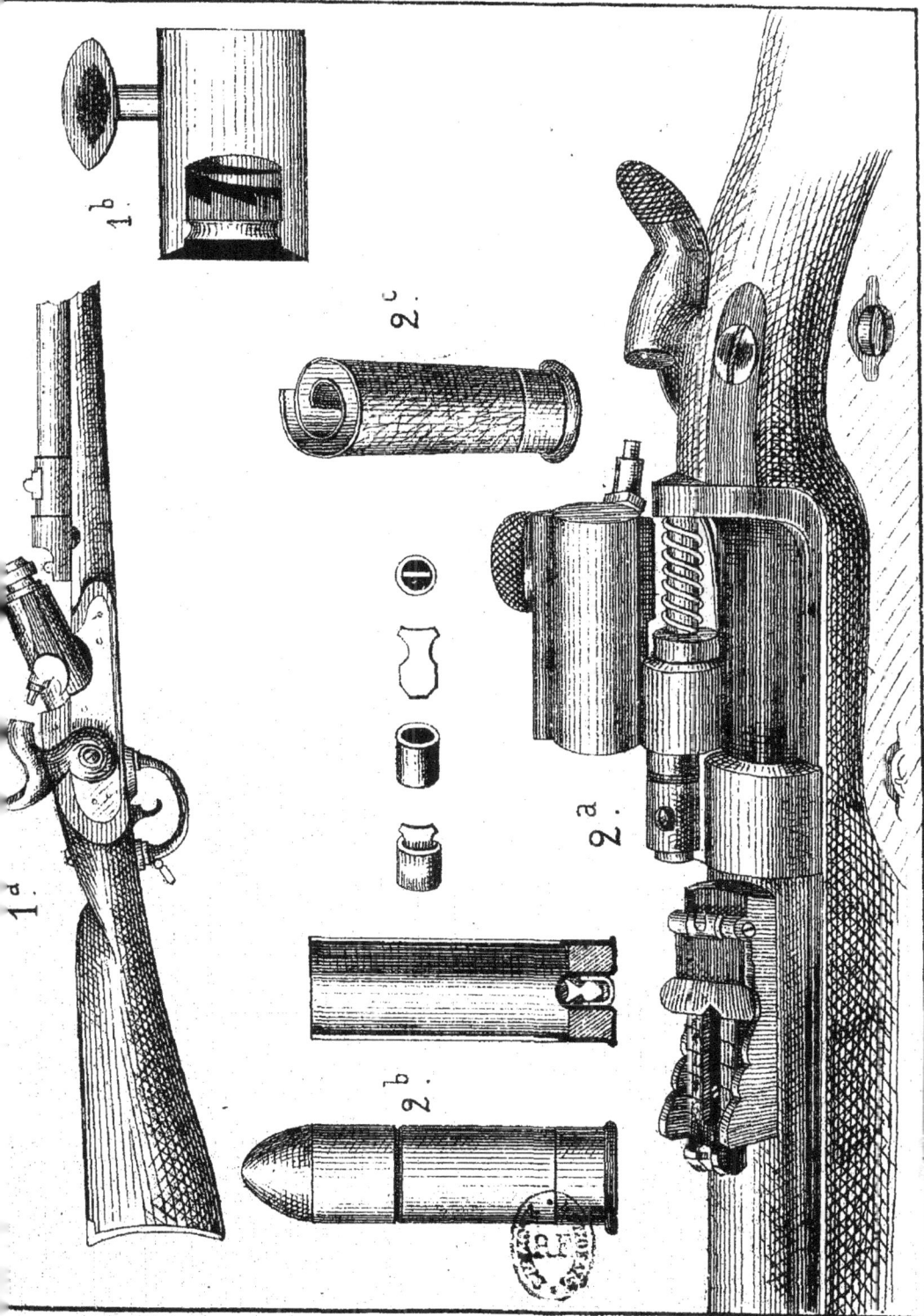

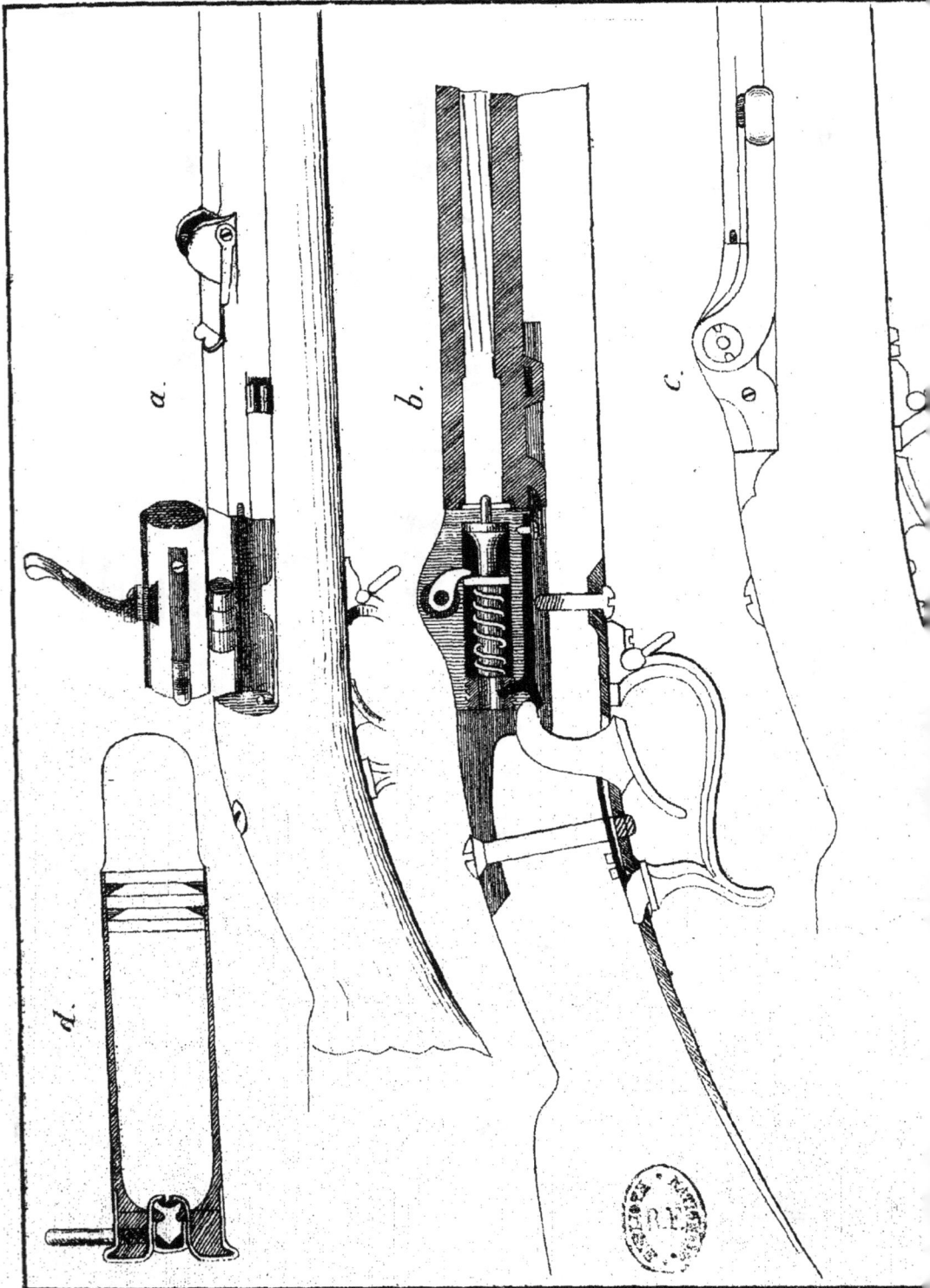

_a._   _b._   _c._   _d._

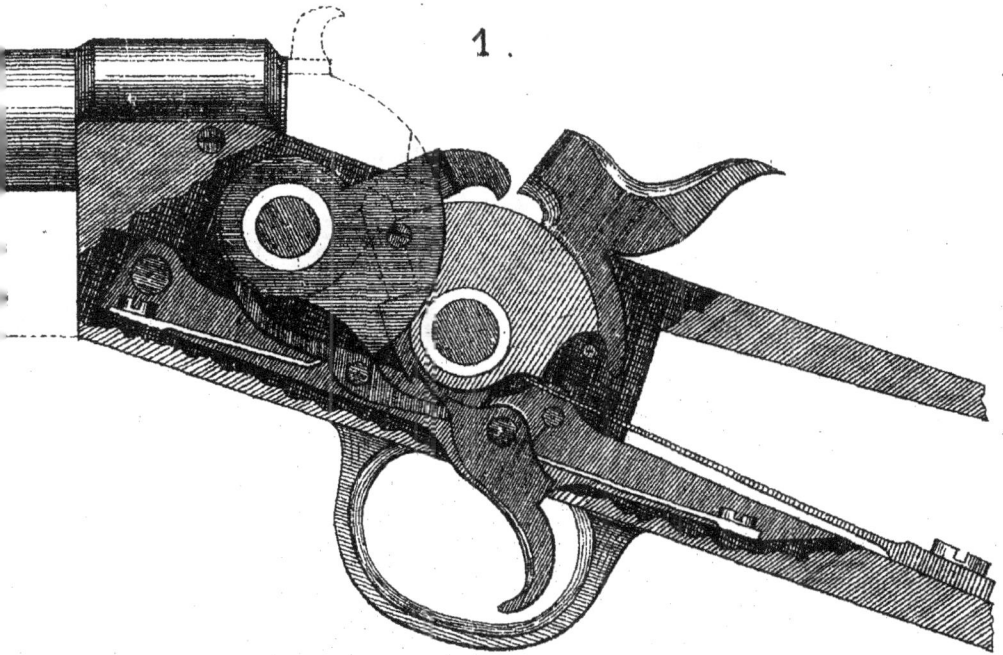

1.

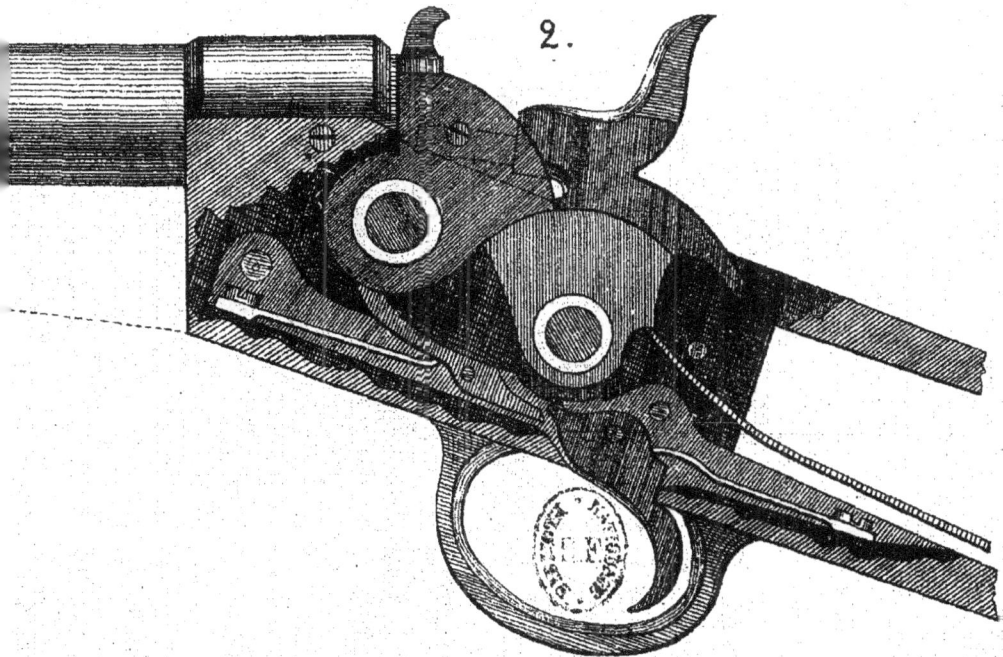

2.

1.

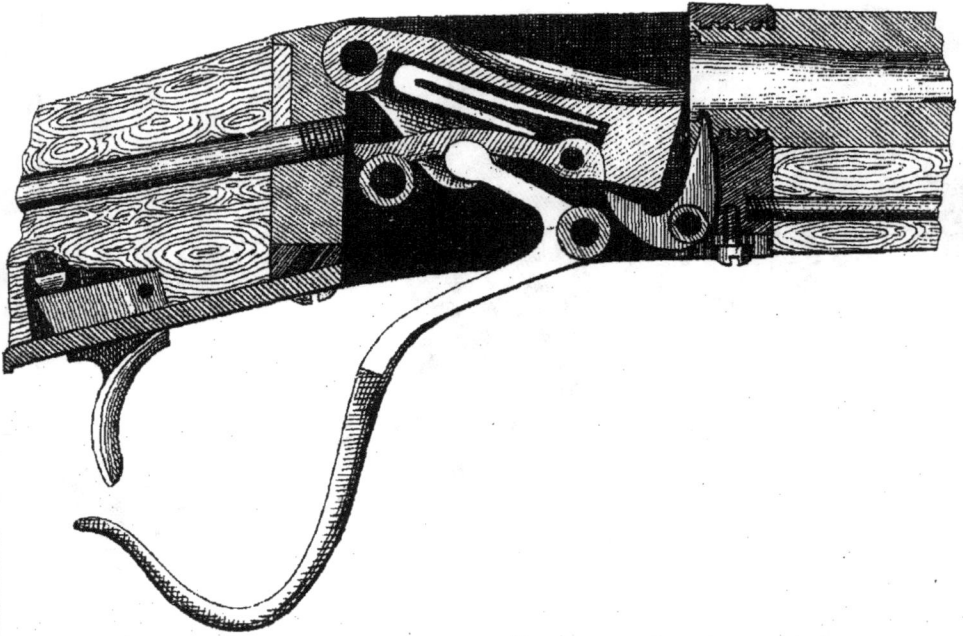

2.

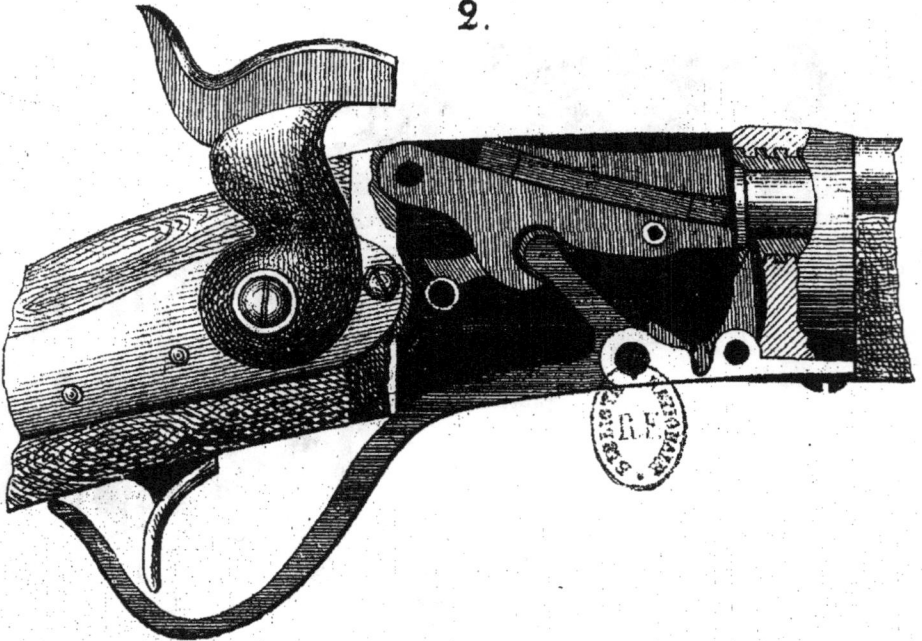

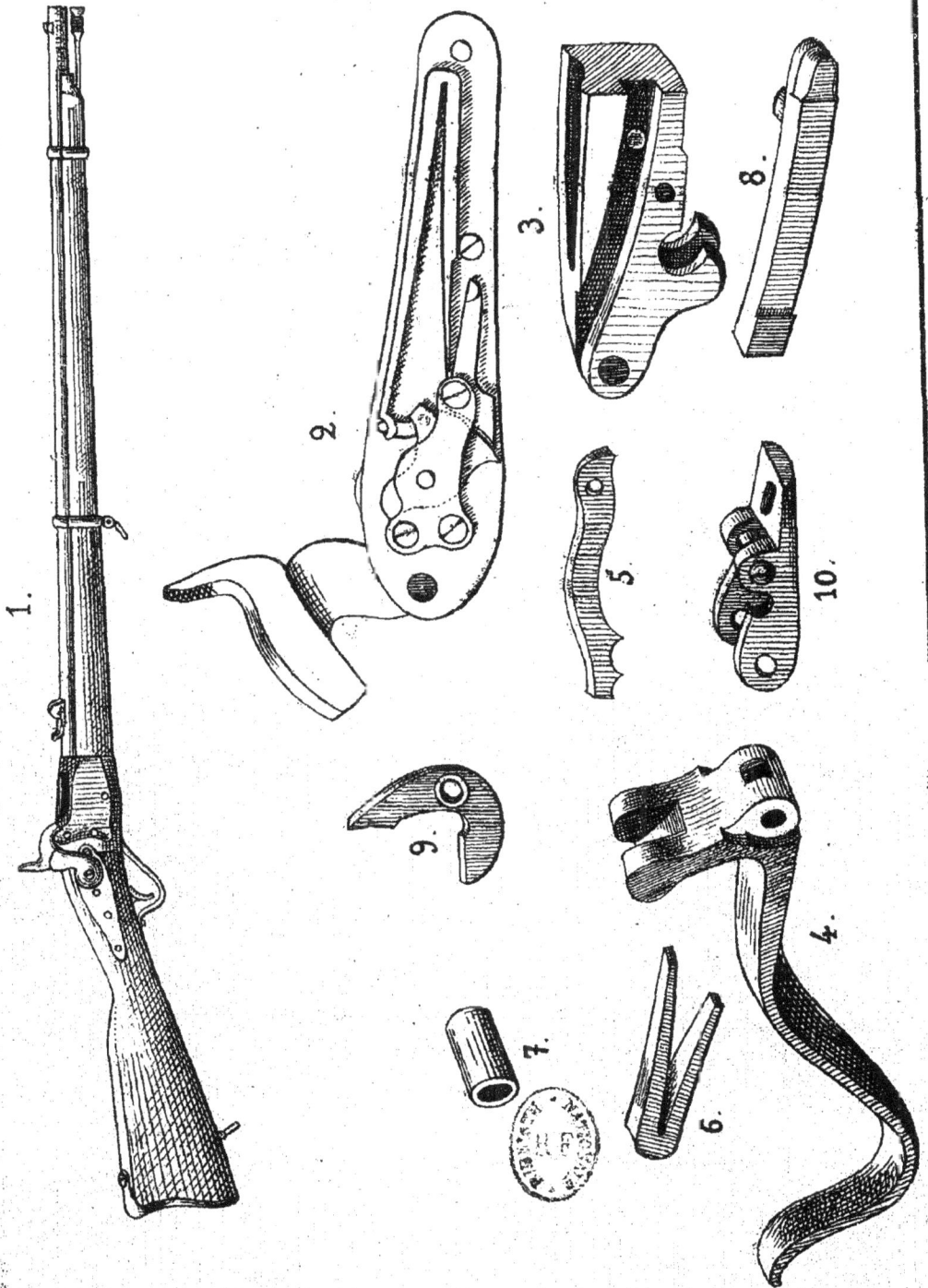

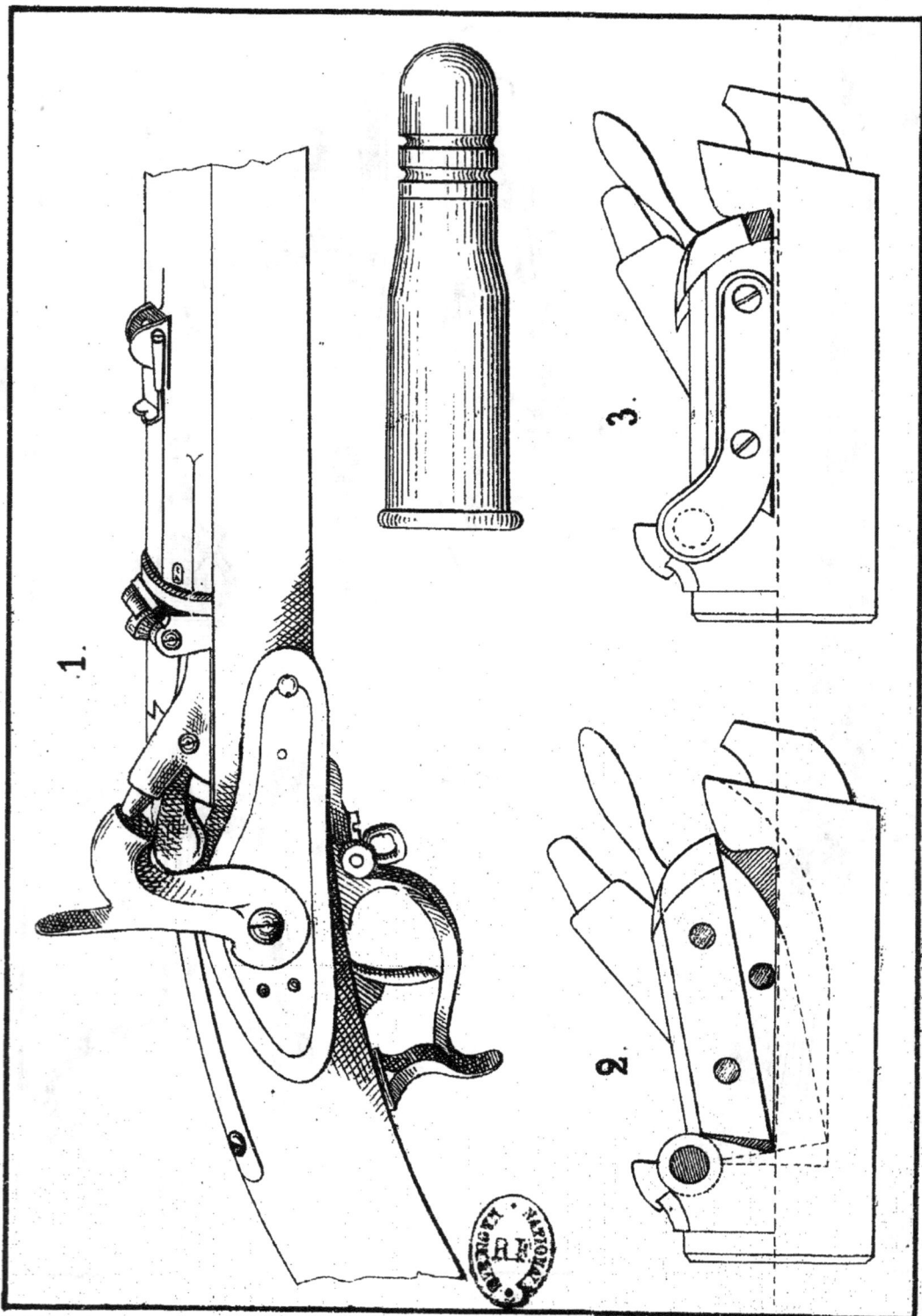

1.

2.

3.

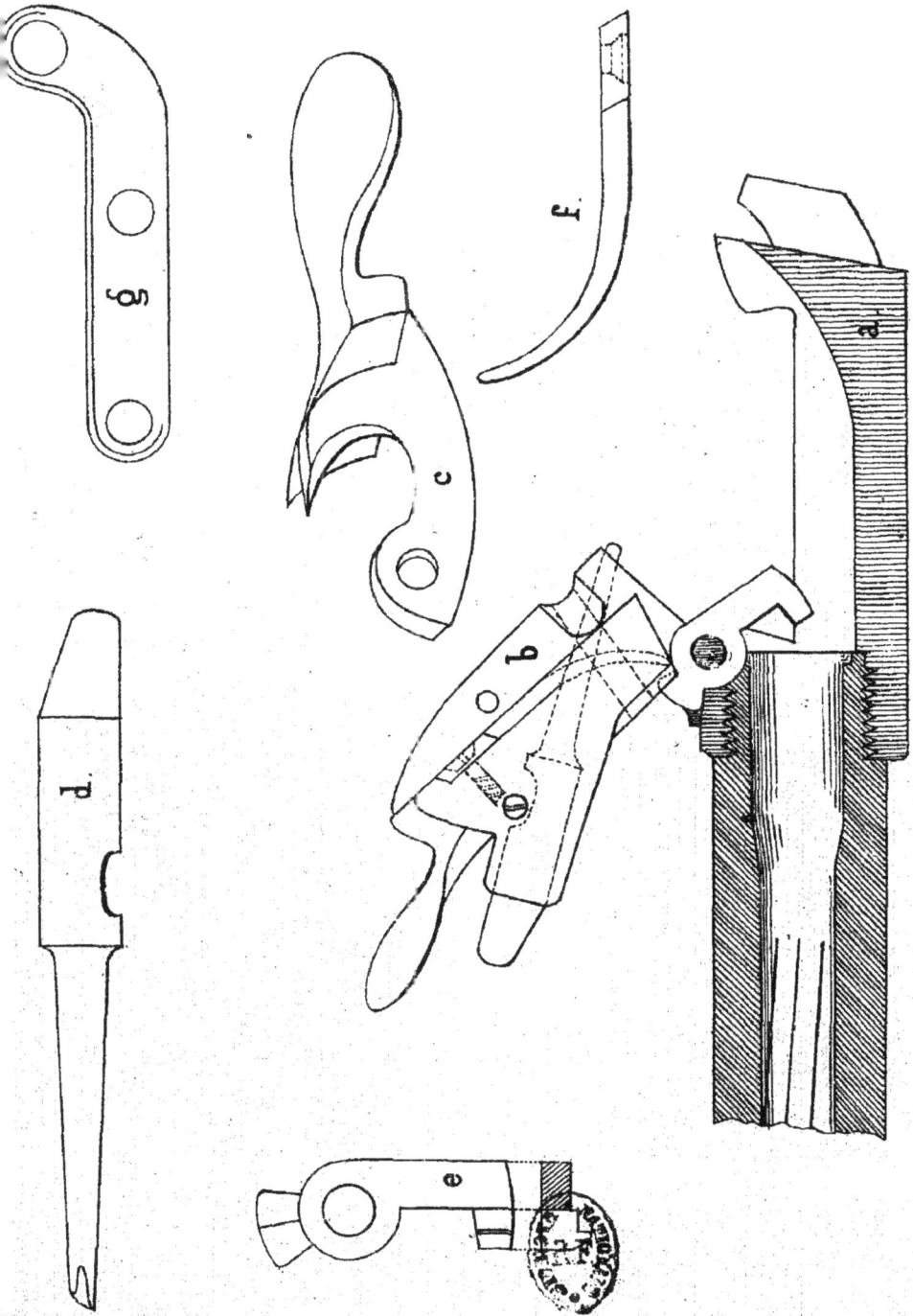

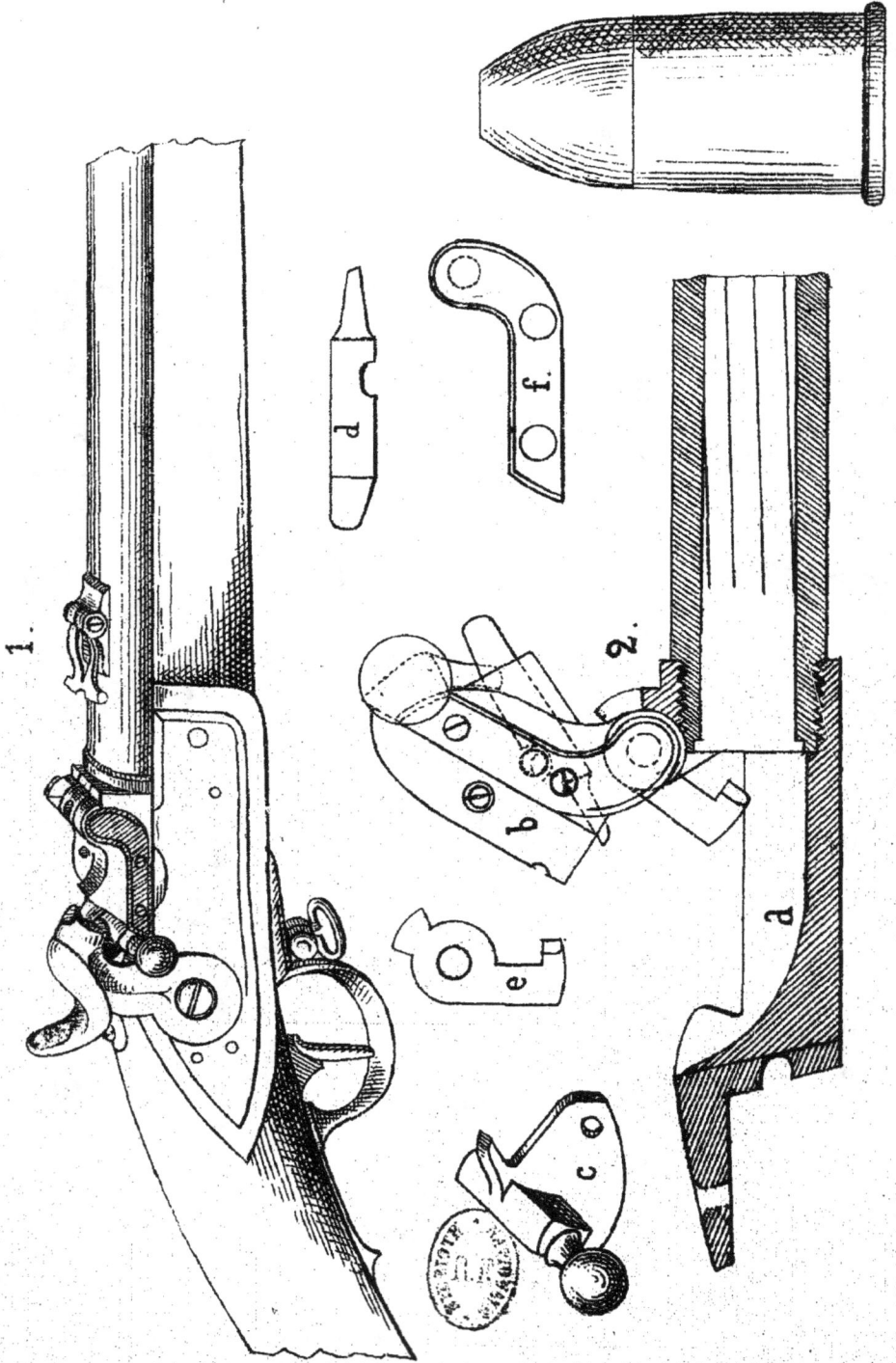

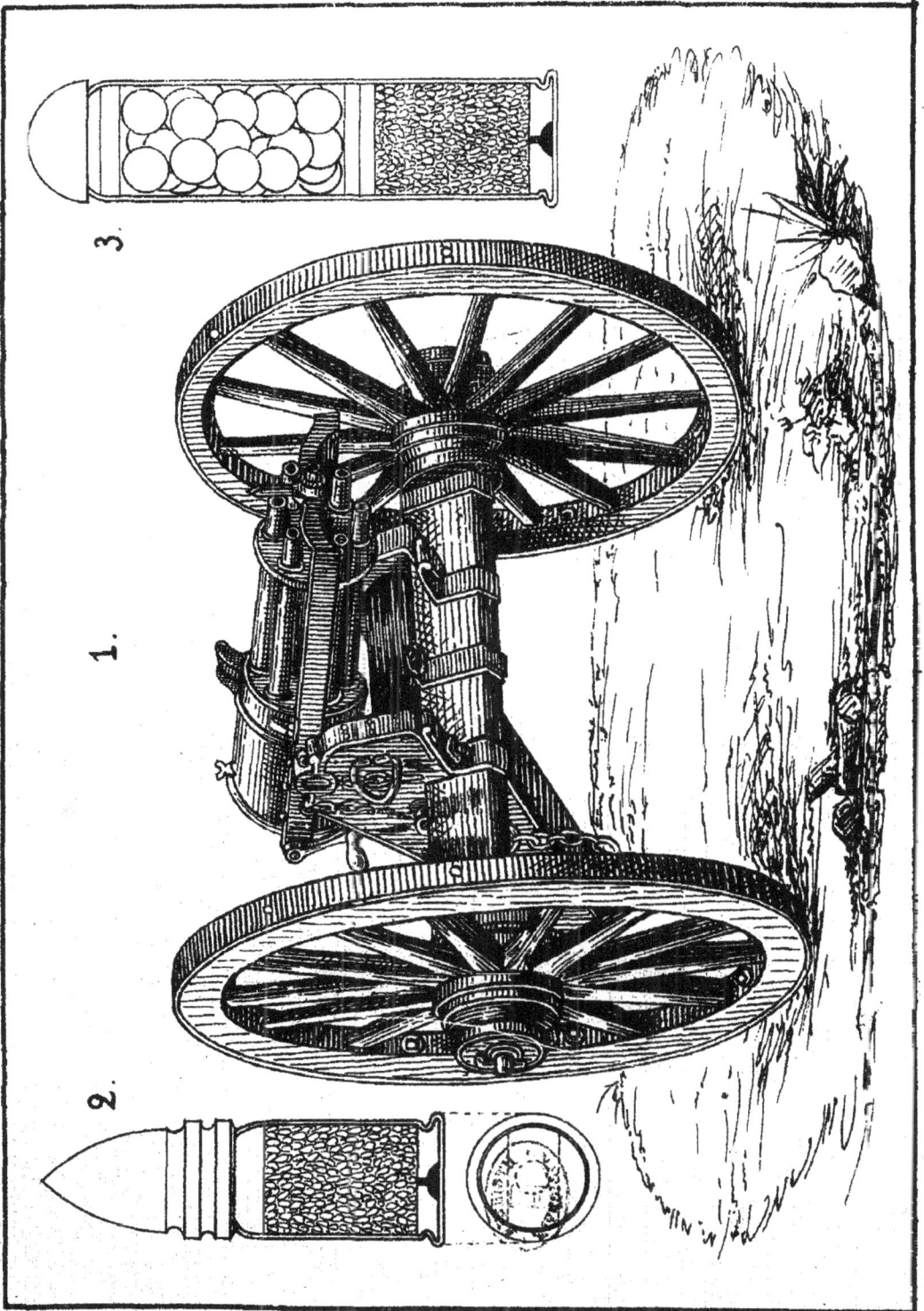

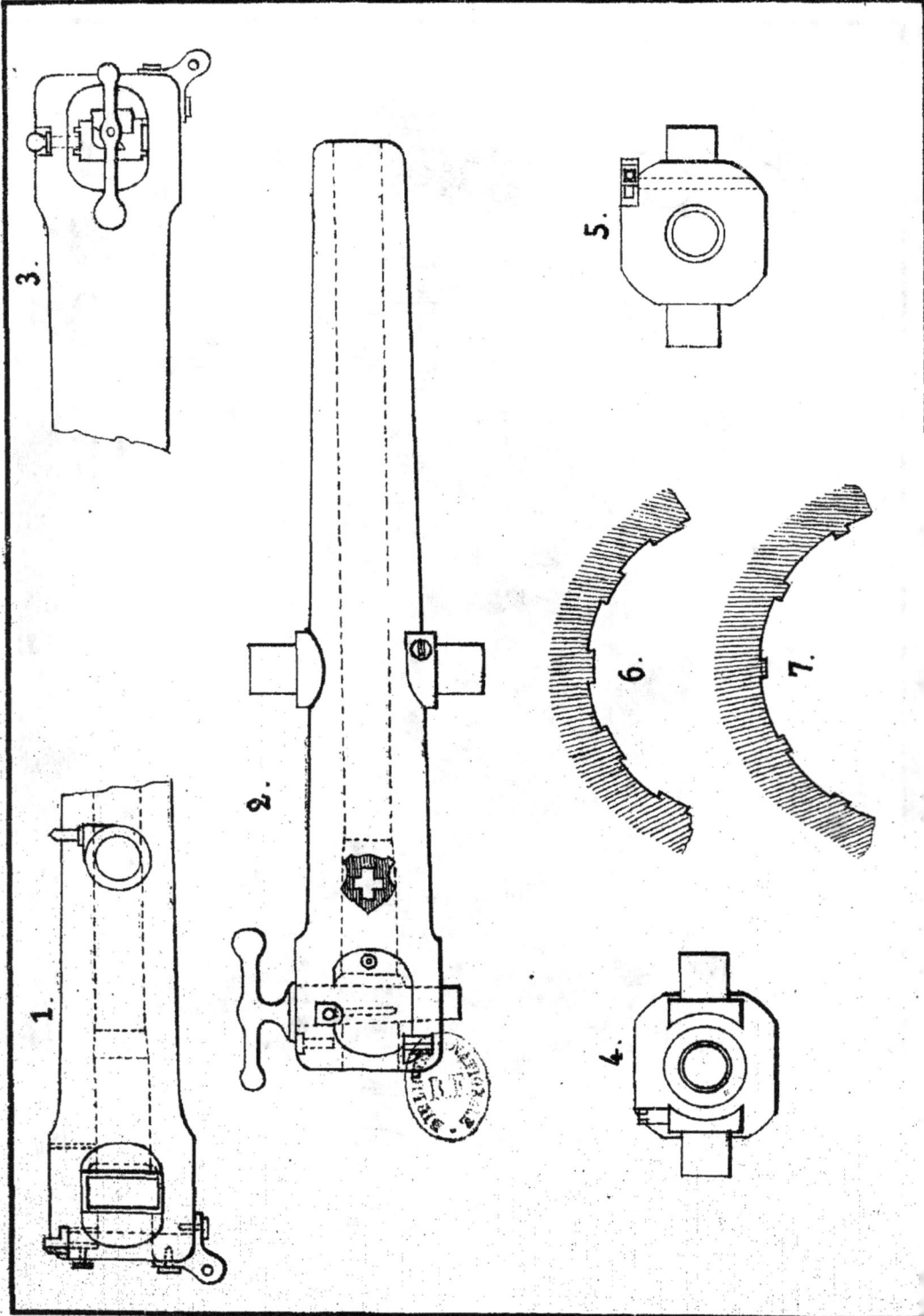

LXXXV.

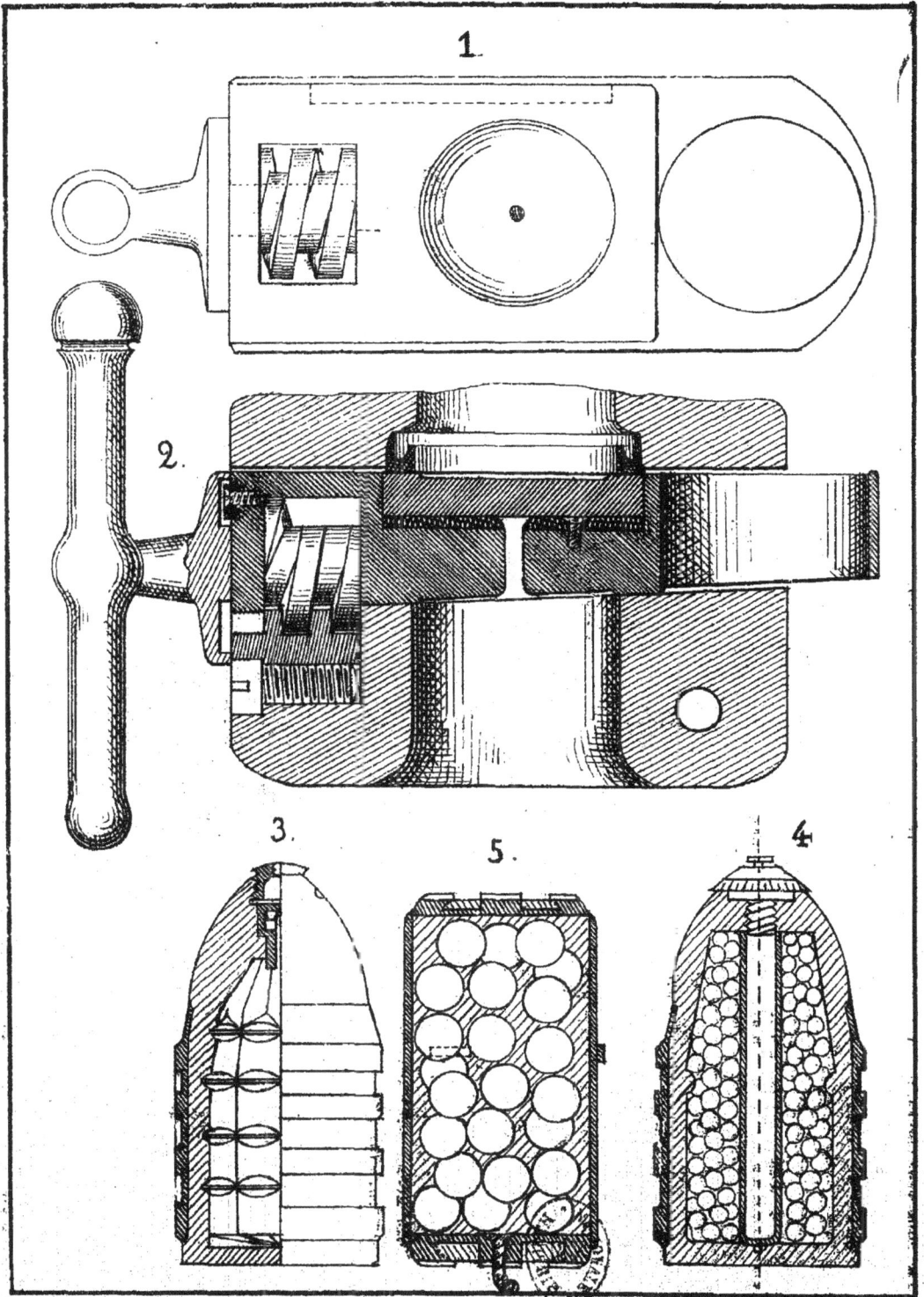

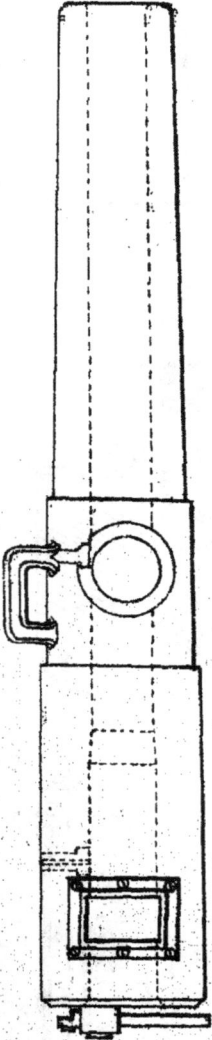

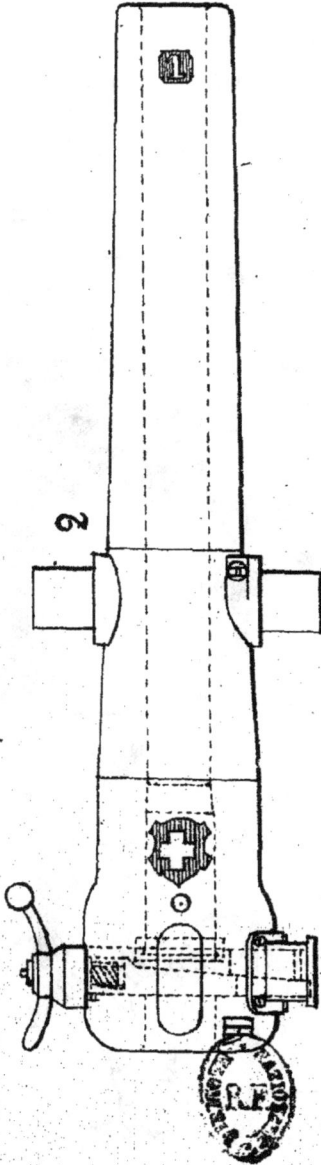

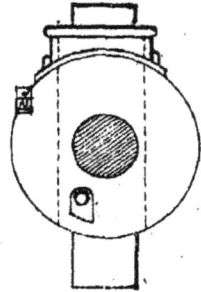

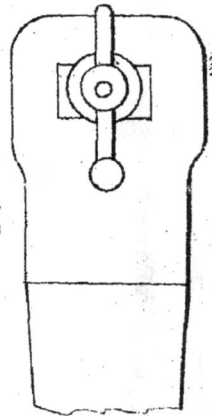

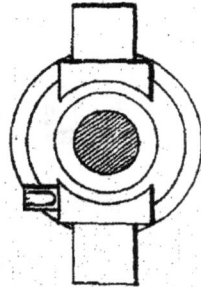

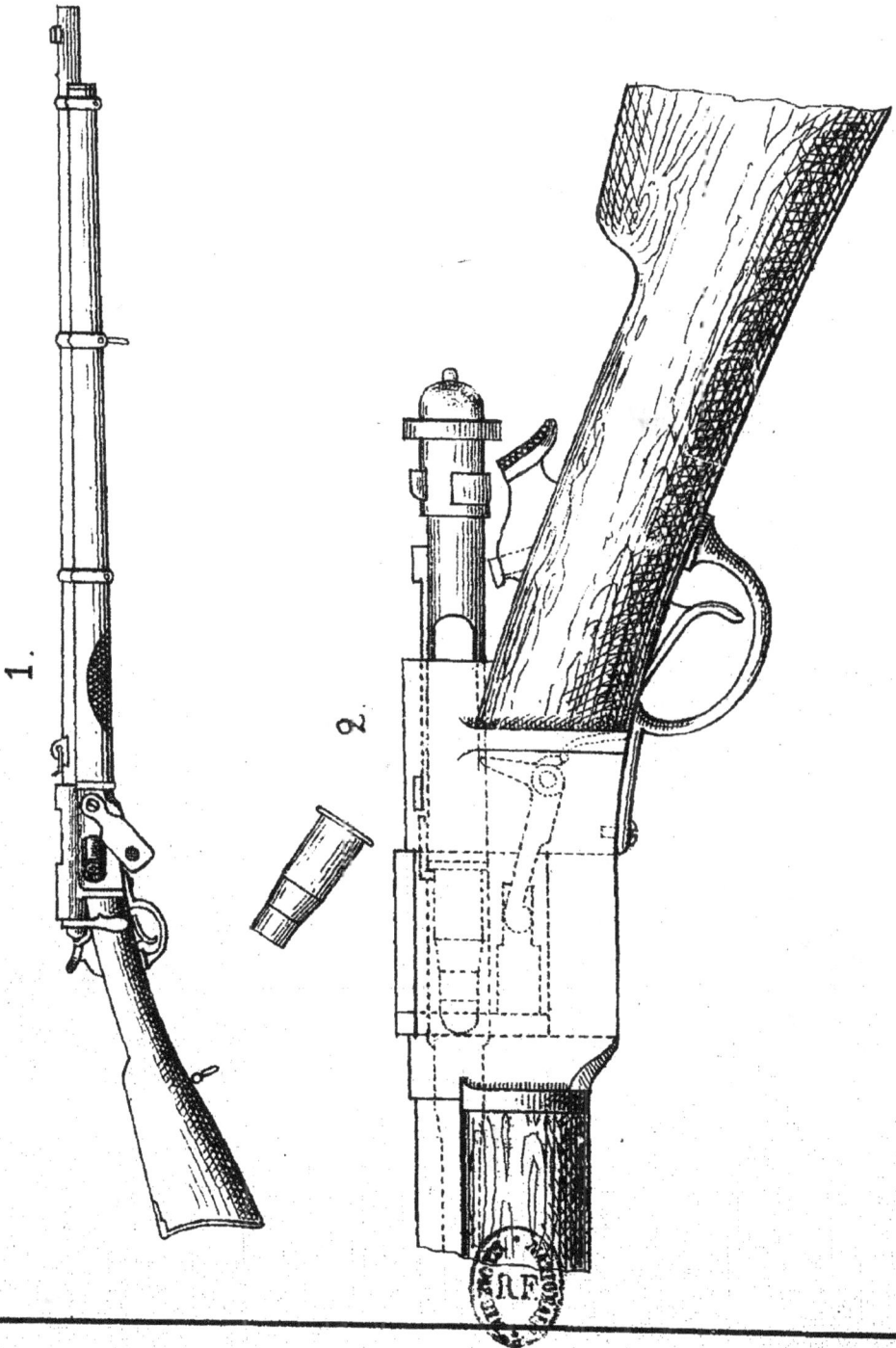

1.

2.

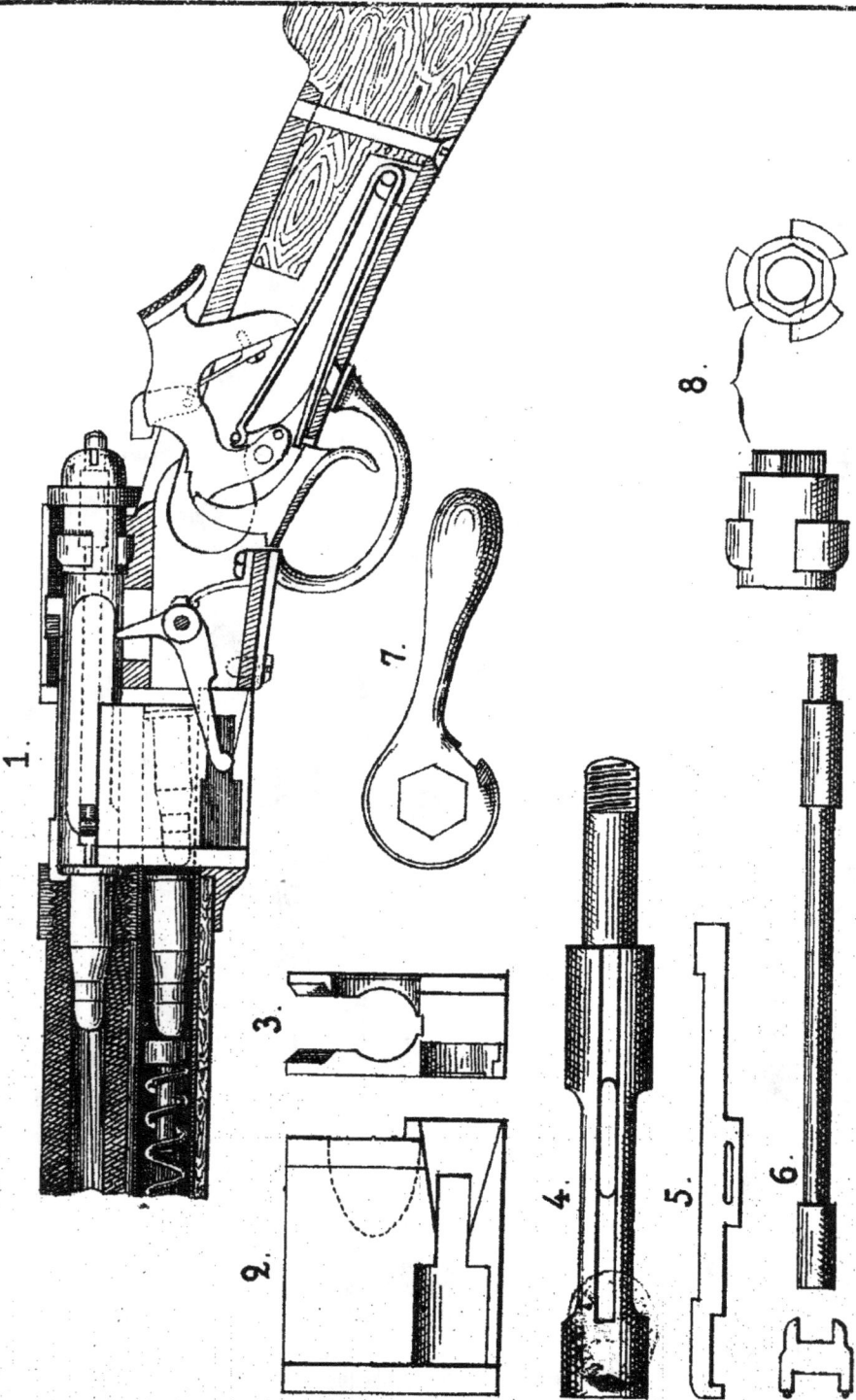

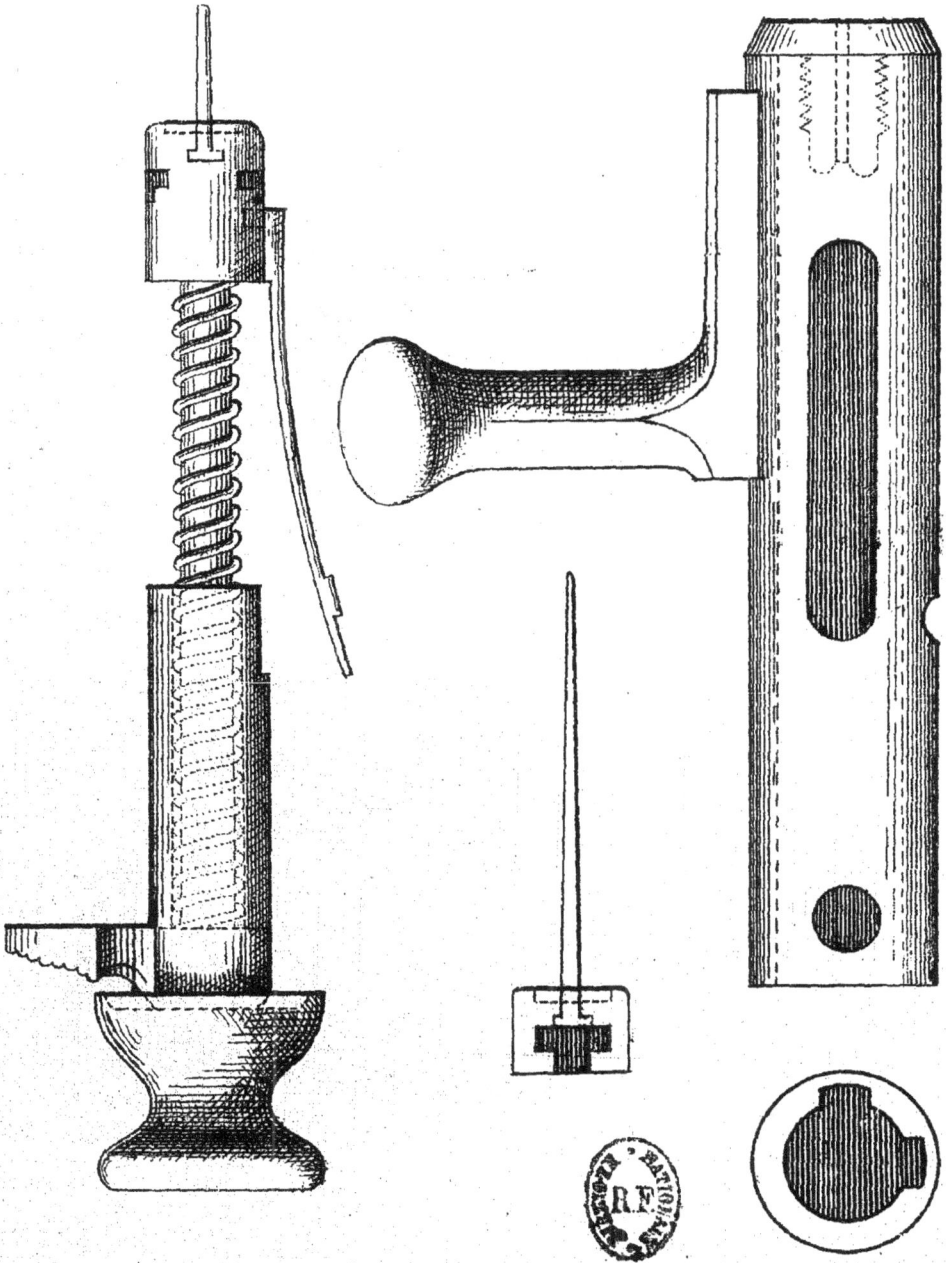

1.

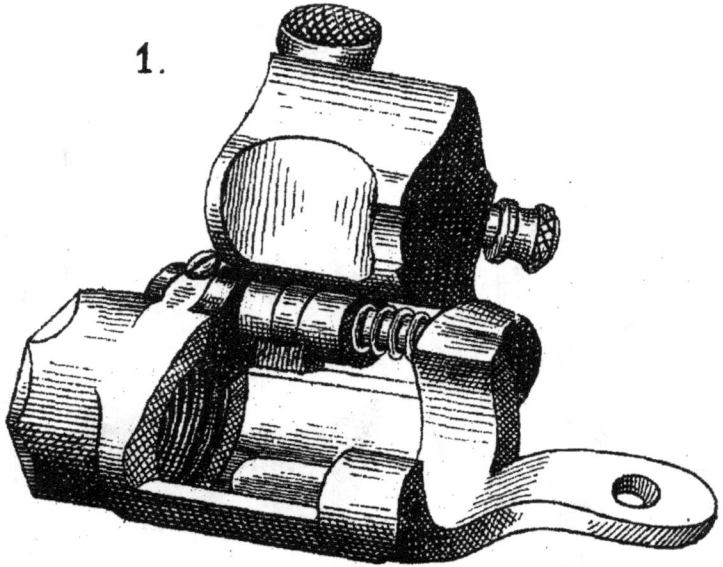

2.

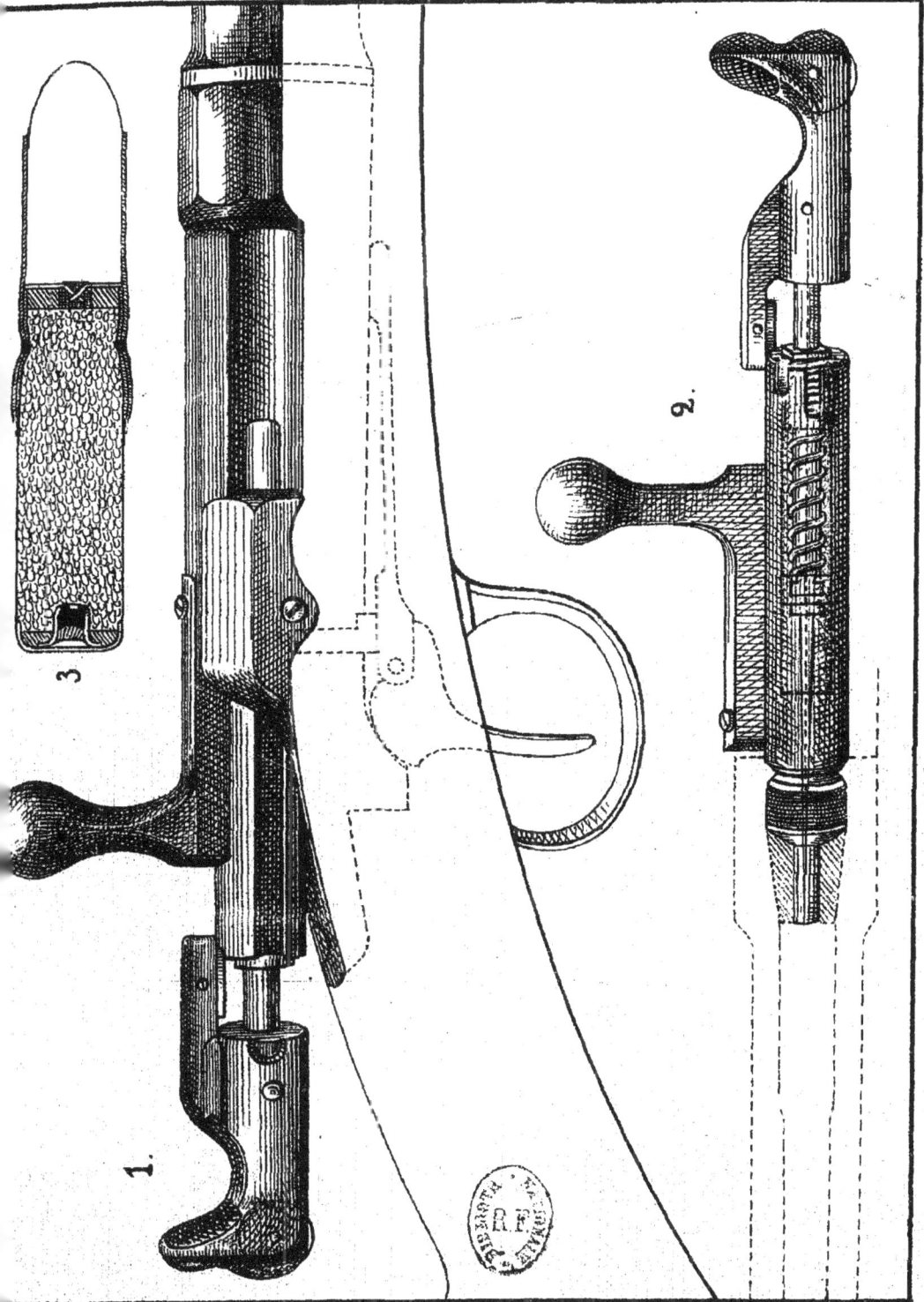

XCII.

1.

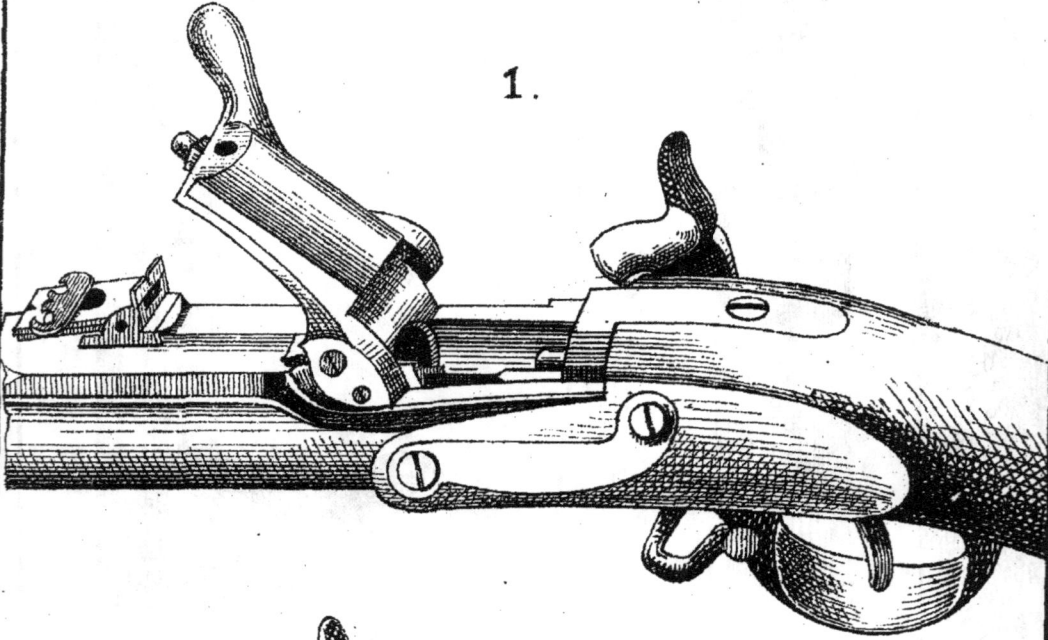

2.

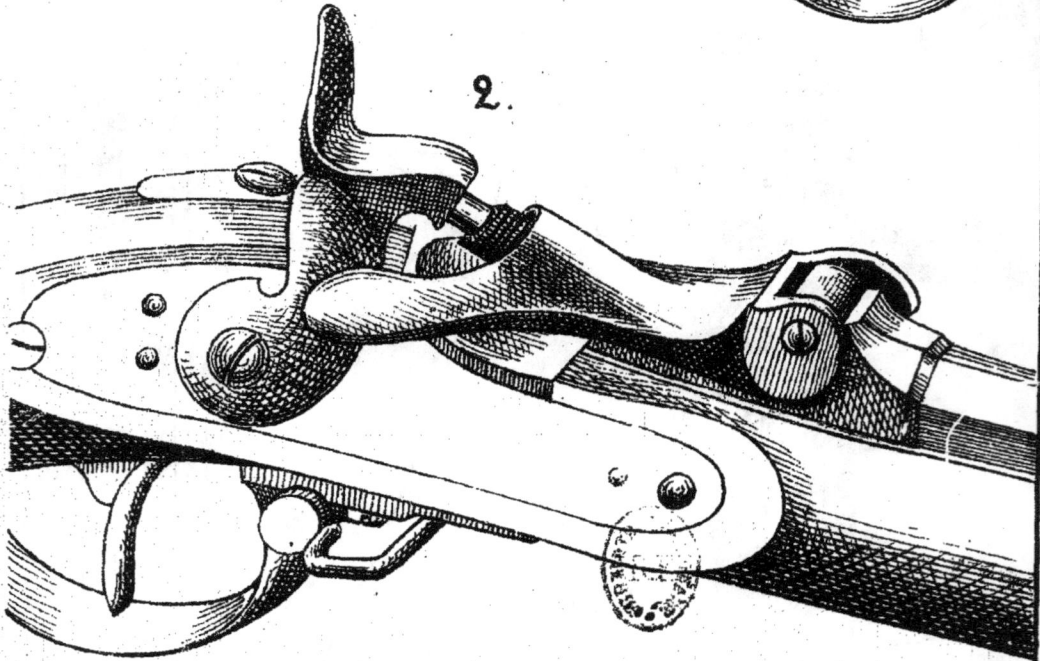

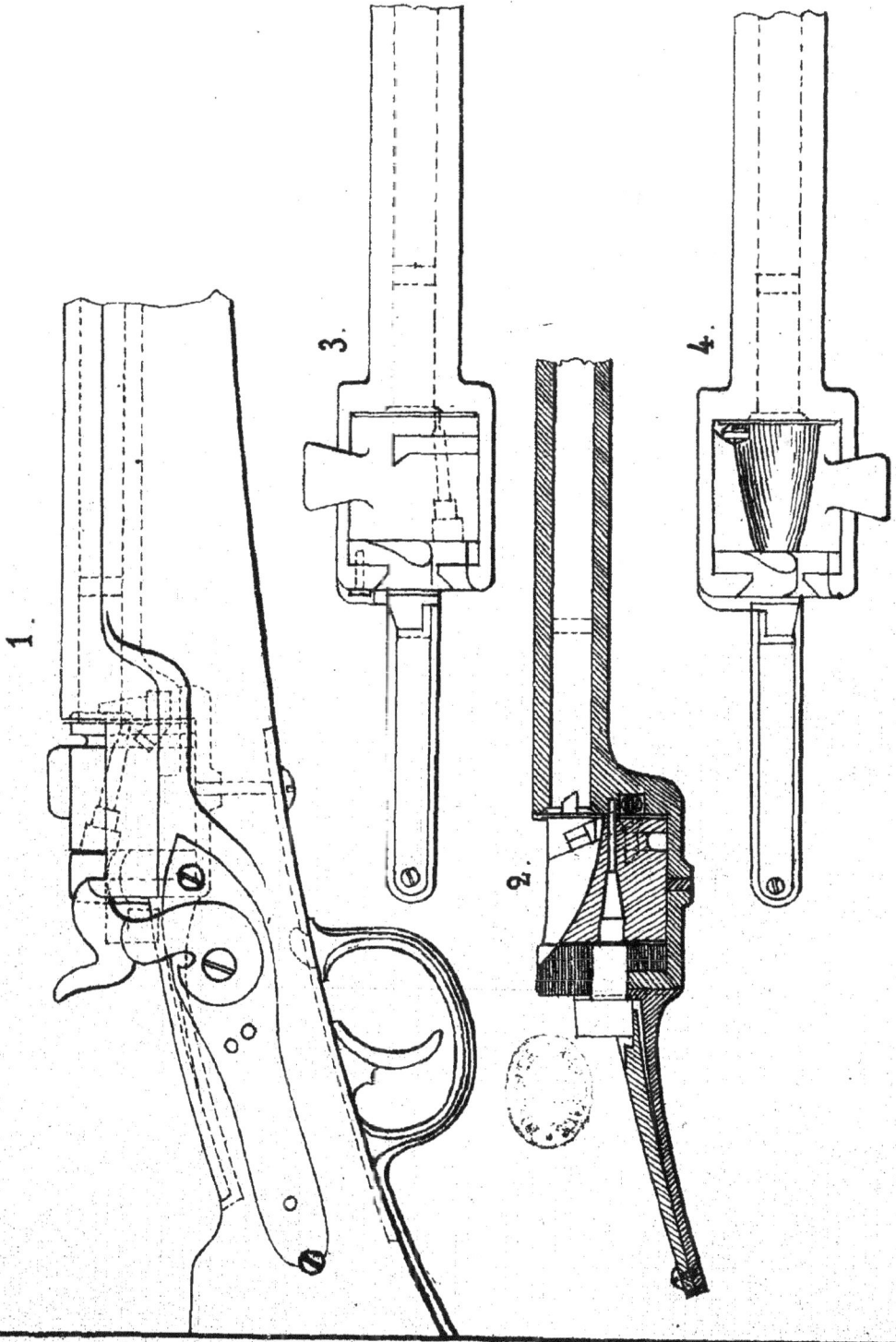

1.

2.

3.

4.

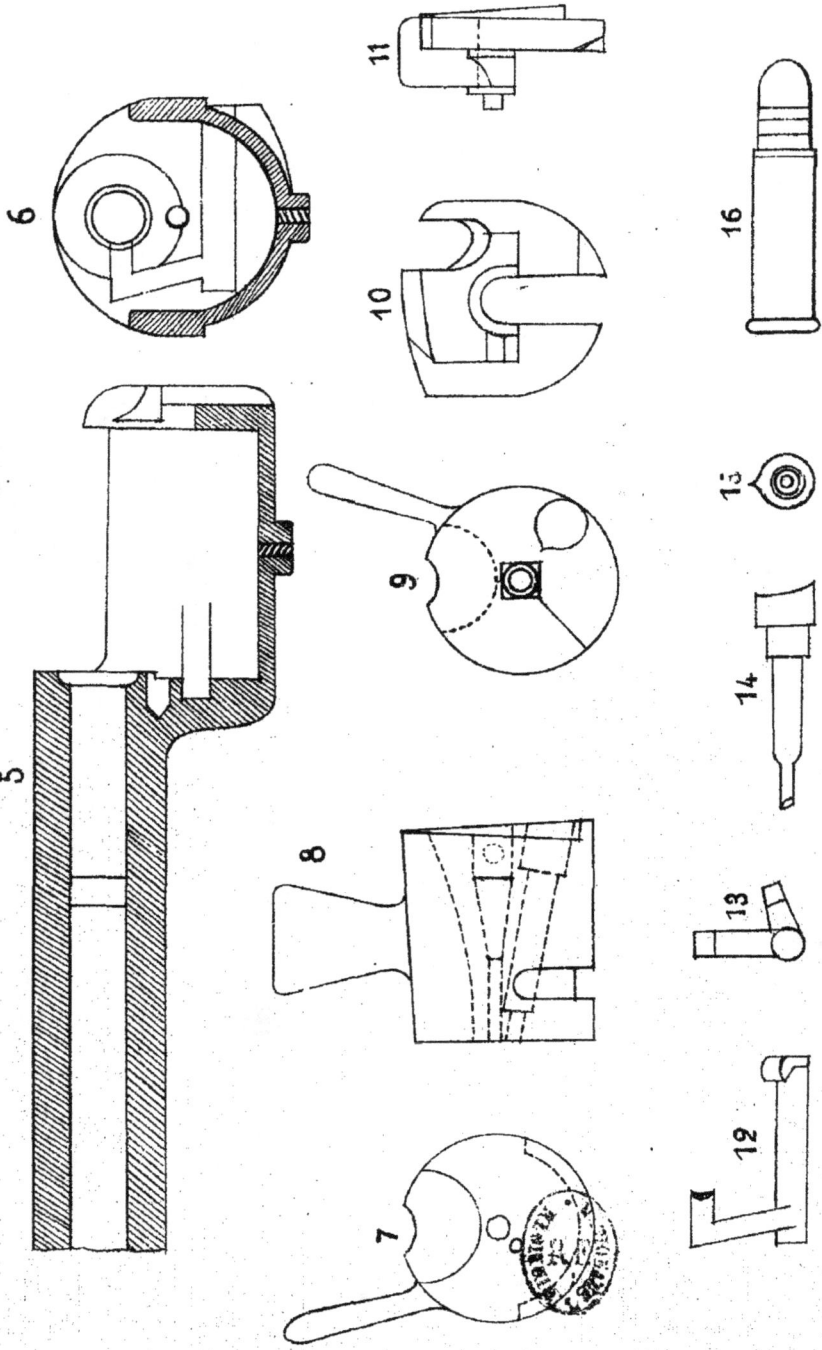

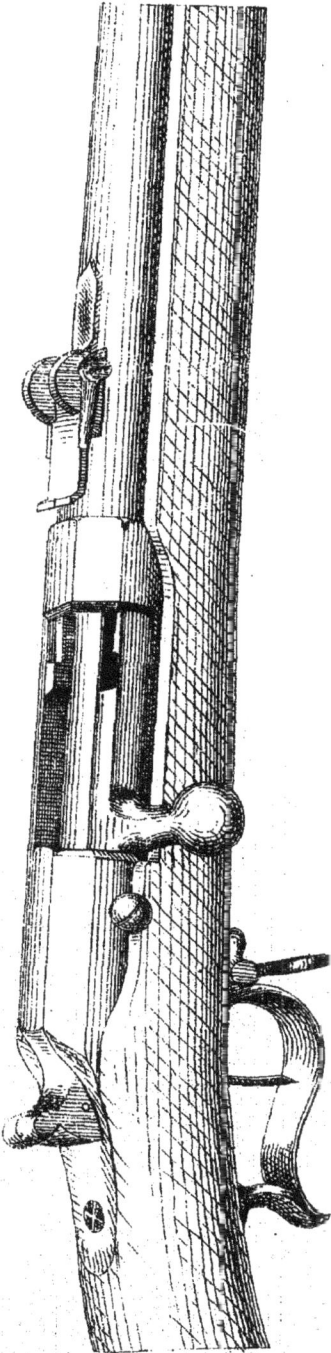

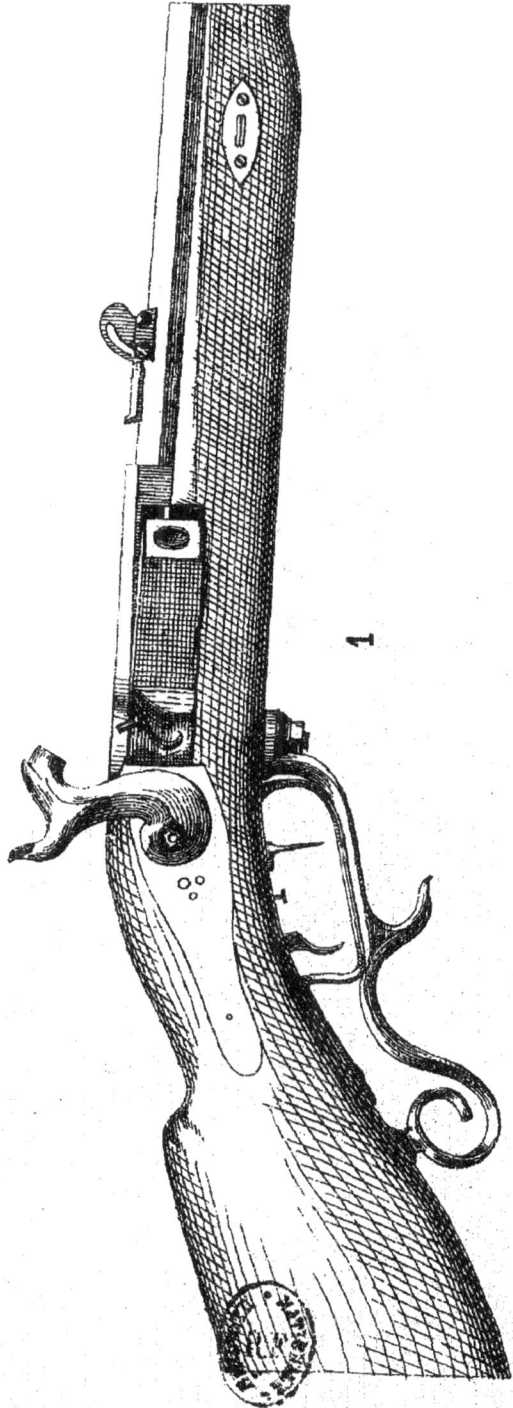

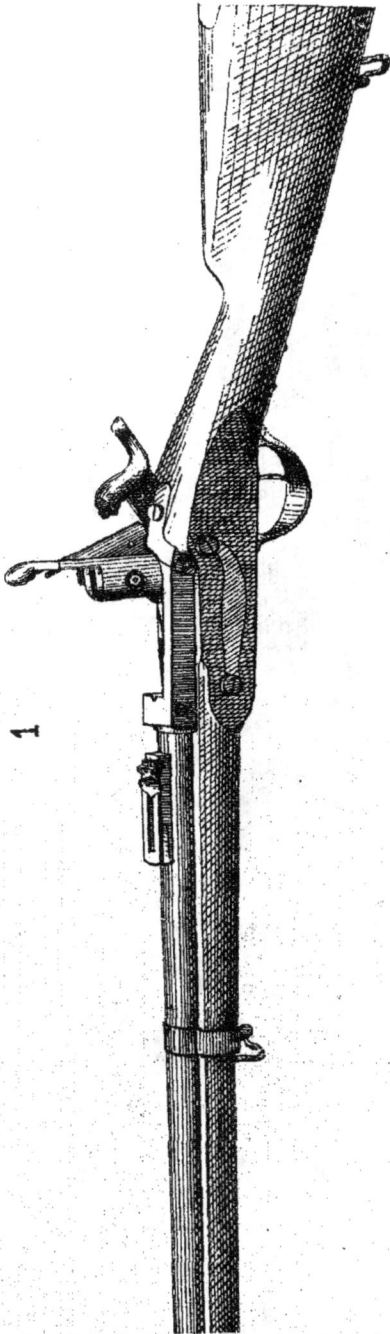

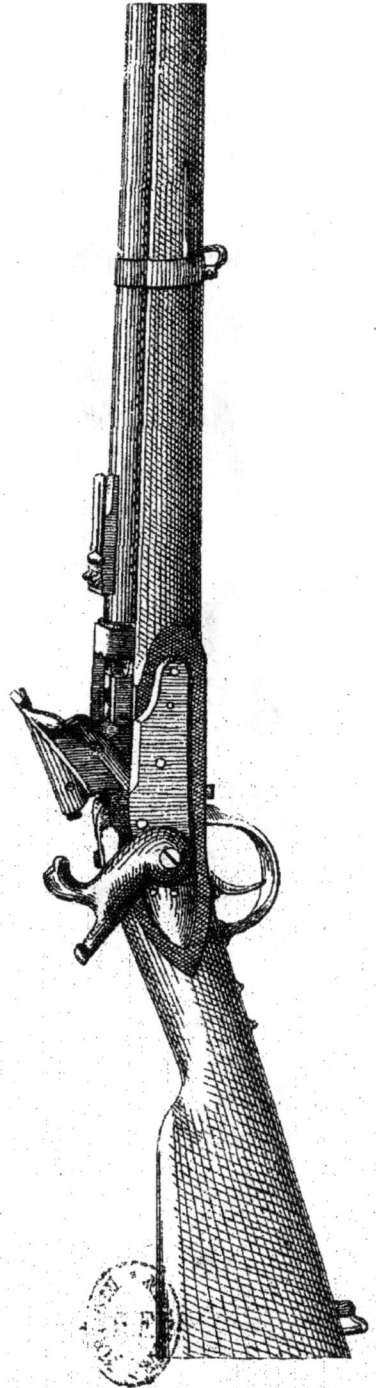

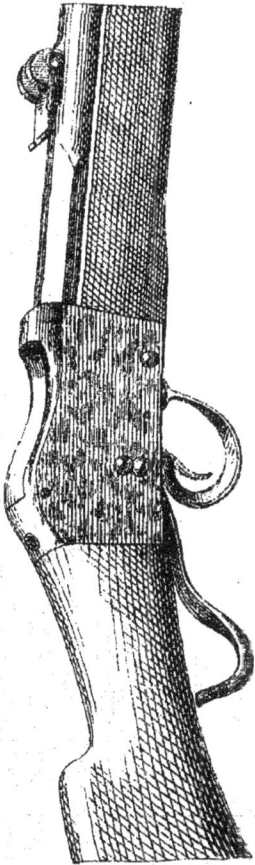

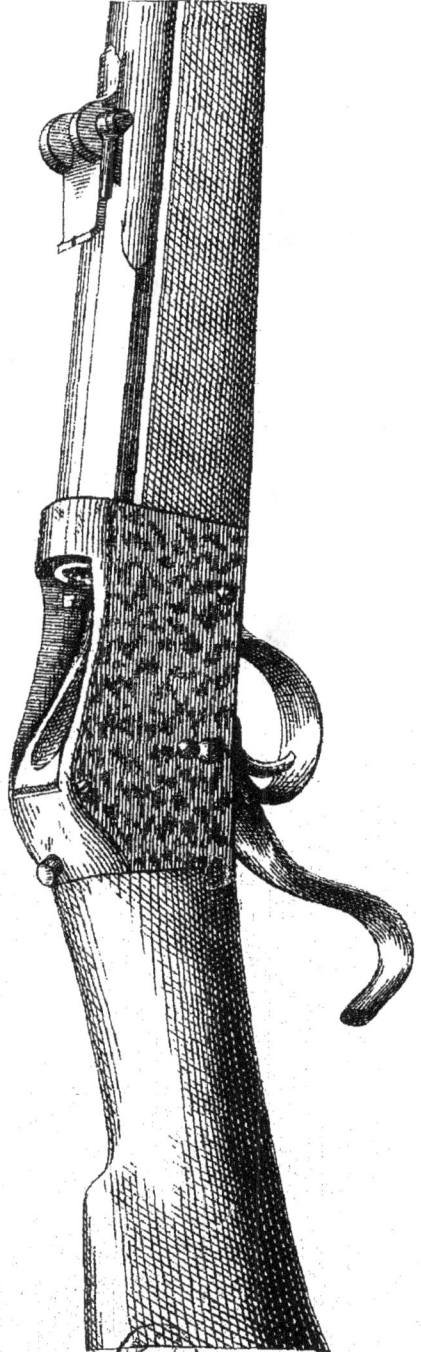

1.

2.

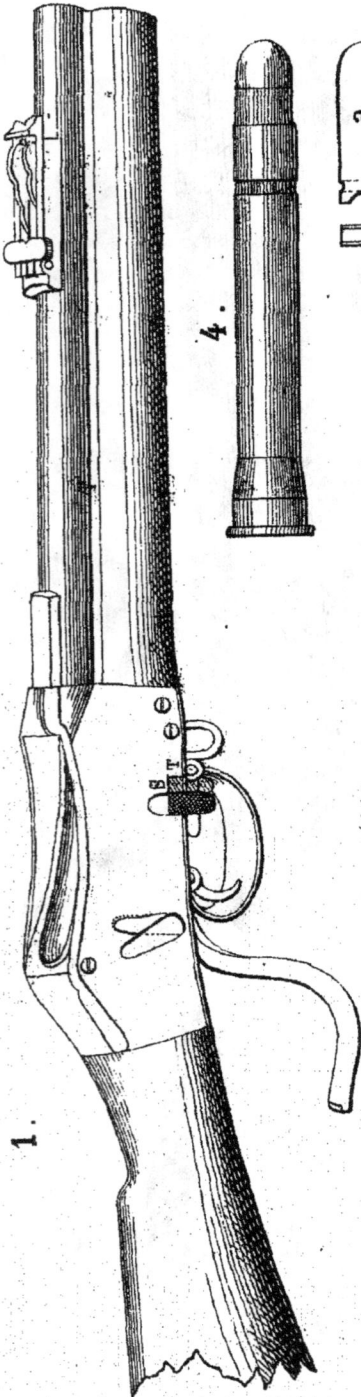

1.

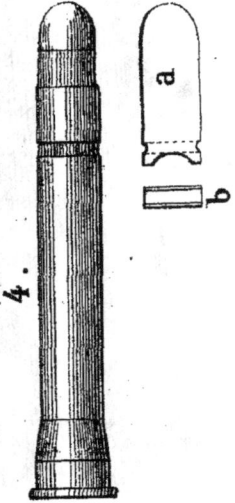

4.

a

b

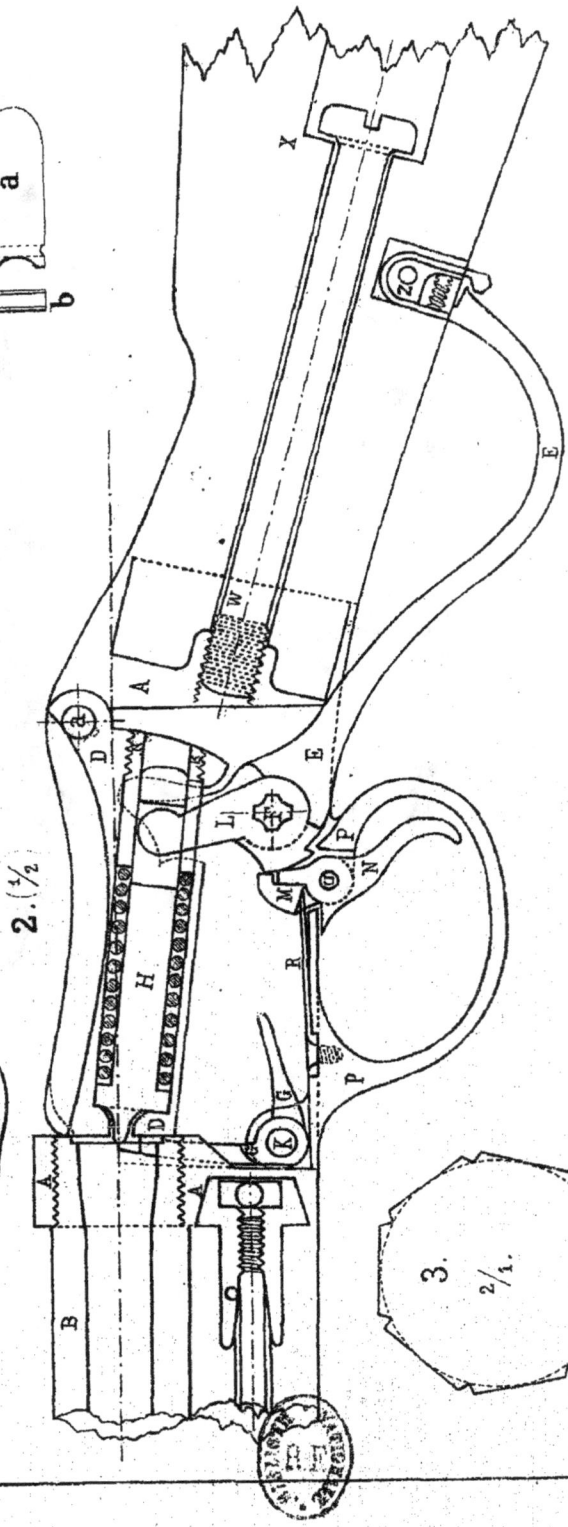

2. (½)

3. ²/₁

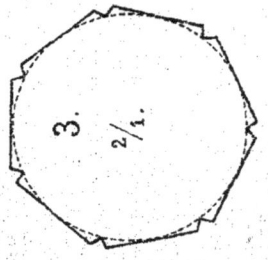

C.

1.

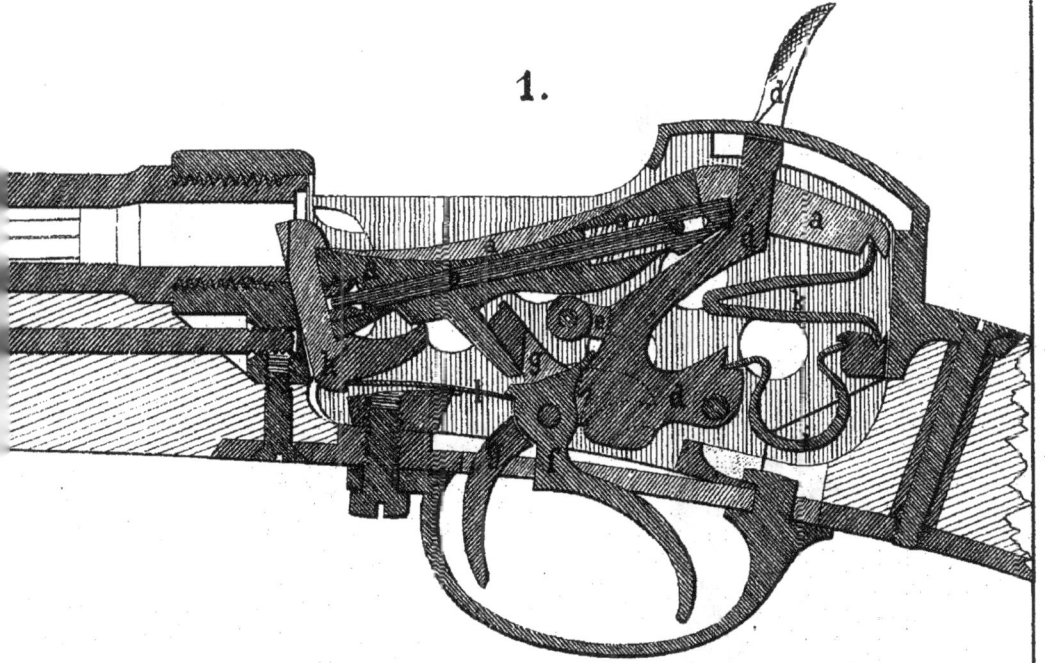

2.

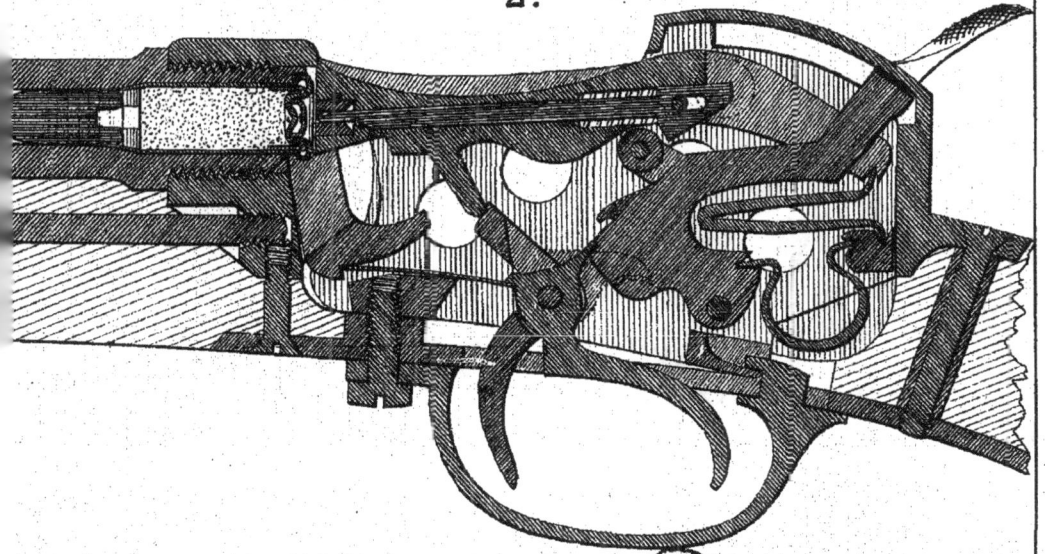

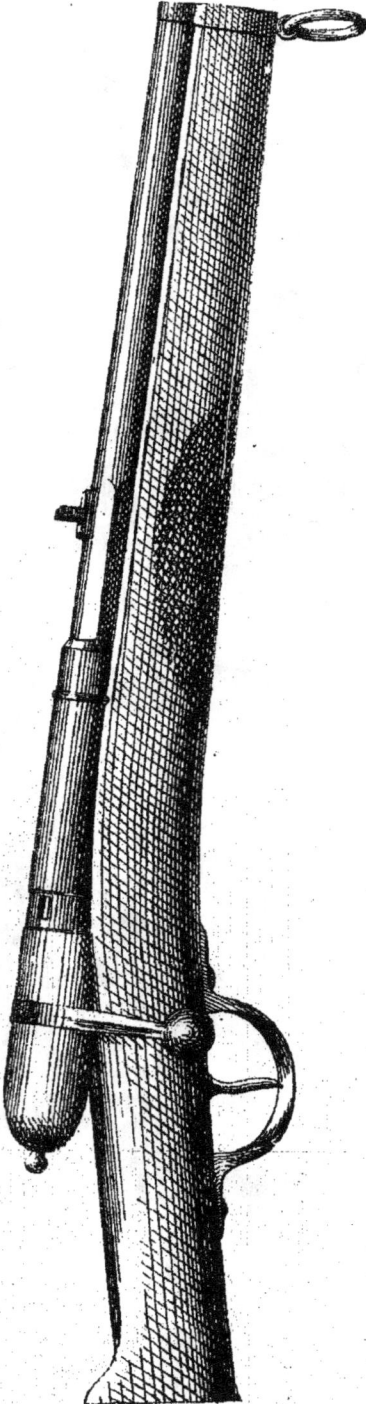

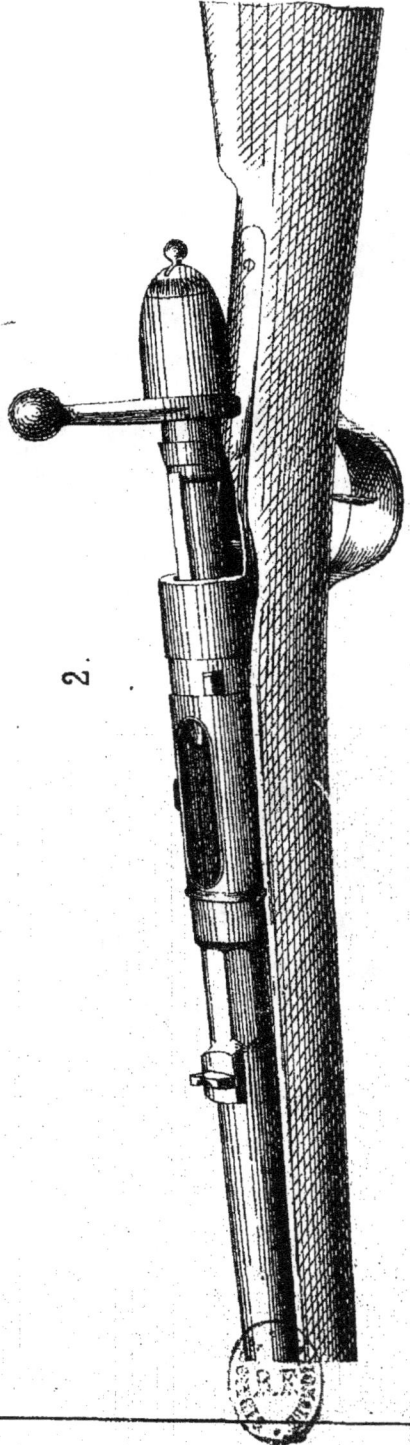

1.

2.

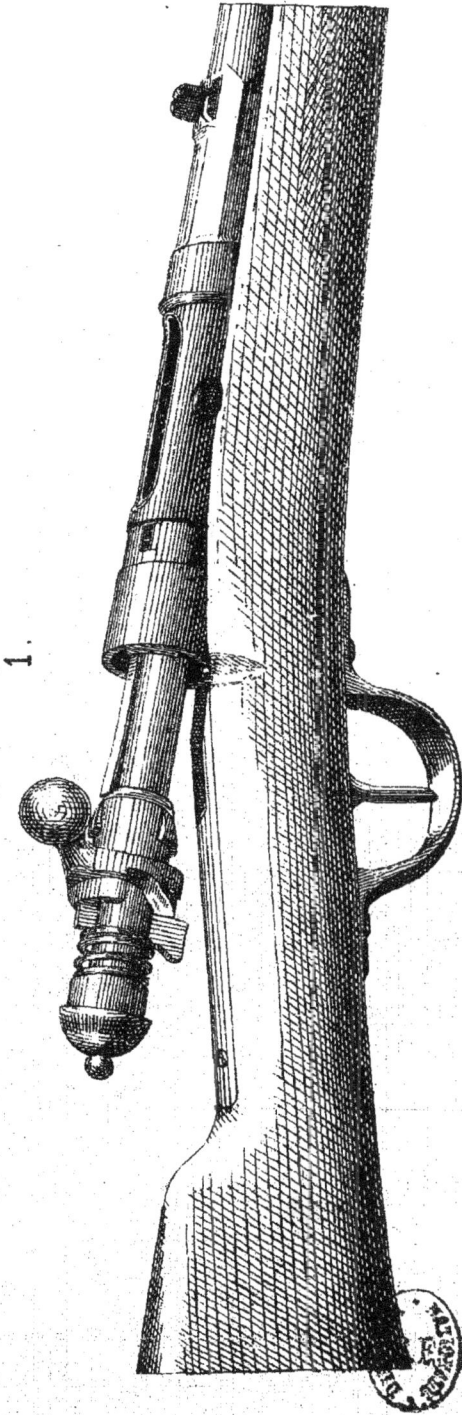

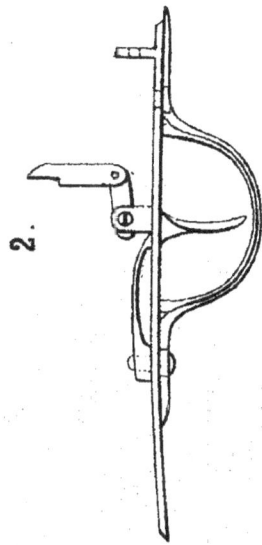

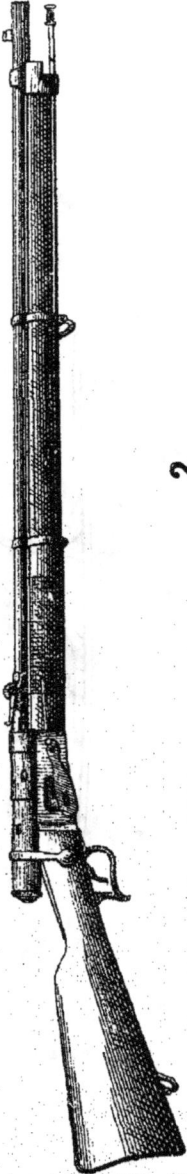

1.

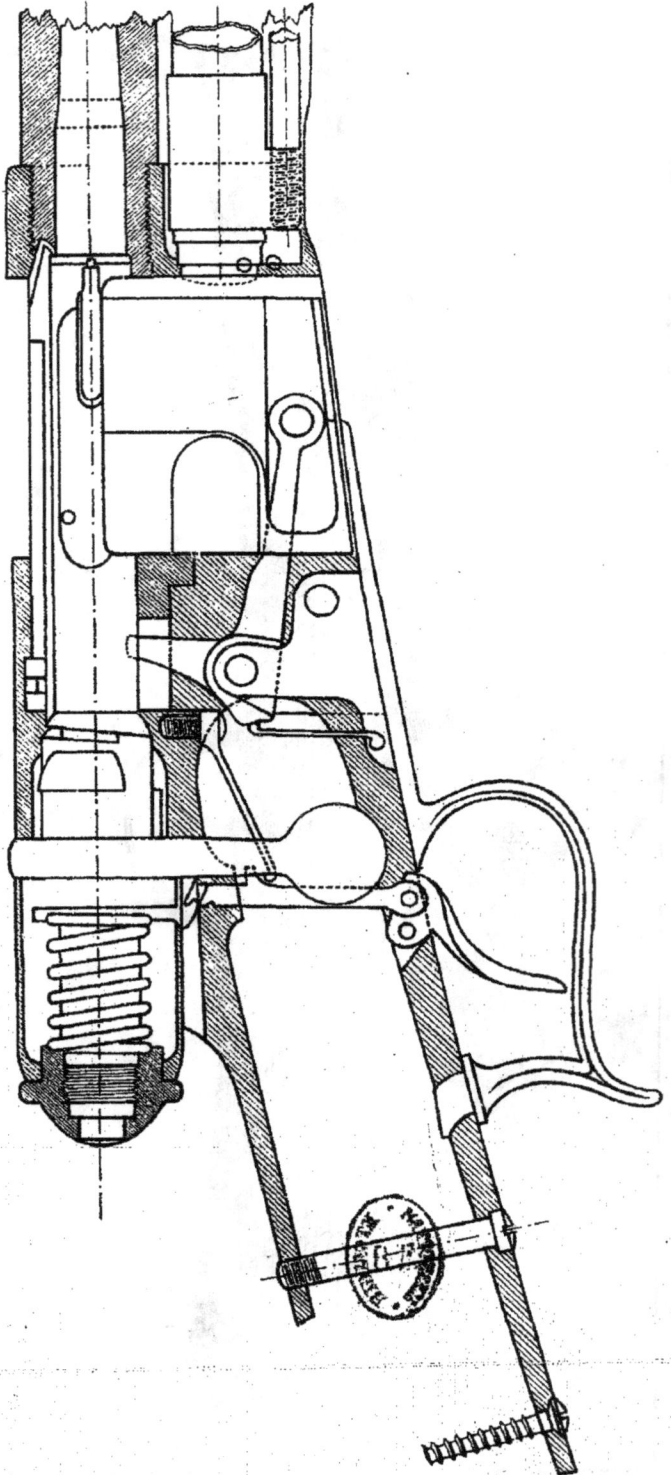

2.

1.

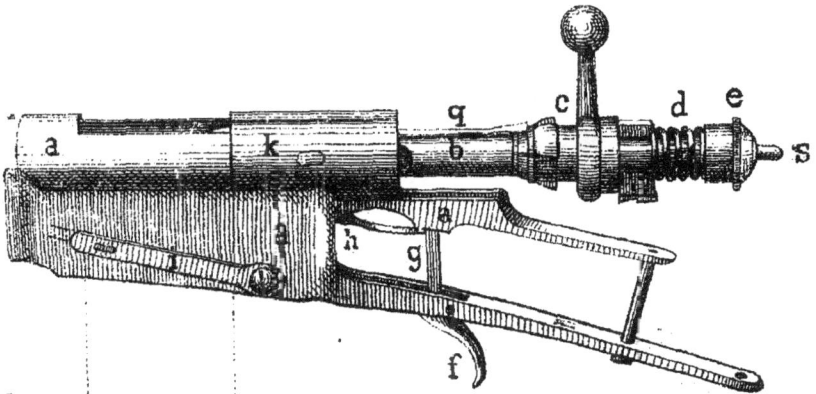

2.

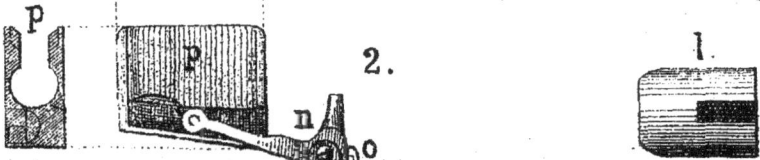

½ Gr.

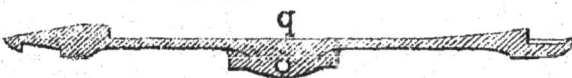

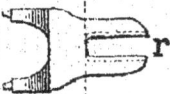

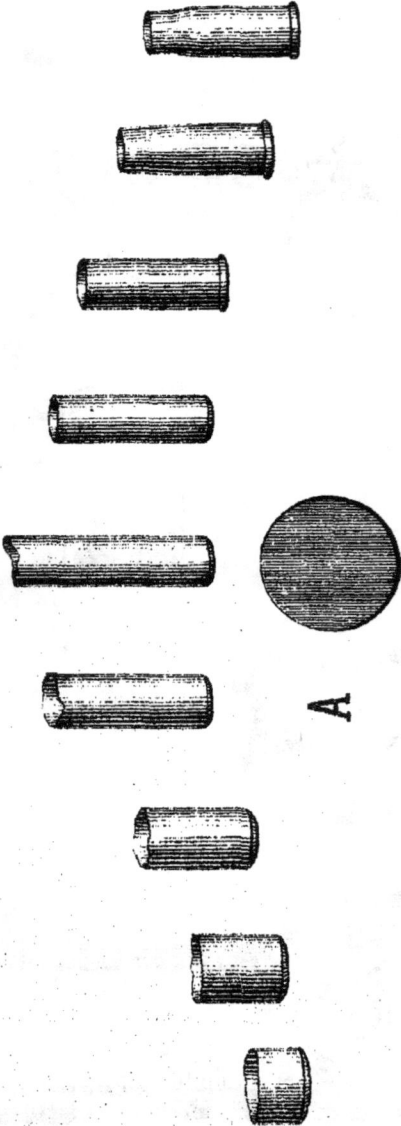
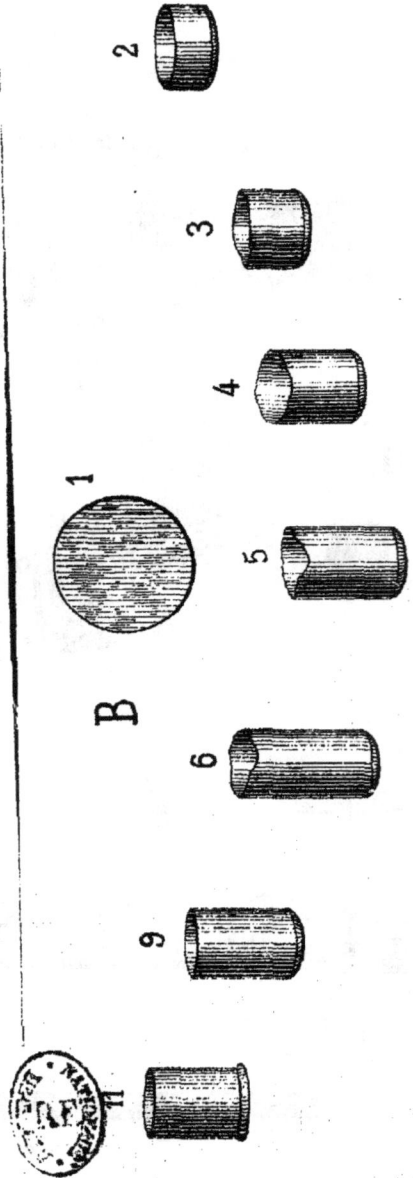

CVI.

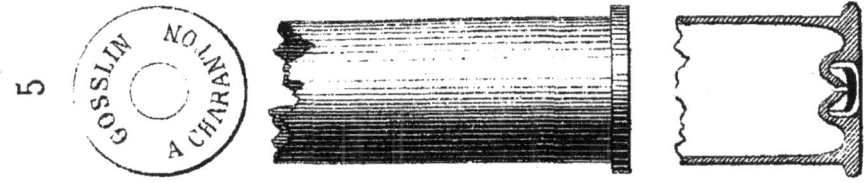

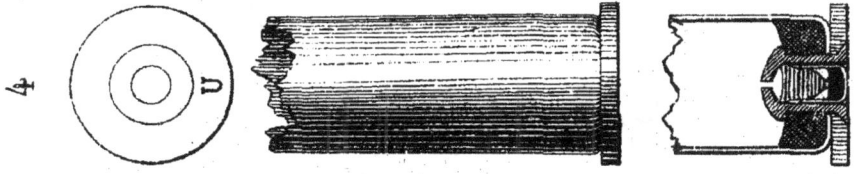

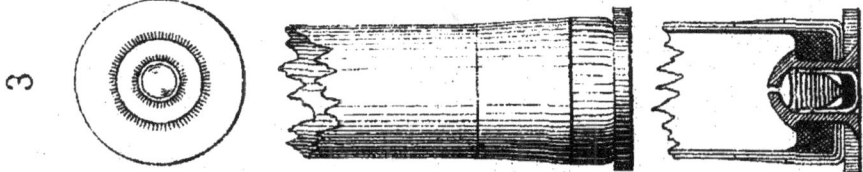

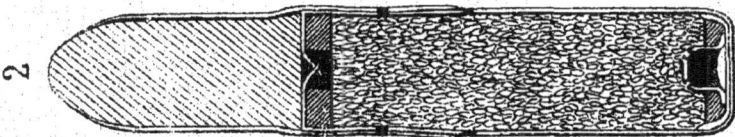

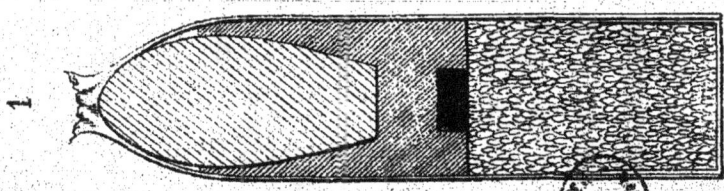

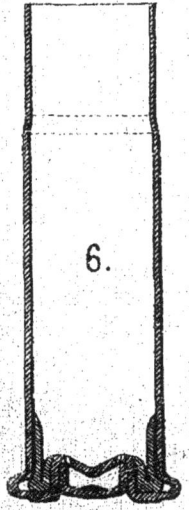

CVII.